◇现代经济与管理类规划教材

# 采购与供应商管理

（修订本）

丁　宁　主　编
宋莺歌　吕振君　副主编

清华大学出版社
北京交通大学出版社
·北京·

## 内容简介

采购与供应商管理是管理类各专业的一门专业基础课程，是研究在全球竞争环境下的新型采购与供应管理的思想、理念、方法的一门科学，它的研究揭示了现代采购与供应管理的发展规律、运作模式和实践技能。本书对采购与供应商的基本理论做了系统的阐述，具体介绍了采购基本概念、地位和作用、采购方式、采购业务操作流程、采购成本控制、采购谈判与合同管理、企业业务外包、供应商的开发与评估、供应商关系管理等方面的理论与知识。每章开头设有案例，每章结尾附有案例分析题、复习思考题和练习题，以帮助读者理解书中的原理和方法。本书最大的特点不仅体现在其清晰的脉络上，即：基本概念→基本方法→应用与实践；更重要的是，本书通过收集与整理大量的资料形成的大小案例始终贯穿于本书的主线，使本书通俗易懂，且颇具启发性。

本书适合作为管理学专业高职、大专、大学本科及以上层次的学生专业教材，也适合作为管理学相关专业的教材或参考书。同时也可供采购与供应商管理专业人员阅读参考。对于从事采购与供应商管理或企业管理工作的人员来说，本书也是一本了解采购与供应商管理基本理论和知识体系的实用参考书。

本书封面贴有清华大学出版社防伪标签，无标签者不得销售。
版权所有，侵权必究。侵权举报电话：010-62782989　13501256678　13801310933

图书在版编目（CIP）数据

采购与供应商管理／丁宁主编. ― 北京：清华大学出版社；北京交通大学出版社，2012.9 （2020.3 重印）
（现代经济与管理类规划教材）
ISBN 978-7-5121-1151-6

Ⅰ.①采… Ⅱ.①丁… Ⅲ.①采购管理-高等学校-教材 ②物资供应-物资管理-高等学校-教材 Ⅳ.①F252

中国版本图书馆 CIP 数据核字（2012）第 205632 号

责任编辑：吴嫦娥　　特邀编辑：董全周
出版发行：清华大学出版社　　邮编：100084　　电话：010-62776969
　　　　　北京交通大学出版社　邮编：100044　　电话：010-51686414
印　刷　者：北京时代华都印刷有限公司
经　　销：全国新华书店
开　　本：185×260　　印张：20　　字数：506 千字
版　印　次：2020 年 3 月第 1 次修订　2020 年 3 月第 3 次印刷
定　　价：49.00 元

本书如有质量问题，请向北京交通大学出版社质监组反映。对您的意见和批评，我们表示欢迎和感谢。
投诉电话：010-51686043，51686008；传真：010-62225406；E-mail：press@bjtu.edu.cn。

# 前言

当今时代，市场竞争日趋激烈，企业采购部门正面临着原材料和能源的价格暴涨，部分供应商垄断价格、技术，以致出现市场预测不准、计划多变，采购成本居高不下等严峻问题。且此类问题已经成为当今企业采购部门管理者急需解决的现实的管理课题。正因为如此，越来越多的人也认识到采购与供应商管理这门学科在指导管理者处理企业采购管理事务与业务的重要作用，这一点可以从它被广泛地指定为高职、专科、本科、研究生和专业人员的教学课程，并被应用在各种短期教程和咨询培训课程中体现出来。与此同时，人们也广泛认同一种观点，尽管采购管理问题对企业各层管理的细节要求是不同的，但采购管理问题的一般原则和各种知识已不仅仅是企业采购部门员工必须应掌握和具备的，而且对各个层次及各不同职能管理部门的管理者都十分重要。本书内容既注意开阔读者的视野，培养其分析问题的能力，也注重提高读者在采购与供应商管理活动中的实践能力。书中以大量实例与例题解释概念，阐述思想，讲解方法，有足够数量的思考与练习题，帮助读者提高采购与供应商管理能力。学习采购与供应商管理，对于不同层次的学生具有不同层次的意义。它能使学生从更广泛的视角，了解采购与供应商管理要领。另一方面，采购与供应商管理本身是自成体系的，是企业管理学中一个重要的研究领域，学习这门课程能够解决目前该领域研究人员短缺，以及满足不断增长的需求。因此，高职、大专、大学本科及以上层次的学生掌握采购与供应商管理理论也势在必行。

全书共分 11 章，主要讲述采购基本概念、地位和作用、采购方式、采购业务操作流程、采购成本控制、采购谈判与合同管理、企业业务外包、供应商的开发与评估、供应商关系管理等方面的理论与知识。本书的特点是简明易懂、深入浅出，并强调系统性和综合性。

全书由丁宁总策划，具体编写人员及分工如下：丁宁、苏敏（第 1 章）、丁宁、赵云云（第 2、3 章）、丁宁、黄宝平（第 4、5 章）、丁宁、戴安琪（第 6、7 章）、丁宁、吕振君、张旭（第 8、9 章）、丁宁、宋莺歌、林娜（第 10、11 章）。初稿完成后，由丁宁统稿并担任主编。

在完成本书的过程中，得到了许多同仁的帮助。他们为本书提出了许多建设性的意见和想法，特别是为本书案例研究直接提供帮助。同时在本书的编写过程中也参考了一些书籍，在本书的参考文献中已经列出。最后，本书的出版得到了清华大学出版社、北京交通大学出版社及吴嫦娥编辑的鼎力支持。在此一并表示衷心的感谢。

由于时间紧迫，加之水平所限，书中错误遗漏之处敬请广大读者批评指正。如果本书的出版能对广大读者有所裨益，我们则不胜欣慰。

作　者

2012 年 8 月于大连

# 目 录

第1章　采购基础 ································ 1
　1.1　采购的基本概念 ······················ 2
　　1.1.1　采购的含义 ······················ 2
　　1.1.2　采购的过程 ······················ 2
　　1.1.3　采购的特点 ······················ 3
　　1.1.4　采购的分类与方式 ············ 4
　　1.1.5　采购管理的含义 ·············· 10
　　1.1.6　采购管理的内容 ·············· 10
　　1.1.7　采购管理的目标 ·············· 11
　　1.1.8　采购管理的原则 ·············· 12
　1.2　采购的地位和作用 ·················· 13
　　1.2.1　采购在企业中的作用 ······· 13
　　1.2.2　采购在企业管理中的
　　　　　地位 ································ 15
　　1.2.3　加强采购管理的必要性 ··· 15
　1.3　采购职能的进化与发展 ··········· 16
　　1.3.1　采购职能的演化过程 ······· 16
　　1.3.2　采购理念的转化 ·············· 20
　　1.3.3　实施优化采购 ·················· 20
　　1.3.4　采购管理内容的转换 ······· 21
　　1.3.5　全球采购的趋势 ·············· 21
　1.4　采购模式 ································ 22
　　1.4.1　定量采购模型 ·················· 22
　　1.4.2　定期采购模型 ·················· 24
　◇　本章习题 ··································· 26
　◇　案例分析 ··································· 27

第2章　采购计划和预算编制 ············ 29
　2.1　采购调查 ································ 30
　　2.1.1　采购调查组织 ·················· 30
　　2.1.2　采购调查的跨职能团队 ··· 31
　　2.1.3　采购调查的标准 ·············· 31
　　2.1.4　所购材料、产品或服务的
　　　　　调查 ································ 32
　　2.1.5　目标成本核算 ·················· 34
　　2.1.6　商品调查 ························· 34
　　2.1.7　供应商调查 ····················· 35
　　2.1.8　采购系统调查 ·················· 37
　　2.1.9　评价采购调查成果 ·········· 37
　2.2　采购计划的编制 ····················· 37
　　2.2.1　编制采购计划的目的 ······· 37
　　2.2.2　影响编制采购计划的
　　　　　因素 ································ 38
　　2.2.3　采购计划的编制程序 ······· 39
　2.3　采购预算 ································ 45
　　2.3.1　预算与采购预算的概念 ··· 45
　　2.3.2　编制采购预算的原则 ······· 46
　　2.3.3　采购预算的作用 ·············· 47
　　2.3.4　采购预算类型 ·················· 47
　　2.3.5　采购预算制定的依据 ······· 48
　　2.3.6　采购预算编制步骤 ·········· 48
　　2.3.7　采购预算的编制方法 ······· 49
　　2.3.8　采购预算编制的注意
　　　　　事项 ································ 51
　◇　本章习题 ··································· 52
　◇　案例分析 ··································· 53

第3章　采购业务操作 ························ 56
　3.1　采购业务操作流程 ·················· 59
　　3.1.1　发现需求 ························· 60
　　3.1.2　对所需产品或服务加以
　　　　　准确描述 ························· 65
　　3.1.3　对可能的供货来源加以
　　　　　选择与分析 ····················· 66
　　3.1.4　确定价格和采购条件 ······· 66
　　3.1.5　采购订单的准备 ·············· 66

3.1.6 跟踪和催货 …………………… 68
3.1.7 货物的接收和检验 …………… 69
3.1.8 结清发票、支付货款 ………… 70
3.1.9 维护记录 ……………………… 71
3.2 采购订单管理 ……………………… 72
3.2.1 采购订单 ……………………… 72
3.2.2 订单的准备 …………………… 73
3.2.3 选择供应商 …………………… 73
3.2.4 订单的签订 …………………… 74
3.2.5 订单的跟踪 …………………… 75
3.3 物料跟催管理 ……………………… 75
3.3.1 交期管理 ……………………… 75
3.3.2 交货期延误的原因分析 ……… 75
3.3.3 跟催的有效办法 ……………… 78
3.4 进货验收 …………………………… 80
3.4.1 做好验收准备 ………………… 80
3.4.2 组织货物验收 ………………… 81
3.4.3 验收结果处理与记录 ………… 81
3.5 货款结算 …………………………… 82
3.5.1 采购货款结算流程 …………… 82
3.5.2 货款结算方式 ………………… 83
3.5.3 付款操作步骤 ………………… 87
◇ 本章习题 ……………………………… 87
◇ 案例分析 ……………………………… 88

## 第4章 采购成本控制 90

4.1 影响采购成本因素分析 …………… 91
4.1.1 采购成本概述 ………………… 91
4.1.2 控制采购成本的意义 ………… 93
4.1.3 影响采购成本的因素分析 … 95
4.2 降低采购成本的有效方法 ………… 101
4.2.1 降低采购成本的原则 ………… 101
4.2.2 采购成本分析 ………………… 102
4.2.3 降低采购成本的方法 ………… 103
4.2.4 常用的降低采购成本的
具体方法 ……………………… 103
4.3 采购成本控制的策略 ……………… 107
4.3.1 从采购计划中控制成本 … 107
4.3.2 建立科学的采购管理
系统 …………………………… 107

4.3.3 进行采购成本的定性和
定量分析 ……………………… 108
◇ 本章习题 ……………………………… 110
◇ 案例分析 ……………………………… 111

## 第5章 招标管理 113

5.1 招标概述 …………………………… 114
5.1.1 招标、投标概述 ……………… 114
5.1.2 招标的基本形式 ……………… 114
5.1.3 招标的准备 …………………… 117
5.1.4 招标的基本过程 ……………… 119
5.1.5 招标采购优越性及适用
范围 …………………………… 120
5.2 招标文件 …………………………… 121
5.2.1 招标文件概述 ………………… 121
5.2.2 招标文件编写要求 …………… 123
5.2.3 招标流程 ……………………… 123
5.3 投标文件 …………………………… 127
5.3.1 投标文件概述 ………………… 127
5.3.2 投标文件的封装 ……………… 128
5.3.3 投标文件的补充、修改和
撤回 …………………………… 128
5.4 开标 ………………………………… 128
5.4.1 开标概述 ……………………… 128
5.4.2 开标的一般程序 ……………… 130
5.5 评标 ………………………………… 130
5.5.1 评标概述 ……………………… 130
5.5.2 评标原则 ……………………… 131
5.5.3 评标程序与内容 ……………… 131
5.5.4 评标考核指标体系的
确定 …………………………… 134
5.5.5 评标方法 ……………………… 135
◇ 本章习题 ……………………………… 139
◇ 案例分析 ……………………………… 139

## 第6章 采购谈判与合同管理 142

6.1 采购谈判技巧 ……………………… 143
6.1.1 采购谈判概述 ………………… 143
6.1.2 采购谈判的原则 ……………… 144
6.1.3 采购谈判的流程 ……………… 145
6.1.4 采购谈判的策略和技巧 … 150

6.2 采购合同管理 …………… 155
 6.2.1 采购合同含义与特征 …… 155
 6.2.2 采购合同的内容 ………… 155
 6.2.3 采购合同的资格审查、订立与履行 ……………… 157
 6.2.4 采购合同的争议与索赔处理 ………………………… 160
 6.2.5 采购合同的变更、终止和解除 ……………………… 163
6.3 采购风险控制 ……………… 164
 6.3.1 采购合同风险及其防范 … 164
 6.3.2 招标风险及其防范 ……… 169
 6.3.3 采购行为风险及其防范 … 170
◇ 本章习题 ……………………… 172
◇ 案例分析 ……………………… 173

## 第7章 采购绩效评估 …………… 175
7.1 采购绩效评估的基本内容 … 176
 7.1.1 采购绩效评估概述 ……… 176
 7.1.2 采购绩效评估的目的 …… 177
 7.1.3 影响采购绩效评估的因素 …………………………… 178
 7.1.4 采购绩效评估的流程 …… 179
 7.1.5 采购绩效评估和考核的方式 ………………………… 181
 7.1.6 采购绩效评估和考核中存在的问题 ………………… 183
7.2 采购绩效评估指标和标准 … 184
 7.2.1 采购绩效评估的内容 …… 184
 7.2.2 采购绩效指标设立的原则 …………………………… 185
 7.2.3 采购绩效评估指标 ……… 185
 7.2.4 采购绩效评估的标准 …… 189
7.3 提升采购绩效的措施 ……… 190
 7.3.1 开发采购绩效评估和考核系统 ……………………… 190
 7.3.2 建立标杆管理机制 ……… 191
 7.3.3 采用多种绩效指标 ……… 195
 7.3.4 向领导层报告 …………… 195
 7.3.5 实施电子采购 …………… 196
 7.3.6 改进采购绩效的技巧 …… 197
◇ 本章习题 ……………………… 198
◇ 案例分析 ……………………… 198

## 第8章 企业业务外包 …………… 200
8.1 业务外包概述 ……………… 201
 8.1.1 外包的提出 ……………… 201
 8.1.2 外包概念 ………………… 201
 8.1.3 业务外包的产生与发展 … 202
 8.1.4 外包的特征 ……………… 203
 8.1.5 业务外包与采购的区别 … 204
 8.1.6 业务外包的原则 ………… 204
 8.1.7 基于信息技术的业务外包 …………………………… 204
8.2 外包的方式 ………………… 206
 8.2.1 业务外包的原因 ………… 206
 8.2.2 业务外包的主要模式 …… 207
 8.2.3 业务外包的方式 ………… 208
8.3 自制或业务外包决策 ……… 209
 8.3.1 自制与外包的影响因素 … 209
 8.3.2 业务外包的决策分析 …… 214
 8.3.3 自制或业务外包的决策方法 ………………………… 214
 8.3.4 外包的优势和风险 ……… 217
 8.3.5 关于外包决策中的常见误解 ………………………… 224
◇ 本章习题 ……………………… 225
◇ 案例分析 ……………………… 226

## 第9章 供应商的开发与评估 …… 227
9.1 供应商的开发 ……………… 228
 9.1.1 供应商开发的途径 ……… 228
 9.1.2 对供应商的调查 ………… 231
 9.1.3 供应商开发的步骤 ……… 232
9.2 供应商评估 ………………… 237
 9.2.1 供应商评估的内容 ……… 237
 9.2.2 供应商的评估方法 ……… 243
◇ 本章习题 ……………………… 246
◇ 案例分析 ……………………… 247

## 第10章 供应商考核 ……………… 248
10.1 供应商考核的组织和要求 …… 249

10.1.1 供应商考核的组织……249
10.1.2 供应商考核的要求……251
10.1.3 供应商考核的项目……252
10.2 供应商考核过程……253
10.3 供应商考核指标……257
　　10.3.1 供应商考核的内容……257
　　10.3.2 供应商考核的指标……258
10.4 供应商考核方法……263
　　10.4.1 定性分析法……264
　　10.4.2 定量分析法……265
　　10.4.3 定性分析法与定量分析法的比较……267
◇ 本章习题……272
◇ 案例分析……273

## 第11章 供应商关系管理……275
11.1 供应商关系的发展趋势……277
　　11.1.1 供应市场变化对供应商关系的影响……277
　　11.1.2 供应商关系管理的特征……278
　　11.1.3 供应商关系的发展……279
　　11.1.4 供应商关系的日益复杂性……283
　　11.1.5 供应商关系的演变趋势预测……285
11.2 供应商关系管理战略……285
　　11.2.1 供应商关系管理的基础……285
　　11.2.2 供应商关系管理基本策略……288
　　11.2.3 供应商关系分类方法……289
　　11.2.4 供应商关系管理的其他策略……291
11.3 供应商伙伴关系的管理……293
　　11.3.1 供应商伙伴关系的含义……293
　　11.3.2 建立供应商伙伴关系的重要性……294
　　11.3.3 建立供应商伙伴关系的意义……294
　　11.3.4 供应商伙伴关系的内容及评价原则……295
　　11.3.5 建立供应商伙伴关系的步骤……296
　　11.3.6 供应商伙伴关系的维护……297
　　11.3.7 友好结束供应商伙伴关系……298
11.4 供应商整合……300
　　11.4.1 供应商整合的概念……300
　　11.4.2 整合供应商的障碍……301
　　11.4.3 整合供应商的策略……301
　　11.4.4 供应商整合途径……305
◇ 本章习题……307
◇ 案例分析……308

**参考文献**……310

# 第 1 章

# 采 购 基 础

🔍 **学习目标**

1. 掌握采购的基本概念。
2. 熟悉采购的特点、分类及方式。
3. 熟悉采购的地位、作用及重要性。
4. 明确采购管理的内容和目标。
5. 了解采购管理的职能演变。
6. 掌握采购的模式。

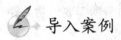 导入案例

## 上海宝钢的采购管理

宝钢是新中国成立以来引进技术最多、装备水平最高的现代化超大型钢铁企业。目前,产量已超过设计水平,产品质量已达到国际先进水平,利税连年翻倍。宝钢在物资管理方面,借鉴国外先进的采购与供应管理思想和经验,突破了我国大型钢铁企业物资管理的模式,全面推行物资集中一贯管理,形成了具有宝钢特色的采购与供应管理方式。

宝钢的原物资部和后来的物资贸易公司已做到:统一编制需用计划和采购供应计划;统一采购,由各专业采购部门对分管物资的供应承担最终责任;统一仓储,实行专业总库一级仓储体制;统一配送,完全实行送料到现场;统一物资的现场管理,并与使用单位合作,实行现场物资的动态管理;统一回收,包括余料退库与废旧物资的回收利用。

1. 坚持送料到现场。宝钢已经彻底取消二级厂、部到物资管理部门去领料的制度,改由原物资部负责定点、定量、定时、定人送料到现场。供需双方协议,在全公司范围内设605个送料点;根据用户的计划需用量,填发、送料单,凭单送料;根据用户使用物资时间送料;固定专人快、准、好地完成送料。

2. 供应站制订计划。申请用料计划完全由原物资部派驻的各地区供应站根据用户需要编制,突破了由用户做申请计划,层层审批核发的旧框框的限制。

3. 一级仓储体制。原物资部取消了本部 9 个地区供应站管理的中间仓库(总面积达 9 734 平方米),实行专业总库直接面向现场的一级仓储体制,即由专业总库直接送料到现场,从而大大缩短和简化了物流流程。由于取消地区中间库,当年就节约库存资金占用额 780 万元,节约利息支出 166.8 万元,撤销重复岗位 51 个,减员 112 人。

4. 实行现场物资动态管理。这项措施做到了各类机旁无多余备料,现场余料回收不超过两天,消除了账外物资,一举压缩流动资金1 300万元。与此同时,物资部门与各二级厂、部签订现场资料管理协议书,建立起双方共同参与的现场物资管理网络,聘请厂、部第一线的作业人员作为网络的协调人员。物资部门设物资现场管理员,对生产现场使用的各种材料划定区域、挂牌,并限定两天的用量。

至此,宝钢在各类物资的计划编制、采购、仓储、配送以及现场使用和回收等物资管理的主要环节上,以一竿子插到底的方式,真正实现了集中的、一贯到底的全过程管理。

## 1.1 采购的基本概念

### 1.1.1 采购的含义

采购活动是一种广泛存在于人们现实生活中的经济行为,任何组织的生存都离不开采购,如超市需要采购、学校需要采购、医院需要采购、政府也需要采购。本书从狭义和广义两个方面对采购的含义进行了解释。

狭义的采购是指企业在一定条件下从供应市场购买其生产、经营所必需的货物和服务的交易行为。简单来讲,狭义的采购就是企业通过支付货币的方式来换取自身所需要的物品和服务的交易行为。

广义的采购是指企业在一定条件下,通过购买、租赁、交换等方式获得其生产、经营所必需的货物和服务的行为。简单来讲,广义的采购就是企业不论以何种形式,只要是合法获取生产资源,就属于采购行为。

**小资料** >>>

租赁,是一种以支付租金的方式获得物品使用权,并在使用完毕或租赁期满后将物品归还物主的经济行为。在这种经济行为中,出租人将自己所拥有的某种物品交与承租人使用,承租人由此获得在一段时期内使用该物品的权利,但物品的所有权仍保留在出租人手中。承租人为其所获得的使用权需向出租人支付一定的费用(租金);交换,就是通过以物易物的方式取得物品的所有权和使用权的经济行为。当双方交换的物品价值不相等时,要由一方补贴差额给对方。

### 1.1.2 采购的过程

图1-1显示了采购的过程。从图中可以得到采购过程主要由开发原料来源、购置和供应等活动构成。

① 开发原料来源:通过搜集信息,寻求所需产品和服务的供应源,以确保供应的连续性和供应源的可替代性的一系列活动。

② 购置:从获得所需产品到运送产品至最终目的地这一过程中所必需的一切活动,包括采购、储存、运输、检测等。

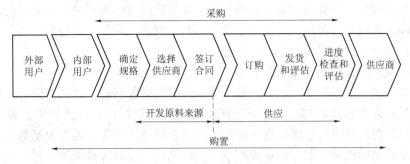

图1-1 采购过程模型

③ 供应:供应包括了采购、存储和接收在内的更广泛的含义,其基本含义是供应商提供产品和服务的过程。与侧重于商流活动的采购相比,供应更侧重于物流活动。

## 小资料 >>>

① 购买:用货币换取商品的交易行为。
② 订购:依照事先约定好的时间和条件向供应商发出采购订单,以便获得所需产品和服务的行为,被认为是采购过程的一部分。
③ 物流:为了满足客户需要,以实现产品、服务及相关信息从产地到消费地的高效、低成本的流动和储存而进行的规划、实施与控制的全过程。
④ 商流:物品在流通中发生形态变化的过程,即由货币形态转化为商品形态,以及由商品形态转化为货币形态的过程。

表1-1显示了购买、采购、供应三者间的联系和区别。

表1-1 购买、采购、供应三者间的联系和区别

| 低 ←──对企业的战略贡献──→ 高 | | |
|---|---|---|
| 购买 | 采购 | 供应 |
| 了解需求 | 采购效率 | 确保企业在采购方面的公平和公正 |
| 寻找供应商 | 批量决策 | 创造价值与节约成本同样重要 |
| 处理订单 | 节约成本 | 参与构造并影响整个供应链 |
| 价格谈判 | 采购政策 | 与供应商建立战略合作伙伴关系 |
| 货物交运 | 程序管理 | 供应商的早期介入 |
| 文书记录 | 防止差错 | 机会最大化 |
| 重在交易 | 重在管理 | 重在关系和资源的整合 |
| 传统的业务活动 | | 面向增值的业务活动 |

### 1.1.3 采购的特点

(1) 采购是一种经济活动

作为企业经济活动的重要组成部分,采购活动既要遵循经济规律,又要追求经济效益。

在采购的整个过程中，资源的获取虽然确保了企业生产经营的顺利进行，但也会产生各种各样的费用，即采购成本。因此，在进行采购活动时要努力追求经济效益的最大化，不断地降低采购成本，以最小的成本换取最大的效益。

（2）采购是一种获取所需资源的过程

采购的意义就在于解决了人们生产和生活所需要的资源问题，这些资源是人们进行生产或维持生活所缺乏或不具备的，既包括生产资料和生活资料，也包括物质资源和非物质资源。能够提供资源的供应商形成了资源市场，而从资源市场获取所需资源都是通过采购的方式，采购的基本功能就是帮助人们从资源市场获取他们所需的各种资源。

（3）采购是物流过程和商流过程的统一

通过将资源从资源市场的供应者手中转移到用户手中，采购过程不仅实现了资源的物质实体的转移，也实现了所有权从供应者手中到用户手中的转移。

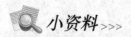
小资料>>>

资源的物质实体的转移是一个物流过程，主要是通过存储、包装、运输、搬运等手段来实现物质实体的空间位置和时间位置的转移，最终将实物送达用户手中。资源所有权的转移是一个商流过程，主要是通过购买、等价交换等方式来实现物品所有权从供应者到用户的转移。因此，采购过程实际上是物流和商流的完整结合，是两者的统一，物流过程和商流过程的最终实现标志着一次采购过程的结束。

## 1.1.4　采购的分类与方式

**1. 采购分类的标准**

为了维持企业的运转需要购入大量的资源，资源数量少则几百种，多则上万种。为了提高工作效率，有必要对采购进行分类。依据不同的标准，可以对采购进行不同的分类，如表1-2。

表1-2　采购分类标准与内容

| 分类标准 | 内　　容 |
| --- | --- |
| 采购的主体 | 个人采购、集体采购 |
| 采购的地域 | 国内采购、国外采购 |
| 采购的时间 | 长期合同采购、短期合同采购 |
| 采购的方法 | 订货点采购、JIT采购、MRP采购、供应链采购、电子商务采购 |
| 采购的对象 | 有形采购、无形采购 |
| 采购的价格决定方式 | 招标采购、议价采购、比价采购 |

**2. 按采购主体分类的采购方式**

依照采购主体的不同，可以对采购进行如下分类，如图1-2所示。

（1）个人采购

个人采购是指个人生活用品的采购，一般是自行决策、品种单一的采购，是一种具有较大的主观性和随意性的采购。个人采购的影响范围不大，通常也只是对个人产生影响，因此

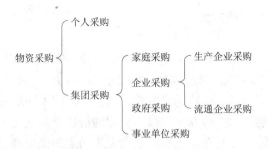

图1-2 按采购主体分类示意图

即便是采购失误,也不会造成太大的损失。

(2) 集团采购

集团采购是指两人或两人以上公用物品的采购,一般是集体决策的多品种、大批量、多批次、大金额的采购。集团采购的影响较大,不仅关系到多人的利益,而且关乎集团的正常运作,如果采购决策失误,就会给集团造成较大的损失。

### 小资料>>>

集团采购一般要求谨慎、严格和科学。典型的集团采购主要是指企业采购、政府采购、事业单位采购、军队采购等,其中企业采购尤为广泛和重要,受到了大多数人的广泛关注。依照企业类型的不同,企业采购又可以细分为流通企业采购和生产企业采购。

**3. 按采购地域分类的采购方式**

(1) 国内采购

国内采购是指在国内资源市场进行的采购活动。无论是采购物资是国内生产的,还是国外生产后输入国内的,只要是在本国地域内的资源市场进行的采购都是国内采购。国内采购又可以细分为本地市场采购和外地市场采购两种。一般情况下,为保障资源供应的迅速和及时,并节约时间、资费等各项成本,采购人员会优先考虑本地市场;在本地市场无法满足需求时,才会考虑外地市场采购。外地市场采购增加了运输费用,而且运输途中存在各种安全隐患,因此在进行外地采购时要更加严谨和科学。

(2) 国外采购

国外采购是指采购个人或组织从国外资源市场进行采购的行为。这种采购方式一般是通过向国外厂商咨询所需物资的事宜,进行贸易洽谈后才能最终确定是否采购。

### 小资料>>>

进行国外采购,可以获取到国内无法生产或无代理商经销的产品,如汽车制造商所需的光电控制系统。国外采购的优点在于价格低廉、质量可靠,但也存在着许多的不足,如交易过程复杂、交易效率低、运输和储存成本高、安全隐患多等问题。虽然国外采购存在一定的风险,但由于中国的一些技术还无法与发达国家的技术相媲美,因此国外采购也是中国一些企业无法避免的一条重要的采购途径。

## 4. 按采购时间分类的采购方式

（1）长期合同采购

长期合同采购是指采购商和供应商为稳定双方的贸易关系，以合同的方式来明确"供需关系"，并要求双方都遵守和履行合同的长期的采购行为，合同的期限一般以一年为限。长期合同采购主要适用于大量、连续的采购。利用长期合同采购的方式，不仅可以降低洽谈的费用，而且可以使采购方和供应商之间增强彼此的信任，建立稳定的供需关系。通过合同的签订，还可以切实保障各方利益，也有利于实现采购方和供应商之间的"双赢"。但长期合同采购也会带来一些麻烦，如采购价格难以调整、采购数量固定不变、采购人员缺乏创新等。

（2）短期合同采购

短期合同采购是指采购商为满足自身正常运转的需要，而同供应商签订合约，实现一次交易的采购行为。在短期合同采购方式中，采购商和供应商之间的关系并不稳定，采购产品的数量、品种等一般是采购商根据自身要求而设的，采购商还可以自行选择供应商来洽谈价格、服务等，再签订一次交易的合同。短期合同采购适用于不易损耗、价格波动大、难以长期储存的物品，如车辆、计算机、农产品等。

## 5. 按采购方法分类的采购方式

（1）订货点采购

订货点采购是指严格根据需求的变化和订货提前期的长短，来精确确定订货点、订货周期、最高库存量，并据此进行采购的行为。订货点采购方式要求建立起连续的订货机制和库存控制机制，以实现既满足要求，又能使库存成本最低的目的。

（2）JIT 采购

JIT（Just-In-Time）采购也就是所谓的准时化采购，它的基本思想是：把合适的数量和质量的物品，在合适的时间供应到合适的地点，是一种完全以满足需求为依据的采购方法。它以需求为依据，改造采购流程和采购方式，使采购流程和采购方式能够完全适合于需求的品种、数量和时间，以灵敏地响应需求的变化。JIT 采购不但能够最好地满足用户需要，而且可以极大地消除库存、最大限度地消除浪费，从而极大地降低企业的采购成本和经营成本，是一种较为科学的采购模式。

（3）MRP 采购

MRP 指的是物料需求计划，MRP 采购主要应用于生产企业，是生产企业根据主生产计划、主产品结构和库存情况，来逐步推导出生产主产品所需的原材料、零部件等的生产计划和采购计划的过程。MRP 采购计划以需求分析为依据，以满足库存为目的，比较精细、严格地规定了采购的品种、数量以及采购时间和到货时间，并在市场响应灵敏度和库存水平方面都要比以前的方法有所进步。

（4）供应链采购

供应链采购是一种供应链机制下的采购模式，是供应链内部企业之间的采购。供应链内部的需求企业向供应商企业采购订货，供应商企业将货物供应给需求企业。在这种供应链机制下，采购活动不再由采购企业操作，而是由供应商操作，采购商只需要把自己的需求信息和库存信息及时传递给供应商，供应商则根据所获得的信息，连续地、及时地、小批量地补充库存，从而既确保了采购方的需求又使总库存量最小。供应链采购与传统的采购相比，物资供需关系没变，采购的概念没变，但是，由于供应链各个企业之间是一种战略伙伴关系，采购是在一种非常友好合作的环境中进行，所以采购的观念和采购的操作都发生了很大的变化。

（5）电子商务采购

电子商务采购是在电子商务环境下的采购模式，也就是网上采购。通过建立电子商务交易平台，发布采购信息，或主动在网上寻找供应商、寻找产品，然后通过网上洽谈、比价、网上竞价实现网上订货，甚至网上支付货款，最后通过网下的物流过程进行货物的配送，完成整个交易过程。电子商务采购为采购提供了一个全天候、全透明、超时空的采购环境。该方式实现了采购信息的公开化，扩大了采购市场的范围，缩短了供需距离，避免了人为因素的干扰，简化了采购流程，减少了采购时间，降低了采购成本，提高了采购效率，大大降低了库存，使采购交易双方易于形成战略伙伴关系。电子商务采购从根本上改变了商务活动的模式，不仅实现了商品和服务采购过程的自动化，极大地提高了效益，降低了采购成本，而且可以使企业在一定程度上避免因信息不对称而引起的资源浪费，有利于社会资源的有效配置，便于企业用更具有战略性的眼光进行采购。其优点具体表现为以下 4 个方面。

① 节省采购时间，提高采购效益。企业实施电子采购是提高效率最直接、最易于实现的手段。电子采购实现了采购信息的数字化、电子化、数据传送自动化，减少了人工重复录入的工作量，使人工失误的可能性降到最低限度。电子采购实施过程中的流程再造，也简化了业务流程。

② 采购成本显著降低。电子采购由于建立了用户和商家直接进行沟通和挑选的平台，减少了中间环节，节省了时间，从而使采购成本明显降低。

③ 优化采购及供应链管理。电子采购在提高效率的同时，使各部门甚至个人的任何采购活动都在实时监控之下，有效堵住了管理漏洞，减少了采购的随意性，变事后控制为过程控制。同时，提高了企业供应链管理水平。由于电子采购的计划性强，周期短，货物能够根据计划时间更准确地到达现场，实现零库存生产。

④ 加强对供应商的平台管理。电子采购扩大了供应商资源，采购信息的公开化，适应了更多的供应商。供应商静态数据库的建立为企业采购提供了方便的查询手段，帮助企业及时、准确地掌握了供应商的变化，同时也为供应商选择提供了决策支持。

**6. 按采购对象分类的采购方式**

（1）有形采购

有形采购是指采购对象的输出形态为具体实物的采购，如办公桌、原材料、计算机、汽车等。有形采购主要是企业采购其运转所必须的物品。

（2）无形采购

无形采购是指采购对象的输出形态为非具体实物的采购，如服务、技术、保险、软件等，是一种与有形采购相对应的概念。无形采购主要是咨询服务采购和技术采购，或是采购设备时附带的服务。

**7. 按采购价格决定方式分类的采购方式**

（1）招标采购

招标采购也是一种使用越来越广泛的采购方法，已经受到业界的普遍关注。所谓招标采购，就是通过招标方式寻找最好的供应商的采购方法，它是政府及企业采购中的基本方式之一。招标采购最大的特征就是其公开性，凡是符合资源规定的供应商都有权参加投标。招投标业务通常集中在建设工程、生产设备或资本品采购以及政府采购中。在政府采购过程中，强调公开、公平和公正的原则，招标采购方式具有不可替代的优势。在企业经营活动中，生产性原材料的采购或各类业务外包，也可以用招标来确定一个阶段的最佳供应商。因为招标采购程序复杂，涉及面广，也会产生一定的人、财、物的耗费，所以，并不是所有的物资采购都适合招标的方法。并且，招标确定的供应商在合作过程中一般会产生短期行为，因此，招标采购也会有一些缺点。

（2）议价采购

议价采购是指采购商与供应商经过一番讨价还价后议定价格，实现交易的一种采购行为。议价采购主要适用于定期供应、大量需求的大宗物资的采购，具有较好的灵活性，并能节省采购费用和采购时间，但也可能导致不公平竞争。

（3）比价采购

比价采购是指采购商请选定的两家以上的供应商提供价格，将供应商的公开报价加以比较后，选择供应商进行采购的行为。比价采购有助于采购商降低成本、预防腐败，但也可能会忽视产品的质量和技术指标。

8. 其他采购方式

（1）集中采购与分散采购

集中采购是指企业在核心管理层建立专门的采购机构，统一组织企业所需要物品的采购进货业务。跨国公司的全球采购部门的建设是集中采购的典型应用。它以组建内部采购部门的方式，统一管理其分布于世界各地分支机构的采购业务，减少采购渠道，通过批量采购获得价格优惠。分散采购是由企业下属各单位，如子公司、分厂、车间或分店，实施满足自身生产经营需要的采购。分散采购是集中采购的完善和补充。

（2）联合采购

联合采购是指多个企业之间的采购联盟行为，它与集中采购不同。集中采购是指企业或集团内部集中化采购管理。可以认为，联合采购是集中采购在外延上的进一步扩展。随着市场竞争的日益激烈，企业在采购过程中实施联合已经成为企业间降低成本、提高效益的重要途径之一。联合采购的方式主要有采购战略联盟和通用材料的合并采购两种方式。

① 采购战略联盟。采购战略联盟是指两个以上的企业出于对整个世界市场的预期目标和企业自身总体经营目标的考虑，采取一种长期联合与合作的采购方式。这种联合是自发的、非强制性的，联合各方仍保持各个公司采购的独立性和自主权，彼此依靠相互间达成的协议及出于经济利益的考虑连接成松散的整体。随着现代信息网络技术的发展，企业有了一个崭新的合作空间，企业间可通过网络保证采购信息的及时传递，使处于异地甚至异国的企业间实施联合采购成为可能。国际上一些跨国公司为充分利用规模，降低采购成本，提高企业的经济效益，正在向采购战略联盟发展。

② 通用材料的合并采购。这种方式主要运用于有相互竞争关系的企业之间，通过合并通用材料的采购数量和统一归口管理来获得大规模采购带来的低价优惠。在这种联合方式下，每一项采购业务都交给采购成本最低的一方去完成，使联合体的整体采购成本低于各方原来进行单独采购的成本之和，这是这些企业的联合准则。这种合作的组织策略主要分为虚

拟运作策略和实体运作策略。虚拟运作策略的特点是组织成本低，它可以不断强化合作各方最具优势的功能和弱化非优势功能。

（3）关键性采购

建立一个有效的、有成本意识的物流采购部门，首要的措施是建立 ABC 分类管理系统。ABC 分类管理系统，将采购的全部原材料和零部件分成 A、B、C 三类。A 类表示该项目价格最贵，对公司的经营活动至关重要，在价值上占到全部物品的 70%～75%，但在物品数量上仅占总数的 5%～10%，对 A 类物品应重点管理和控制，可按品种设专人进行关键管理。B 类物品不像 A 类那么昂贵，但比 C 类物品贵些，在数量上占全部物品总数的 20% 左右，价值量上也约占总量的 20%，对 B 类物品可按照类别进行管理和控制。C 类物品是企业中使用量大，但价格十分便宜的物品，如螺栓、螺帽、螺钉等。这类物品数量占到 70%～75%，但价值却只占总量的 5%～10%，库存量大，管理可以简单化，如一年采购一次或两次。把所有的物料分成以上三个类别，就可以把重点放在 A 类物品上。对 A 类物品，采购时必须签订严格的合同，和供应商、潜在的供应商保持密切联系，把生产进度与采购进度、供应商的生产能力联系起来考虑，以及时满足生产的需要。ABC 分类系统的目的就是使企业把管理控制的力度放在最重要的项目上，通过认真掌握 A 类部件情况，形成一个有效的材料价格管理控制机制。

### 小资料>>>

关键性采购也可以理解成采购物品的 80/20 法则，即数量或者种类占 80% 的采购物品只占所有采购物品价值的 20%，而剩下的 20% 则占有 80% 的价值；其中 50% 的物品的价值总量在 2% 以下。产品中原料（含零部件）的这种 80/20 特性为采购物品的策略制定提供了有益的启示，也就是采购工作的重点应该放在价值占 80% 而数量只占 20% 的物品上，这些物品包括了战略物资和集中采购品。此外，有 50% 的物品可以不予重视，其运作的好坏对成本、生产等的影响甚微。

（4）最优利润法

采购要利用价格的杠杆原理。所谓杠杆原理，即采购一般占到最终产品销售价值的 40%～60%。这意味着，在获得物流方面所做的点滴成本节约对利润产生的影响，要大于企业其他成本——销售领域内相同数量的节约给利润带来的影响。因此，应充分考虑企业利润最优。由于采购杠杆作用，一方面，价格小幅度下降可以使利润增长 50%。另一方面，价格下降使库存价值降为原来的 95%，依次减少了公司资产的基数，使资产周转速度从原来的 2.00 提高到 2.04。资产回报率从原来的 10% 增长到 15.3%，提高了 5.3%。

（5）概率法

许多实际存在的库存问题涉及时鲜产品或者一次性需求产品，例如，新鲜水果、蔬菜、鲜花、报纸和某些药品的上架期（Shelf Life）短暂，过期就无法销售。其他的还包括，为即将来临的销售期准备的玩具和时装、为棒球比赛准备的法兰克福小面包、为政治活动准备的海报等，这些需求都是一次性的，通常无法准确预测。为满足此类需求只能订购一次产品。因此，人们期望知道这种一次性订单到底应该多大。

可用边际经济分析方法找到最佳订货量（$Q^*$），即当售出下一单位产品的边际收益等于下一单位产品售不出去的边际损失，就得到 $Q^*$ 点。销售一单位产品所获得的单位边际收益为：

$$利润 = 单位价格 - 单位成本$$

一单位产品销售不出去所产生的单位损失为：

$$损失 = 单位成本 - 单位残值$$

把一定数量产品被售出的概率考虑进来，预期收益和预期损失在以下点得到平衡，即：

$$CP_n(损失) = (1 - CP_n)(利润)$$

其中，$CP_n$ 代表至多售出 n 单位产品的累计概率。解上述方程，可以得到利润概率：

$$CP_n = \frac{利润}{利润 + 损失}$$

也就是说，应该继续增加订购量，直到销售额外单位产品的累计概率恰好等于上述比值，即等于利润÷（利润＋损失）。

### 1.1.5 采购管理的含义

作为企业不可缺少的组成部分，采购活动是一个十分重要的环节，需要动用企业一定的人力资源和资金，因此有必要对其进行科学的管理。采购管理是指企业为维护自身利益、实现经营目标而对企业的采购过程进行的计划、组织、协调和控制活动。由于采购也包含了与供应商发生关系的过程，因此采购管理也包括了管理供应商关系所必需的所有活动。

### 1.1.6 采购管理的内容

采购管理的内容主要包括计划、组织实施和控制，如图 1-3 所示。

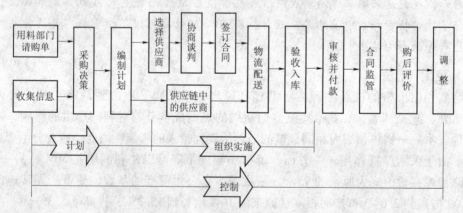

图 1-3 采购管理内容示意图

**1. 计划**

（1）接收采购请求

采购部门要负责接收正式的采购请求，采购请求的内容包括：所需物料细项说明、所需物料的质量与数量、期望交货日期、采购申请人。

(2) 进行采购决策

审核请购单后,就要进行采购方面的相关决策,具体包括:品种决策、采购量决策、采购方式决策、采购批次决策、采购时间决策。

(3) 编制计划

通过对相关信息的分析以及制定的相关决策,采购部门要编制系统的采购计划,包括年度采购计划、季度采购计划和月度采购计划。

**2. 组织实施**

(1) 选择供应商

采购部门完成采购的计划过程后,就要开始采购的组织与实施的第一步——选择供应商。如果当前的供应商不能满足要求,就应当立刻寻找新的供应商。

(2) 向供应商订货

选定供应商后就要进行相关物资的订购,如果订单涉及的费用很大,尤其是在一次性购买的情况下,往往要求供应商投标,此时需要生产和设计人员来帮助采购部门与供应商进行协商。

(3) 协商谈判与合约签订

谈判要着重考虑两个目标或目的,即"经济利益目标"和"合作关系目标",采购谈判要做好充分的准备工作,并运用谈判的相关策略和技巧来促进谈判取得成功。

(4) 验收入库

根据谈判结果和合同规定的内容,供应商提供的物资要通过一定的物流手段配送到采购企业,收货部门要对供应商所提供货物的数量和质量等进行检查。

**3. 控制**

在实施采购管理各项内容的时候,要进行实时的监控,及时发现采购过程中的错误或失误,并对其进行相应调整,以确保采购行为与其绩效标准、目标和计划相一致。

### 小资料>>>

对物资验收入库和结算款项,并不是采购管理内容的终结。此后,还要进行合同监管、购后评价和调整。对签订的合同要进行及时的分类管理,定期检查合同执行情况,并将执行过程及时输入数据库,以便对供应商做出评价。对供应商供货情况和合同执行情况进行评价后,还要更新供应商分级评估记录,以便对下一次供货进行调整。

## 1.1.7 采购管理的目标

对于采购管理的总体目标是从合适的供应商那里,以合理的价格获得所需的符合数量和质量要求的产品和服务,并以准确的时间将产品和服务发送到正确的地点。作为采购管理的指导,采购目标的实现是非常重要的。如果采购的物资不符合质量或数量要求,都会对产品的生产产生巨大的影响。

### 小资料>>>

就算是以合理的价格采购到了符合各项要求的物资,如果无法按时送达目标地点,也会影响生产的正常进行。另外，如果所需物资非常紧急，企业就无法按照正常的采购提前期来采购，这时所谓"合理"的价格自然也变得比正常价格高些。

**1. 提供持续的物料流和物质流，以支持整个企业的正常运转**

如果物资供应出现短缺会使企业的经营中断，那么由于存在必须支出的固定成本及无法向客户兑现的交货承诺，将会给企业造成极大的损失。

**2. 确保采购物资的质量**

确保物资质量要做到适度，质量太低将不符合生产要求，质量太高又会导致成本的增加。因此，要在确保质量的前提下尽可能以低廉的价格采购物资。

**3. 使损失和存货投资保持最小**

采购管理要做到确保物资持续供应的同时使库存最小化，并确保所购物资的安全，防止由于一些过失导致无谓的损失。

**4. 发现或发展有竞争力的供应商**

采购部门必须有能力发现或发展供应商，分析供应商的能力，从中选择合适的供应商并与其一起努力对流程进行持续的改进。

**5. 以最低的成本获得所需的物资和服务**

当质量有保证、发送和服务等方面的要求都得到满足时，采购部门就应当全力以赴地以最低的价格获得所需的物资和服务。

### 小资料 >>>

在很多企业中，采购部门的活动所消耗的费用是最大的，因此采购活动的利润杠杆效应可能会非常明显，如果能够合理、科学地规划采购，不但能有效增加利润，也可以通过策略性的寻觅过程买到具有竞争力的物品。

**6. 以可能的最低水平的管理费用完成采购目标**

采购部门要对采购方法、程序和技术等方面可能进行的改进保持经常性地关注，运用各种策略来实现最低水平的采购管理费用。

**7. 在企业内部建立与其他职能部门和谐、高效的工作关系**

采购部门要同内部顾客紧密合作，可以通过跨职能的采购团队形式来作出采购决策，以建立采购部门与其他职能部门之间和谐、高效的工作关系。

**8. 支持企业总体战略，提高企业竞争地位**

采购管理对于企业的全局战略和竞争地位的提升都有潜在的贡献，因此必须对采购作出科学、合理的规划，以支持企业总体战略，提升企业竞争地位。

### 1.1.8 采购管理的原则

**1. "适时"采购管理原则**

采购部门的主要任务不但是要根据实际的需要来决定何时购入企业生产所需的物料，而且为了经济利益的目的，更应在激烈的市场竞争中注意价格的变化，并在经济趋势分析中作出正确的判断，以在最有利的时机买到最合适的物料，因此采购的最佳抉择，除了数量与价格的配合外，还需时间因素的配合，这样才能达到有利的采购效果。

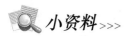小资料>>>

  采购计划的制订要非常准确，若采购事项相对于物料计划过早实施，则会增加物料库存量，造成资金积压的损失；反之，若采购事项迟于物料计划，则存量不足，生产线会停工待料，将严重影响产销进度。因此决定采购的实施时间非常重要，应预先加以计划。

**2. "适价"采购管理原则**

  采购物料成本中采购价格合理与否非常重要，以往总以为一般物料的采购越便宜越好。其实并非如此，如果价格过低而使卖方有损失，卖方会设法偷工减料以劣质产品充抵交货，也可能会拖延交货，因此采购方所蒙受的损失可能会更大，所以采购价格应以达到"适当价格"为最高的目标。为此，采购人员必须根据市场行情，分析物资的质量状况和价格变动情况，选择物美价廉的物资进行购买。

**3. "适质"采购管理原则**

  物料采购的质量，多以适用为原则，即所谓"适当的质量"，因为在采购观点上，要求质量在制造方面能符合产品质量标准，在使用方面达到实用的价值即可。采购物料的质量过低将直接影响生产的产品质量，对企业的竞争力会有巨大的冲击；采购物料的质量过高又会造成无谓的浪费，增加企业采购成本，很难为企业形成竞争优势作出应有的贡献。

**4. "适量"采购管理原则**

  采购数量的大小决定生产、销售的顺畅和资金的调度。物料采购量过大造成过高的存货储备，使资金积压，成本上升，而且承担了比以往更大的风险；物料采购量过少，则无法满足生产需求，也会增加采购次数，从而造成采购成本的提高。因此适当的采购量是非常必要的。

**5. "适时"交货管理原则**

  企业最理想的交换日期应当是计划中使用的日期。为了保证按时交货，采购部门应当合理制定请购日期，并努力缩短交货提前期。请购日期对交货期的估计有相当大的影响，因此要注意请购单日期的控制。请购单不宜过早，也不能太迟，太迟提出请购单将会影响采购的计划性，发生因急于采购而造成损失的可能。请购日期尽可能接近采购日期，使交货期与使用期接近，缩短库存时间。

## 1.2 采购的地位和作用

### 1.2.1 采购在企业中的作用

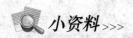小资料>>>

  起初，人们认为采购不过是购买原材料、元器件等企业所需物资，但随着企业管理的深

入发展,采购管理的重要作用也开始被人们深入了解,从最初的物资保障功能,逐步认识到采购对企业的经济效益、产品质量保障都有着举足轻重的作用。

**1. 保障物资供应的作用**

企业作为一个存在于社会经济大系统中的子系统,必然与外部的环境有着大量的物质、能量和信息的交换,并在交换中获取利润。交换发生在两个环节,输入端以采购形式与外部交换,输出端以销售形式与外部交换,没有输入就没有输出,所以采购的第一作用就是保证企业生产经营的正常进行。

**2. 保证产品质量的作用**

最初,采购物资的质量控制主要是靠入库时的检查,但随着企业管理的不断发展,质量管理也慢慢延伸到了供应商的生产线,建立起了一整套的供应商质量管理的制度。

**3. 采购的赢利作用**

由于采购成本在总成本中占有很大比重,因此降低采购成本往往成为企业成本控制的主要对象,降低采购成本也就成为了采购管理的头等大事和首要考核目标。下面通过一个例子来说明采购杠杆的作用。

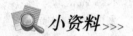
**小资料 >>>**

虽然利润是在销售完成后才能核算出来,但利润却是实实在在地产生于生产经营过程的始终。有观点认为:"销售是大把大把挣钱,采购是大把大把花钱",这话的确不假,但如果把利润认为是"挣钱的人"挣来的,那就不正确了。利润的计算公式很简单:利润=销售收入-成本,所以如果"花钱的人"省着点花就能省出利润来。

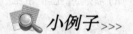
**小例子 >>>**

### 采购杠杆的作用

假设某公司的年销售额为1 000万元,其中,毛利率占10%、销货成本中物料占60%、薪资成本占15%、其他管理费用占15%。如果公司想把毛利率从10%增加到15%,可以有几种做法,哪一种最为可行?

答:如果公司想把毛利率从10%增加到15%,可以有四种做法:(1) 在总成本不改变的前提下,使年销售额从1 000万元增加到1 500万元,即增加50%的销售额;(2) 在其他成本不改变的前提下,使薪资成本从150万元降至100万元,即减少33.33%的人工成本;(3) 在其他成本不改变的前提下,使其他管理费用从150万元降至100万元,即减少33.33%管理费用;(4) 在其他成本不改变的前提下,使物料成本从600万元降至550万元,即减少8.33%的物料成本。相比之下,第四种做法是最为可行的。

增加50%的销售额谈何容易,在不增加任何成本的前提下增加销售额50%基本上是不可能的。降低人工成本意味着压低员工的工资,试问哪一个员工愿意自己的工资缩水三分之一?管理费用也是难以降低的,更何况要降低三分之一!最后得出,采购成本的降低是最为有效和可行的方法了,采购成本的变动幅度最小,而且是在可以控制的范围内。

除了以上三个主要作用外，通过采购企业还有机会从供应商处获得新材料、新技术、新产品信息和新思路等，有力地支持了企业产品的改进和新产品的研发等工作，采购为企业的发展发挥着越来越重要的作用。

## 1.2.2 采购在企业管理中的地位

采购的地位是相对于企业其他职能而言的，它的地位的重要性是与其他职能相比较而显示出来的，是由它的作用所决定的。企业有营销、财务、运营三大基本管理职能，采购原属于运营管理下的一项独立的业务。在企业实际经营过程中，采购无时无刻不影响着销售、财务和生产。

对于销售部门而言，即便是接下了订单，也可能因为某种材料无法采购到而不能制造，许诺的交货期也可能因某种材料的采购提前期很长而不能准时交货。作为企业销售成功的先导环节，只有采购到符合要求的物资，才能确保销售部门高质量、高效率和高效益的开展活动。

对于财务管理部门而言，采购部门是企业流动资金的使用大户，采购管理的优劣对财务管理的资金周转影响很大，如果实施标准化采购，可以大大减少对流动资金的需求量。从采购的盈利作用可以得知，财务的利润指标与采购作用是息息相关的。

对于生产部门而言，生产主管经理时时刻刻都会关心库存物品能否保证按计划投入使用，采购物品的质量是否可靠。采购对生产部门起着最基本的供应保障的作用，因此对生产部门是很重要的一个准备环节。

似乎，无论怎样强调采购在企业管理中的地位都不为过，但是，又不能不切实际地将采购摆在其他职能之上，夸大其地位和作用。从采购在企业中的实际作用来看，它不是也不可能处于企业管理的核心地位，企业是不能以它为中心进行管理的。采购主要起到支持保障的作用，处于企业管理的基础地位。对于企业而言，有了稳固的基础才能得心应手的处理其他事物。

## 1.2.3 加强采购管理的必要性

从采购的地位和作用可以认识到采购管理是一项非常重要和必要的管理职能。企业经营活动所需要的物资、技术、信息和服务都可以通过采购获得，采购成为了企业任何生产活动的先导。因此，采购管理水平的高低，对产品竞争力和企业经营业绩都会产生重大影响。

**1. 强化采购管理是企业内涵增长的必然要求**

在经济处于低速增长或竞争激烈的环境下，成功的企业不是总能做得最大，但必须做得更好。这就要求管理更加的高效，在销售收入不增或少增的情况下降低企业成本来提高企业的利润。这是很多企业不得不走的增加企业内涵的道路。

降低成本有两个基本的途径：一是从生产过程中降低消耗；二是从采购过程中降低费用。传统的成本管理理念认为降低成本就是降低生产消耗，其实对于很多企业而言更重要的是降低采购成本。从全球范围来说，典型企业的采购成本要占企业销售成本60%。而中国的工业企业的采购成本要占到企业销售成本的70%。显然，采购成本是企业管理中成本的主体和核心部分。采购过程中可以挖掘的潜力要比生产过程中可以挖掘的潜力大得多，而且由于市场随时在变，采购过程中的挖掘是大有可为的。

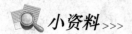小资料 >>>

目前，仍然有许多企业在控制成本时将大量的时间和精力放在不到总成本40%的企业管理费用、工资和福利上，却忽视了其主体部分——采购成本。采购成本通常占据了总成本的最大比重，如果能够合理、科学的规划采购，不但能有效增加利润，也可以通过策略性的寻觅过程买到具有竞争力的物品。因此，要想增加企业内涵，不可避免的就是强化采购管理，从而使企业的综合实力不断加强。

**2. 强化采购管理是买方市场形势的必然要求**

在物资短缺，即卖方市场的情况下，人们同样很重视采购管理，只是那时更注重的是如何才能得到物资。而在买方市场条件下重视采购管理的意义发生了本质的变化。

首先，在供大于求的情况下，卖方竞争激化，这种激化使得产品、规格、花色和性能等方面日趋多样化，这在方便和有利于买方的同时，也对买方的采购管理提出了新的挑战。在生产资料市场，企业的采购活动要比个人的购买行为复杂得多，作为采购方的企业必须加强采购物资的品种、质量、价格和信用等多方面的管理，以确保正常运作的同时不断提升自己。

其次，在普遍存在着不规范竞争的市场上，企业不得不去重视采购的控制管理。在市场竞争日趋激烈的今天，五花八门的促销手段、技巧，甚至是不规范的返利、回扣和提成，使得采购管理制度不严格的企业不但无法从中获利，而且造成了经济利益和资产的流失。只重视销售管理而忽视采购管理的企业可以说是"前门进钱，后面漏钱"，无法达到真正意义上提高经济效益的目的。

再次，加速资金的周转也需要采购管理的加强。提供企业的采购周转率可以有效提高资金的使用效率，这也是中国企业所必须认识到的。

# 1.3 采购职能的进化与发展

小资料 >>>

采购代表了人类文明关系发展的一个阶段，它使人们通过贸易交换而不是征服、掠夺和占据的方式来获得想要的东西。采购是一种古老的商业行为，如同其他职能一样处于不断发展的变化过程中。采购的发展并不是孤立的，而是一个与企业经营方式同步的发展过程，并与企业的营销方式、生产方式相互促进、相互适应。

## 1.3.1 采购职能的演化过程

对于采购的理论基础，可以追溯到18世纪，亚当·斯密的劳动分工理论和绝对优势理论。亚当·斯密在1776年出版的经济学不朽之作《国民财富的性质和原因的研究》中，提出了绝对优势理论，指出在某种商品的生产上，一个经济体在劳动生产率上占有绝对优势，或其生产所消耗的劳动成本绝对低于另一个经济体,若各个经济体都从事自己占绝对优势的产品的生产,进而进行交换,那么双方都可以通过交换获得绝对的利益,从而整个世界也可以获得分工的好处。企业的采购行为就是这种供应链上下游企业间的分工和交换。亚当·斯密的绝对优势理论为企业采购行为奠定了最基本的基础。

英国经济学家大卫·李嘉图发展和完善了亚当·斯密的绝对优势理论。大卫·李嘉图在 1817 年出版的经济学著作《政治经济学及赋税原理》中,提出了比较优势理论,认为当若干经济体都生产几种商品,且在经济体内生产不同商品的相对效率不同,则各经济体可以用自己生产相对效率高的产品与其他经济体交换自己生产相对效率低的产品。这种交换可以使各经济体都得到利益。

尽管采购有着悠久的历史,但直到 20 世纪中叶才得到广泛重视。加拿大学者 Michiel R. Leenders 给出了发达国家采购管理职能的大致演化过程,如图 1-4 所示。

图 1-4 采购职能演化过程

从图 1-4 中可以看出,发达国家在 20 世纪五六十年代开始重视采购管理,到七八十年代提出采购战略,几乎是与营销战略、财务战略、运营战略同时提出的。进入 1990 年代,采购管理开始融入企业一体化,回归到系统管理。随着科学技术的不断发展和市场经济的日益成熟,采购也不断发展变化着,具体表现在功能的升级、管理模式的转化及关注点的转移。Stannack 和 Jones 根据采购关注焦点转移的过程,给出了采购演变的四个阶段及各阶段的特征,如表 1-3 所示。

表 1-3 基于采购关注焦点转移过程的采购演化阶段划分

| 阶 段 | 特 征 |
|---|---|
| 第一阶段 以产品为中心的采购 | 强调产品本身。只注重对具体产品的采购及其结果的重要性 |
| 第二阶段 以运营流程为中心的采购 | 强调产品本身。从只注重结果提升了一步,开始衡量形式结果的过程 |
| 第三阶段 以采购关系为中心的采购 | 强调过程和关系。拓宽思路,加入了供需方的关系及如何利用这些关系来加强供应方的质量管理和类型管理 |
| 第四阶段 以采购绩效为中心的采购 | 强调最佳产品管理方法。采用综合管理的方法论来处理关系、运营和结果,并与供应方联合采用这一方法论 |

而 Reck 和 Long 指出采购的整合是提升企业竞争力的重要武器,并根据采购业务的地位变化,给出了采购变化的四个阶段及各阶段的特征,如表 1-4 所示。

表 1-4 基于采购业务地位变化的采购演化阶段划分

| 阶段 | 定 义 | 特 征 |
|---|---|---|
| 第一阶段 被动阶段 | 采购职能还未以战略为指导,而主要是对采购的需求作出初始反映 | (1) 大量时间用于快速解决日常运营事务上<br>(2) 由于采购职能的透明度低,其信息交流以功能性和单位性为主<br>(3) 供应商的选择根据物料和获取方便程度而定 |

续表

| 阶段 | 定 义 | 特 征 |
|---|---|---|
| 第二阶段<br>独立阶段 | 采购职能已采纳了最新的采购技巧和方式，但其战略方向仍未与企业整体的竞争战略接轨，因此成为独立阶段 | (1) 绩效仍主要以降低成本和提高效率来衡量<br>(2) 在采购和技术培训方面建立了协调的联系<br>(3) 高级管理层意识到采购专业发展的重要性<br>(4) 高级管理层意识到采购中有机会为创利作出贡献 |
| 第三阶段<br>支撑阶段 | 采购职能通过掌握采购技巧和产品来支持企业的竞争战略，以此巩固企业的优势地位 | (1) 采购被划归在销售计划小组中<br>(2) 供应商被看做一种资源，强调其经验、动力和态度<br>(3) 市场、产品和供应商的动向时刻被关注和分析 |
| 第四阶段<br>综合阶段 | 采购的策略已完全与企业整体战略接轨，并在企业其他职能中形成一股综合力量来制订并推行一个战略性计划 | (1) 已有了为采购专业人员提供的交叉职能培训<br>(2) 与其他职能部门的信息交流渠道已畅通无阻<br>(3) 专业的发展重点放在竞争战略的战略成分上<br>(4) 采购绩效是以其对企业成功的贡献来衡量的 |

**参考资料**

### 从汽车工业的发展历程看采购职能的演化过程

采购管理在不同的阶段有着不同的管理思想与方法，而汽车工业的发展历程最为清晰和典型地表现了采购职能的演化过程。1894 年，英国议会一名富有的议员埃利斯决定买辆轿车，他没有找销售商，而是直接找到了法国的 P&L 公司。公司年产几百辆车，都是由能工巧匠精心制作的，每辆车都是为每个客户定制的。公司采用单件生产方式，设计、加工、装配由少数几个人承担，甚至采购也由造车人负责，采购的要求只是能买到东西，不计生产成本。当时欧洲兴起大量汽车厂与 P&L 公司竞争，到 1905 年欧洲和北美已有了几百家汽车制造公司，都采用单件生产方式，没有任何一家公司有能力垄断市场。

亨利·福特中学毕业后在爱迪生公司打工。他对发动机的兴趣远大于电工，结婚后不久他成功制造了自己的发动机，并拥有了自己的第一辆汽车。福特从此开始了自己的汽车生涯，并使汽车业进入了一个新时期。制造汽车的最大挑战就是所需的上万个零部件，每个都需要有人设计和制造，不仅需要人才，而且需要大量资金。无财力支持的福特理所当然的采用了与其他独立工厂协作造车的方式。1903 年，福特开始致力于组装汽车，并通过采购获得全部零部件。整台车由一个人装配，装配工作周期为 514 分钟。供应商加工零件，福特公司装配汽车，零件加工与整车分离算是一种进步，采购是维系这种生产方式的重要手段。

汽车装配厂与零部件供应商是一种松散的采购关系，当采购量增加时，以当时的管理水平来看，要协调好多个独立的企业是非常困难的。1908 年，随着需求的增加，福特决定每位装配工只承担单一的工作，发明了定位流水作业，装配节拍减少到 2.3 分钟，1913 年，福特进一步推出移动组装线，在移动流水线上的装配节拍减少到了 1.9 分钟，形成了大量生产模式，降低了成本。但采购变得困难起来，福特要用"看得见的手"来代替市场的作用。

1915 年，福特放弃了与独立供应商协作的方式，开始全部自己生产，只要是造车所需要的东西，尽可能的自己干。福特的纵向一体化模式在 20 世纪兴起，其好处是集权化管理，将原来的外部交易内部化，协调变得相当容易些。随着规模的不断扩大，难题也随之出现了，如何管理好成千上万的员工呢？市场波动时频繁地解雇工人和招聘工人要付出很大的代价。老福特要把权力集于自己一人，实际上是行不通的。在1930年，当他的精力衰竭时，公司也到了几乎倒闭的边缘。

1950年，福特二世想出了新主意，用招标方式选择供应商，并在市场波动时停止合同。这样一来似乎又回到了福特公司建立时的做法，但这并不是简单的重复，而是事物螺旋形发展的回归。前一次是把分散的资源组织起来制造汽车，后一次是更有效的组织资源。到1955年，大量生产方式在美国已相当成熟，使美国汽车在几十年内一直独霸世界。通过招投标形式的采购，不仅简化了供应商选择的繁复过程，也省去了价格谈判的烦恼，而且可以通过降低采购成本来获取利润。到20世纪80年代中期，美国的大量生产模式每况愈下，开始改变方式，将自制率由75%降到了25%。具体方式是：汽车制造商设计全部零部件，大多数零部件靠供应商加工，采用招投标的方式选取2 500余家供应商。价格、品质、交货信誉和合同期是双方合作的关键因素。合同期一年，并奉行"成本第一"的原则，即价格是首要因素。因此，供求双方的信息交流只有一项：单个零件投标价格。美国学者认为这种改变没有切中要害，双方的关系在本质上并没有改变，还是一种靠采购维系的交易关系，这是问题的关键。

从1973年以后，美国的生产方式遭遇日本丰田公司的挑战。丰田公司造车历史短，当时企业规模小、资金少，由此走上了联合众多小企业共同制造汽车的道路。丰田负责整车设计和少数关键配件的制造，其余约75%的零部件通过采购获得。不同的是，丰田公司更加重视合作关系。根据合作关系选定200多家协作厂为第一层合作者，多数是部件和组件厂。再由第一层厂商找第二次合作者，根据需求依次再找第三层、第四次的合作厂商。并且采用零部件设计与制造全部分散进行的方式，哪家制造零部件，就由哪家负责设计。为简化协作关系，减少管理幅度，丰田采取只与供应商合作的策略。为了以更快的速度满足客户需求，供应商参与整车设计，并承担自己部件的设计。

汽车制造商和部件供应商互派人员常驻对方，共同参与设计、制造和改进。双方的全部关系用基本合同规定，这是一种长期合作意向，建立起关于价格、质量、交货和利润等的合理准则，双方愿意为互利而合作。丰田公司制造出"市场价格减法体系"的成本控制法，产品投产后确定四年内降低成本曲线，共同努力降低成本，"谁出力谁得益"。采购物资的供货方式采用直送装配线，质量免检，小批量送货方式，达到了标准化、零库存的水平。丰田公司发明了JIT生产方式，使整个制造过程中的库存量大大降低，质量提高，成本降低，丰田公司的竞争力在1973年石油危机中显露出来，引起了全世界的关注，由于丰田生产方式的扩散，最终使日本的加工制造业在10年后赶上并超过了美国。

在20世纪七八十年代，无论美国企业还是日本企业，对零部件供应商都给予了极大的重视，在采购方面投入了极大的注意力和人力。通用汽车公司的采购人员达到6 000人之多，企业将采购作为战略问题来考虑。但最后是丰田的JIT生产方式胜出，福特的大量生产方式落败。伴随着JIT生产方式的产生，采购管理也发生了革命性的变化，不仅仅表现在采购的时间决策上达到准时化、数量决策上做到小批量、质量保证上达到零缺陷，更具有深刻意义的是汽车制造商与零部件供应商之间形成了一种合作竞争的战略伙伴关系，把最初的双方的买卖交易扩大到设计、质量控制和成本控制等领域。通过对丰田方式的深入研究，1990

年以后，提出了供应链竞争力的概念，产生了供应链管理的理论。采购在供应链中被赋予了新的含义，要求采购管理的功能在保持低成本高质量的同时，还能支持客户化定制的快速反应和柔性生产。

## 1.3.2 采购理念的转化

在不同的社会经济环境中，企业的采购理念也是不一样的。在计划经济时代，采购是工厂管理的重要职能。因为物资的普遍短缺，企业生产的产品由国家统一计划分配，不愁销路。相反，国家计划的物资供应，完全有可能因采购部门工作不力，而没有购买到足够的数量或合适规格的物资，使工厂面临无米下锅的困境。因而采购工作在工厂备受重视，负责采购的人员一般是企业中比较有能力、有关系的一批人。采购的重点放在如何获得尽可能多的物资，注意力集中在对供应商的关系上，价格由国家规定，质量是第二位。

然而，在市场竞争激烈的环境中，商品开始呈现极大丰富的局面，从生产资料到消费资料，大多数商品已属于供大于求的买方市场。产品的售价和制造能力已不是企业成功的决定性要素，适应市场需求才是所有企业必须追求的目标。因此，以满足消费者需求为目的的采购理念已经形成。对于企业来说，供应商和客户既可能是外部的，也可能是内部的。他们互相依存，亲密合作，互惠互利。采购活动的目的由低价格转变为低成本，进而转向价值。明智的企业认识到，必须迎合市场上那些注重产品价值的客户，才能获得经营的成功。相应地，企业要求其采购人员也要致力于采购质量来使产品增值，以提高企业的竞争优势。而这里所说的价值，也就是产品的性价比关系。这促使采购的理念产生了根本性变化。

## 1.3.3 实施优化采购

采购再也不是简单的购买行为，而是需要使企业资源得到最好的利用，使其尽可能的增值。

① 要有一批优秀的采购人员。采购人员要与其他部门的同事一样具有创造性，他们还需要具备一系列的技能，包括分析、沟通、决策及商业领导能力等。

② 要有一个完整的采购组织结构。企业要根据自己的实际需要，建立严密的采购系统和科学合理的组织结构。

③ 要确定采购的基本准则，即游戏规则，授予采购部门一定权力而非强行控制。许多采购人员都希望赋予他们更多的责任，事实上，责任与授权是相联系的，这需要赋予采购部门更大的权利，以使他们作出恰到好处的决策并掌握主动。

④ 应将先进的制度管理与科技手段应用到采购部门。

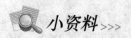

电子商务成为21世纪的新商业模式，信息技术已经成为采购专业的基本工具。采购人员可以利用计算机进行信息的储存、执行和交换，利用数据库方便查询并借助计算机与供应商保持联系，利用网络支付款项，利用互联网寻找符合条件的采购机会。运用先进的采购手段，有利于企业竞争优势的提高。

### 1.3.4 采购管理内容的转换

**1. 采购的职能是寻找资源，而不仅仅是采购**

采购的性质和角色在不断地演变，最早的采购部门只是一个独立于企业产销之外、专门处理供应文件和实施采购的职能部门。现在，采购已能够直接影响其他部门的运作。采购部门为企业"寻找资源"，同时可对企业资源运用的确认、监测及功能等提出专业性意见，帮助企业创造整体竞争优势。

**2. 为库存而采购转变为为订单而采购**

采购由客户需求拉动，而不是仅仅有内部请购单推动，采购人员应该了解并满足自己企业的客户需求。内部和外部的客户通过资源采购来实现其价值。市场部门的客户需求订单驱动制造订单，制造订单驱动采购订单，而采购订单驱动供应商。这种准时化的订单驱动模式可以准时响应客户需求，从而降低库存成本，提高物流速度和库存周转率。

**3. 从对采购商品的管理转变为对供应商的管理**

供应商应当被视为是外部资源，而非一般交易关系的卖者。卖者只不过是按照购货企业的订单提供所需货物，双方保持最基本的交易关系。而供应商的概念注重那些更适当可靠的供货来源，供需双方建立起一种长期的、互利的合作关系。采购部门应从对采购商品的管理转变为对供应商的管理，及时把质量、服务和交货期的信息传给供应方，使供应商严格按要求提供产品与服务。让供应商参与到生产过程，了解所供商品的使用情况并提出调整意见。供应商能够带来好建议、技术，还可以为企业节省时间和金钱等资源。企业要提高生产效率，就必须精简自己的供应商，选择一些具有互补性的供应商，形成互惠网络。通过联合成本管理，来削减供应链中的成本，以求互利。

### 1.3.5 全球采购的趋势

全球化采购趋势是指在全世界范围内去寻找供应商，寻找质量最好、价格合理的产品。全球公司进行这种资源配置，他们的销售体系、采购体系、供应体系都形成了全球化供应格局。由于世界各国经济的多样性、差异性和互补性，随着世界贸易组织职能的发挥，各国间的贸易变得更规范和简便，全世界范围内的资源优化变得更可行了，全球化采购在此背景下逐渐发展壮大。目前，主要的全球化跨国网络采购体系有以下四种类型。

**1. 以制造企业为核心的全球化采购体系**

目前，像通用电气等这样一些具有国际品牌或具有资金优势的跨国企业，成为了采购龙头，主导着采购市场。对于中国企业而言，很多是为这些采购龙头企业提供一些配套性产品的企业。

**2. 以贸易企业为核心的全球化采购体系**

在国际上，很多大的企业或者是有竞争力的企业，在采购过程中由于要把自身的资源集中在一些核心的领域里，所以他们很多的采购活动都采取了外包的方式，承担这种采购外包的主体，往往是那些在国际市场上非常活跃的贸易企业。就是这些贸易企业为这些跨国公司提供采购的外包服务，从而推动中国的产品走向国际市场。

**3. 以大型零售集团为核心的采购体系**

大型的跨国零售巨头近年来在中国市场上非常引人注意，他们采购的商品更关注的是中国国内非常有优势的快速消费品和劳动密集型的各种产品，包括服装、鞋帽、食品等这样的一些商品。这些商品通过这些跨国零售巨头开始进入到国际市场中的主流渠道，特别是主流的零售渠道中去，这对中国的出口有着非常重要的影响。

**4. 以专业采购组织和经纪人为核心的全球化采购体系**

与许多大型跨国公司一样，国外的中小企业也有获得全球最佳商品的供应愿望，但由于他们自身的条件和市场信心的缺乏，往往不能进行自主采购。此时，他们就会委托专业的采购组织为他们服务。目前，这些采购组织更为流行的运作方式是通过网上采购，特别是集合众多中小企业的采购要求后，在一些低成本的国家进行采购。在中国举办的一些展览会上或者是招商引资活动中，经常能够看到这些人或者是这些买主的身影。

可以预见，随着世界经济一体化的程度提高，全球化采购会越来越普遍，使得全球资源得到最大限度的合理利用。

## 1.4 采购模式

### 1.4.1 定量采购模型

**1. 定量采购的含义**

所谓定量采购，是指当库存量下降到预定的最低库存数量（采购点）时，按规定数量（一般以经济批量为标准）进行采购补充的一种方式。当库存量下降到订货点（$R$，再订购点）时，马上按预先确定的定量（$Q$）发出货物订单，经过交纳周期（提前期），收到订货，库存水平上升，如图1-5所示。

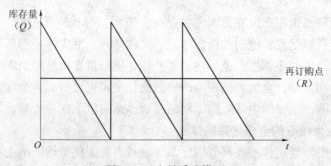

图1-5 定量采购模型

采用定量采购必须预先确定订货点和订货量。通常，订货点的确定主要取决于需要率和订货、到货间隔时间这两个要素。在需求固定均匀和订货、到货间隔时间不变的情况下，不需要设定安全库存。当需要量发生波动或订货、到货间隔时间是变化的时候，订货点的确定方法较为复杂，并且往往需要安全库存。

订货量通常依据经济订货量基本模型方法来确定（见第4章介绍），即以总库存成本最低时的经济批量为每次订货时的订货数量。定量采购的优点是：由于每次订货之前都要详细检查和盘点库存（看是否降低到订货点），能及时了解和掌握商品库存的动态，因为每次订货数量固定，并且是预先确定好的经济批量，所以方法简便。这种订货方式的缺点是：经常对商品进行详细检查和盘点，工作量大且需花费大量时间，从而增加了库存保管维持成本；该方式要求对每个品种单独进行订货作业，这样会增加订货成本和运输成本。定量采购适用于品种数目少但占用资金大的商品。

**2. 定量采购的作业程序**

定量采购的具体作业程序如图 1-6 所示。
① 确定应采购商品的现有库存量。
② 根据用户的需求和现有库存量确定商品的需要数量。
③ 如果现有库存量能满足用户的需求，为用户提取货物。
④ 计算库存数量：库存量 = 现有库存量 - 提取数量 + 在途购买量 - 延期购买量。
⑤ 当库存量小于或等于用户的订购量时，向供应商发出订货单，请求订货。

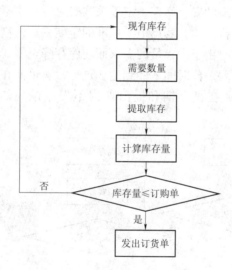

图 1-6　定量采购的作业程序

**3. 定量采购模型假设**

定量采购要求规定一个特定的点，当库存水平到达这一点时就应当进行订购且订购一定的量。订购点往往是一个既定的数，当可供货量（包括目前库存量和已订购量）到达订货点时，就应进行一定批量的订购。库存水平可定义为目前库存量加上已订购量减去延期交货量。定量采购模型的假设包括以下几点。
① 产品需求是固定的，并且在整个时期内保持一致。
② 提前期（从订购到收到货物的时间）是固定的。
③ 单位产品的价格是固定的。
④ 存储成本以平均库存为计算依据。
⑤ 订购或生产准备成本固定。
⑥ 所有对产品的需求都能满足（不允许延期交货）。

## 1.4.2 定期采购模型

**1. 定期采购的定义**

定期采购是指按预先确定好的订货间隔时间进行采购补充库存的一种方式。企业根据过去的经验或经营目标预先确定一个订货间隔时间，每经过一个订货间隔时间就进行订货，每次订货数量都不同。在定期采购时，库存只在特定的时间进行盘点，例如，每周一次或每月一次，当供应商走访顾客并与其签订合同或某些顾客为了节约运输费用而将他们的订单合在一起的情况下，必须定期进行库存盘点和订购。另外，一些公司采用定期采购是为了促进库存盘点。例如，若销售商每两周打来一次电话，则员工就明白所有销售商的产品都应进行盘点了。

**2. 定期采购的作业程序**

在定期采购时，不同时期的订购量不尽相同，订购量的大小主要取决于各个时期的使用率。一般比定量采购要求更高的安全库存。定量采购时对库存水平进行连续盘点，一旦库存水平到达再订购点，立即进行订购。相反地，标准的定期采购模型是仅在盘点期进行库存盘点。这就有可能在刚订完货时由于大批量的需求而使库存降至零，这种情况只有在下一个盘点期才发现，而新的订货需要一段时间才能到达。这样，有可能在整个盘点期和提前期会发生缺货。安全库存应当保证在盘点期和提前期内不发生缺货。定期采购的作业程序如图1-7所示。

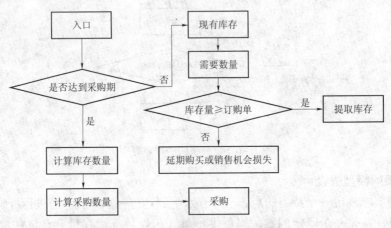

图1-7 定期采购的作业程序

**3. 定期采购的特点及订货量的确定**

定期采购是从时间上控制采购周期，从而达到控制库存量的目的。只要订货周期控制得当，既可以不造成缺货，又可以控制最高库存量，从而达到成本控制的目的，使采购成本最低。

定期采购的优点是：由于订货间隔期确定，因而多种货物可同时进行采购，这样不仅可以降低订单处理成本，还可降低运输成本，这种方式不需要经常检查和盘点库存，可节省这方面的费用。缺点是：由于不经常检查和盘点库存，对商品的库存动态不能及时掌握，遇到突发性的大量需要，容易造成缺货现象带来的损失，因而超市为了应对订货间隔期间内需要的突然变动，往往库存水平较高。定期采购控制法适用于品种数量大、占用资金较少的超市商品。一种材料定期采购计划式样如表1-5所示。

表1-5 材料定期采购计划

×年×月×日　　　　　　　　　　　　　　　　　　　　　　　　　　　　　　　　　　页次

| 材料名称 | 规格 | 估计用量 | 订购交货日期 | 每日用量 | 每日最高用量 | 基本存量 | 最高存量 | 基本存量比率 | 每次订购数量 |
|---|---|---|---|---|---|---|---|---|---|
|  |  |  |  |  |  |  |  |  |  |
|  |  |  |  |  |  |  |  |  |  |
|  |  |  |  |  |  |  |  |  |  |

实际上，采购周期也可以根据具体情况进行调整。例如，根据自然日历习惯，以月、季、年等确定周期；根据供应商的生产周期或工业周期进行调整等。定期采购方式中订货量的确定方法如下：

订货量 = 最高库存量 − 现有库存量 − 订货未到量 + 顾客延期购买

**4. 既定服务水平下的定期采购模型**

定期采购模型也称为既定服务水平下的定期采购模型。在采用定期采购时，在盘点期($T$)进行再订购，同时必须保证一定量的安全库存。盘点期为$T$、固定提前期为$L$的定期采购模型示意图如图1-8所示。

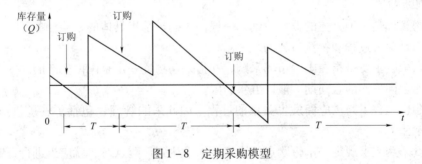

图1-8 定期采购模型

**5. 定量采购模型与定期采购模型的比较**

定量采购模型与定期采购模型的比较结果如表1-6和图1-9所示。

表1-6 定量采购模型与定期采购模型的比较

| 特 征 | Q 定量采购模型 | P 定期采购模型 |
|---|---|---|
| 采购量 | 固定的（每次采购相同） | 变化的（每次采购量不同） |
| 何时订购 | 在库存量降低到再订购点时 | 在盘点期到来时 |
| 库存记录 | 每次出库都记录 | 只在盘点期做记录 |
| 库存大小 | 较小 | 较大 |
| 维持作业所需时间 | 由于记录持续，所需时间较长 | 简单记录，所需时间较短 |
| 物资类型 | 昂贵、关键或重要物资 | 品种数量大的一般物资 |

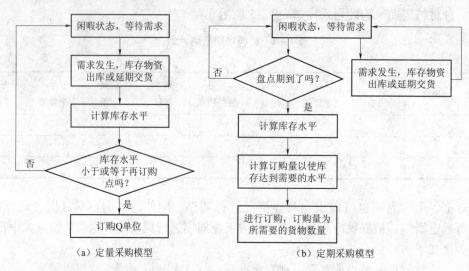

(a) 定量采购模型　　　　(b) 定期采购模型

图1-9　定量采购模型与定期采购模型的比较

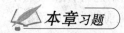

一、判断题

1. 采购管理是一项具体的业务活动，一般由采购员承担具体的采购任务。　（　　）
2. 采购是商流过程和物流过程的统一。　（　　）
3. 国内采购主要是指在国内市场采购，并指采购物资一定是国内生产的。　（　　）
4. 长期合同采购的合同期一般以五年为限。　（　　）
5. 采购也包含了与供应商发生关系的过程，因此采购管理也包括了管理供应商关系所必需的所有活动。　（　　）
6. 定量采购要求规定一个订购点，当库存水平达到订购点时，就应当进行订购。
　（　　）
7. 在定期采购时，不同时期的订购量不一定相同，订购量的大小主要取决于各个时期的使用率。　（　　）
8. 定量采购法适用于品种数量大、占用资金较少的超市产品。　（　　）
9. 在采用定期订购时，在盘点期进行再订购，同时必须保证一定量的安全库存。
　（　　）
10. 采用经济批量采购确定企业物资的经常储备定额需要具备一个前提条件，就是企业能自行决定采购的量和时间，不受物资供应方和运输条件的制约。　（　　）

二、选择题

1. 采购管理是企业战略管理的重要组成部分，一般由企业中的（　　）担任。
　　A. 基础管理人员　　B. 中层管理人员　　C. 中高层管理人员　　D. 高层管理人员
2. 如果某公司正在采购一项服务或软件，那么这项采购属于按采购对象分类中的（　　）。
　　A. 有形采购　　　　B. 无形采购　　　　C. 招标采购　　　　D. 议价采购

3.（    ）主要应用于生产企业，是生产企业根据主生产计划、主产品结构和库存情况，来逐步推导出生产主产品所需的原材料、零部件等的生产计划和采购计划的过程。

　　A. JIT 采购　　　　B. MRP 采购　　　C. 电子商务的采购　D. 供应链采购

4.（    ）又称为准时化采购，它的基本思想是：把合适的数量、合适质量的物品、在合适的时间供应到合适的地点，是一种完全以满足需求为依据的采购方法。

　　A. JIT 采购　　　　B. MRP 采购　　　C. 电子商务的采购　D. 供应链采购

5. 采购计划的制订要非常准确，若采购事项相对于物料计划过早实施，则会增加物料库存量，造成资金积压的损失；反之，若采购事项迟于物料计划，则存量不足，生产线会停工待料，将严重影响产销进度。因此采购管理应当遵循（    ）原则。

　　A. 适当质量采购　　B. 适当数量采购　　C. 适当时间采购　　D. 适当时间交货

6.（    ）的绝对优势理论为企业采购行为奠定了最基本的基础。

　　A. 亚当·斯密　　　　　　　　　　B. 大卫·李嘉图
　　C. Michiel R. Leenders　　　　　　D. Stannack

7. 定量采购的优点是（    ）。

　　A. 工作量小　　　　　　　　　　　B. 减少订单成本和运输成本
　　C. 花费较少时间　　　　　　　　　D. 及时了解和掌握库存的动态

8.（    ）是指物料储备费、验收费、仓库管理费、所占用的流动资金利息费、物料储存消耗费等。

　　A. 订购费用　　　　B. 运输费用　　　C. 管理费用　　　　D. 保管费用

## 三、思考题

1. 什么是采购，什么是采购管理，二者有什么区别？
2. 采购有哪些特点？
3. 采购管理的目标和原则有哪些？
4. 你认为企业的采购工作应把握哪几个环节？
5. 采购职能不断演化的原因与特点。
6. 采购的分类与方式有哪些？它们各自的含义是什么？

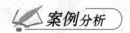 案例分析

## 一汽大众的创新采购方式

　　一汽大众目前仅捷达车就有十八九个品种、十七八种颜色，而每辆车都有 2 000 多种零部件需要外购。从 1997 年到 2008 年末，捷达车销售是从 43 947 辆一路跃升至 202 303 辆，市场兑现率已高达 95%～97%。与这些令人心跳的数字形成鲜明对比的是，零部件居然基本处于"零库存"状态，而制造这一巨大反差的就是一整套较为完善的物流控制系统。

　　一个占地 9 万多平方米，可同时生产两种不同品牌的、亚洲最大的整车车间，它的仓库也一定很壮观吧？可这里的人却告诉记者：我们这里没有仓库，只有入口。走进一个标有"整车捷达入口处"牌子的房子，只见在上千平方米的房间内零零星星地摆着几箱汽车玻璃和小零件，四五个工作人员在有条不紊的用电动叉车往整车组装车间送零件。在入口处旁边

的一个小亭子里，一位小伙子正坐在计算机前用扫描枪扫描着一张张纸单上的条形码——他正在把订货单发往供货厂。这时，一辆满载着保险杠的货车开了进来，两个工作人员见状立即开着叉车跟了上去。几分钟后，这批保险杠就被陆续送进了车间。据保管员讲，一汽大众的零部件的送货形式有三种：第一种是电子看板，即公司每月把生产信息用扫描的方式通过计算机网络传递到各供货厂，对方根据这一信息安排自己的生产，然后公司按照生产情况发出供货信息，对方则马上用自备车辆将零部件送到公司各车间的入口，再由入口处分配到车间的工位上，刚才看到的保险杠就是采取着这种形式；第二种叫做准时化（Just-in-time），即公司按过车顺序把配货单传送到供货厂，对方也按顺序装货直接把零部件送到工位上，从而取消了中间仓库环节；第三种是批量进货，供货厂每月对于那些不影响大局又没有变化的小零部件分批量地送一到两次。他说：过去这是整车车间的仓库，当时库里堆放着大量的零部件，货架之间只有供叉车勉强往来的过道，大货车根本开不进来。不仅每天上架、下架、维护、倒运需要消耗大量的人力、物力和财力，而且储存、运送过程中要造成一定的货损货差。现在，每天平均两小时配送一次货，零部件放在这里的时间一般不超过一天。订货、生产零件、运送、组装等全过程都处于小批量、多批次的有序流动中。公司原先有一个车队专门在各车间送货，现在车队已经解散了。为什么在短短几年的时间内，一汽大众会有如此大的变化？公司生产技术部门的员工自豪地说："我们用 300 万元人民币打造了'傻子工程'（物流控制系统）"。在一汽大众流行着这样一句话：在制品是万恶之源，以形容大量库存带来的种种弊端。

在整车车间，利用物流控制系统，生产线上的每辆车的车身都贴着一张生产指令表，零部件的种类及装卸顺序一目了然。计划部门按装车顺序通过计算机网络向各供货厂下计划，供货厂按照顺序生产、装货，生产线上的工人按顺序组装，一伸手拿到的零部件保证就是他正需要的。物流管理就这样使原本复杂的生产变成了简单而高效的"傻子工程"。

随着物流控制系统的逐步完善，计算机网络由控制实物流、信息流延伸到公司的决策、生产、销售、财务核算等各个领域中，使公司的管理步入了科学化、透明化。现在，公司主要部门的管理人员人手一台计算机，每个人及供货厂方随时可以清楚地了解每一辆车的生产和销售情况。

**问题：**
1. 一汽大众公司是如何打造物流控制系统的？零部件的送货形式是如何运作的？
2. 一汽大众公司采购模式的改变给企业带来的变化是什么？

# 第 2 章

# 采购计划和预算编制

## 学习目标

1. 了解采购调查的概念与内容。
2. 了解采购计划的概念与内容。
3. 了解采购预算的概念及内容。
4. 掌握采购计划的编制程序。
5. 掌握采购预算的编制方法。

## 导入案例

### ×公司的计算机采购

一个供应商接到×公司上海分公司的电话要买 10 台计算机的询价，又接到×公司总部 100 台计算机询价，同时，×公司 IT 部门询价某型号计算机配置和价格，并称需要笔记本计算机 10 台。供应商心想这个公司今年肯定有大项目，频频添置新设备，立刻派人员光顾需求者，投之以"礼"。×公司整体的"采购力"被分散、被浪费，价格五花八门，还能有什么优势可言，采购也就无所谓什么"采购技术"，至于竞标也就成为了一种形式。该公司的计算机什么牌子都有，经常修理、升级，形成价格无优势、服务低标准、管理混乱、舞弊成风的局面，导致公司形象受损。×公司也感到公司采购管理存在诸多问题，决心改进。

改进后的程序为：首先由申请人提出申请，提交需求的数量，并非报价。所有申请由部门经理根据预算批准，交公司财务总监批准，然后统一交由 IT 部门汇总。IT 部门根据公司规定和工作需要决定配备的机型（台式机或笔记本）/配置、操作系统、软件及品牌。公司采购部门根据汇总数量、金额及要求，决定竞标的名单；IT 部门提交竞标的内容，采购部门组成招标委员会或评标小组，邀请 IT 经理和工程师参加评审。评标委员会按照事先商定的评标标准评判参加投标的供应商，推出胜标者，向胜标者发出胜标通知，向败标者发出感谢信。采购部门与胜标方签署合同，并监督其执行。

这样，×公司的供应商得到了一个公平的竞争环境，采购人员也能发挥作用。IT 部门人员的专业能力也得到了发挥，申请人也得到他们需要的物品。同时，该公司也得到了采购部门努力换来的竞争优势，即好的价格、好的售后服务、升级承诺及供应商好的反馈。

## 2.1 采购调查

采购调查是为了更好地制定采购决策而进行的系统的数据收集、分类和分析。在采购调查中主要包括以下调查项目：① 所购材料、产品及服务（价值分析）；② 商品；③ 供应商；④ 采购系统。

有效采购的组成部分包括：供应商能力与战略、供应商扩张计划、供应商定价方法、质量要求、竞争环境运输货物、搬运及分销中的创新、政府规则及控制（当前的与预计的）、采购信息处理系统、估计的需求量、竞争要求、原材料利用率、历史价格及预测、制造成本、可替代的生产方法及技术革新。

在相似的市场调查活动中，对类似的行为已经有了足够的重视。作为制定决策的一个必不可少的部分，市场调查通常容易被所有大中型公司所接受，并且使那些系统地进行市场调查的公司获益匪浅。尽管过去许多公司都忽略了采购调查，但是如果能按有组织的方式进行采购调查，可能极大地改进采购决策。

### 2.1.1 采购调查组织

**1. 采购调查组织的方法**

一个公司通常按以下三种方法之一组织采购调查。① 指定专职工作人员负责此工作。从事这些工作的职位通常称为采购调查员、采购分析员、价值分析员或商品专家；② 组织正式的采购及管理人员兼职进行采购调查；③ 让对调查过程具有广泛知识的跨职能信息团队进行调查。

就如同具有相似功能的市场调查一样，有令人信服的理由安排专职工作人员进行采购调查。

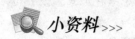
小资料>>>

**迪尔（DEERE）公司供应成本管理专家的工作描述**

职位名称：供应成本管理专家

部门：供应管理

监管：协助或领导团队活动

工作职责：使设计和采购阶段从供应方获得最优性价比

基本职责如下。

1. 评估原材料开发成本。
- 评价产品设计的成本竞争力
- 根据产品的各个部分计算其目标成本
- 计算供应商的目标成本以便在此基础上进行谈判
- 突出可能降低成本的部分

2. 运用成本管理技术逐步地对设计做出及时而准确的成本评估。
3. 有计划地找出在原材料的采购中能达到或超出产品目标成本的因素。
4. 有计划地找出各种降低成本的手段，包括以下几个方面。
- 使用成本管理技巧找出可降低成本的潜在环节
- 监控、预测履行订单过程的成本，并编订该过程的预算
- 促进公司内的成本削减过程
- 参与并协调计划采购与提高性价比之间的对比与结合
5. 参与并领导企业内部成本管理，如成本计算与控制。

考虑到组织机构精简及扁平化的要求，具有实际运行及战略基础意义的供应部门，已经越来越多地开始使用跨职能的信息团队或战略合作的商品主管，但他们仅负责调查和计划，不进行实际采购。

**2. 采购调查员的技能**

采购调查员是具备特殊技能的敬业的员工。因为，细致地收集和分析数据要耗费大量时间，而在许多采购部门里买方忙于为眼前问题寻找可行的解决方法而无法分身。而且采购调查的许多方面都要求掌握深入的调查技术（如经济研究、业务流程分析）。这些技能并非通常的买方所具备的，因为在挑选采购部门员工时调查技术不在选择标准之内。在多数情况下，采购调查人员必须对采购和实施结果的总体影响有全面的认识。另一方面，采购人员可能太偏重于自己的职责范围之内而认识不到总体情况。

**3. 采购调查的决策者**

最终的决策者是采购人员或管理人员，采购调查人员仅仅是提供数据和建议。在某些情况下，调查人员和决策者会发生分歧，从而使调查人员的建议得不到应有的重视，一番心血也就白费了。

## 2.1.2　采购调查的跨职能团队

既然买方对所采购物品和服务最为熟悉，那么采购调查就可以由买方负责。而要进行各种不同项目的采购调查，形成跨职能团队就有必要。这种团队有多种叫法，例如，供应源团队、商品管理团队和价值分析团队。

团队工作方法的困难在于当设计许多独立个体时，很难明确责任。但是，在如下假设条件成立的情况下，团队也可以令人满意地工作：① 团队工作人员是经过精心挑选的并确保每个人都可以有所贡献；② 团队中有能力很强的领导；③ 有具体的目标及对效果的阐述并且传递给每个团队成员；④ 每个成员能正常工作并有完成团队任务所需要的时间和精力；⑤ 绩效评价及激励系统可以培养团队成员的参与和整体合作精神。如果上述五个条件中的任何一个没有实现，那么就一定不会取得最佳的效果。

## 2.1.3　采购调查的标准

每项采购决策所需的各种类型的数据很多，而且要采购许多不同的货物，可能的采购调查项目几乎是无限的。但是，即使一个公司有专职采购分析人员，它所拥有的资料也是有限的，因此必须使用一些优先考虑好的采购调查的标准。下面是一系列被一些公司用来作为采购调查的标准，其标准不分先后顺序。

① 产品或服务的价值及最高的价格（现在或预期）。

② 产品效益（亏本）的情况。

③ 价格很少有变化；经常性或季节性的价格波动；产成品的成本是否具有竞争力；原材料成本上升幅度是否高于产品销售价格。

④ 是否是数量有限的供应商；新的供应商增加了有效供应吗？利用国际资源自制、外购的可能性如何。

⑤ 是否存在质量或规格问题。

⑥ 决策所需的信息是否是准确的，是过时的或不可利用的吗？数据的成本是否过高。

## 2.1.4 所购材料、产品或服务的调查

### 1. 所购材料、产品或服务的价值分析

早在20世纪40年代，美国通用电气公司的采购员麦尔斯就成功地解决了短缺物资的代用问题，随之创立了价值分析学说。价值分析是以提高购入材料的价值为目的的一项有组织的创新活动。在材料采购方面开展价值分析活动，易于入手，花费少，见效快，收益大。实践表明，价值分析应用于物资采购中，不失为一种有效的方法。这种技术在美国工业界被广泛接受，并且已被日本引进，成为日本成本—效率生产系统的基石。日本甚至为那些最有效地利用价值分析方法的公司颁发 Miles 奖。价值分析被看成一种采购工具，且在采购调查的应用已经被引起关注、宣传与认可。

价值分析将所购货物体现的功能与其成本相比较，力求找到成本更低的替代品。价值分析的第一步是选择一种零件、原材料或服务进行分析，然后组织一个跨职能的价值分析团队（通常包括一个供应商），最后用一个动词组定义货物或服务的功能。例如，选择一只装软饮料的易拉罐作为分析对象，它的功能可以定义为"装液体"。这种方法鼓励创造性思维并且使价值分析团队免于陷入现有的结论，即将铝易拉罐作为唯一结论。

### 小资料 >>>

福特公司多年来一直在进行价值分析，并在密歇根州的 Livonia 建成了自己的价值分析中心。该中心采用跨职能团队实行三日工作车间制。组成人员：福特的设计和排气装置工程师，一位装配流程专家，厂内安装工程师，供应工程师，一个福特车的买主，一个福特成本评估员。福特价值分析中心的主管 Larry Denton 对该工程的描述如下："先提出问题，有人从竞争者的角度分析，分成几组人进行，再由一个专业人士带领十个人通过头脑风暴的方式讨论如何降低成本。我们用的价值公式是 $V = F/C$，即价值＝功能/成本。"目标就是要么使成本不变增强功能，要么使功能不变降低成本。

由于采购决策通常是在很大的时间压力下做出的，且技术和生产方法改变的非常快，因此在很多情况下高价格的货物因为必须需要而被采购。一些人认为，价值分析适用于现有的生产过程中的所购商品，价值工程则偏重于设计阶段以探寻降低成本的可能性，在这个阶段产品正在进行具体设计，并且采购活动实际上尚未发生。

显然，在设计阶段价值工程是为了达到最低的成本，能够充分满足功能的材料规格与设计的需要，且这种方法也是最有效的方法。但不幸的是，这种分析方法由于时间压力通常无

法应用。

此外，在产品面市一段时间之后，需求、新技术的选择或供应商就会变得更加确定，并且关键材料或零件的价格也可能发生改变。因此，在原始设计后进行详细的价值分析可以为价值改进提供巨大的机会，即使原始设计已经被认真地进行了价值工程分析。价值分析技术同样也适用于服务和应用到采购过程中。因此，价值分析是削减采购成本的一种有效方法。人们可以根据采购货物各方面的详细信息在替代品之间做出明智的选择，从而更有效地利用采购资金。

**2. 所购材料、产品或服务调查的内容**

所购材料、产品或服务调查的内容包括：① 投资回收。分析处理方法（包括回收）、渠道及技术以确定什么可以为公司创造最大利润；② 租借或采购。收集每一种替代品优缺点的数据以制定最佳决策；③ 自制或外购及继续自制或外购。比较每一方案的经济及管理效果以便做出明智的选择；④ 包装方式。调查工序及原材料以确定能以最低成本满足要求的方法；⑤ 产品规格。对现有规格进行分析以确保能满足需要的功能，避免采购具有不必要的属性或不必要的高性能的商品，能保证有竞争力的采购行为；⑥ 标准化。考察所使用的具体产品的用途，考虑用一种通用货物来满足众多要求的可能性；⑦ 替代品。使用不同的货物替代现在所采购的货物，对其技术及经济效果进行分析；⑧ 更换供应商。考虑专业供应商能够增加的效益。

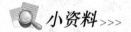
小资料>>>

### 基于价值分析的所购材料、产品或服务的采购调查标准

（1）它是否具有贡献价值。
（2）它的成本是否与其用途相符。
（3）基本的与次要的功能能否分离出来。
（4）一段时间后功能性需求是否会改变。
（5）需要其所有的特性吗？
（6）是否有更好的可以满足其预期使用目的的货物。
（7）最初的设想在现在的条件下是否现实。
（8）这种货物能否被淘汰。
（9）如果不是标准货物，能使用标准货物吗？
（10）如果它是一种标准件，是否完全符合您的要求。
（11）这种货物性能是否超出所需要求。
（12）在库存中是否有相似的货物可以使用。
（13）货物的重量能减轻吗？
（14）是否有新技术或新设计能够改变产品的功能。
（15）公差精密度的要求是否过高。
（16）是否有不必要的加工过程。
（17）是否要求得过于完美。

(18) 是否指明了商业特性。
(19) 你能更便宜地自制这种货物吗?
(20) 现在你能生产这种产品,但是能以更低的价格采购到此货物吗?
(21) 运输时这种货物能适当分类吗?
(22) 包装费用是否能削减。
(23) 你是否建议供应商削减成本。
(24) 原材料、合理的劳动力、日常开支及利润构成了它的总成本吗?
(25) 是否有另一个可靠的供应商会以较低的价格提供此货物。
(26) 是否有人以更低的价格采购到了此货物。
(27) 在哪里实际可以得到所推荐货物的样品。

## 2.1.5 目标成本核算

目标成本核算就是通过向供应商提出对商品或服务的预测价格来达到降低成本的目的。有效的目标成本核算要求做出详细的成本亏损点和价值分析,以此来判断在符合目标成本的同时是否能达到产品或服务的功能。与供应商一起采用目标成本核算的公司及双方代表常用到跨职能团队。这个团队一般由以下人员组成:工程师、采购人员和成本分析家。

### 小资料 >>>

本田公司将目标成本核算视为其在20世纪90年代中期扭亏为盈的关键一环。花在供应商上的采购费用占了其销售成本的70%～80%。本田的目标成本核算始于设计阶段,由研究开发部门和采购人员开发出成本模型,用目标成本来评价供应商的成本,从而判断它们的准确度。本田的销售部门为每款新车制定价格,然后以此为依据预测利润幅度,再为车部件制定目标成本。在设计图样被正式采用之前,单个产品的目标成本就已被制定出来。因此,目标成本也就代表了新车的预算。

## 2.1.6 商品调查

**1. 商品调查对象**

商品采购调查研究有助于对一个主要的采购商品未来长期及短期的采购环境做出预测。这些信息构成了制定正确决策及现有的采购管理的基础,并且为高层管理部门提供了有关这些货物未来供应与价格的相对完整的信息。

通常,这种调查的焦点集中在那些大宗采购的代表性货物上。但是,它也运用于那些被认为严重供应短缺的小笔采购货物中主要的原材料,例如,钢、铜或锌;另外一些产成品,如发动机或半导体设备,也可能是调查对象。考虑到困难与技巧,这个领域可能是最复杂的。

**2. 商品调查内容**

这种商品调查应包括以下几个主要方面的分析:① 公司作为采购方现在及未来的状况;② 生产工艺的替代性;③ 该货物的用途;④ 需求;⑤ 供应;⑥ 价格;⑦ 削减成本和(或)确保供应的战略。

## 3. 商品调查指导方针

商品调查的信息应该为做出合理的采购决策提供基础，同时也应该包括向采购主管及最高管理层提供有关所购货物未来供应与价格的信息。商品调查的指导方针就是为下面的每一个问题提供数据与答案（调查不应该只限于这些商品，考虑到要依赖于某些特殊的商品，增加一些货物可能很有必要，并且所列出的一些货物可能并不是很重要）。

① 现在及未来的状况：包括对商品的描述、它现有的用途及对未来需求的预测、供应商、价格、期限、年费用、交通运输方式及现有合同。

② 生产工艺：包括该货物是如何制造的、材料是如何使用的、这些材料的供应及价格情况、所需的劳动力、现在及将来的劳动力状况、替代品的生产工艺及制造此产品的可能性，即成本、时间因素及难点。

③ 货物的用途：包括主要用途、次要用途、可能的替代品及替代品的经济性。

④ 需求：包括公司现在及未来的需求、库存状况、未来信息的来源及提前期、行业、产成品用途及各公司的当前及预计的竞争需求。

⑤ 供应：包括现有的生产商的地点、可靠性、质量、劳动力情况、生产能力、分销渠道及每个供应商的长处与弱点；现有的及预测的总的供应情况、外部的因素，如进口情况、政府规定、技术更新的预测、政治及生态的趋势和问题。

⑥ 价格：包括生产行业的经济结构、历史价格和未来预测、价格决定因素、生产及运输成本、关税和进口限制、质量影响和价格的商业周期变化、估计每个供应商的利润空间、供应商的价格目标、潜在的最低价、同行中的价格变动。

⑦ 削减成本的战略：要考虑到预测的供应量、用途、价格、效益、供应商的强项与弱势、自身在市场上的位置、降低成本的计划是什么？自制商品、短期合同、长期合同、寻找或开发供应商、发现替代品、进口、套期保值还是价值工程？

⑧ 附录：包括总的信息，例如，规格、质量要求及方法、运费及运输成本、库存及管理、原材料的保存及其他统计数字，如价格、生产情况或采购趋势。

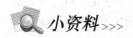
**小资料**>>>

一些公司做了非常复杂的商品调查，制订了一份相当有战略眼光的采购计划。一般标准是制订5～10年的计划。有些公司则制订长达15年的预测计划，每年更新。如果一个公司制订了15年的战略性市场计划，它可以附带一份战略性的供应预测及计划。因为就长期而言，获得关键原材料的充足供应可能是公司成功地实现其市场目标的决定性因素。公司需要对价格趋势做出实际的预测，以便制定调整原材料供应的战略计划。同样，许多货物的供应保障是有问题的，因为美国公司对国外原材料供应有依赖性，而由于国际政治或储备耗尽等原因，其稳定性没有保证。

### 2.1.7 供应商调查

前面探讨的两个调查部分主要指所购商品、价值分析和商品研究。这里强调的重点则是采购的源头。简而言之，前述的两个部分是"货物是什么"，这里的重点是"货物来自谁"。显然，采购人员了解的有关现有的和潜在的供应商及其供应方法及市场位置的知识越多，他

（她）选择及创造足够的、合适的供应源的能力及准备并成功地与供应商进行谈判的能力会越强。供应基地减少或合理化及实行电子采购将许多公司的供应主管解放出来，让他们把精力重点放在关键的供应商身上。对供应商的分析可以从以下10个方面进行。

（1）财务能力分析

调查现有的及潜在的供应商的财务状况，以便估计供应商陷入财务困难的风险及对采购公司的影响。虽然这类分析通常由公司的财务部门做出，但考虑到风险的潜在损失，在一些情况下，它应该应用于采购行为及采购调查以确保必要的、全面的准确性。

（2）生产设施分析

收集供应商设施的有关数据，重点是生产能力及局限性。

（3）寻找新的供应源

寻找新的供应商以满足采购的需要。调查及长期计划会导致相反的市场情况，采购公司会说服供应商开发生产能力以满足采购公司现在及未来的采购需求。

（4）供应商成本分析

了解供应商成本在谈判中会起到重要作用，还有利于有效地控制整个供应链的成本。由此可以得知价格是否公道及所采用的流程是否达到最佳效率。供应商成本的评估包括产品评估和服务评估两项，应包括原材料、直接劳动、工程实施、机械设备、工厂设施的间接成本、总开支、行政管理费用、物流成本、分销成本和利润。这些数据可以作为筹备谈判时设定目标价格的依据。

（5）单一货源分析

由于单一供应商及运输系统问题而发生的供应障碍所引起的潜在成本还是很大的。通过在一定程度上将两者的未来以鼓励合作、信任和双赢的行为方式联系起来，与单一供应商发展更密切的关系可以减少某些风险。通过与单一供应商建立一种伙伴关系或战略联盟，两方都可以将焦点集中于解决共同的问题、改进生产工艺并且提高效益。

（6）从供应商处所购材料的质量保证

要想和供应商统一质量标准，以质量获胜，确定是否有必要对供应商的生产和监督人员进行培训，或互相建立质量跟踪体系以便提出相应的改进措施，就有必要建立一套系统来完成。

（7）供应商态度调查

通过系统调查技术，确定供应商怎样看待采购公司及其采购行为及如何改善买卖双方的关系。这些信息被用于审查及改变采购机构和政策。

（8）供应商绩效评价

收集和分析一些数据以确定指定的供应商所完成的工作是否令人满意，以便为再次采购做出明智的决策，并且向供应商建议需要改进的地方。在伙伴关系或战略关系中，会定期评估供应商的绩效，包括：努力改进生产过程、减少时间周期、削减成本及改进质量和服务。

（9）供应商销售战略分析

更好地理解供应商的目标及达到这些目标所使用的方法，以便采购人员可以预测供应商的行为并设计采购战略。这种战略可以以最低的总成本得到所需货物的持续供应。

（10）双边贸易分析

国外客户需要进行双边贸易。很多国家的政府的供应法规中规定，当地政府有权利享受利益，通常规定按一定百分比或定额（以美元为单位）来提取。这实际上就是一种物物交易。因此很多公司的内部供应分析家要负责收集和分析数据以便进行这方面的协商。

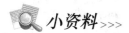 小资料>>>

因为对供应商成本分析能够立竿见影地节省大量开支，因此，对供应商成本分析的研究现已很普遍。要取得最佳业绩，还需要公司里采购人员和生产工程人员的通力合作。许多公司基于一定标准估算影响成本的因素，例如，原材料的价格、直接劳动生产率，建立计算机模型对要采购的重要产品和服务评估成本。这样买方就能很快地做出成本分析。在有些工业中，例如，汽车工业，生产设备和产品的改进导致订货提前期很长，这样就要求在确定最终价格前就要将这部分成本计入其中，供应商成本分析在寻求商品原材料时就能起到重要作用。

### 2.1.8 采购系统调查

了解所要采购的货品及其供应商的情况很重要，然而这样并不足以保证采购能高效率完成。还有一点很重要，即如何去进行采购。高效的管理方式不仅能降低部门运行费用，而且可以促进在采购和寻求货源时做出正确的决策。有关采购系统的调查是用来改善采购流程的管理、精简过程、提高速度和成本效率，应用网络途径提高自动化程度。通常采购系统调查包括：供应商选择和寻求货源、采购订单系统、采购商评估、应付账款、内部评估、早期供应商的加入和选择、库存控制和电子商务。

### 2.1.9 评价采购调查成果

供应部门管理层对采购或供应管理调查的结果对公司产生的回报抱很大期望。经过组织有序的采购调查后，可以制订切实可行的采购计划，并为公司创造利润。采购调查已经开始受到公司的重视，它的潜力才刚刚被挖掘。采购调查可以大大提高采购部门应对未来物资不确定性的能力和采购效率。

## 2.2 采购计划的编制

采购计划是采购管理进行运作的前提，采购计划是企业计划体系中的重要组成部分。制订采购计划的目的就是要根据市场的需求、企业的生产能力和采购环境等制定采购清单和采购日程表。它包含两部分内容，即采购计划的制订和采购订单计划的制订。只有充分的综合平衡这两部分工作才能保证物料的正常供应，并同时降低库存及其成本，避免紧急订单的产生，降低风险。

### 2.2.1 编制采购计划的目的

企业如何获取足够数量的原料、物料是采购计划的重点所在。因此，采购计划是为维持正常的产销活动，在某一特定的期间内应在何时购入何种材料及多少数量的估计作业，作为一份可行、有效的采购计划应该达到以下的目的。

① 确定合适时间，使采购部门做好事先准备，选择有利时机购入材料。所谓合适时间是指在保证供应，不影响产销活动的前提下获得采购成本最低的时机。

② 确定合适数量，避免因数量过少而使供应不足，同时还要避免材料储存过多，积压资金及占用堆积的空间。

③ 配合公司生产计划与资金调度。

④ 确立材料耗用标准，以便控制材料购用数量及成本。

## 2.2.2 影响编制采购计划的因素

影响商品采购计划制订的因素主要包括以下几个方面。

**1. 供应计划**

供应计划依据销售计划来制订。若销售计划过于保守，将使供应不足以满足顾客所需，丧失了创造利润的机会；反之，销售计划过于乐观，将使供应变成存货，造成零售企业自身的财务负担。因此，销售计划会随着时间的推移而不断修改，这使得供应计划也随之发生改变，否则，企业的供需将长期处于失衡状态。

**2. 年度销售计划**

除非市场出现供不应求的状况，否则零售企业年度的经营计划多以销售计划为起点；而销售计划的拟订，又受到销售预测的影响。

**3. 库存管理**

因为企业在进行采购时所要购买的数量是扣除库存后的数量，所以商品库存管理卡的记载是否正确，将是影响商品采购计划因素之一。其中包括货账是否一致及商品存量是否全为合格品。若账上数量与仓库里的数量不符合或存量中并非全数皆为规格正确的商品，这将使仓储的数量低于实际上的可取用数量，故采购计划中的应购数量将会偏低。

**4. 销售效率**

销售效率的高低将直接影响采购计划的制订，它会使实际的供应量与预计的商品需求量产生误差。如果商品的销售效率降低，会导致经常进行采购的商品的数量大于实际需求的数量，过低的销售率，亦会导致经常进行采购作业的修改。所以，当销售效率有降低趋势时，商品采购计划必须将此额外的供应量减去，才不会发生商品的积压现象。

**5. 设定商品标准成本**

在制定商品采购预算时，很难对将来拟购商品的价格进行预测，因此，才经常有标准成本代表实际采购成本。若此标准成本的设定，缺乏过去的采购资料为依据，亦无相关人员严密精确地计算其原料、人工及制造费用等组合或生产的总成本，则其正确性不无疑问。因此，标准成本与实际购入价格的差额是采购预算准确性的评估指标。标准成本的制订通常需要考虑：① 供应商的生产规模。供应商生产规模越大，生产成本越低，针对其制订的采购价格可以低一些。② 供应商所处的地理位置。如果供应商所处位置比较偏僻，这样会给运输带来很大的不便，采购时可以适当地降低定价以抵消部分因运输而带来的成本增加。③ 采购商品的敏感度。如果公司采购的商品属于敏感的商品，消费者对该商品的需求量会因价格的变动而产生很大变化，那么采购时就应该尽量降低采购价格，以保证当市场需求下降时可以进行降价销售。④ 公司毛利策略。公司根据自身发展方向、策略、费用、成本、以往销售状况分析和对自身销售预测等方式计算出综合毛利率要求。并分配到各个不同采购环节，作为采购的定价依据和目标。

**6. 价格预期**

在制订商品采购计划时，应对市场景气与否、商品价格涨跌幅度乃至汇率变动等多加预测，甚至将它们列为调整预算的因素。不过，因为个人主观的判定与实际情况常有差距，也可能会造成采购预算的偏差。

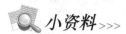 小资料>>>

在实践中，采购计划是需要经常调整的，这主要是因为影响商品采购计划制订的因素很多，所以采购计划与预算制订之后，必须与销售部门保持经常的联系，并针对不同的状况做必要的调整与修订，才能达成维持企业正常销售的目标，并协助财务妥善规划采购资金的来源。

### 2.2.3 采购计划的编制程序

现在常见采购计划的编制程序主要包括：准备认证计划、评估认证需求、计算认证容量、制订认证计划、准备订单计划、评估订单需求、计算订单容量和制订订单计划。

**1. 准备认证计划**

准备认证计划是采购计划的第一步，也是非常重要的一步。它包括以下四个环节。

（1）接收开发批量需求

在整个采购过程中开发批量需求是供应程序流动的牵引项，因此，在制订比较准确的认证计划前，首先必须熟悉开发需求计划。目前开发批量需求通常有两种情形：一种是在以前或者是目前的采购环境中就能够挖掘到的物料供应，例如，若是以前所接触的供应商的供应范围比较大，就可以从这些供应商的供应范围中找到企业需要的批量物料需求；另一种情形就是企业需要采购的是新物料，在原来形成的采购环境中不能提供，需要企业的采购部门寻找新物料的供应商。

（2）接收余量需求

余量需求的产生主要有两个方面的原因：一是随着企业规模的扩大，市场需求也会变得越来越大，旧的采购环境容量不足以支持企业的物料需求；二是因为采购环境有了下降的趋势从而导致物料的采购环境容量逐渐缩小，这样就无法满足采购的需求。余量需求的产生导致企业对采购环境进行扩容。采购环境容量的信息一般是由认证人员和订单人员来提供。

（3）准备认证环境资料

通常来讲，采购环境的内容包括认证环境和订单环境两个部分：有些供应商的认证容量比较大，但是其订单容量比较小；有些供应商的情况恰恰相反，其认证容量比较小，但是其订单容量比较大。产生这些情况的原因是认证过程本身是对供应商样件的小批量试制过程，这个过程需要强有力的技术力量支持，有时甚至需要与供应商一起开发；但是订单过程是供应商规模化的生产过程，其突出表现就是自动化机器流水作业及稳定的生产，技术工艺已经固化在生产流程之中。因此，可以看出认证容量和订单容量是两个完全不同的概念。企业对认证环境进行分析的时候，一定要分清这两个概念。

（4）制订认证计划说明书

制订认证计划说明书也就是把认证计划所需要的材料准备好，主要内容是认证计划说明书（物料项目名称、需求数量和认证周期等），同时附有开发需求计划、余量需求计划和认证环境资料等。

准备认证计划过程如图2-1所示。

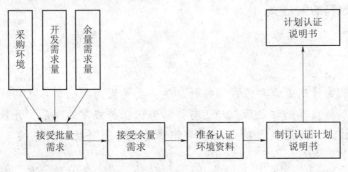

图2-1　准备认证计划过程

**2. 评估认证需求**

认证需求制订出来以后就需要对制订的认证需求进行评估。评估认证需求是采购计划的第二个步骤，其主要内容包括三个方面，即分析开发批量需求、分析余量需求和确定认证需求。

（1）分析开发批量需求

要做好开发批量需求的分析不仅需要分析量上的需求，而且要掌握物料技术特征等信息。开发批量需求的样式是各种各样的，主要包括：① 按照需求的环节可以分为研发物料开发认证需求和生产批量物料认证需求；② 按照供应情况可以分为可直接供应物料和需要定做物料；③ 按照采购环境可以分为环境内物料需求和环境外物料需求；④ 按照国界可分为国内供应物料和国外供应物料等。

对于如此复杂的情况，计划人员应该对开发物料需求做详细的分析，有必要时还应该与开发人员、认证人员一起研究开发物料的技术特征，按照已有的采购环境及认证计划经验进行分类。从以上分析可以看出，认证计划人员需要兼备计划知识、开发知识和认证知识等，具有从战略高度分析问题的能力。

（2）分析余量需求

分析余量需求要求首先对余量需求进行分类，前面已经说明了余量认证的产生来源：一种是市场销售需求的扩大；另一种情况是采购环境订单容量的萎缩。这两种情况都导致了目前采购环境的订单容量难以满足用户的需求，因此需要增加采购环境容量。对于因市场需求原因造成的，可以通过市场及生产需求计划得到各种物料的需求量及时间；对于因供应商萎缩造成的，可以通过分析现实采购环境的总体订单容量与原订容量之间的差别，这两种情况的余量相加即可得到总的需求容量。

（3）确定认证需求

认证需求是指通过认证手段，获得具有一定订单容量的采购环境。要确定认证需求，可以根据开发批量需求及余量需求的分析结果来确定。

### 3. 计算认证容量

采购计划的第三个步骤是计算认证容量，它主要包括四个方面的内容：分析认证资料、计算总体认证容量、计算承接认证容量和确定剩余认证容量。

**（1）分析认证资料**

分析认证资料是计划人员的一项重要事务，不同的认证项目其过程及周期也是有天壤之别的。机械、电子、软件、设备、生活日用品等物料项目，它们的加工过程各种各样，非常复杂。简单情况下，企业需要认证的物料项目可能是上千种物料中的某几种，这时熟练分析几种物料的认证资料是可能的。更多情况下，企业需要认证的项目并不是简单的几种，尤其是对于规模比较大的企业，这时分析上千种甚至上万种物料其难度则要大得多。

**（2）计算总体认证容量**

在采购环境中，供应商订单容量与认证容量是两个不同的概念，有时可以互相借用，但绝不是等同。通常订单容量是采购方向供应商发出的订单上的数量，但是认证容量经常用在认证供应商的过程中，它是指为了保证供应的物品的质量及其他各方面工作的顺利进行而要求供应商提供一定的资源用于支持认证操作，有些供应商只做认证项目。总之，在供应商认证合同中，要说明认证容量与订单容量的比例，防止供应商只能做批量订单，而不愿意做样件认证。计算采购环境的总体认证容量的方法是把采购环境中所有供应商的认证容量叠加，但对有些供应商的认证容量需要加以适当的权重。

**（3）计算承接认证量**

供应商的承接认证量等于当前供应商正在履行认证的合同量。一般认为认证容量的计算是一个相当复杂的过程，各种各样的物料项目的认证周期也是不一样的，一般是要求计算某一时间段的承接认证量。最恰当、最及时的处理方法是借助电子信息系统，模拟显示供应商已承接的认证量，以便认证计划决策使用。

**（4）确定剩余认证容量**

某一物料所有供应商群体的剩余认证容量的总和，称为该物料的"认证容量"，可以用下面的公式表示：

$$物料认证容量 = 物料供应商群体总体认证容量 - 承接认证量$$

这种计算过程也可以被电子化，一般 MRP 系统不支持这种算法，因而可以单独创建系统。认证容量是一个近似值，仅作为参考，认证计划人员对此不可过高估计，但它能指导认证过程的操作。

采购环境中的认证容量不仅是采购环境的指标，而且也是企业不断创新，维持持续发展的动力源。源源不断的新产品问世是基于认证容量价值的体现，也由此能生产出各种各样的产品新部件。

### 4. 制订认证计划

制订认证计划是采购计划的第四个步骤，它的主要内容包括：对比需求与容量、综合平衡、确定余量认证计划、制订认证计划四个方面的内容。

**（1）对比需求与容量**

认证需求与供应商对应的认证容量之间一般都会存在差异，如果认证需求小于认证容量，则没有必要进行综合平衡，直接按照认证需求制订认证计划；如果认证需求量大大超出供应商容量，出现这种情况就要进行认证综合平衡，对于剩余认证需求需要制订环境之外的认证计划。

(2) 综合平衡

综合平衡就是指从全局出发，综合考虑生产、认证容量、物料生命周期等要素，判断认证需求的可行性，通过调节认证计划来尽可能地满足认证需求，并计算认证容量不能满足的剩余认证需求，这部分剩余认证需求需要到企业采购环境之外的社会供应群体之中寻找容量。

(3) 确定余量认证计划

确定余量认证计划是指对于采购环境不能满足的剩余认证需求，应提交采购认证人员分析并提出对策，用以确认采购环境之外的供应商认证计划。采购环境之外的社会供应群体如果没有与企业签订合同，那么制订认证计划时要特别小心，并由具有丰富经验的认证计划人员和认证人员联合操作。

(4) 制订认证计划

制订认证计划是认证计划的主要目的，是衔接认证计划和订单计划的桥梁。只有制订好认证计划，才能根据该认证计划做好订单计划。可用下面的公式确定认证物料数量及开始认证时间：

认证物料数量 = 开发样件需求数量 + 检验测试需求数量 + 样品数量 + 机动数量

开始认证时间 = 要求认证结束时间 - 认证周期 - 缓冲时间

**5. 准备订单计划**

准备订单计划主要分为四个方面的内容：接收市场需求、接收生产需求、准备订单环境资料和制订订单计划说明书。

(1) 接收市场需求

首先要弄明白什么是市场需求，市场需求的才是生产企业要生产的，如果不是市场需求的，那么经过多方努力制造出来的物品也是没有价值的。要想制订比较准确的订单计划，首先必须熟知市场需求计划，或者是市场销售计划。市场需求的进一步分解便得到生产需求计划。企业的年度销售计划一般在上年的年末制订，并报送至各个相关部门，同时下发到销售部门、计划部门和采购部门，以便指导全年的供应链运转；根据年度计划制订季度、月度的市场销售需求计划。

(2) 接收生产需求

生产需求对采购来说可以称之为生产物料需求。生产物料需求的时间是根据生产计划产生的，通常生产物料需求计划是订单计划的主要来源。为了便于理解生产物料需求，采购计划人员需要深入熟知生产计划及工艺常识。在 MRP 系统之中，物料需求计划是主生产计划的细化，它主要来源于主生产计划、独立需求的预测、物料清单文件和库存文件。编制物料需求计划的主要步骤包括决定毛需求、决定净需求、对订单下达日期及订单数量进行计划。

(3) 准备订单环境资料

准备订单环境资料是准备订单计划中一个非常重要的内容。订单环境是在订单物料的认证计划完毕之后形成的，订单环境的资料主要包括：① 订单物料的供应商信息；② 订单比例信息。对多家供应商的物料来说，每一个供应商分摊的下单比例成为该单比例，该比例由认证人员产生并给予维护；③ 最小包装信息；④ 订单周期，它是指从下单到交货的时间间隔，一般以天为单位。订单环境一般使用信息系统管理，订单人员根据生产需求的物料项目，从信息系统中查询了解该物料的采购环境参数及其描述。

（4）制订订单计划说明书

制订订单计划说明书也就是准备好订单计划所需要的资料，主要内容包括：① 订单计划说明书，如物料名称、需求数量、质量、到货日期、付款方式等；② 附有市场需求计划、生产需求计划、订单环境资料等。

**6. 评估订单需求**

评估订单需求是采购计划中非常重要的一个环节，只有准确地评估订单需求，才能为计算订单容量提供参考依据，以便制订出好的订单计划。它主要包括三个方面的内容：分析市场需求、分析生产需求和确定订单需求。

（1）分析市场需求

市场需求和生产需求是评估订单需求的两个重要方面。订单计划不仅仅来源于生产计划。一方面，订单计划首先要考虑的是企业的生产需求，生产需求的大小直接决定了订单需求的大小；另一方面，制订订单计划还得兼顾企业的市场战略及潜在的市场需求等。此外，制订订单计划还需要分析市场要货计划的可信度。必须仔细分析市场签订合同的数量与还没有签订合同的数量（包括没有及时交货的合同）的一系列数据，同时研究其变化趋势，全面考虑要货计划的规范性和严谨性，还要参照相关的历史要货数据，找出问题的所在。只有这样，才能对市场需求有一个全面的了解，才能制订出一个满足企业远期发展与近期实际需求相结合的订单计划。

（2）分析生产需求

分析生产需求是评估订单需求首先要做的工作。要分析生产需求，首先就需要研究生产需求的产生过程，然后再分析生产需求量和要货时间。

**小资料** >>>

某企业根据生产计划大纲，对零部件的清单进行检查，得到部件的毛需求量。在第一周，现有的库存量是180件，毛需求量是60件，那么剩下的现有库存量为180 − 60 = 120（件）。则到第二周时，库存为120件，此时预计入库50件，毛需求量90件，那么新的现有库存为120 + 50 − 90 = 80（件）。由于企业每周都有不同的毛需求量和入库量，因此企业的生产需求也就不同，对企业不同时期产生的不同生产需求进行分析是很有必要的。

（3）确定订单需求

根据对市场需求和对生产需求的分析结果，就可以确定订单需求。通常来讲，订单需求的内容是通过订单操作手段，在未来指定的时间内，将指定数量的合格物料采购入库。

**7. 计算订单容量**

计算订单容量是采购计划中的重要组成部分。只有准确地计算好订单容量，才能对比需求和容量，经过综合平衡，最后制订出正确的订单计划。计算订单容量主要有四个方面的内容：分析项目供应资料、计算总体订单容量、计算承接订单容量及确定剩余订单容量。

（1）分析项目供应资料

在采购过程中物料和项目是整个采购工作的操作对象。在采购环境中，所要采购物料的供应商信息是非常重要的一项信息资料。如果没有供应商供应物料，那么无论是生产需求还是紧急的市场需求,一切都无从谈起。可见,有供应商的物料供应是满足生产需求和满足紧急市场需求的必要条件。只有这样,在进行零部件采购时才能有的放矢。

(2) 计算总体订单容量

总体订单容量一般包括两方面内容:可供给的物料数量及交货时间。举一个例子来说明这两方面的结合情况:X供应商在1月31日之前可以供给10万个特种按钮(A型4万个,B型6万个),Y供应商在1月3日之前可以供给9万个特种按钮(A型5万个,B型4万个),那么1月31日之前A、B两种按钮的总体订单容量为19万个,其中B型按钮的总体订单容量为10万个。

(3) 计算承接订单容量

承接订单容量是指某供应商在指定的时间内已经签下的订单量,但是,承接订单容量的计算过程较为复杂。仍以一个例子来说明:A供应商在1月31日之前可以供给8万个特种按钮(Ⅰ型5万个,Ⅱ型3万个),若是已经承接Ⅰ型特种按钮4万个,Ⅱ型2万个,那么对Ⅰ型和Ⅱ型物料已承接的订单量就比较清楚,即4万个(Ⅰ型)+2万个(Ⅱ型)=6万个。

(4) 确定剩余订单容量

剩余订单容量是指某物料所有供应商群体的剩余订单容量的总和,可以用下面的公式表示:

$$物料剩余订单容量 = 物料供应商群体总体订单容量 - 已承接订单量$$

**8. 制订订单计划**

制订订单计划是采购计划的最后一个环节,也是最重要的环节。它主要包括四个方面的内容:对比需求与容量、综合平衡、确定余量认证计划及制订订单计划。

(1) 对比需求与容量

对比需求与容量是制订订单计划的首要环节,只有比较出需求与容量的关系才能有的放矢地制订订单计划。如果经过对比发现需求小于容量,即无论需求多大,容量满足需求,则企业要根据物料需求来制订订单计划;如果供应商的容量小于企业的物料需求,则要求企业根据容量制订合适的物料需求计划,这样就产生了剩余物料需求,需要对剩余物料重新制订认证计划。

(2) 综合平衡

综合平衡是指综合考虑市场、生产、订单容量等要素,分析物料订单需求的可行性,必要时调整订单计划,计算容量不能满足的剩余订单需求。

(3) 确定余量认证计划

在对比需求与容量的时候,如果容量小于需求就会产生剩余需求,要提交认证计划制订者处理,并确定能否按照物料需求规定的时间及数量交货。为了保证物料及时供应,此时可以通过简化认证程序,并由具有丰富经验的认证计划人员操作。

(4) 制订订单计划

制订订单计划是采购计划的最后一个环节,订单计划做好之后就可以按照计划进行采购工作了。一份订单包含的内容有下单数量和下单时间两个方面。即:

$$下单数量 = 生产需求量 - 计划入库量 - 现有库存量 + 安全库存量$$

$$下单时间 = 要求到货时间 - 认证周期 - 订单周期 - 缓冲时间$$

## 2.3 采购预算

### 2.3.1 预算与采购预算的概念

**1. 预算概念与类型**

(1) 预算的概念

预算事实上是一种在相互竞争的需求中分配资源的工具,市场竞争常引起企业需求的变化,因此,预算也会经常发生改变,在实践中引起预算变化的因素有以下两个方面。① 部门间的竞争。某些部门为了提高其在企业内的地位,获得更多的资源和人员,会夸大其词,将预算做大,从而掌控更多的人力、财力和物力,而这些在一定程度上也代表了权力和地位。② 未来的不确定性。在现实中常常有很多无法控制的因素,如环境变化、消费者偏好的改变等。这些不确定因素常常会影响甚至决定预算的最终成败,而管理者很有可能会根据预算与实际数据的比较来评定部门或者是个人的业绩。在这种情况下,保守或悲观的部门主管很有可能会提交一个保守的、紧缩了的预算,而不是一份充满挑战性又切实可行的预算报告,从而使预算做小,最终应该得到相应的人力、物力支持的部门反而没有取得与之相匹配的资源。

预算本来就是一个协调和综合的过程,它要求企业各个部门,各个层次的管理者根据自己的专业知识及以往的实践经验,由下而上、层层叠加,共同制订出一个总预算,如果由于内在竞争或者是心理上的保守而使预算失真,那么层层失真的叠加将会使预算与真实预算发生明显的偏离,严重影响资源的合理分配,进而影响企业总的业绩。

(2) 预算的类型

预算按时间的长短可以分为长期预算和短期预算。长期预算是指时间跨度超过1年以上的预算,短期预算是指企业在一年内对经营财务等方面所进行的总体规划的数量说明。短期预算是一种执行预算,对作业计划的实现影响重大。

预算按所涉及的范围,可以分为全面预算和分类预算。全面预算是短期预算的一种,它又称为总预算,涉及企业的产品或服务的收入、费用、现金收支等各方面的问题。分类预算的特点和具体范围将随着部门和单元特性的不同而有所变化。

预算按其内容的不同分为财务预算、决策预算和业务预算三类。财务预算是指企业在计划期内有关现金收支、经营成果及财务状况的预算。决策预算是指企业为长期投资决策项目或一次性业务所编制的专门预算,其编制只是为了帮助管理者做出决策。业务预算则是指计划期间日常发生的各种经营性活动的预算,包括销售预算、成本预算、管理费用预算等。采购预算是业务预算的一种,它的编制将直接影响到企业的直接材料预算、制造费用预算等。

预算按方法不同可以分为:固定预算法、弹性预算法、滚动预算法、增量预算法、零基预算法、定期预算法等。

**2. 采购预算的概念**

采购预算是将未来采购决策的目标通过有关数据系统地反映出来,是采购决策数量化的表现。一般说来,制订采购预算主要是为了促进采购计划工作的开展与完善,减小采购的风险，合理安排有限资源，提高资源分配的效率，对成本进行控制等。

采购预算应以付款的金额来编制，而不以采购的金额来编制，这样才能使预算对实际的资金调度具有意义。另外，预算的时间范围也要与企业的计划期保持一致，决不能过长或过短。长于计划期的预算没有实际意义，浪费人力、财力和物力，而过短的预算则又不能保证计划的顺利执行。由于受到客观条件的限制，企业所能获得的可分配的资源和资金在一定程度上是有限的，因此企业的管理者必须通过有效地分配有限的资源来提高效率以获得最大的收益。

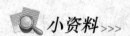

一个良好的企业不仅要赚取合理的利润，还要保证企业有良好的资金流。良好的预算既要注重实际，又要强调财务业绩。例如，某企业的每个部门都提交了它的年度预算，涉及部门一年内所要开展的种种活动和所需资金、人员等情况，高层管理人员和会计部门会根据年度财务计划来核定业务费用，使人员、资金、设备等与预测的需求相匹配。

## 2.3.2 编制采购预算的原则

**1. 实事求是原则**

编制采购预算应本着实事求是的原则。采购规模的测算必须运用科学、合理的方法，力求数据的真实、准确，购买支出要与企业的经营目标相一致，不能随意虚增支出。各项购买支出要符合部门实际情况，测算时要有真实、可靠的依据，不能凭主观印象或人为提高购买标准。单位在安排采购预算项目时，要精打细算，不哄抬目标值，先确定销售预算，再确定生产计划，然后再确定采购计划。不要为了贪图低价，盲目扩大采购量，以免造成库存积压。同时采购物资质量不能盲目超前，应在满足工作需要的前提下，适当超前，也要避免不考虑发展而导致产品刚投入市场就被淘出，造成浪费。

**2. 积极稳妥、留有余地原则**

采购预算的编制要做到稳妥、可靠、量入为出、收支平衡。积极稳妥是指不要盲目抬高预算指标，也不要消极压低指标。既要保证采购预算指标的先进性，又要保证预算指标的可操作性，充分发挥采购预算指标的指导和控制作用。另外单位的采购预算和单位的财务预算一样，一经批准，便要严格执行。因此，一个单位在编制采购预算时，既要把根据事业发展需要应该采购的项目考虑好，还应该注意采购资金来源是否可靠、有无保证，不能预留缺口。这样制订出来的采购预算才能适应市场的千变万化，才能满足企业的生产要求，具有一定的发展空间，以免发生意外时处于被动，影响企业的生产经营。

**3. 比质比价原则**

企业在编制采购预算时，应广泛收集采购物料的质量、价格等市场信息。掌握主要采购物料信息的变化，要根据市场信息比质比价确定采购物料。除仅有唯一供货单位或企业生产经营有特殊要求外，企业主要物料的采购应当选择两个以上的供货单位，从质量、价格、信誉等方面择优安排采购。企业主要物料采购及有特殊要求的物料采购，应当审查供应商资格；对已确定的供应商，应当及时掌握其质量、价格、信誉的变化情况。企业大宗原、燃料的采购，基建或技改项目主要物料及其他金额较大的物资的采购等，具备招标采购条件的，应尽量安排招标采购。

## 2.3.3 采购预算的作用

采购预算是对资金使用情况的一种测算，与采购计划的不同在于采购计划是预测采购数量的方式。然而，采购预算的制订与采购计划也有着紧密的联系。采购预算的作用主要体现以下几个方面。

① 保障战略计划和作业计划的执行，确保组织向同一个方向迈进。

② 协调组织经营。

③ 在部门之间合理安排有限资源，保证资源分配的效率性。

④ 控制支出。预算通过审批和拨款过程及差异分析控制支出。

⑤ 监视支出。管理者用目前的收入和支出与预算的收入和支出相比较，变化最大的地方，无论是有利的还是不利的，可能就是管理者高度重视的对象，以确定这些差异的原因和应对方法。

## 2.3.4 采购预算类型

采购中涉及的预算主要有四个方面，即原料预算，维护、修理和运作（MRO）供应预算，固定资产预算及采购运作预算。

**1. 原料预算**

原材料预算的主要目的是确定用于生产既定数量的成品或者提供既定水平的服务的原材料的数量和成本。原料预算的时间通常是一年或更短。但是原料的预算往往会偏离实际情况，因为预算的钱数是基于生产或销售的预期水平及来年原材料的估计价格来确定的。这样在很多组织中详细的年度原材料预算并不是很切合实际。因此，很多组织采用灵活的预算来调整实际的生产和实际的价格。通常灵活的预算要反映条件的变化，比如产出的增加或减少。灵活的预算的优点是能对变化做出快速的反应。

尽管原料预算通常是基于估计的价格和计划的时间进度做出的，但是原料预算还是可以发挥如下的作用：① 有助于采购部门设立采购计划，准备充分的采购预算可以使得采购部门能够设立采购计划以确保原料需要时能够及时得到；② 用以确定随时备用的原材料和成品部件的最大价值和最小价值；③ 建立一个财务部门确定与评估采购支出需求的基础；④ 为供应商提供产量计划信息和消耗速度计划信息；⑤ 为生产和材料补充的速度制订恰当的计划；⑥ 削减运输成本；⑦ 帮助提前购买；⑧ 可以提前通知供应商一个估计的需求数量和进度，从而改进采购谈判。

**2. 维护、修理和运作（MRO）供应预算**

维护、修理和运作（MRO）供应预算包含在生产运作过程中，但它们并没有成为生产运作中的一部分。MRO 项目主要有办公用品、润滑油、机器修理和门卫。MRO 项目的数目可能很大，对每一项都做出预算并不可行。MRO 预算通常由以往的比例来确定，然后根据库存和一般价格水平中的预期变化来调整。

**3. 固定资产预算**

固定资产的采购通常是支出较大的部分。好的采购活动和谈判能为组织节省很多钱。通过研究可能的来源及与关键供应商建立密切的关系，可以建立既能对需求做出积极响应又能刚好满足所需要花费的预算。固定资产采购的评估不仅要根据初始成本，还要根据包括维护、能源消耗及备用部件成本等的生命周期总成本。由于这些支出的长期性质，通常用净现值算法进行预算和做出决策。

**4. 采购运作预算**

采购职能的运作预算包括采购职能业务中发生的所有花费。通常，这项预算根据预期的业务和行政的工作量来制订，这些花费包括工资、福利费用、办公费、设备费、供暖费、房租、招待费、通信费、教育培训费等。采购职能的业务预算应该反映组织的目标和目的，例如，如果组织的目的是减少间接费用，那么业务预算中的间接费预算就应该反映这一点。合理的采购费用有利于采购工作的顺利进行，制定采购预算时必须把此项支出考虑在内。

## 2.3.5 采购预算制定的依据

采购预算是采购计划顺利实施的保证，制定采购预算的依据包括以下两个方面。

（1）物料标准成本

在制定采购预算时，由于难以准确预测计划采购物料的价格，一般以标准成本代替计划采购物料的价格。标准成本是指在正常和高效率的运转情况下制造产品的成本，而不是指实际发生的成本。标准成本可以根据过去的采购资料来设定，或者由工程人员根据生产流程严密精确地计算。企业可以用标准成本来对实际成本加以控制。

（2）价格预期

虽然对预购物料的价格进行预测难度很大，但企业还是要从影响价格变动的因素来入手，尽可能准确地对物料价格进行预测。影响价格变动的因素有很多，包括：生产物料所用的投入品的价格、该物料的市场供求状况、国家的经济形势、汇率变化等因素。采购人员要认真分析，力求把握准确的价格预期。如果对价格预期的判断不准确，会造成采购预算的偏差。

采购预算的制订还要考虑生产率的变动对材料需求的影响。如果生产率低下，所耗用的原材料会超过预算的数量，导致采购预算的数量不能满足生产需要，如果次品率增加同样会使材料耗用增加，故生产计划应考虑这一因素，采购预算才能满足生产的需要。

## 2.3.6 采购预算编制步骤

采购预算编制步骤如图2-2所示。

（1）明确企业以及部门的战略目标

采购部门作为企业的一个部门，在编制采购预算时要从企业总体的战略规划出发，审查本部门和企业的目标，确保两者协调一致。

（2）制订明确的工作计划

采购主管必须了解本部门及相关部门（如生产部等）的业务活动，明确采购的责任和范围，制订出详细的工作计划。

（3）确定采购所需的资源

按照详细的工作计划，采购主管要对采购支出做出切合实际的估计，预测为实现目标所需要的人力、物力和财力等资源。

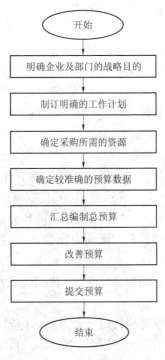

图 2-2 采购预算编制步骤

（4）确定较准确的预算数据

确定预算数据是企业编制预算的难点之一。有经验的预算人员常常通过以往的经验做出准确判断，而目前企业普遍的做法是将目标与历史数据相结合来确定预算数，即对过去历史数据和未来目标逐项分析，使收入和成本费用等各项预算切实、合理和可行。对过去的历史数据可采用比例趋势法、线性规划、回归分析等方法，找出适用本企业的数学模型来预测。

（5）汇总编制总预算

财务部对各部门预算草案进行审核、归集、调整，汇总编制总预算。

（6）改善采购预算

① 确定预算偏差范围。由于预算总是或多或少地与实际有所差异，因此，企业必须根据实际情况选定一个偏差范围。偏差范围的确定可以根据行业平均水平，也可以根据企业的经验数据。

② 计算偏差值。为了控制和确保采购业务的顺利开展，采购主管应该定期比较采购实际支出和采购预算支出的差距，计算预算偏差值（采购实际支出金额减去采购预算支出金额）。

③ 调整不当预算。如果预算偏差值达到或超过了容许的范围，采购主管则需要分析原因，对具体的预算提出修改建议，进行必要的改善。

（7）提交预算

编制好的采购预算应该提交给企业负责人批准，批准后方可执行。

## 2.3.7 采购预算的编制方法

编制采购预算的方法多种多样，有固定预算、滚动预算、弹性预算、零基预算和概率预算等。各种方法的编制原理不一样，因而各有不同的特点。

**1. 固定预算**

又称"静态预算"，是指企业按照预算期内预定的经营活动水平，不考虑预算期内经营活动水平可能发生的变动而编制的一种预算。因此，当经营活动水平变动时，如不重新编制固定预算，就不能将实际数与预算数对比；而重编预算，工作量又很大。所以这种预算，一般只能用来考核非营利经济组织和经营活动水平较为稳定的企业。另外，对企业固定费用用这种预算进行控制，也比较适宜。

**2. 滚动预算**

又称永续预算或连续预算，是指在预算的执行过程中自动延伸，使预算期永远保持在一定时期（一般为一年）每过一个月（或季度），就根据新的情况进行调整和修订后几个月（或季度）的预算。滚动预算要求一年中，头几个月的预算要详细完整，后几个月可略粗一些。随着时间的推移，原来较粗的预算，逐渐由粗变细，后面随之又补充新的较粗的预算，以此往复，不断滚动。

滚动预算的突出特点是：预算期与会计年度相脱节，始终保持在 12 个月或 4 个季度的预算。

滚动预算的编制程序为：凡预算执行过一个月后，即根据前一个月的经营成果，总结执行中发生的变化等信息，对剩余的 11 个月加以修订，并自动后续一个月，重新编制一年的预算。这样逐期向后滚动，连续不断地以预算的形式规划未来的经营活动。

滚动预算有以下两个优点：① 可以保持预算的连续性与完整性，使采购人员能从动态的预算中把握企业的未来，了解企业的总体规划和近期目标；② 可以根据前期预算的执行结果，结合各种新的变化信息，不断调整或修订预算，从而使预算与实际采购工作相适应，有利于充分发挥预算的指导和控制作用，确保企业各项工作有条不紊地进行。滚动预算的不足之处是编制的工作量较大。为克服滚动预算的不足，可以适当地简化预算的编制工作，可采用按季度滚动来编制预算，而在执行预算的那个季度里，再按月份具体地编制各月份的预算。

**3. 弹性预算**

所谓弹性预算，就是在编制预算时，考虑到计划期间采购业务量可能发生的变化，根据固定成本、变动成本与经营活动水平的关系而编制出一套能适应多种采购业务量的财务预算，以便分别反映各业务量所应开支的费用水平。由于这种预算是随着业务量的变化进行机动调整，具有一定的弹性，故称为弹性预算。弹性预算适用于业务量经常变动的企业。弹性预算的编制原理是：以成本形态分析为基础，将成本区分为固定成本和变动成本两部分，某一项目的预算数按下式确定：

$$弹性预算 = 单位变动成本 \times 业务量水平 + 固定成本预算数$$

弹性预算法有以下主要特点：① 能够适应不同经营活动情况的变化。弹性预算是为一系列业务量水平而编制的，当某一预算项目的实际业务量达到任何水平时（必须在选择的业务量范围之内），都有其适用的一套控制标准。它能更好地发挥预算的控制作用，避免只要实际情况发生变化，就要重编预算或做修改的问题。② 由于预算是按各项成本的形态分别列示的，因而可以方便地计算出在任何实际业务量水平下的预测成本，从而为管理人员在事前严格控制费用开支提供方便，也有利于在事后细致分析各项费用节约或超支的原因，及时解决所发生的问题。

**4. 零基预算**

零基预算是指不考虑过去的预算项目和收支水平，以零为基点编制的预算。零基预算的基本特征是不受以往预算安排和预算执行情况的影响，一切预算收支都建立在成本效益分析的基础上，它不受既成事实的影响，一切都从合理性和可能性出发。

零基预算编制的具体步骤：① 采购部门根据企业的经营目标，对每项采购业务说明其性质、目的，详细提出各项业务的支出；② 由预算主管对各部门提出的预算方案进行成本效益分析和审查。审查时要考虑该项工作是否有必要，能否精简，如果必要，是否可不设专管部门或专职人员，如果必须专设部门或专人去完成，能否进一步改进方法，提高工作效率。然后权衡每项工作轻重缓急和成本效益，以及所需经费的多少，进行顺序排列；③ 根据生产经营实际需要和资金供应的可能，落实预算。

零基预算不但能压缩经费开支，把有限的经费用到最需要的地方去，而且能够发挥各级管理人员的积极性和创造性，促使各级预算部门精打细算，量力而行，合理使用资金，提高经济效益。但由于一切开支都要从头进行分析研究，因而编制零基预算的工作量较大，费用较高。针对零基预算的缺陷与不足，合理的解决办法是：每3～5年编制一次零基预算，以后几年内再作适当调整，以减少浪费和低效。

**5. 概率预算**

概率预算是在识别企业预算期内各预算项目不确定的基础上，结合它可能发生的概率，分别计算其期望值后所编制的一种预算。在编制概率预算过程中，涉及的变量很多，如业务量、价格、成本等。在生产和销售正常的情况下，这些变量的预计可能是一个定值，但在市场供需变动较大的情况下，这些变量的定值就难以确定了。这就需要根据客观条件，对有关变量作一些近似的估计，估计它可能变动的范围，分析它在该范围内出现的可能性即概率，然后根据概率计算期望值、编制预算。概率预算是弹性预算的修正和发展，由于它充分考虑了各项变量可能发生的概率，因此所编预算比较接近实际。

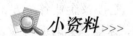

小资料>>>

预算编制的不同方法各有不同特点，企业应根据自身的条件及所处的外部环境选择合适的预算编制方法。如果企业处于初创期或成长期，市场份额和产品市场价格不稳定，应选择弹性预算；反之，对于市场稳定的企业，采用固定预算法更适宜。如果企业预算水平较高，应选择较为复杂的预算方法，如滚动预算或零基预算；反之，如果企业预算水平偏低，则应选择比较简单的预算方法，如固定预算等。

## 2.3.8 采购预算编制的注意事项

**1. 采购预算需要考虑的因素**

在制订初步采购预算时，采购经理需要考虑以下各方面因素：① 存量管理卡；② 用料清单；③ 商定的库存水平和目前的交货周期；④ 相关期间的生产进度，生产效率；⑤ 主要原料和零部件的长期价格趋势；⑥ 物料标准成本的设定。

由于影响采购预算的因素很多，采购预算应随时准备调整，采购部门应与销售、生产部门保持经常的联系，针对销售、生产的实际情况调整计划和预算，并与财政部门配合做好资金分配工作。

**2. 编制采购预算应注意的问题**

编制采购预算的目的是增强采购的科学性，提高企业经济效益。为了实现这一目标，在编制采购预算时，要注意以下几方面的问题。

① 编制预算前要进行深入的市场调研，广泛收集相关信息，包括：采购品的价格、该采购品的市场供求状况、国家的经济形势、汇率变化、费用限额等。还要对这些信息进行必要的加工整理，作为编制预算的参考。只有如此，才能保证预算指标富有弹性，能灵活应对市场的变化，使采购预算能够切实发挥其控制作用。

② 应制定切实可行的预算编制流程、修改预算的方法以及预算执行情况的分析监管办法等，以提高采购预算编制的科学性。

③ 设定必要的假定，使预算指标建立在一些未知而又合理的假定因素的基础之上，以利于采购预算编制工作的顺利进行。

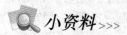

预算编制中的一个难点是预算编制不可避免地要面对一些不确定因素，也不得不预定一些预算指标之间的关系。例如，在确定采购预算的现金支出时，必须预先假定各种商品价格的未来走向。为此，在编制采购预算时，一方面要对历史数据进行充分分析，另一方面要对未来的判断设定合理的假定，这样才能保证采购预算的合理性和可行性。

④ 每项预算应尽量具体化、数量化。在编制采购预算时，每一项支出都要尽可能地具体详细，对每一项采购都要写出具体的数量和价格。这样做既有利于对预算编制的准确性进行审核，又有利于采购部门发现能节约开支的环节。

⑤ 应鼓励各方积极参与采购预算编制工作。因为采购预算是采购部门为配合企业的总体生产经营进行的预测，对所需要采购的商品数量按成本进行的估计，它涉及企业各个方面，采购预算如果由采购部门单独编制，会缺乏实际的应用价值。因此，采购预算的编制需要其他部门的配合，这样有利于各部门的沟通，有利于提高采购预算的科学性和可行性。

### 本章习题

**一、判断题**

1. 公司在组织采购调查时往往组织专职人员负责调查，而不会组织正式的采购及管理人员兼职进行采购调查。（   ）
2. 在采购计划中，准备认证计划是第一个环节，也是最重要的环节。（   ）
3. 采购预算应以付款的金额来编制，而不以采购的金额来编制。（   ）

**二、选择题**

1. 采购调查中主要包括的调查项目有（   ）。
   A. 所购材料、产品及服务　　　　B. 商品
   C. 供应商　　　　　　　　　　　D. 采购系统

2. 影响采购计划的因素有（　　）。
   A. 供应计划和库存管理　　　　B. 财务预算和预算风险
   C. 年度销售计划和销售效率　　D. 商品标准成本和价格预期
3. 采购计划的编制程序中最后一个步骤是（　　）。
   A. 计算认证容量　B. 制订认证计划　C. 制订订单计划　D. 计算订单容量
4. 制订采购预算的依据有（　　）。
   A. 物料标准成本　　　　　　　B. 价格预期
   C. 物料的市场供求情况　　　　D. 汇率变化

### 三、思考题

1. 较复杂的商品调查通常包括哪些方面？
2. 供应商调查通常包括哪些方面？
3. 采购计划的编制程序包括几个环节？
4. 预算的类型有哪些？
5. 采购预算的编制步骤是什么？
6. 采购预算的编制方法有哪些？它们各自的优缺点是什么？

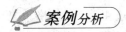案例分析

## 艾默生 IT 战略采购计划

"曾有个客户强硬地要求艾默生公司（Emerson）立刻发货，同时要求打折。艾默生通过一种新兴的技术工具——价格管理软件，借助里面的分析工具审查交易，发现艾默生在当地是唯一能供货的公司。既然我们是唯一供货商，我们为什么还要给这个客户打折呢？"美国艾默生电气公司高级副总裁查理·A·彼得斯（Charlie A. Peters）说。

**1. 全球第二大市场**

成立于1890年的艾默生公司，旗下拥有60多家子公司，在150个国家设有245家生产设施，是全球最大的机电、仪表等设备和方案的生产及销售集团之一。艾默生20世纪70年代就来到中国，在上海建立了第一家工厂，此后艾默生在华建立了30多家独资与合资企业，投资总额超过了10亿美元。

艾默生数十年来都把中国视为一个生产基地，同时也视为一个人才基地，工程师队伍从1 200人扩大到2 000人，通过空运和海运，每年将价值5亿美元的产品运到美国。在中国，艾默生通常采取投资或者并购的战略开拓业务。艾默生在中国迄今为止最大的成就就是2001年10月以7.5亿美元买下了华为下属的安圣电气。通过多年的投资和并购，艾默生业务发展迅速，在中国市场规模做到接近100亿元人民币，艾默生每年在中国采购10亿美元产品，中国已成为艾默生的全球第二大市场。

**2. 40年信息化的经验教训**

艾默生高级副总裁查理·A·彼得斯在"2005年美国《信息周刊》中文版秋季大会暨2005年中国商业科技100强发布大会"上透露，艾默生中国战略不仅重视一级市场，而且将进入白热化竞争的二级和三级市场。然而，对艾默生来说，快速发展的中国业务背后，有

一个巨大挑战。彼得斯说，从全球化角度，无论是生产、采购还是产品工程方面，都需要将中国区带来的价值增值数字化，从而把中国的工作和全球其他与中国相关的业务联系并整合在一起；从中国国内业务发展角度，无论是提高生产运营效率、降低成本，还是从采购到客户服务的全套供应链，都必须以建立部署完备的信息系统为前提。

在过去长达40年的时间里，艾默生不断地更换软件供应商，这样做的结果是，艾默生的ERP系统乱得一团糟，艾默生在全球45个不同的品牌使用了超过100个ERP软件。全球化过程中出现的信息系统混乱问题，使艾默生认识到，在全球化过程中，只能使用一家公司提供的软件，在全球搭建一个统一的信息平台以有效地管理全球业务。"软件业需要规模经济"，这是艾默生40年全球化过程中，信息化战略的经验教训所在。

### 3. 明智的选择

2001年前后，美国艾默生开始了统一信息化平台的艰苦历程。艾默生首先在全球范围内比较可供选择的ERP系统。最终，把眼光停留在了SAP和甲骨文两家身上。有趣的是，由于艾默生不同的业务部门使用了很多不同的管理软件，虽然很乱，但也给艾默生提供了有效地评价这些信息系统表现的机会。2004年，艾默生信息系统的经理们对公司50个部门里使用的ERP和电子商务软件进行了排名，采用的标准是这些软件中使用的工具深度和它们的成熟度。结果显示，表现最好的四分之一是由甲骨文最新发布的软件，这些软件配备了相当完整的模块。应用这些软件的部门由于销售的原因带来的利润增长超过4%，和价格相关的项目为利润贡献3%～4%，材料节约4%～5%。形成对比的是，表现最差的四分之一最多在电子商务上省了1%，材料上省了1%～3%，根本没有价格项目。4年后的排名结果和世界软件业的发展演进表明，4年前艾默生在软件上的战略性选择，是一个明智而正确的选择。

### 4. 适应中国国情的折中

负责艾默生公司电子商务及直接负责中国IT业务的高级副总裁查理·A·彼得斯指出，艾默生在中国遇到的问题主要是：很少考虑中国的本地化需求。实施全球应用软件的开发商还没发展起来。在中国实施软件的费用是美国或者印度的2～4倍，这对艾默生的软件系统决策带来了短期和长期的影响。为了全球统一的软件平台，艾默生一方面必须与世界一流的软件商合作，以节约软件平台成本；另一方面，又需要适应中国特殊的国情，控制项目成本，缩短实施周期，同时还不能以损失所需要的功能为代价。

艾默生采取了一种折中的办法：艾默生在中国区找到了一个很好的解决方案，叫"OracleinaBox"。一方面，在采用甲骨文标准版软件的同时，要求甲骨文在系统中提供了一些灵活性，可以让艾默生根据不同部门的需要定制这些流程以适应业务流程、业务方向和不同运营功能的需要；另一方面要求业务部门稍微折中一下，更改他们的业务流程以适应该系统。这样折中的结果是：甲骨文提供的软件预制的"最佳实践"模式比原来的一些流程更好，艾默生在流程得到改善的同时，也使整个软件应用期里成本更低、花钱更少、做事更快。

### 5. 神奇的"价格管理系统"

有一段时间，艾默生发现自己和客户打交道的方式有些落后，采购成本偏高。为此，艾默生公司花了8年的时间，建立了一个完整的原材料信息系统。2003年起，艾默生又推广了一个软件，叫做Vendavo，这是一个价格管理软件。这个软件建立了一个数据库，记录下每笔交易的情况,包括报价、订货和销售活动,并且提供了强大的工具从更广的范围去查看和分析价格。另外,它还提供了一个工具包,支持报价流程。这样,每个承担价格决策的人,包括那些定价和批转报价的人,都可以随时进入该数据库支持他们的价格决策。

价格管理系统不仅帮助艾默生的经理发现像"艾默生是当地唯一的供应商,买家却要求立刻发货并打折"的无理要求,而且,每笔交易都进行细化的方法,可以更好地将服务每个客户的成本和艾默生的收费配比起来,分析哪些服务哪些客户是赢利的,服务哪些客户可能收入不足以支持成本。另外,通过建立所有潜在交易的数据库,艾默生可以让报价更有竞争力。同时,防止折扣打得过低。艾默生实施的上述系统,使他在采购过程中作为一个买家变得更咄咄逼人。

问题:
1. 40 年前艾默生在软件采购上犯了哪些错误?
2. 艾默生统一信息化平台的艰苦历程对中国中小企实施 ERP 系统有哪些启示?
3. 为什么说艾默生在采购过程中作为一个买家变得更咄咄逼人?

# 第3章

# 采购业务操作

## 学习目标

1. 了解采购业务操作流程。
2. 了解请购单概念与类型。
3. 了解请购申请类型与方式。
4. 掌握采购订单的概念与内容。
5. 掌握货物跟催的有效办法。
6. 了解采购订单的概念与内容。
7. 了解货款结算流程。

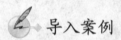导入案例

### 五菱汽车采购流程

**第一步  潜在供应商评审**

定义：现场评估供应商是否能达到对管理体系的最基本要求。

目的：进行为期一至两天的评估以验证新的潜在供应商是否有能力达到与上汽五菱汽车股份有限公司开展业务的最基本要求。

范围：在推荐某一供应商来开拓新的业务之前，如果该供应商未具备 QS9000 认证，那么在某些情形之下，必须进行现场评审。

程序：采用根据 QS9000 制定的潜在供应商评审文件形式，必须在选定供应商之前完成。

**第二步  选定供应商**

定义：供应商评选委员会批准合格厂商的程序。

目的：选定在质量、服务及价格方面都具有竞争力的厂商来提供产品。

范围：全球范围内的供应商。

程序：由上汽五菱的供应商开发及供应商质量部门来审核潜在供应商评审结果，评估各候选供货来源、批准或否决，建议在必要的情形下批准整改计划，签署决议文本。

**第三步  产品质量先期策划和控制计划**

定义：为确保产品能满足客户的要求而建立一套完整的质量计划。

目的：此程序要求供应商开发并实施产品质量计划。

范围：所有为上汽五菱供货的供应商都必须针对每一个新零部件执行"产品质量先期策划和控制计划"程序。

程序：根据客户的要求和意见，按以下各阶段进行：① 产品设计与开发；② 工艺设计与开发；③ 产品及工艺验证；④ 反馈、评估及整改措施。

**第四步　投产前会议**

定义：与供应商进行交流以明确零件质量合格及持续改进的要求。

目的：保证所有质量要求在供应商及客户负责供应商的部门之间得到确切的交流。

范围：建议对所有需要进行PPAP的新部件或新材料行使本程序，依照其风险程度的不同来确定先后（这是先期质量规划的一个部分）。

程序：通过供应商与客户有关人员在产品开发小组会议上进行密切的交流以对质量、生产能力和进度等要求进行研讨并取得认同。

**第五步　样件审批或工装样品认可**

（1）样品审批

定义：上汽五菱汽车股份有限公司规定的样件审批规程。

目的：提供上汽五菱汽车股份有限公司统一的对样件及其附带文件的最低要求，协助识别并纠正部件上的问题以减少部件差异对设计评估、制造和组装可能产生的影响，加速"正式生产件审批"规程的执行。

范围：适用于需提供新样件的所有供应商。

程序：由客户提供对样件的检验清单：① 供应商得到有关提供样件要求的通知；② 供应商得到提出的要求；③ 供应商提交样件和按客户要求等级提供文件；④ 供应商会得到提交样件审理结果的通知。

（2）工装样品认可（OTS）

定义：上汽五菱汽车股份有限公司规定的外购国产化零部件（工装样品/OTS）审批规程。

目的：测试由中国当地供应商提供的零部件是否符合原设计的工程要求，非用于检测零部件的原设计。

范围：适用于所有提供在中国制造零部件的供应商。

程序：① 样件定义；② 送样要求；③ 工装样品（OTS）认可程序；④ 工程样品（OTS）；⑤ 文件的提交。

**第六步　正式生产件评审程序**

定义：关于正式生产件得以审批的一般程序。

目的：验证某供应商的生产工艺是否具备生产满足客户要求的产品的潜能。

范围：在新产品投产前，或当现有产品在技术、工艺上有改动，或供应商情况发生变化，都必须通过此"正式生产件审批"程序。

程序：供应商严格按照正式生产件审批程序（PPAP）中规定的各项要求执行。

**第七步　按预定能力生产（GP-9）**

定义：实地验证供应商生产工序有能力按照预定生产能力制造符合质量及数量要求的产品。

目的：通过事先进行生产的"按预定能力运行"来降低正式投产和加速生产时失败的

风险。

范围：除非由采购部门供应商质量及采购总监授权豁免以外，所有新的零件都必须进行"按预定能力运行"。

程序：进行风险评估，决定"按预定能力运行"的形式。

**第八步　初期生产次品遏制**

定义：供应商正式生产件审批程序控制计划的加强措施，初期生产次品遏制计划（GP-12）与产品先期质量策划及控制计划参考手册中的投产前控制计划是一致的。

目的：帮助供应商验证对其工序的控制，使质量问题能迅速在供应商现场被发现和纠正，而不影响到客户的生产线。

范围：本程序适用于所有需要通过正式生产件审批程序的零件，包括所有小批量供货，加上采购部门指定的数量。此程序不只限于项目的开始。

程序：作为质量先期策划之组成部分，供应商将制定GP-12投产前控制计划，GP-12控制计划是PPAP正式生产件审批程序的要求之一，在达到此阶段放行标准之前必须按该计划执行。

**第九步　持续改进（GP-8）**

定义：GP-8规定供应商应有责任来制定一套能实行持续改进的程序。

目的：GP-8概述了在通过正式生产件审批程序（PPAP）和初期生产次品遏制（GP-12）程序之后，客户对供应商的持续改进的要求。

范围：该程序适用于所有生产零件及材料的供应商，在客户没有规定具体要求时依然适用。

程序：所有供应商必须监测其所有零件的质量工作情况并致力于持续改进，持续改进的程序目标在于减少生产加工的偏差和提高产品的质量，供应商应着重于听取用户的意见和工序的反馈，以努力减少工序波动。

**第十步　成效监控**

定义：监测供应商质量成效，促进相互交流和有针对性的改进。

目的：提高质量成效反馈，以促使重大质量问题的改进。

范围：适用于所有的供应商。

程序：采用批量生产的PPM来监控供应商质量成效并将信息反馈于供应商和有关部门，以便与每一供应商一起确认主要问题。

**第十一步　问题通报与解决（PRR）**

定义：为促进解决已确认的供应商的质量问题而进行交流的程序。

目的：对已确认的供货质量问题进行意见交换、文件记录、跟踪并解决。

范围：所有为上汽五菱提供零部件和材料的供应商。

程序：识别——如经现场人员核实，问题源于供应商不合格，立即通知供应商。

遏制——供应商必须在24小时内针对不合格品遏制及初步整改计划做出答复。

整改——供应商必须判定问题的根源并在15日内就执行整改措施，彻底排除问题根源的工作情况做出汇报。

预防——供应商必须采取措施杜绝问题复发，事发现场需核实这些措施的有效实施情况，以关闭PRR程序。

#### 第十二/十三步　发货控制

定义：一级控制，用于处理PRR未能遏制程序。二级控制，由客户控制的遏制程序。

目的：防止不合格件发往上汽五菱并限时实施永久性整改措施。

范围：本程序适用于批量生产时不合格品PPM较高，或有反复PRR等供应商。

程序：① 一级控制：由上汽五菱向供应商提出，供应商在发货地遏制质量问题外流；② 二级控制：由上汽五菱控制的遏制程序，可在供应商、上汽五菱或第三方现场执行，费用由供应商承担。

#### 第十四步　质量研讨

定义：在供应商现场进行质量研讨，解决具体质量问题。

目的：尽快解决问题，使产品质量迅速提高，并建立一个具备控制和持续改进质量的系统。

范围：可在供应商质量改进过程中任何时候进行评估。当某产品批量生产不合格品PPM较高，或有反复PRR，或受发货控制，或检查及风险评估期间被特别指出时。

程序：① 在研讨会期间，着重于付诸实践并有效地解决问题，并采取持续改进的一系列措施；② 记录现场，广泛提供各种改进意见；③ 评估，试验并记录改进的结果。

#### 第十五步　供应商质量改进会议

定义：供应商和全球采购高级管理层会议（执行总监级）。

目的：迅速行动解决长期未解决的质量问题。

范围：当以前所有改进步骤未能奏效时，建议召开质量改进会议。

程序：① 上汽五菱陈述质量问题、资料和已采取的措施；② 供应商介绍整改计划；③ 就是否将此供应商从上汽五菱供应商名单中除名做出决定，除非在质量成效和体系上做出令上汽五菱满意的改进；④ 制订并监控整改计划。

#### 第十六步　全球采购

定义：在全球范围内寻找有关产品在质量、服务和价格方面最具有竞争力的供应商。

目的：寻找有关产品的最佳供货来源。

范围：适用于在经过供应商质量改进会议之后仍未能改进并达到上汽五菱要求的供应商。

程序：① 由于不能解决质量问题，主管供应商质量部门通知采购，开始寻求全球采购；② 采购部门开始全球采购程序。

## 3.1　采购业务操作流程

采购业务流程是指采购生产所需的各种原材料、辅料和零部件等物料的业务操作过程。这个过程主要包括以下9个步骤：第一步，发现需求；第二步，对需求进行描述，即对所需的物品、商品或服务的特点和数量加以准确地说明；第三步，确定可能的供应商并对其加以分析；第四步，确定价格和采购条件；第五步，拟定并发出采购订单；第六步，对订单进行跟踪并/或催货；第七步，接收并检验收到的货物；第八步，结清发票并支付货款；第九步，维护记录。

## 3.1.1 发现需求

**1. 请购单的概念**

任何采购都产生于企业中某个人的确切的需求。负责具体业务活动的人应该清楚地知道本部门独特的需求：需要什么、需要多少和何时需要。这样，库存部门会收到这个部门发出的物料需求单。有时，这类需求也可以由其他部门的富余物料来加以满足。当然，公司或迟或早必然要进行新的物料采购。有些采购申请来自生产或使用部门。对于各种各样办公设备的采购要求由办公室的负责人或公司主管提出。有些采购申请来自销售或广告部门，或是由实验室提出。通常，不同的部门会使用不同的请购单；或者，也可以给不同的部门编上各不相同的数字代码。表3-1为一张典型的请购单。

表3-1 请购单

| 请购单 | | | |
|---|---|---|---|
| 申请部门： | | 编号： | |
| 预算额度： | | 日期： | |
| 需求数量 | 单位 | | 描述 |
|  |  |  |  |
|  |  |  |  |
|  |  |  |  |
|  |  |  |  |
| 需要日期： | | | |
| 遇有问题时通知： | | | |
| 特殊发送说明： | | | |
|  |  | | 申请方 |
| 说明：一式两份，原件送采购部门，申请者保留文件副本。 | | | |

供应部门还应协助使用部门预测物料需求。供应经理不仅应要求需求部门在填写请购单时尽可能地采用标准化格式以尽量少发特殊订单，而且应督促尽早地预测需求以避免太多的紧急订单。由于价格趋势和市场情况的变化，有时为了避免供应中断或是价格上涨，供应部门必然会发出一些期货订单。这意味着对于任何标准化的采购项目，供应部门都要就正常供货提前期或其他的主要变化通知使用部门。

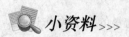小资料>>>

采购部门和供应商早期参与（通常作为新产品开发团队的一个成员）会带来许多信息，从而可以避免浪费或削减成本，加速产品推向市场的速度并能带来更大的竞争优势。许多企业正通过跨职能团队的形式，尽早地将不同的职能部门和供应商引入采购流程之中。由于对企业效益的影响而言，在发现需求的阶段收效可能性更大（产品概念和设计阶段），所以，

在这一阶段把握住机会,采购经理和供应商发挥的作用会比后续的采购阶段大得多。

**2. 请购单的类型**

(1) 紧急订单

通常,采购部门会收到太多标注着"紧急"字样的订单。紧急订单的出现不可避免,也有存在的理由。款式和设计上的突然改变及市场状况的突然变化都会使精心规划的物料需求不再适用。如果实际所需的部件或物料没有库存,那么生产的中断就不可避免。不过,现实中许多所谓的"紧急"订单实际上并不紧急。这些订单产生的原因有:① 错误的库存控制;② 生产计划和预算的不足;③ 对供应部门在合适的时间内向使用者提供物料的能力缺乏信心;④ 完全出于习惯,在订单上标注"紧急"的字样。

### 小资料 >>>

紧急订单引发的代价都是昂贵的,部分原因是由于在压力下工作时,员工更容易犯错误。紧急订单也会给供应商带来负担,而这必然会直接或间接地体现在买方最后的支付价格之中。对于那些并不是出于紧急需要的所谓的"紧急"订单而言,可以通过进行正确的采购流程方面的教育来加以解决。例如,在一家公司,如果一个部门发出了紧急订单,这个部门必须向总经理做出解释并需得到批准。而且,即使这一申请得到批准,紧急采购所增加的成本在确定之后也要由发出订单的部门来承担,其结果自然是紧急订单的大量减少。

(2) 小额订单

小额订单问题对所有企业而言都是一件值得关注的事情。绝大多数的申请都符合帕累托定律。这一定律指出:全部采购申请的70%仅仅占了全部采购金额的10%(帕累托定律也被称为ABC分析法)。当对其采购活动进行分析时,许多企业会发现,90%的采购交易仅仅占了采购总金额的10%。这里要注意的是,为处理小额订单而设立的采购体系的成本与这些订单金额之间要配比。由于小额订单所涉及的物料的短缺而造成的损失与这些物料本身的价值远远不成比例,因而,确保这些物料的供应通常是要满足的首要目标。

解决小额订单问题有许多办法。通常,这些办法都涉及采购过程的简化或自动化,或是合并采购,以便减少采购周期时间(从发现需求到支付货款之间的这段时间)、削减管理费用、节省采购员的时间,以将其用于金额更高的或更重要的采购事项。具体的解决办法有以下几个方面。① 如果过失在于使用部门,采购部门应该建议其提高采购申请中标准件的数量。② 供应部门收到小额订单申请后将其积累下来直到总金额达到一个可观的数额为止。③ 建立采购申请一览表,某些天接受某些事项的采购申请。这样,对某一物料或服务的采购申请都会在同一天收到。这个一览表也可以这样安排:对某一个供应商所能提供的所有物料的申请都在同一天提出。④ 使用"无库存采购"或"系统合同"的概念。⑤ 向内部顾客发放采购信用卡,用以直接向供应商采购。⑥ 采购部门建立空白订单制度。内部顾客用它发出订单,供应商汇总收款。⑦ 建立和主要供应商之间的电子联系。这样,订购和再订购可以自动地进行。⑧ 处理小额订单的权限和报价过程应该重新调整,使用电话和传真进行订购。⑨ 对于各种不同的物料和服务需求应尽量在某个或某些合适的供应商处进行订购。⑩ 价值较低的订单交给公司外的第三方处理。⑪ 采用无票据支付手段(自己主动计算需支付的金额),或是发订单时就附上空白支票。⑫使用者直接下订单。

(3) 空白支票采购订单

空白支票采购订单是解决小额订单问题的创造性方法,通常也被称为"采购订单草案"(Purchase Order Draft)或POD系统等。空白支票采购订单有其特殊的形式,在这张订单送到供应商同时还会见到一张支票。当货物发运之后,供应商在支票上填上应收的金额,然后进行兑换。这一系统内部有一些固有的预防措施:这张支票上的钱只能存入供应商的账户;支票必须在一定期限内出示(通常是60天或90天);支票(这其实是一张银行汇票)上清楚地表明"金额不超过1 000美元"。很明显,设置采购金额上限是为了适应采购公司的需要,通常金额是1 000美元。不过,有些公司设的金额小些,如500美元,有些公司则大些,如5 000美元。在这些限制下,采购方的风险比较小。这一做法的优点是:① 它减少了小额采购的文书工作;② 由于支票与采购订单一起寄出,所以节省了邮费,节省了信封;③ 由于可以立即支付,采购方可以要求获得较大的现金折扣;④ 它还使处理应付账款的部门节省了时间和人力;⑤ 不允许供应商延期交货。采购订单或是随单附上的指示信会通知供应商,无论实际发出的货物量是多少,采购合同都将终止,采购方仅就实际发出的货物支付货款。这样,供应商就有积极性去照订单全额发货。实际中也是这样,因为发货之后立刻就能得到支付。

(4) 公司采购卡

公司采购卡,是作为采购方的公司发给其内部顾客(即使用者)的一种信用卡。使用采购卡主要是针对那些小额物品、间接材料(非生产性的)、物资和服务等方面的交易,这样做可以减少管理成本和缩短采购周期。持卡人都有可支配金额限制。采购部门和供应商进行价格和其他条款谈判之后,会把这些优先选择的供应商的名单交给持卡人。采购卡使采购系统的许多环节可以自动地进行,这样消除了采购订单和单独的发票,并能保证供应商在两三天之内及时进行供货,而正常采购程序则需要30多天。由于把交易活动交给使用部门来处理,采购周期得以缩短,而且处理交易的成本也降低了。采购员也可以从日常的小额采购的交易中解脱出来,专注于大额采购和供应管理等问题。

但是,使用采购卡也可能存在风险,这些风险是:失去对采购活动的控制;业内供应商只有有限的一些被接受;跟踪和汇报工作不力。管理层希望确保使用采购卡的是被授权的人员,而且使用也是为了向公司推荐的供应商进行必需的采购。为了规避风险,发卡者应采取如下的控制措施:在采购点判断它是否已达到了每张卡所设的金额上限;限制每天进行的交易数;限制每笔交易的金额;判断供应商是否经过了公司的认证。

### 小资料 >>>

尽管在零售方面,采购卡在全世界都有广泛的应用,但工业品供应商采用这一手段的还不多。不过,由于采购卡能保证支付尽快进行,而且可能预示着销售量的增加,所以,工业品供应商中接受它的也越来越多。

**3. 请购单申请类型与方式**

(1) 采购申请的传递

实际当中,请购申请(或称为采购申请)最少要有两份:原件送往供应部门而附件留在发出申请的部门。按惯例，一份采购申请中只能出现一项要求，对于标准化的项目而言尤其如此。对于一些特殊的项目，例如，通常库存中没有的水管接口配件，如果需要同时发运，就可以把几项采购要求填在同一张采购申请单上。由于通常特殊项目是由不同供应商提供的，发运日期各不相同，并需要单独的采购订单和处理，所以，采取这样的措施可以简化记录工作。在使用计算机化的物料需求计划（Material Requirements Planning，MRP）系统的企业中，各项需求由计算机自动地汇总。

采购部门确认谁有权提出采购申请是一件重要的工作。如果采购申请的提出人不是被特别指定的，采购部门绝对不能接受其提出的申请。同样重要的是，供应商的销售人员也要明白，申请还不是订单。

在采取任何其他行动之前，必须将采购申请仔细地核实一遍。请购数量应该基于预期的需求，而且要考虑经济订货批量。要求的发货日期应该足以进行必要的报价确定和样品检查、发出采购订单和收货等工作。如果所给时间不充足，或是需求日期将造成成本增加，这些都应及时提醒申请者加以注意。

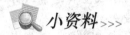
小资料>>>

### 某公司采购部门的采购申请程序

首先打上时间标签，然后在每个申请上都要附上对应的规格卡。为了提供相关的信息，采购员要在所有的合同项目上进行标注，采购申请上要注上"合同"字样，以及订单将发往的公司的名称、价格、条件、发货点、总价值和支付日期。接下来就要准备采购订单，这时，要仔细核对规格卡、价格、采购条件等，这些都是在订单被最终邮递或传真给选好的供应商之前必须做的工作。当申请采购的项目不曾被公司采购过，就要发出询价单（Requests For Quotations，RFQ）。公司为了这一目的都有标准的空白询价单。如果需要询问报价，采购部门在采购申请的背面就会列出可能的供应商的名单。标准的询价单准备好后，经过核查和签字，就被邮寄或传真到可能的供应商那里。当不同的供应商的报价到达采购部门手里之后，它们会被填到报价表中，然后由采购部门决定和哪个供应商做生意。采购订单准备好后，就发给选定的供应商。

（2）移动采购申请的使用

为了削减业务费用，有些使用手工采购系统的公司发现，对于物料和标准件提出的重复需求，使用所谓的移动采购申请（Traveling Requisition）比较好。移动采购申请是某个部门重复采购某一项目时采用的一张硬纸板做的申请表。这张移动申请表包括了对所需项目的详尽描述。当使用者需要这一物品的再次供应时，采购员根据数量和需要的时间填好采购订单，然后在移动申请表上填上供应商、价格和采购订单编号等数据，并将其返还给申请方。申请方将移动申请表保存在案，以备下次使用。一张移动申请卡可以完成多达24～36次的采购，同时，它还可以减少文书工作和所需时间。而且，这一做法在同一张表内提供了完整的、累计的采购情况和使用记录。

当移动采购申请表所涉及的部件和物料被订购时，库存控制员在这张表要填上日期、物料需要日期、提出申请的部门名称、申请数量及授权人签名，然后把它交给采购部门。如果使用的是计算机库存控制系统,那么库存管理员的绝大部分工作都可以由计算机自动完成。选择好供应商之后,采购员填上供应商数字代码、需求数量、需求日期、单价及他或她的名字和日期,并将这张卡片返还给使用部门或库存控制部门(这一工作在发出采购订单后进行)。在那里,这张卡片被归档以备下次使用。

(3) 使用物料请购单

另一种形式是物料请购单。使用这一方法的公司一般是在相对较长的时期内制造某一标准物品。对这些公司而言,这是通知采购部门生产需求的一个快捷的方法。

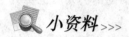

**小资料**>>>

一家电器制造商在生产烤面包机(例如能烤两片的那种)时,所填的物料单将会列出为生产一件最终产品所需的部件或物料的数目或数量。生产计划部门仅仅需要通知采购部门其下个月安排的这种型号产品的生产计划为 15 000 台。接着,采购部门的工作就是通过把物料单上的数量乘以 15 000 来确定为满足下个月的生产计划最终需要的总数量(通常这由计算机来处理)。将这一数量和库存数量进行对比,采购部门就知道需要采购的数量。在一家已经开发出综合计算机物料管理系统的公司内,包括供应商和价格信息的长期协议被保存在数据库中,对于必须满足的进货限额的数量,计算机会自动地打出订单。在常常需要大量成套物品的公司内,使用物料请购单系统可以简化采购申请过程。

(4) 总括或开口订单

当实际情况允许使用总括或开口订单时,发出和处理采购订单的成本可以得以削减。总括订单(Blanket Order)一般包括许多项目。开口订单(Open order)则允许增加采购项目或对时间进行延期。维护、修理和辅助物料及在几个月内都大量使用并频繁采购的生产线上的需求可以采用这一方法进行采购。

每一段时期估计需求数量进行采购的所有条件在协商后都会包括到原始订单中。然后再根据特定的数量发出订单。有时可以将订单的准备工作和生产计划过程合并起来进行,然后将它送往采购部门以便发给供应商。当然,订单也可以直接从生产计划部门发给供应商。一张开口订单使用一年也很正常,直到设计或物料规格发生了改变,或是出现了一些影响价格或发货的情况使得新的谈判更吸引人而且有必要时。

(5) 无库存采购或系统合同

系统合同或无库存采购是比总括合同更高级的一种将订货和库存职能加以合并的形式。系统合同依靠定期支付程序有效运行,允许非采购人员发出订单,采用特殊的目录,需要供应商持最低的库存水平,但通常也不具体指出采购方必须购买的合同项目的数量,它的实施有利于提高存货周转率。

这一技术最常用于采购文具、办公用品、易耗品、MRO 物品等。后者(MRO 物品)包括许多不同的物品,它们共同的特点是相对而言价值量小,但是工厂和设备的运转发生中断时又不可缺少,这一技术建立在总括型合同的基础上。这一合同详细列出了在某一特定时期大约所需的物料数量、价格、调整价格的条件、每天收集采购申请并在短时间(通常是 24 小时)内发货所必须遵循的程序,以及合同所涵盖的所有项目清单。

通常,这个合同所涉及的物料项目的库存由供应商进行保管,这样可以减少采购方在库存方面的投资和仓库空间。对这一合同内项目的采购申请直接发给供应商而不必经过采购部门处理。采购单被供应商用于提货、包装、开发票,并用作发运单。这种一体化的程序减少了采购方和供应商两方的文书处理成本,并有助于解决小额订单问题。

有些公司使用电子系统来处理系统合同,这就需要有一个数据交换终端。采购员或是申请提出人只需指出每一物料项目所需的数量,这些信息就可以通过电子数据方式传递到供应商的计算机中。如果采购方向某个供应商进行大批量的采购,供应商会把物料存放在客户的工厂中,尽管这些库存归供应商所有。采购方通过调制解调器与供应商进行联系。这一系统的工作程序如下:① 采购方针对一系列物料项目,如紧固件,以确定的价格向供应商发出总括订单;② 供应商将预先确定的货物量发往设在采购方厂内的仓库中,这些物料依然归供应商所有;③ 当物料送到后,采购方进行检验;④ 在计算机控制下,物料被存放在指定的箱子里或货架上;⑤ 采购方通过计算机终端发出采购单,并接收供应商的库存记录;⑥ 计算机自动准备提货单,采购方将物料从供应商的仓库中移走;⑦ 供应商就一个月内提出的物料出一张发票;⑧ 采购方的会计部门就一个月内使用的物料进行一次支付;⑨ 在预定的时间间隔内,计算机会准备一份汇总报告,表明物料使用的种类和数量,以便购买方和供应商进行分析、计划和补充库存。

在非制造性企业中,系统合同也越来越流行。它也不仅仅局限于维护、修理和辅助物料的采购,而是扩展到一些大额商品的采购。提出申请到发货之间时间间隔的缩短导致了库存的大幅度减少。由于使用者通常对其需求有很好的估计,而且估计不准时会给供应商一定的补偿,所以供应商在库存投资上的风险很小。在系统合同中所必需的采购方和供应商之间的高度合作和信息交流通常会在两者之间建立一种很亲密的关系,而这是在传统的交易情况下建立的两者保持一定距离的关系所不能比拟的。

(6) 第三方提供维护、修理和辅助物料

与第三方的供应商签订合同,由其保证公司所有的修理和辅助物料的供应。

**小资料>>>**

AT&T一直在实施一项雄心勃勃的名为"工业维护、修理和辅助物料全球采购"的计划。这一计划要削减其一年内20%的工业维护、修理和辅助物料的采购。在这一项需要几年的时间才能完全实施的计划中,AT&T 计划将其维护、修理和辅助物料的供应商的数目从 8 500 家减到 4 家。这一计划重点在于处理那些用于保持 AT&T 建筑物和设备正常使用的物品,例如电气、管道和硬件等方面的物料。不过,它也包括了如工具和磨料等物品,AT&T 期望在其每年使用的大约价值 4 亿美元的维护、修理和辅助物料方面得到更好的服务、质量及价格。

### 3.1.2 对所需产品或服务加以准确描述

如果不了解使用部门到底需要什么,采购部门不可能进行采购。出于这个目的,就必然要对所申请采购的需求品、物品、商品和服务有一个准确的描述。准确地描述所需的物品和服务是采购部门和使用者,或是跨职能采购团队共同的责任。

用来描述所需物品或服务的词汇应该统一。为了避免误解而制定合适的名词手册,这一工作的重要性如何强调都不过分。确保词汇的统一性的一个最有效的方法是在采购部门保留一份文件,列出经常购买的物品的名称。这类文件的保管方法很多。有些企业发现,应该同时保管总目录和库存目录,总目录列出所有使用的项目,而库存目录包括所有在库的物品。这些目录可以做成活页或是制成卡片,或者在计算机中建立数据库。这类目录如果能被完善地规划并得到精心的维护,对于企业中物品描述的一致性会有很大的推动作用。这也有助于减少采购申请中出现异乎寻常的尺寸或等级要求,并且它还能方便会计和仓储部门的工作。不过,如果这类目录不能被周到地规划、维护并投入实际使用,它们只能带来混乱和金钱的浪费,而不会有任何作用。

### 3.1.3 对可能的供货来源加以选择与分析

供应商的选择是采购职能中重要的一环。它涉及了通过在销售完成之前或之后及时获得所需的产品或服务的高质量供应来源的确定和评价的可能性。在一个企业的采购部门中,无论采用了计算机还是手工工作,必须要有以下的记录:① 履行情况良好的合同,当有需求时可以基于这些合同发出订单;② 所购物料项目的分类表;③ 供应商记录。对于那些企业中常用的产品,特别是那些有开放和自由的市场,从而可以在每天的任何时间得到报价的产品而言,一般不会有什么问题。不过一般企业会对常用的物品,礼盒文具采取招标的形式进行采购。关于供应商的选择、分析与评估的详细内容在本书后面的章节有详细的介绍,在这里不再阐述。

### 3.1.4 确定价格和采购条件

对报价进行分析并选择好供应商后就要发出订单。由于对投标的分析和对供应商的选择涉及判断,有些公司使用简单的投标分析表帮助企业进行对招标的分析。不过也没有什么固定的模式,主要是通过各种渠道调查供应商的报价,比较价格高低、产品和服务的差别,了解市场供需和价格行情等,最终确定价格。也有许多采购活动不是通过以上方式进行的,例如,可以通过招标、查询价格表或通过谈判等。

### 3.1.5 采购订单的准备

**1. 采购订单准备注意事项**

如果不是采用供应商的销售协议或是基于总括订单这两种形式,发订单通常涉及采购订单的准备工作。由于合同形式使用不当,很可能带来严重的法律上的争议。而且,交易也可能记录得不够完善。因而,即使订单是通过电话发出的,随后也要补上书面的订单。有时遇到情况紧急,权宜之下不经过正常的申请和填写采购单等程序,企业就会派车去装运所需的物料。但是绝对不允许没有书面的订单就进行物料采购。

所有公司都有备好的采购订单。不过,实际中许多采购活动不是在采购协议上记载的条件下进行,起作用的常常是供应商提出的销售协议上的条件。由于每个公司都会尽可能完善地保护自己的利益,在采购方备好的采购订单上由供应商承担的责任常常在销售协议里转化为采购方的责任。自然,企业都希望销售自己生产的产品时使用自己准备的销售协议,而在采购时使用自己准备的采购订单。

有些采购员声称,如果不用他们准备的采购订单就不进行任何采购。如果供应商强烈地反对此采购订单上所列的某些条款而且可以给出很多理由，双方就可以达成协议。不过在强大的买方市场情况下，坚持这一规则就比较困难。而且，如果采购方不在供应商准备的销售协议上签字，一些供应商会拒绝销售产品。如果没有其他可供选择的货源，例如，供应商对某一产品拥有专利或是这一产品的价值极为突出，其他产品不能替代。在这样的情况下，采购方就没有其他的选择。不过，通常情况下到底选用哪一方准备的文书有时取决于双方相对实力的强弱、采购物品的特点、交易的复杂程度及在确定或发出订单方面所制定的战略。

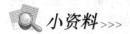

如果采购涉及的是小额订单，由于引发法律诉讼的可能性极小，所以签订了受法律约束的协议也不必担心。由于这个原因，以及为了节省处理过多文书工作的费用，当采购金额在某一限额以下，例如1 000美元，许多公司都取消了把收函通知或接受函作为订单必要附件的做法。这就意味着直到货物到达之后，双方都没有在法律上有约束力的合同。不过，买方如果根据小额采购订单通过法律诉讼要求强制发货，最后引发的损失还是会让人有所顾忌。

### 2. 采购订单的格式

采购订单就其样式和在公司内的传递路线而言各不相同。不过，任何实用的采购订单所必备的要素有：序列编号、发单日期、接受订单的供应商的名称和地址、所需物品的数量和描述、发货日期、运输要求、价格、支付条款，以及对订单有约束的各种条件。

这些约束采购方和供应商之间关系的条件极为重要，至于什么应该包括到合同中而什么又是不必要的则要通过磋商决定。实际当中，在某个公司的采购订单中包括哪些条款常常由多年采购的经验决定。订单中的条款项目一般包括以下方面的内容。

① 包括那些当侵犯了别人的专利时，保护采购方不受诉讼连带责任的条款。

② 包括有关价格的条款，例如，"如果订单中没有指明价格，那么，在我方没有接到通知并对其表示接受的情况下，所购物料的价格不应高于上次支付的价格。"

③ 包括明确指出不允许就装箱和运输进行收费的条款。

④ 明确规定货物的接受取决于对其进行的质量检测的结果。

⑤ 指明拒收货物后，如果购买方再次采购会重新发出订单。

⑥ 详细描述质量要求及质量保障/控制的方法。

⑦ 如果所发货物在订单指定日期没有到达，允许取消订单。

⑧ 指明采购方拒绝支付汇票给供应商的几种情况。

⑨ 有些条款涉及货物数量，即关于实际装运数量多于或少于所订货物时如何处理。在某些行业中，很难控制一次生产产出的数量（例如，印刷业），这时，产量在一定限度内的超量和不足都可以接受。

⑩ 涉及对公司有特殊利害关系的事件的条款，例如，有关仲裁和制造部件时所需工具的处理等问题的条款。

### 3. 采购订单的传递和归档

（1）采购订单的传递

一般情况下，采购订单的传递的路径是：原件发往供应商，有时随单附一份副本以便供应商返回作为其接受合同的证明。其中，一份副本归入顺序编号的采购订单卷宗中由采购部门保管；另一副本则由供应商保管。有些公司里，采购部门不保存采购订单的副本，他们把采购订单拍照后，用缩微胶片的形式进行保存。会计部门也会收到一份订单副本以便于处理应付账款。一份副本发往仓储部门，用于这一部门为接收物料作准备。如果公司组织结构把收货和仓储两个职能分开处理，收货部门也会收到一份副本。这些副本将按照供应商名称的字母顺序进行归档，并用于记录货物到达后真正收到的数量。如果收到的物料还要经过检验（通常原材料和生产部件就是这样）的话，一份副本也要送到检验部门。

尽管采购订单的所有副本内容上都是相同的，并且是一次同时填写完毕的，但是，这并不意味着它们在形式上也必须一模一样。例如，供应商的接受函上可能包含有其他副本不必列出的表明其接受意见的条款。填写收货方面的各项数据仅仅是收货部门的订单副本的要求。采购部门的订单副本则可能要求列出发货承诺、发票及运输等方面的条款。由于价格的保密性，一般而言它不会出现在收货部门的副本上。

（2）采购订单的保存

实际当中，采购订单会以不同的方式加以保存。但关键是在需要这些文件的时候可以轻而易举地找到它们。目前应该做到的是：所有与一项特殊采购的订单有关的文书应该附在一张订单副本上。如果可能的话，还要将其在某处归档并建立交叉索引，以便需要时可以很快找到。使采购部门最可能受到指责的，莫过于当其收到来自于使用方、生产部门、仓储部门、工程技术部门或会计部门的人员发出的只能在查看过订单后才能解答的质询时，供应部门的人员却不能及时肯定地对之进行解答。

（3）采购订单的归档

对于一式两份的采购订单的归档问题，一般一份按采购订单的编号顺序保管；另一份与相关的采购申请和往来信件一起，按照供应商名字的字母顺序加以保管。除此之外，还可以把一份按供应商名字的字母顺序保管，而另一份按应该从供应商那里收到接受函的期限归入到期票据记录簿中。如果到期后没有收到供应商发来的接受函，这个结果会记录在这份副本上。然后，采购部门进行跟踪接触以督促供应商发出接受函。同时，将订单上到期日期加以顺延。如果供应商最终接受了订单，到期票据记录簿中的这份副本就应按最后的跟踪接触的日期或货运到期日的日期进行归档。

**4. 采购订单的确认**

如果对方没有表示接受，那发出的采购订单并不构成一项合同。通常，供应商接受了订单的各项条件后，要向采购方的采购部门发出"接受函"。至于什么真正表示双方达成一致并接受发盘的各项条款，基本上是一个法律方面的问题。不过，任何一个律师所指出的表明接受发盘的一些要素，有时在另外一些情况下恰恰是一些例外。另外一个坚持要求对采购订单作出接受确认的原因是：除了任何法律的原因以外，只有当采购订单被确认接受之后，采购方才能确信在要求的日期供应商将发货。如果发货日期不确定，采购方在进行任何有效行动之前都必须了解一些确切的信息。

## 3.1.6 跟踪和催货

采购订单发给供应商之后，采购方会对订单进行跟踪和催货。当订单发出的时候，同时会确定相应的跟踪接触日期。

跟踪是对订单所作的例行追踪，以便确保供应商能够履行其货物发运的承诺。如果产生了问题,例如,质量或发运方面的问题,采购方就需要对此进行了解,以便采取相应的行动。跟踪通常需要经常询问供应商的进度,有时甚至有必要到供应商那里走访一下。不过,这一措施一般仅用于关键的、大额的或提前期较长的采购事项。通常,为了及时获得信息并知道结果,跟踪是通过电话进行的;不过,一些公司也会使用一些由计算机生成的简单的表格,以查询有关发运日期和在某一时间点生产计划完成的百分比。

催货是对供应商施加压力,以使其履行最初所做出的发运承诺、提前发物或是加快已经延误的订单涉及的货物的发运。如果供应商不能履行合约,采购方会威胁取消订单或是以后可能的交易。催货应该仅适用于采购订单的一小部分,因为如果采购方对供应商能力已经做过全面分析的话,那被选中的供应商就应该是那些能遵守采购合约的可靠的供应商。而且,如果一家公司对其物料需求已经做了充分的计划工作,如果不是情况特殊,它就不必要求供应商提前货物的发运日期。当然,在物资匮乏的时候,催货确实有意义。

## 3.1.7 货物的接收和检验

**1. 货物的接收和检验的意义**

物料和其他项目的正确接收有重要的意义。如果不是在地域上分布较分散的大公司的话,许多有经验的企业采用将所有货物的接收活动集中于一个部门的方法。由于收货部门与采购部门的关系十分密切,所以许多公司中收货部门直接或间接地向采购部门负责。在那些实施了JIT库存管理系统的公司中,来自于已经获得认证的供应商的物料可以完全免除接收和检验这两项程序,并被直接送往使用点。对于小额采购而言,也可以免除接收这一程序。

**2. 货物接收的目的**

① 确保以前发出的订单所采购的货物已经实际到达。
② 检查到达的货物是否完好无损。
③ 确保收到了所订购的货物数量。
④ 将货物送往应该到达的下一个目的地以进行储存、检验或使用。
⑤ 确保与接收手续有关的文件都已经进行了登记并送交有关人员。

**3. 货物的检查**

对货物进行检查时,有时会发现短缺现象。这一情况有时是因为运输过程中丢失了一些物料,有时则是发运时数量就不足。有时,在运输过程中物料也可能产生毁损。所有这些情况下,都要写出详细的报告交给运输部门和采购部门。

**小资料**>>>

通常,货物接收部门所使用的采购订单副本上的数量一栏是不填的,这是为了让接收部门实际点数所收货物。然后,有关物料接收方面的信息传递到采购部门以便其结清订单;送到库存控制部门以便其更新库存文件;送到应付账款处理部门以便其结清票据进行支付。有些公司不使用采购订单副本,而是使用可传递收货单,货物接收部门在上面记录收货日期、供应商名称、物料描述及实际收到的货物数量。在那些使用了综合计算机物料管理系统的公司内,收货数量直接输入计算机的数据库中。

**4. 货款的支付**

有时供应商由于工作上的疏忽可能会忘记给发运的货物开发票，这时就有必要要求供应商补开发票以便使交易手续完备。另一方面，有时供应商会要求在货物收到之前就按发票进行货款支付。如果发票涉及现金折扣的问题，那采购方是在现金折扣期之内就支付货款而不管货物是否已经实际收到呢，还是冒着失去现金折扣的风险而直到实际收到货物之后才支付款项呢？

（1）支持直到货物实际收到后才支付款项的理由

第一，发票直到折扣期快要终止的时候才到，有时甚至折扣期之后发票才到。未能及时发出票据，特别是在出票日和发票的处理、邮递这段时间之间，即使有周六、周日和其他假日，折扣的到期日也不能相应地顺延；或者供应商与采购方之间邮递票据需要好几天的时间。第二，如果没有进行检验，对任何物料进行货款支付都是不明智的。实际上，任何交易在物料或部件被真正接收之前都没有结束，在此之前支付货款无疑为时过早。从法律的角度来看，对货物的所有权在接受它们之前还没有移交到采购方手中。第三，无论如何，通常所采用的把货物装运日作为开票日的做法应该改变，折扣期的起始日应该是发票或货物的接收日中较晚的一个。

（2）支持不必要等待货物的到达、检验和接收物料，就应该对发票进行支付的理由

第一，财务上的收益可能很大；第二，不能享受现金折扣反映了采购方信用状况不佳；第三，如果供应商声誉良好，即使货款已经支付，物料出现了问题双方也可以圆满地加以解决。

### 小资料 >>>

有些企业，特别是那些已经采用了综合计算机采购管理系统的公司，怀疑其是否真的有必要要求收到发票再付款。毕竟发票不能提供任何他们未曾掌握的新的信息，而且这又是一件要花费金钱去处理的文书工作。他们会通知其供应商，在已达成的折扣协议条件下，在收到令人满意的货物之后一定天数内会支付货款。他们也会特别指出，只有所有货物到齐之后才支付货款。这些公司所需要做的，仅仅是在其计算机系统中比较采购订单、收货报告和检验报告。如果这些相互吻合，计算机会在收货日后双方同意的支付期限内打印支票。很明显，这要求收货报告必须准确，采购订单已经完全计价，包括税金和现金折扣条款。因此，采购订单是一份控制性文件。

## 3.1.8 结清发票、支付货款

发票对采购方有一定的要求，因而需要仔细处理。一般一式两份，特别要标清每一项物品的单价。结清发票的程序在不同企业各不相同。实际上，对于发票的审核和批准到底是采购部门的职责还是会计部门的职责，目前仍存在争议。很明显，发票必须经过审核和检查。许多人认为，由于这一工作实际上是会计工作，所以应该由会计部门来做。这种观点认为，这样一来可以把采购部门从一项不增值的活动中解放出来；可以把会计工作集中到一间办公室中；可以提供一次核查的机会，而且可以平衡采购工作和向供应商的款项支付工作。会计部门处理发票的一般程序是：第一，所有的发票复印件由供应商直接邮递给负责应付账款的

部门。在这里，工作人员会立即加盖时间戳。除了那些采购订单与发票不符的以外，所有的发票在核查后会被批准支付。第二，那些在价格、条款或其他要点上与采购订单有出入的发票会被送交给采购部门来审核。

由于采购部门用于解决较小的差异所需要的时间与有争议的金额数相比对企业可能更重要，许多公司使用这样的决策规则：只要差异在预先确定的范围之内，例如，正负相差不超过5%或25美元，具体视哪个数值较小而定，提交的发票就可以支付。当然，应付账款管理部门应该对那些由供应商造成的差异进行记录，以便发现哪些供应商在发货时是有意少发货物。如果发票上没有包括所有的必要信息或是发票上的信息与采购订单上的不一致，发票就被退回供应商要求进行更正。另外，如果撤销采购订单涉及订单撤销费用，会计部门会要求采购部门在递交用于处理这类费用的票据前，提供"费用通知单"，指明是哪张订单并指明将要支付的费用金额。

主张发票应该由采购部门来核查，主要原因是，采购部门是交易最初发生的地点。如果有什么差错，采购部门可以立即采取行动。采购部门处理发票的一般程序是：进行完审核和必要的更正之后，原始发票被递交给会计部门保管，直到采购部门授权支付款项。发票的附件由采购部门保管，直至收货部门通知采购部门物料已经收到为止。只要采购部门收到收货报告，如果收货报告和发票相符，采购部门就同时保管这两份文件，直到检查部门发来通知，指出这批货物可以接受。这时，采购部门就把它保管的发票副本和来自收货部门的报告递交给会计部门，而在会计部门的档案中已经保管了发票的原始件。

### 3.1.9 维护记录

经过了以上所有的步骤之后，对于一次完整的采购活动而言，剩下的就是更新采购部门的记录。这一工作仅仅是把采购部门的与订单有关的文件副本进行汇集和归档，并把其想保存的信息转化为相关的记录。前者主要是一些例行的公事，后者则涉及保存什么样的记录及保管多久。不同公司对不同单据和记录的重要性的认识都各不相同。例如，一张可以作为和外界所签合同的证据的采购订单一般要保存7年，它自然应该比内部备忘录的采购申请单的保存期限要长。

**1. 记录的基本内容**

① 采购订单目录：目录中所有的订单都被编号并指明每个订单是未结的还是已结的。

② 采购订单卷宗：所有的采购订单副本都被顺序编号后保管在里面。

③ 商品文件：记录所有主要商品或项目的采购情况（日期、供应商、数量、价格和采购订单编号）。

④ 供应商历史文件：列出了与交易金额巨大的主要供应商进行的所有采购事项。

**2. 其他的记录文件**

① 劳务合约：指明所有主要供应商与工会所签合约的状况（合约到期日）。

② 工具和寿命记录：指明采购的工具、使用寿命（或生产数量）、使用历史、价格、所有权和存放位置。这些信息可以避免对同一批工具支付两次以上款项。

③ 少数的小额采购：指明从这些供应商处采购付出的金额。

④ 投标历史文件：指明主要物料项目所邀请的投标商、投标额、不投标的次数、成功

的中标者等信息。这一信息可以清楚表明供应商的投标习惯和供应商之间可能存在的私下串通。

## 3.2 采购订单管理

### 3.2.1 采购订单

通常情况下,采购订单是在选择供应商并订立合同后签发的。采购部门应在采购合同框架内拟定采购订单,采购订单与采购合同有同样的法律效力。采购订单包括了采购所需的重要信息,包括数量、物料规格、价格、交货日期、质量要求、送达地址、交货方式等。

采购订单内容特别侧重交易条件、交货日期、运输方式、单价、付款方式等。因用途不同,采购订单可分为厂商联(第一联),可取代请购单(第二联)或验收单;作为厂商交货时的凭证;验收的参考(第三联);请款单(第四联);承办联(第五联),由制定采购订单的单位自存。采购订单样式如表3-2所示。

表3-2 采购订单

| 供方:<br>SELLER | | 交货地址:<br>DELIVER TO | | |
|---|---|---|---|---|
| 电话(TEL):<br>传真(FAX): | | 电话(TEL):<br>传真(FAX): | | |
| 订购日期:<br>ORDERDATE<br>付款方法:<br>PAYMENT | 货币:<br>CURRENCY<br>联系人:<br>CONTACT | 备注:<br>REMARK | | |
| 序号<br>S/N | 物料编码/名称 供应商物料编码<br>P/N&SPECIFICATIONS MANUF-ACTURE, P/N | 订购数量<br>QUANTITY | 单位<br>UNIT | 单价<br>UNIT PRICE | 金额<br>AMOUNT |
| | | | | | |

续表

| 合计金额（TOTAL）： | | | |
|---|---|---|---|
| 说明：<br>DECLARE | 本订单仅规定供方交货的时间、地点、品种、数量、单价、金额、详细交货要求，结算方式依据供方与我公司签订的具体协议执行。 | | |
| 供方签认（盖章）<br>SIGNED BY SELLER | | ××××有限公司（盖章）<br>SIGNED BY BUYER | |
| 业务员：<br>BUYER | 经理：<br>MANAGER | 业务员：<br>BUYER | 经理：<br>MANAGER |
| 批准：<br>CONFIRM | 日期：<br>DATE | 批准：<br>CONFIRM | 日期：<br>DATE |

## 3.2.2 订单的准备

（1）熟悉需要订单操作的物料项目

有时会遇到从没有采购过的物料项目，其采购环境不一定熟悉，需要花时间去了解物料项目的技术资料等。订单本身也有难易差异。所以，必须熟悉订单操作的物料项目。

（2）确认价格

作为订单人员，应对采购价格负责，不能把价格的确定责任全归于认证人员的责任，订单人员有权向采购环节价格最低的供应商下订单，以维护采购的利益。

（3）确认项目质量需求标准

订单人员与供应商联系最为紧密，对供应商的变化是最为清楚的，订单标准是否需要调整，订单操作应发挥监督作用。

（4）确认项目的需求量

订单计划的需求量与采购环境订单容量应该相适应，或者小于采购环境订单容量；若大于时，认证人员要扩充采购环境容量。

（5）制定订单说明书

制定订单说明书是订单准备环节的输出，包括项目名称、确定的价格、确定的质量标准、确定的需求量、是否需要扩展采购环境容量等方面。此外，还包括相关的图纸、技术规范、检验标准等。

## 3.2.3 选择供应商

（1）查看供应商档案

应在经评审的合格供应商范围内选择供应商，还要结合对供应商月度和年度业绩考核结果，确定采购份额。一般供应商考核结果可分为A、B、C三个等级。根据公司供应商考核业绩和采购份额分配的有关规定进行下订单。

(2) 分析供应商供货能力

公司需求量与供应商供货能力、供货周期及最小供货批量往往不能保持一致，需要进行平衡。一般，为避免因供应商路程远、供货周期长或一次供应量过大而造成积压的问题，可采用两家或两家以上供应商交叉供货。

(3) 与供应商确认供货意向

对采购需求应让供应商事先了解，并得到供应商的确认，供应商销售市场变化、组织结构的调整、设备的变化、厂房的扩建等都影响供应商供货，应给供应商提供三个月的滚动计划期和一个月的确认计划，以便供应商调整生产计划，力争做到需求与生产同步。

(4) 确定意向供应商

在权衡供应商绩效、产能、供货周期及合作关系等因素的基础上确定采购意向供应商，这是订单操作的关键环节。

(5) 发放订单说明书

既然是意向，就应该向供应商发放相关技术资料，一般来说，采购环境中的供应商应具备已通过认证的物料生产工艺文件。如果是这样，订单说明书就不要包括额外的技术资料。供应商在接到技术资料分析后，即向采购方做出"接单"还是"不接单"的答复。

(6) 确定物料供应商

通过以上过程，订单人员就可以决定本次订单计划所投向的供应商，必要时可上报主管审批，可以是一家，也可以是若干家。

### 3.2.4 订单的签订

在选定供应商之后，接下来要做的工作就是同供应商签订正式的采购订单。采购订单根据采购物料的要求、供应的情况、企业本身的管理要求、采购方针等要求的不同而各不相同。签订采购订单一般需要经过以下过程。

(1) 制作订单

拥有 ERP 信息管理系统的企业，在供应商认证或签订采购框架协议时，就将价格、供货能力、供货周期、最小供货批量或最小包装数等信息维护到系统中，订单人员直接在信息系统中生成订单，供应商通过系统接受客户需求信息，作为供货的依据。在其他情况下，则需要采购订单人员编制和打印订单，通常企业都有固定标准的订单格式，而且这种格式是供应商认可的，订单人员只需在标准合同中填写相关参数（物料、单位、数量、单价、总价、交货期等）及一些特殊说明后寄发给供应商，作为双方将来交货、验货、付款的依据。

(2) 审批订单

审批订单是订单操作的重要环节，一般由专职人员负责。审查订单的主要内容包括：① 采购订单的物料描述、价格与供货方式、供货周期及最小供货量及包装方式等是否与合同相符；② 所选供应商是否均为合格的供应商；③ 采购份额是否与供应商业绩考核结果及公司有关份额分配的规定相符；④ 价格在允许范围之内，到货期是否符合订单计划的到货要求；⑤ 订单人员是否按照订单计划在采购信息系统中正确操作。

(3) 与供应商签订订单

经过审批的订单，即可传至供应商确定并盖章签字。签订订单的方式有四种。① 与供应商面对面签订订单，买卖双方现场盖章签字。② 订单人员使用传真将打印好的订单传至供应商，供应商以同样方式传回。③ 使用 E-mail 进行合同的签订，买方向供应商发订单 E-mail；卖方回复，则表示接受订单并完成签字。④ 卖方在买方专用订单信息管理系统（如 ERP）接受订货信息，经确认，则表明完成了订单的传递（如上海通用汽车、大众汽车就是采用 ERP 系统下达需求计划作为订货的方式）。

（4）订单的执行

在完成订单签订之后，即转入订单的执行期。加工型供应商要进行备料、加工、组装、调试等过程；存货型供应商只需从库房中调集相关产品，经适当处理后即可供货。

### 3.2.5 订单的跟踪

为确保供应商供货做到安全、及时、准确和保质保量，订单员必须在订单下达之后，及时跟踪订单执行情况，及时了解包括生产计划安排执行是否及时，生产秩序、仓库发货、发运及承运过程是否正常。一旦发现供应商没有兑现合同承诺或发生突发事件，跟踪订单人员应迅速向相关领导反映情况，以便采取补救措施，避免因缺货导致生产中断的严重后果。

## 3.3 物料跟催管理

### 3.3.1 交期管理

交期管理是指采购人员在发出采购订单或签订采购合同后，对于如何确保所购物资在交货期限内交付所采取的一切措施。通常情况下，进行交期管理的目的是为了确保正常所需物资的及时供应。它包括以下两个方面的内容。

（1）合理确定交货期限

① 规划合理进货时间。采购人员在同供应商进行洽谈时，应事先估算提出合理的供应商准备、运输、检验等各项作业所需的时间。② 明确交期违约责任。采购人员在进行采购洽谈时，在明确交货期限的基础上还应同供应商达成对交期违约责任的共识，并形成合同条款在采购合同中予以明确说明。

（2）及时掌握备货进度

采购人员要对供应商的物料准备、工艺准备的时间、物料生产的时间及物料的运输时间等备货时间进行及时了解。① 掌握备货进度。在同供应商确定交货期限后，作为采购人员要及时同供应商进行沟通，了解其备货的具体进展，分析判断是否会出现交期延后或提前交货的情况。② 及时消除进度滞后。如果企业采购人员发现供应商进货进度可能会影响正常的交货期限时，应及时采取措施，具体包括同供应商联系，确定准确的交货时间；要求供应商提供全面、精确的进度数据；在不得已的情况下改变生产计划；同生产部门联系，了解可否选择其他物料进行替换。

### 3.3.2 交货期延误的原因分析

供应商交货期限延误的原因很多，有供应商、采购方的原因，还有其他原因。为防止交货延误或发生交货延误时能够采取有效补救措施，有必要对交货期延误进行原因分析，以便采取相应对策。订单跟催管理程序如图3-1所示。

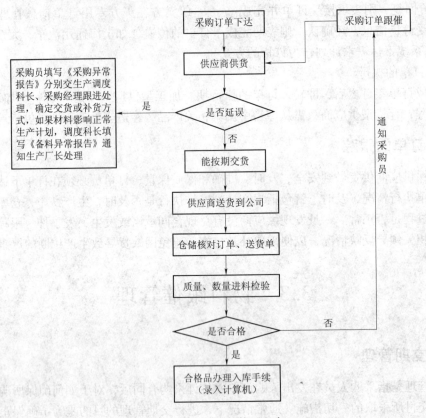

图3-1 订单跟催管理程序

**1. 供应商的原因**

供应商延误交货的原因有以下几个方面。

① 接单量超过供应商的产能。供应商为获得更多订单，不顾自身的产能或供货周期，盲目给客户承诺，发生延误时，拆东墙补西墙，使采购方面临缺货的风险或导致缺货。

② 供应商技术、工艺能力不足。由于供应商不具备符合客户需要的生产技术和供应水平，供货后因质量、工艺等问题导致采购方无法让采购物料正常投入生产，导致缺货。

③ 供应商对时间估计错误。因生产计划变化或生产进度管理不良，事先未充分考虑可能会出现的意外情况，导致供货延误。

④ 供应商的生产材料出现货源危机。因原材料价格上涨或资源供不应求，某些原材料缺货，导致生产计划无法完成。

⑤ 供应商品质管理不当。因供应商技术工艺、质量检测未达到采购方的要求，供货后被判定不合格，供应商又无法补救，导致采购方缺货。

⑥ 供应商经营者的客户服务理念不佳。供应商缺乏诚信，在产能不足或资源紧缺的时候，不采取补救措施，不严格按订单交货。

⑦ 供应商对物流外包业务监管不严。因物流供应商运输计划执行不严、车辆调度不良或缺乏客户服务理念，导致交货延误。

⑧ 不可抗力原因。

⑨ 其他因供应商责任所致的情形。

**2. 采购方的原因**

因采购部责任导致交货期延误的原因有以下几个方面。

① 供应商选择错误。未按规定严格评估供应商，包括对供应商产能、技术、质量及交货能力进行认证等，到发生交货延误时才发现供应商存在问题。

② 下单量超过供应商的产能。未按供应商认证及合同规定的供货能力及供货周期下订单。

③ 业务手续烦琐或审批不及时。从请购、审批到下订单，各业务操作环境及时性不够，执行力度不强，延误采购时机。

④ 更换供应商。因某供应商存在问题无法满足采购方的要求，必须更换供应商，而开发供应商一般需要经过一定的认证程序，若不能及时找到合适的供应商，就会导致缺货。

⑤ 付款条件过于严苛或未能及时付款。因采购方付款方式不够灵活，审批时间过长，不能及时付款，导致供应商拒绝供货。

⑥ 紧急订购。因销售预测不准、生产计划变动频繁，采购计划不得不随之变化，紧急订货难以避免，导致供应商供货不及时。

⑦ 订货错误。因订货人员的原因发生错订物料的品种、规格、数量等，导致到货不能接收，再补订已为时过晚。

⑧ 跟催不积极。订货人员工作责任心不强，下订单后未持续不断地了解订单执行过程，直到缺货时才发现供应商的问题。

**3. 其他部门的原因**

因其他部门责任导致交货期延误的原因有以下几个方面。

① 请购提前期不足。计划部门或使用部门未按采购周期的有关规定，提前做好计划和请购，导致采购周期不够，到货延误。

② 产品描述不完整，技术资料不齐备。因使用部门对所需物料需求描述不完整，导致货物到达后，使用部门对技术工艺、质量要求产生疑义，不能正常投入使用。

③ 问题物料处理不及时。因相关部门对技术工艺、质量问题判定不及时，导致问题物料得不到及时处理，导致停工待料。

④ 生产计划变更或BOM（物料清单）变更。

⑤ 来料点收、检验不及时。未规定不同物料验收期限，验收人员验收不及时，导致来料不能投入供应。

**4. 其他原因**

采购方与供应商双方沟通不良所致的原因有以下几个方面。

① 未能掌握一方或双方的产能变化。

② 指示、联络不确实。

③ 技术资料交接不充分。

④ 品质标准和检测手段掌握标准不一。

⑤ 单方面确定交货期，缺少沟通。

⑥ 未建立质量问题、交货延误及付款等问题紧急处理机制。

⑦ 意外不可抗拒的因素包括车船事故、自然灾害及战争等。

### 3.3.3 跟催的有效办法

**1. 下订单前规划**

① 制订合理的购运时间。将请购、采购、卖方准备、运输、检验等各项作业所需的时间，予以合理的规划，作为计划、请购部门业务操作的依据，避免因采购提前期不足造成到货延误。

② 建立业务评审制度。由于市场的状况变幻莫测，因此生产计划若有调整或 BOM 有更改的必要，必须进行评审，征询采购部门的意见，以便对停止或减少送货的数量、应追加或新订的数量，做出正确的判断，并尽快通知供应商，使其减少可能的损失，以提高配合的意愿。

③ 准备替代来源。供应商不能如期交货的原因很多，且有些是属于不可抗力的原因。因此，采购部门应注重平时强化供应商开发和培养，随时准备好替代渠道，产品开发部应根据采购资源"瓶颈"，推进产品标准化，或提供零部件的替代方案。

④ 预定流程进度与合理交期。对内，采购企业对生产计划与物料计划、请购、采购、收货、验货、发货或配送等业务环节的作业周期进行标准化，作为相关部门操作和考核的依据，避免业务脱节、延误、货物紧急采购。对外，采购企业应在采购订单或合同中明确规定供应商应编制预定供货时间流程进度及交货进度表。

⑤ 合同中明确违约责任和处罚措施。在签订买卖合约时，应加重违约责任和处罚措施，使供应商明白交货延误应承担的严重后果。同时，强化供应商业绩考核。应建立供应商交货情况记录、评估制度，对如期交货或提早交货的厂商给予奖励，或较优厚的付款条件。

**2. 下订单后跟催**

① 下订单后请供应商提供生产计划或生产日程表，以掌握并督促进度。

② 定期打电话询问厂商生产进度。

③ 建立跟催表或管制卡，切实掌握实际进度。

④ 了解过程中，如发现供应商说和做的方式有很大的出入时，尽快向对方的负责人及高层管理员报告，并及时投诉。

⑤ 要不断地在电话中提醒厂商的交货期责任，要让对方保证产品生产，杜绝因人为因素造成交货期的不准时。

⑥ 必要时去供应商工厂查验。

⑦ 随时准备好后备的供应商。

**3. 事后分析与改善**

① 交货迟延的原因分析及对策。

② 分析是否必须转移订单（更换供应商）。

③ 执行对供应商的奖惩办法。

④ 完成交易后剩料、模具等的收回。

**4. 跟催方法**

（1）订单跟催法

按订单预定的进料日期提前一定时间进行跟催。具体的方法有：① 联单法，将订单按日期顺序排列好，提前一定的时间进行跟催；② 统计法，将订单统计成报表，提前一定的时间进行跟催。

（2）定期跟催法

于每周固定时间，将要跟催的订单整理好，打印成报表统一定期跟催。

（3）物料跟催表法

物料跟催表可据以掌握供料状况，跟催对象明确，确保进料。物料跟催表样式如表 3-3 所示。

表 3-3　物料跟催表

| 产品 | 料号 | 名称 | 需求 | 库存 | 供需状况 | | | 在途 | 供应商 | 备注 |
|---|---|---|---|---|---|---|---|---|---|---|
| | | | | | 日期 | | | | | |
| | | | | | 需求 | | | | | |
| | | | | | 交量 | | | | | |
| | | | | | 短缺 | | | | | |
| | | | | | 日期 | | | | | |
| | | | | | 需求 | | | | | |
| | | | | | 交量 | | | | | |
| | | | | | 短缺 | | | | | |
| | | | | | 日期 | | | | | |
| | | | | | 需求 | | | | | |
| | | | | | 交量 | | | | | |
| | | | | | 短缺 | | | | | |

（4）物料跟催箱法

在采购部的办公室内设置一个物料跟催箱来取代传统的翻页打钩法。在这个物料跟催箱里，规划成 36 格，前面的 31 格，代表着一个月的 31 天，即第一格代表当月的第一天、第二格代表当月的第二天、第三格代表当月的第三天，依次类推下去，而其他格，则是问题处理的档案及急件处理格。

采购人员按照所发出的订单的预定进料日期，将这张订单放入适当的格内。假如某零件的预定进料日期是 7 日，则该零件的订单放在第七格内，当该零件入库后，就把这张订单抽出来归档。总而言之，已经进料的订单，就把它们从这个物料跟催箱里抽出来归档，物料跟催箱里还存在的单据，则表示它们尚未入库。

因为物料跟催箱里的订单会随物料的入库而消失，这样采购人员就可以集中精力跟催那些还存放在物料跟催箱里的物料了。有时，采购人员已经尽力，但某些物料还是催不进来，这时就可以将这项原料的订单抽出来，放到急件格内，让工厂内相关部门人员来协助催料。

（5）分批采购法

因供应商产能或质量原因，在不能按时供货的情况下，要求供应商先提供小批量物料，以避免停工待料，同时为采购部门赢得向其他供应商采购的时间。

（6）盯人逼迫法

对供应商出现延期供货时，采购人员应持续紧盯供方负责供货的相关人员，迫使对方最大限度地采取补救措施。

(7) 生产会议逼迫法

通过生产会议方式，要求采购人员说明供应商延期交货的原因，并要求采购人员采取紧急措施，避免影响生产。

(8) 实绩管理法

利用企业有关采购人员业绩考核机制，强化采购跟催的执行力度。

## 3.4 进货验收

采购人员在订单下达后，为确保交货安全，保证采购效果，就要准备进货验收，并认真组织货物的验收。

### 3.4.1 做好验收准备

**1. 确定交货与验收时间**

一般情况下，采购合同中要写明供应商必须在某月某日前交货，并必须于交货前若干日先将交货清单送交采购人员，以便采购人员准备验收工作。对于交货验收的时间应以采购合同中写明的时限要求为准，通常有以下四种情况。

① 供应物料的交货日期。

② 生产过程所需的预备操作时间。

③ 供应商如有延期交货或需要变更交货时，采购人员应根据供应商的说明函件并与供应商确认后，确定验收时间。

④ 特殊器材技术验收时所需时间或者采用分期交货的时间。

**2. 确定交货验收地点**

对于交货验收的地点，一般以合同指定地点为主。若预定交货地点因故不能使用，需移转他处办理验收工作时，采购人员应事先通知供应商。采购人员可根据货物的实际情况、理化性质等，经双方约定，确定最佳的验货地点。一般的验货地点有以下四种情况。

① 在指定仓库或交货地点验收。

② 在供应商生产地验收。

③ 其他约定的验货地点。

④ 在采购商使用地点验收。

**3. 明确采购验收职责**

对于采购验收职责，有三种情况需双方在采购合同中明确说明。

① 委托检验，通常用于国外采购或以特殊规格采购。

② 由供应商出具产品合格证明书。

③ 自行负责检验，通常用于国内采购。

**4. 选择货品检验方法**

验收工作做得好坏直接影响到所购物料的品质优劣，从而影响到生产、成本、销售等各环节，所以采购人员应选择正确的方法，减少因人为因素造成的验收过程的疏忽及错误，以提高验收作业的正确性、可靠性。货品检验的方法如表 3-4 所示。

表 3-4　货品检验的方法

| 检验方法 | 说　明 | 具体操作 |
|---|---|---|
| 目视验收法 | 所购物料、货品能以一般度量器具按合同规定的数量予以称量点数的验收方法 | 使用一般器具对到货物料、货品进行外观、数量等的检验 |
| 技术验收法 | 检验物料、货品的理化性质及使用效能等，要采用技术鉴定。由专门技术人员以专门仪器做适当的试验来完成，分为现场检验及实验室鉴定两种 | 对整套机械设备、建筑工程或简单机件及一般的物料，最好采用现场检验。如必须进行理化生物试验或装配试用等，就应抽样检验 |
| 试验验收法 | 对特殊规格的物料、货品必须做技术上的试验（包括物理试验、化学分析和专家复验），即试验验收 | 社会上的试验场所；<br>供应商或采购企业实验室内；<br>专家复验 |
| 抽样检验法 | 抽取一定数量货品作为样本进行样本检验的方法。抽样数量常以经济与判断为基础，若根据数学公式的"量表"进行检验则更为准确 | 货品数量庞大无法一一试验，或物料一经拆封、露光、与空气接触、试用后就不能复原者，都应采取抽样检验的方式进行 |

## 3.4.2　组织货物验收

采购人员根据约定的时间、地点，组织相关人员进行货物验收工作。货物验收从以下三个方面进行。

（1）点收数量

采购人员一般用直接检验的方法检验实际交货数量是否与运送凭单或订单所记录相符。但要注意的是在检验时为确保准确无误，要将数量进行两次确认。另外，如果货品数量太多，采购人员可采用抽查方式进行数量清点。特别要注意有固定包装者数量一致。

（2）检验品质

在检验品质时，采购人员要做到认真、仔细。尤其是对高级品，尽量做全面性检查，而对购入数量大或是单价低的货品，则采取抽样检验。

（3）检验交货手续

一般在交货时由供应商列具交货清单（清单上要注明交付物料的名称、数量、商标编号、毛重量、净重量及运输工具的牌照号码、班次、日期及其他尚需注明的事宜，同时采购合同的统一号码、分区号码、合同签订日期及通知交货日期等）要一式若干份，在交货当天或交货前若干天送达采购企业。同时，采购人员应对照供货清单核对交来货品的种类及数量等，并鉴定一切由于运输及搬运而引起的损害，核对结果编写报告，详细加注于清单上。

## 3.4.3　验收结果处理与记录

**1. 验收结果处理**

（1）标识

对于通过验收的货品，采购人员应及时加以标识，以易于与未验收的同类物品有所区别，更便于查明验收经过及时间。同时采购人员还要配合仓储部门及时办理货品入库，以便使用部门安排生产进度。

(2) 拒收

对于不符合规定的物料、货品，应一律加以拒收。如合同规定准许换货重新交货的，等交妥合格品后再予以发还。通常供应商对不合格的物品都延迟处置，仓储人员应配合采购人员催促供应商来收回，否则超越时限，即不负保管责任或自行抛弃。

(3) 处理缺损

根据验收结果，如有缺损情况发生，应立即向供应商或向运输单位索赔或办理内部破损手续等。

**2. 填写验收报告**

到货验收完毕后，采购人员应及时给供应商出具验收证明书。如因交货不符而拒收，也必须写明详细原因，以便洽谈办理其他手续。

## 3.5 货款结算

### 3.5.1 采购货款结算流程

采购货款结算流程如图3－2所示。

(1) 采购订单

采购部根据企业生产的实际需要发出采购订单，明确说明采购货品的型号、种类、价格、数量、技术指标等。

(2) 验收入库

供应商进行备货准备，并按订单要求按期交货，企业相关部门根据采购订单要求验货、入库，认真填写验收单等相关单据。

(3) 采购订单核对

采购人员将货品验收单与采购订单进行核对，并进行单据汇总，将各项数据进行整理。

(4) 催收与协调

若存在验收单不齐全或与采购订单不符，则采购人员应及时与相关部门人员沟通协调和催收。

(5) 订单状态确认

采购人员应对相关部门提出的问题及时与供应商确认订单状态，了解产生问题的原因，然后进行单据汇总。

(6) 填写应付账款单

采购人员根据汇总的各项数据，填写《应付账款单》，列明应付款项明细。

(7) 结算付款

采购部与供应商均确认通过的应付账款单，由采购部交给财务部，会计人员根据采购合同、采购订单、验收单等进行审核，查验各类明细是否数据相符、符合财务规定等。经财务部审核没有问题，则根据企业的审批制度进行审批，并由财务部安排付款。

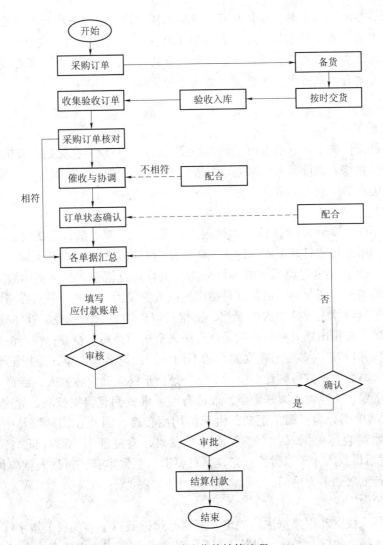

图 3-2 采购货款结算流程

## 3.5.2 货款结算方式

付款是供应商最关心的问题,如果供应商对企业在货款的支付上引起不满,则会使双方关系恶化,会给企业原材料的采购带来诸多的困难。一般来说,付款是财务部门的主要工作之一,但不同的企业在付款操作上有很大的区别,有时采购部也会成为付款的主要责任部门。作为采购员,必须了解货款的支付方式及支付流程,以便选择合适的结算方式。

### 小资料>>>

企业向供应商的付款时间通常有预付、货到付款、月结30天(60天或90天)等几种方式。由于市场竞争的激烈,对本地供应商的付款绝大多数都采用月结方式,并且付款期限也越来越长,但一般不超过90天。如果选择海外企业或国际知名跨国公司作为供应商,因双方对对方的信誉状况不了解,故供应商往往要求预付款。经过一段时间的贸易往来后,双方对对方的情况有了更多的了解,经企业向供应商申请,通常可以改成月结 30 天。而对于市场紧缺或供应商垄断的商品,供应商通常要求货到付款,如果在企业有足够的流动资金的情况下,采用货到付款这种方式常能得到更优惠的价格。

**1. 汇票**

(1) 汇票的定义

汇票是一种支付命令。它是指由出票人签发的,委托付款人在见票时或指定日期无条件支付一定金额给收款人或持票人的票据。汇票的当事人一般包括出票人、付款人和收款人。汇票对收款人的资格一般不加限制。

(2) 汇票的分类

汇票可按不同角度分类:① 按付款期限不同分为:远期汇票,是指出票人与付款人签发票据后一定期限或特定日期汇款;即期汇票,是指持票人只要在合理时间内提示付款,债务人就应付款。② 按商业汇票承兑的不同分为:银行承兑汇票,是指由出票人签发并由其开户银行承兑的票据;商业承兑汇票,是指由出票人签发的,委托付款人在指定日期无条件支付确定的金额给收款人或持票人的票据,由银行以外的付款人承兑。③ 按信用性质不同分为:商业汇票,是指出票人和付款人是具有法人资格的公司、企业;银行汇票,是指由银行因信用而签发并付款。④ 按记载收款人的不同分为:记名式汇票,是指汇票的收款人是特定的,须经背书后票据方可转让;指示汇票,是指最终未确定收款人,经背书可转让指示人;无记名式汇票,又叫做来人式汇票,谁持有汇票谁就拥有票据权利,凭交付即可转让。⑤ 按有没有附属单据分为:跟单汇票,由于信用度较高,因此在国际贸易中多广泛采用,跟单汇票附有物料装运单据(提单、保险单、发票、检疫证书、商检证书、出口许可证等),出示单据后付款人才予以付款;光票,只要出示汇票本身,付款人就应付款,不附带货运单据。银行汇票则多为采用。

(3) 汇票的内容

根据《中华人民共和国票据法》规定,汇票必须记载以下事项:汇票字样、确定金额、无条件支付的委托、收款人名称、付款人名称、出票日期和出票人签章。上述内容如有一项未记载则汇票无效。同时汇票上记载的付款日期、付款地、出票地等事项时应字迹清楚。其中付款日期可分为定日付款、见票即付、出票后定期付款和见票后定期付款;未记载付款日期的,为见票即付。

(4) 汇票的使用

① 商业汇票的使用。签发商业汇票需以合法的商品交易为基础。持票人可持未到期的承兑汇票向开户银行申请贴现,银行扣除贴现日至到期日的利息,付给现款并取得汇票。已在银行开立账户的法人之间根据买卖合同进行商品交易时可使用商业汇票。

② 银行汇票的使用。根据目前银行的结算办法,如单位或个人需要付款时,可将款项交给当地银行,由银行签发汇票给收款人在异地办理提取现金或结算。

**2. 支票**

(1) 支票的定义

支票是无条件支付命令。它是指出票人签发一定的金额,委托银行或其他金融机构见票无条件支付给收款人或持票人的票据。支票的当事人有出票人、付款人和收款人三方。其中付款人仅限于办理支票存款业务的金融机构，出票人签发的支票金额应在其存款余额或与付款人约定的透支额度内，如不足支付的，付款人可拒绝付款，出票人应承担相应的法律责任。

(2) 支票的分类

按支票是否记名可分为：记名支票和不记名支票。按付款方式有无特别保障或限制可分为：一般支票，又被称为普通支票或开放支票，持票人可凭票向银行兑现，也可通过银行代收货款；横线支票，又称划线支票或平行线支票，其中在支票左上角加注两条平行线，同时在横线内注明某银行名称的，只能由指定银行签收，在支票左上角加注两条不平行线的称普通横线支票，可由任何银行代收转账；保付支票，支票付款人在支票注明"保付"并签名，由付款人承担全部付款责任。按支票结算范围可分为：现金支票和转账支票。

(3) 支票的内容

支票内必须载明的事项有：确定的金额、无条件支付的委托、表明为支票、出票日期、付款人名称和出票人签章。未记载上述事项的支票无效。

(4) 支票的使用

禁止签发空头支票，不得签发与出票人预留本名的签名样式或印章不符的支票，支票一般为同城使用。

**3. 信用卡**

(1) 信用卡的定义

信用卡是由银行及一些饭店、旅馆和其他专门机构发给私人使用的短期消费信贷凭证。

(2) 信用卡的种类

按照发行机构的性质可分为银行发行的信用卡和旅游、商业、劳务机构发行的旅游交际卡。按照使用地区、范围可分为指定国际通用信用卡和使用地区信用卡两种。

(3) 信用卡的内容

信用卡的发放一般是以一定量的存款、固定职业或担保人为条件，它的外观为硬质塑料卡片，在卡上应印有账号、持卡人姓名、签字和每笔赊销金额。持卡人可凭此卡到指定的商店、交通和旅游机构购买商品、支付劳务费用等，不必支付现金而只需在发票或其他单证上签字即可。

**4. 本票**

(1) 本票的概念

本票是出票人签发并承诺自己在见票时无条件支付确定的金额给收款人的票据。本票的当事人即出票人与收款人，出票人始终是债务人，本票是一种承诺，是自付证券。

(2) 本票的分类

本票按出票人的不同分为银行本票和商业本票。银行本票，有即期与远期之分，见票即付、不记载收款人名称的小额银行即期本票，其流通性与纸币相似，可代替现金使用；远期银行本票主要适用于大额交易中，以保证交易的安全。商业本票，由企业或个人开立，用于清偿自身债务。

(3) 本票的内容

本票必须记载的内容是：表明是本票、无条件支付的承诺、确定的票据金额、收款人名称、出票日期和出票人签章，未记载上述事项的本票无效。本票上记载付款地、出票地等事项的,应当清楚明确。未记载付款地、出票地的,出票人营业场所为付款地和出票地。

(4) 银行本票的使用

银行本票由银行签发,本票的出票人必须具有支付本票金额的可靠资金来源,并保证支付,出票人的资格由中国人民银行审定。本票自出票日起,付款期最长不得超过两个月。

**5. 汇兑**

(1) 汇兑的定义

汇兑是指汇款人委托银行将款项汇给异地收款人的一种结算方式。

(2) 汇兑的种类及其内容

一般将汇兑分为电汇和信汇两种。电汇是指汇款人委托银行拍发电报通知汇入行付款的一种结算方式,电汇凭证的内容与信汇凭证大体相同。信汇是指汇款人委托银行用邮寄凭证通知汇入行兑付的一种结算方式,信汇凭证的内容主要包括日期、收款人、金额、账号、住址、汇入行名称、汇款人、汇款用途、汇出地点、汇款人签章等。

(3) 汇兑的特点

汇兑结算方式比较适用于单位、个体经济户和个人的各种款项结算。它便于汇款人向异地主动付款,个体经济户和个人需要在汇入行支取现金的,可凭填明"现金"字样的汇款凭证到汇入行支取现金。

**6. 异地托收承付**

(1) 异地托收承付的定义

异地托收承付是指收款人在发货后,根据购销合同,委托银行向异地付款人收取款项,并由付款人向银行承认付款的一种结算方式。

(2) 异地托收承付的规定

收付双方使用托收承付结算必须签有符合《经济合同法》的购销合同,并在合同上明确使用异地托收承付结算方式。必须是商品交易及因商品交易而产生的劳务供应的款项才能办理异地托收承付。收款人必须在具有商品确已发运的证件(包括铁路、航运、公路等运输部门签发的运单、运单副本和邮局包裹回执)的情况下才能办理托收。

### 小资料 >>>

异地托收承付的收付双方办理托收承付结算必须重合同、守承诺。付款人累计三次无理由拒付的,银行应暂停其向外办理托收;收款人对同一付款人发货托收累计三次收不回货款的,银行应暂停其向该付款人办理托收。

**7. 委托银行收款**

(1) 委托银行收款的定义

收款人向银行提供收款依据,委托银行向付款人收取款项的结算方式叫做委托银行收款。

(2) 委托银行收款的适用范围

委托银行收款的结算方式适用范围比较广,在同城和异地均可使用。它便于单位主动收款的情况,既适用于在银行开立账户的单位和个体经济户的各种款项结算,也适用于水电、邮电、电话等款项的结算。

(3) 委托银行收款的有关规定

委托银行收款分为邮寄和电报划拨两种，并且它不受金额起点的限制，由收款人选择使用。付款期为三天，付款期满，付款人存款余额不足而对于拒付的情况，银行一般不负责审查拒付理由。

### 3.5.3 付款操作步骤

(1) 查询物品入库信息

通常在对国外采购项目时，物品一到指定的交易地点，就必须完成付款手续及开具付款票据，在验收后对供应商支付款项。但在国内，供应商的付款操作一般是在物品检验通过并且完成入库操作后进行的，所以订单操作人员要查询物品入库信息，并对已经入库的物品办理付款手续。而对于长期采购的供应商，可以采用谈判的方式达成一定的付款周期。

(2) 准备付款申请单据

对于国内供应商的付款，应拟制付款申请单，并随附合同、发票、物品检验单据、物品入库单据等。作为付款人员要注意：5 份单据（付款申请单、合同、发票、物品检验单和物品入库单）中的合同编号、物品名称、单价、总价、数量和供应商必须一致。

(3) 付款审批

付款审批包括三个方面内容，对于具体事宜由管理人员或财务部专职人员负责。① 数据的真实性。包括发票的真假鉴别，检验单、入库单的真假识别等。② 单据的匹配性。即付款申请单、合同、发票、物品检验单、物品入库单在合同编号、物品名称、数量、单价、总价、供应商的填写一致性及正确性。③ 单据的规范性。特别是发票、付款申请单要求格式标准统一、描述清楚。

(4) 资金平衡

在企业的采购过程中，企业必须合理利用资金，要综合考虑物品的重要性、供应商的付款周期等因素，从而确定付款顺序。而对于不能及时付款的物品，要与供应商进行充分沟通，来征得供应商的谅解和同意。

(5) 向供应商付款

企业财务部门在接到付款申请单及通知后便可向供应商付款，并提醒其注意收款。

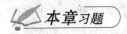 本章习题

**一、判断题**

1. 要进行物料采购，必须有书面订单或口头订单。                （    ）
2. 催货适用于采购订单的大部分。                              （    ）
3. 订单人员就订单计划所投向的供应商请示主管审批时，可以是一家，也可以是若干家。                                                        （    ）

**二、选择题**

1. 通常情况下，采购部门和供应部门发生的请购单包括（    ）。
   A. 紧急订单                    B. 小额订单
   C. 空白支票采购订单            D. 公司采购卡

2. 采购活动完成后要进行维护记录，通常记录的内容包括（　　）。
   A. 采购订单目录和商品文件　　　B. 少数的小额采购和投标历史文件
   C. 劳务合约和寿命记录　　　　　D. 采购订单卷宗和供应商历史文件
3. 选定供应商之后，就要和供应商签订正式的采购订单，签订采购订单的一般过程包括（　　）。
   A. 拟定采购订单要求　　　　　　B. 制作和审批订单
   C. 与供应商签订订单　　　　　　D. 执行订单
4. 货品跟催的有效步骤包括（　　）。
   A. 下订单前规划　　　　　　　　B. 下订单时制订生产计划表
   C. 下订单后跟催　　　　　　　　D. 事后分析与改善

### 三、思考题

1. 采购业务流程操作包括哪些步骤？
2. 简要分析造成交货期延误的原因有哪些？
3. 货品跟催的方法有哪几种？并做简要描述？
4. 货品检验的方法有哪些？如何操作？
5. 简要说明货款结算的步骤？

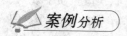

## 解百集团采购流程优化

**1. 落实组织机构，规范采购流程**

在采购和配送方面，解百集团制定了一套较为规范的操作流程和配套的组织机构与规章制度，把加强商品采购管理放到极其重要的位置。设立了专门的采供部，下设专职采购人员和三信员。采购人员由一批综合素质较强、具有一定的经营管理意识、市场意识和公关谈判技巧的人员组成，负责新渠道引进和新产品引进；三信员（质量、计量和物价管理员）负责商品质量把关，并直接参与新品引进的资质审核，包括商品质量、计量、价格、标识、标志和合同的审核，引进的新产品必须做到证件齐全。各连锁门店专门负责销售促进，并不具有独立的进货权。新品引进后配送到各门店，门店销完后向采供部提出要货计划，采供部保证在两天内将货品配送到要货门店，实行统一进货、统一配送和统一结算。这种"进销分离"的经营模式，使各个岗位分工明确，各司其职，有利于岗位之间相互合作、相互监督，使采购员一心一意钻研市场需求，了解市场动态，提高业务能力，引进适销对路的商品；不断扩大经营商品的类别和品种；门店则专门研究市场营销、提高促销水平，扩大市场占有率。这种模式为净化进货渠道、杜绝人情货，引进货真价实的商品提供了机制上的保障。

**2. 强化商品控制，完善淘汰机制**

解百集团建立起一套商品控制和淘汰机制，主要措施有6项。

① 引入计算机POS系统，利用计算机系统方便、快捷、准确的特性对商品进、销、存进行全过程动态控制，掌握商品的进销情况。

② 质量控制，把好商品质量关。进货时坚持"六不进"原则，即假冒伪劣产品不进；

无厂名、无厂址、无合格证产品不进；不符合质量标准及有关法律法规产品不进；证件不齐产品不进；进货渠道不正当产品不进；来路不明、有疑问产品不进；上柜时坚持商品检查验收，超市每月定期和不定期对商品进行抽查，并形成制度，对于不符合质量标准的坚决不予上柜。

③ 对同类商品的品种实行严格的控制，对于那些生活必需品，如拖鞋、扫帚、拖把等，顾客对此类商品的品牌要求不高，所以要控制同类商品的重复和重叠；而对于那些品牌认知度较高的商品，如化妆品等，则尽量扩大经营的品牌，细分目标顾客群，从而提高销售额。

④ 对于新引进的商品实行试销制度，新产品引进后配送到各门店，试销 3～6 个月，如门店销售不畅，该产品坚决予以清退。

⑤ 换季商品及时撤换，腾出场地销售当季热销商品，提高场地的利用率。

⑥ 随着商品市场的日益丰富，新产品层出不穷，对那些逐渐滞销的商品及时淘汰，使超市商品常换常新，保持旺盛的生命力。

**3. 降低进价成本，形成规模效应**

为了降低零售价格，解百集团首先降低进价成本，为此，公司采取了多种行之有效的办法。

① 对采购人员进行职业道德和业务技能培训，不断提高他们的业务水平，使他们掌握谈判技巧，竭尽全力降低进货价格。

② 利用公司的品牌、信誉效应和现有的业务渠道，吸引大量厂家主动为顾客提供价廉物美的商品。

③ 制定具体的进货原则：本地产品坚持从厂家直接进货，扩大一手货的范围；外地产品要从总代理处进到最低价格的货；减少进货环节，降低进货成本。

④ 扩大连锁范围，发展直营和加盟形式的便民超市和大型综合超市，不断扩大销售量，通过规模效应降低进价成本。

⑤ 加强与厂家的合作，建立良好的厂商关系，通过为供货商提供良好的服务，及时反馈商品信息，及时结算或引进一些已形成系列化产品的厂家进店设立专柜等，使进货价格进一步降低，而厂家派往超市的促销员，也使超市节省了大量的劳动力成本。

⑥ 掌握市场需求，扩大商品销售。为了及时掌握市场动向，采购人员改变以往商家坐等厂家和供货商上门推销的被动做法，采取多种渠道开展市场调研，了解市场需求，从而确定超市经营的商品种类。超市向周围小区居民和购物顾客发放了近万张的调查表，征询消费者的意见，并在此基础上对经营的商品进行调整，在加大非食品类经营力度的同时，重点增加生鲜食品、熟食卤味、腌腊制品、粮食加工等居民"菜篮子工程"系列商品，扩大了超市的销售额。

超市发展重心还针对个性化的消费需求，走自有品牌的道路，探索指定品牌加工的路子，充分发挥品牌优势，创出自己的经营特色，挖掘新的利润空间。

**问题：**
1. 你认为解百集团的采购流程中哪一环节最重要？
2. 和传统的采购比较，解百集团的采购流程有哪些创新？

# 第4章

# 采购成本控制

> **学习目标**
> 1. 掌握影响采购成本的因素。
> 2. 了解控制采购成本的几种策略。
> 3. 掌握采购成本控制的基础工作。
> 4. 掌握有效降低和控制采购成本的方法。

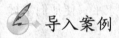导入案例

### 美心——厂商协同降低采购成本

近年来,美心公司与大多数高速发展的企业一样,开始面临增长瓶颈。掌门人夏明宪毅然采取以利润换市场的策略,大幅降低产品价格。然而,降价不久,风险不期而至,原材料钢材的价格突然飙升。继续低价销售——卖得越多,亏得越多;涨价销售——信誉扫地,再难立足。面对两难抉择,降低成本,尤其是原材料的采购成本就成了美心生死攸关的"救命稻草"! 夏明宪向采购部下达指令:从现在开始的三年内,企业的综合采购成本,必须以每年平均10%的速度递减。这让美心采购部的员工们有点傻眼,甚至不服气:此前美心公司的"开架式采购招标制度"属国内首创,既有效降低成本,又杜绝暗箱操作,中央电视台都为此做过专题报道。而且此举已经为美心节约了15%的采购成本,还有什么魔法能够让青蛙变得苗条。

在夏明宪的带动下,美心员工开始走出去,从习惯坐办公室到习惯上路,超越经验桎梏,于不知不觉中形成了一套降低成本的管理模式。

**1. 联合采购,分别加工**

针对中小供应商,美心将这些配套企业联合起来,统一由美心出面采购原材料。由于采购规模的扩大,综合成本减少了20%!配套企业从美心领回原材料进行加工,生产出来的半成品直接提供给美心,然后凭验收单到美心的财务部领取加工费。同时随着原材料成本的降低,配套企业也更具竞争力,规模扩大,价格更低,形成良性循环。

**2. 原材料供应,战略伙伴**

针对商业的特大供应商即国内外大型钢铁企业,美心的做法是收缩采购线,率先成为其中一两家钢厂的大客户乃至于战略合作伙伴。而钢厂面向战略合作伙伴的价格比普通经销商低5%～8%,比市场零售价低15%。这为美心采购成本比同行节约成本近1 000万元。

随着采购规模的与日俱增，美心人开始有了和钢厂进一步谈判的砝码。应美心要求，钢厂定期提供钢材的价格动态，并为美心定制采购品种。例如，过去钢板的标准尺寸是一米，而门板尺寸是 90 厘米，其中 10 厘米就只能裁下来扔掉。现在钢厂为美心量身定制生产 90 厘米钢板，大大减少了浪费，节约了成本。又例如他们还专门为美心开发了一种新材料门框，品质相同，价格每吨可节约 600 元。

**3. 新品配套，合作共赢**

对于新配套品种的生产，由于配套企业需要大量投资，导致新配套产品与其他配套产品相比价格大幅增加。美心就以品牌、设备、技术、管理等软硬件向生产方入股，形成合作，合作条件为，美心公司自己使用的产品，价格只能略高于生产成本。这样一来，合作方在新品的生产上减少了投入，降低了风险；同时，美心也降低了配套产品的采购成本，增加了收入，于是各方受益，皆大欢喜。

**4. 循环取货，优化物流**

此举措解决了原材料和配套产品的采购问题，美心还与配套企业携手合作，从物流方面进行优化。由于不同配套企业的送货缺乏统一的、标准化的管理，在信息交流、运输安全等方面都会带来各种各样的问题，必须花费双方很大的时间和人力资源成本。美心明白，配套企业物流成本的提高，将直接转嫁到配套产品的价格上。于是美心就聘请一家第三方物流供应商，由他们来设计配送路线，然后到不同的配套企业取货，再直接送到美心的生产车间。这样一来，不仅节约了配套企业的运送成本，提高了物流效率，更重要的是，把这些配套产品直接拉到生产车间，保持了自身很低的库存，省去了大量的库存资金占用。

美心通过与原材料供应商及配套企业的携手合作，使原材料厂商拥有了稳定的大客户，配套企业降低了生产风险，而自身则在大大降低成本的同时，扩大了产销量，形成了各方皆大欢喜的共赢局面。

## 4.1 影响采购成本因素分析

### 4.1.1 采购成本概述

**1. 采购成本概念**

采购成本是指将企业生产或经营所需要的原材料（或商品）从供应者仓库（或货场）运回企业仓库，实现一次采购而进行的各项活动的全部费用。如采购物的成本、采购人员的工资、差旅费、办公费、邮资、电报电话费、运输损耗、入库前的挑选整理等支出。

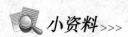
**小资料** >>>

采购成本就像是一座冰山，人们所能看见的，仅仅是冰山所呈现出来的一角。露出的冰山一角，是采购的商品价格，即采购取得成本。通常把这部分成本定义为采购成本的"第一度空间"。通俗地说，就是围绕着搜寻、拥有和取得产品和服务，人们必须付出的成本。举一个例子，你在文具店买了一支笔，单价是 10 元钱，也就是说你给文具店老板 10 元钱，他才能让你拿走笔。但你付出的成本并不只是10元钱。那仅仅是单价,而不是全部成本。如果你是开车去的,使用汽车不是成本吗?如果你走路去买的,时间不是成本吗?如果你报销,填报销单及审批不是成本吗?如果你要送到实验部门去,没有物流成本吗?这些采购管理费用和物流成本,相当于人们拥有它的所有权所要付出的成本,是采购所有权成本,人们把这部分成本定义为采购成本的"第二度空间"。采购取得成本和采购所有权成本,是人们比较敏感的。但往往人们对库存、安装、配件、维修、保养和使用成本等所有权后成本容易忽略。这相当于五年拥有它的所有权之后要付出的成本,是采购所有权后成本,人们把这部分成本定义为采购成本的"第三度空间"。

**2. 采购成本的构成**

采购成本的实际构成包括取得成本、所有权成本、所有权后成本。所有权成本和所有权后成本也可以合称为整体采购成本,采购成本的构成如图4-1所示。

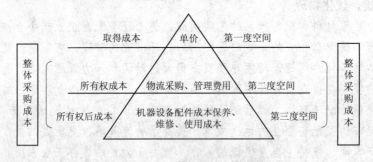

图4-1 采购成本的构成

(1) 取得成本

取得成本即商品价格,是采购成本的重要组成部分,但不是全部。它是供应商对自己产品提出的销售价格。商品价格由三个因素决定:① 产品成本。产品成本是影响商品价格的内在因素,受生产要素成本,如原材料、劳动力价格、产品技术要求、产品质量要求、生产技术水平等的影响。② 市场因素。市场因素是影响商品价格的内在因素,包括经济、社会政治及技术发展水平,具体有宏观经济条件、供应市场的竞争情况、技术发展水平及法规制约等。③ 消费者认同价值。决定供应商市场定价除了产品本身以外,还包括客户对商品的适用性、可靠性、耐用性、售后服务、运货等方面相对价值的认同程度。认同程度的高低决定了采购者对采购商品价格的估计水平。认同价值作用的另一个方面是价格的改变对采购量的影响程度。

### 小资料>>>

经济学中的"需求价格弹性"衡量了需求量对价格变动的反应程度,可以用公式表示如下:

$$E = \frac{\Delta Q/Q}{\Delta P/P}$$

式中:$Q$ 表示变动前销售量;$P$ 表示变动前价格;$\Delta Q$ 表示需求变动量;$\Delta P$ 表示价格变动量。

(2) 整体采购成本

整体采购成本又称战略采购成本,是除取得成本之外考虑到原材料或零部件在本企业产品的全部寿命周期过程中所发生的成本,它是所有权成本、所有权后成本的总体概括。

整体采购成本包括采购物品在市场调研、自制或采购决策、产品开发中供应商的参与、供应商交货、库存、生产、出货测试、售后服务等整体供应链中各环节所产生的费用。作为采购人员,其最终目的是降低整体采购成本。

按功能划分,整体采购成本发生在以下的过程中:开发、采购、企划、质量和售后服务。

① 开发过程中因供应商介入或选择可能发生的成本。这类成本具体包括原材料或零部件影响产品的规格与技术水平而增加的成本;对供应商技术水平的审核产生的费用;原材料或零部件的认可过程产生的费用;原材料或零部件的开发周期影响本公司产品的开发周期而带来的损失或费用;原材料或零部件及其工装(如模具)等不合格影响本公司产品开发而带来的损失和费用等。

② 采购过程中可能发生的成本。这类成本具体包括原材料或零部件采购费用或单价;市场调研与供应商考察、审核费用;下单、跟单等行政费用;文件处理费用;付款条件所导致的汇率、利息等费用;原材料运输、保险费用等。

③ 企划(包括生产)过程可能因采购而发生的成本。这类成本具体包括收货、发货(至生产使用点)费用;安全库存仓储费、库存信息;不合格来料滞仓、退货、包装、运输带来的费用;交货不及时对仓库管理等工作的影响造成的损失;生产过程中的原材料或零部件库存费用;企业与生产过程中的原材料或零部件的行政费用等。

④ 质量过程中可能发生的采购成本。这类成本具体包括供应商质量体系审核及质量水平确认产生的费用;检验成本;因原材料或零部件不合格使得本公司产品不合格而导致的损失;不合格产品本身的返工或退货成本;处理不合格来料的行政费用等。

⑤ 售后服务过程中因原材料或零部件而发生的成本。这类成本具体包括零部件失效产生的维修成本;零部件服务维修不及时造成的损失;因零部件问题严重而影响本公司的产品销售造成的损失;因零部件问题而导致本公司产品的产品理赔等产生的费用。

**小资料>>>**

在实际采购过程中,整体采购成本分析通常要依据采购物品的分类模块选择主要的零部件进行,而不必运用到全部的物料采购。

## 4.1.2 控制采购成本的意义

**1. 通过控制采购成本提高利润**

在制造业中,企业的采购资金通常占最终产品销售额的40%~60%。因此,在获得物流方面所做的点滴成本对利润所产生的效果,要大于企业其他成本(如销售领域内成本)相同数量的节约给利润带来的影响。因此,对采购成本的控制成为企业提高利润的重要途径。

**小例子** >>>

某公司总销售额为1亿元人民币，利润为500万元。其中，采购成本占销售额的60%，工资和管理费用分别占销售额的10%和25%。为了使利润从目前的50万元提高到1 000万元，即利润增加1倍，每个项目都做出相应的变动，具体如表4-1所示。

表4-1 利润增加1倍要求相关项目的变动幅度情况表　　　　　　百万元

|  | 现状 | 销售额 +17% | 价格 +5% | 工资 -50% | 管理费用 -20% | 采购成本 -8% |
|---|---|---|---|---|---|---|
| 销售额 | 100 | 117 | 105 | 100 | 100 | 100 |
| 采购成本 | 60 | 70 | 60 | 60 | 60 | 55 |
| 工资 | 10 | 12 | 10 | 5 | 10 | 10 |
| 管理费用 | 25 | 25 | 25 | 25 | 20 | 25 |
| 利润 | 5 | 10 | 10 | 10 | 10 | 10 |

从表4-1可以看出，除了价格和采购成本外，其余各项都必须经大幅度变动才能使利润增加1倍。而市场的激烈竞争会使价格的上涨很难实现，甚至会出现由于价格上涨导致销售量下降、利润减少。但是在采购成本方面，虽然无法控制购入原材料成本的主要部分，但是往往可以通过内部管理的手段来大幅度降低整体采购成本，提高利润。例如，加强与供应商的协作控制成本，实行统一的采购管理，选择合理的采购模式等。这些方面的成本下降百分比不需要很多就可以实现绝对成本的大幅度下降、利润的大幅度提高，这实际上也体现了杠杆原理的作用。

**2. 通过控制采购成本，加快资金周转速度，提高资产回报率**

资产回报率应同样也能说明采购的重要性。除了提高利润外，采购价格的降低还会降低企业资产的基数，同样会使资产回报率增长的幅度大于成本下降的幅度。

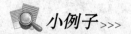
**小例子** >>>

假设某公司的年销售额为1 000万元，总支出为950万元，企业拥有500万元的资产，其中200万元为库存，购入材料的成本占销售额的50%，如果采购价格下降5%，那么资产回报率的变化如图4-2所示。

由于杠杆机制的作用，价格的小幅度下降就会使利润增长50%。采购价格下降使库存资金占用减少到原来的95%，库存的资金占用成本减少，也由此减少了公司总资产的基数，使资产周转速度从原来的2.00提高到2.04。一方面是毛利率的增加；另一方面是资本周转时间缩短，最终使资产回报率从原来的10%增长到15.3%，提高了53%。

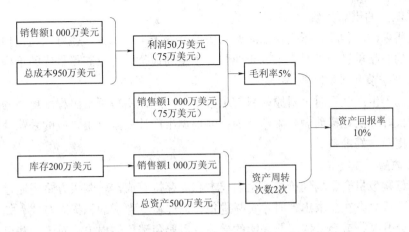

图 4-2 采购价格下降 5% 的资产回报率

注：① 采购金额占销售总额的 50%。
② 括号中为假设采购价格下降 5% 时的数字。
③ 库存占总资产的 40%。

## 4.1.3 影响采购成本的因素分析

**1. 采购价格**

在商品的采购过程中采购价格是采购成本中最显性的部分。在很多情况下，它是采购成本构成中最大的组成部分。因此，采购价格是采购成本中非常重要的因素，而采购价格又受很多因素的影响，主要包括供应商成本、产品规格和品质、交货条件、采购品的供需关系和生产季节与采购时机等。

（1）供应商成本

这是影响采购价格最根本、最直接的因素。供应商进行生产的目的是获得一定利润，否则生产无法持续。因此，采购价格一般在供应商成本之上，两者之差即为供应商的利润，供应商的成本是采购价格的底线。一些采购人员认为，采购价格的高低全凭双方谈判产生，可以随心所欲地定价，其实这种想法是完全错误的。尽管经过谈判后供应商大幅度降价的情况时常出现，但这只是供应商报价中水分太多的原因。

（2）产品规格与品质

采购企业对采购品的规格要求越复杂，采购价格就越高。一个好的产品规格，不仅能使这个产品易于销售，便于生产，而且还易于提供售后服务，便于购买到经济的原材料或部件，反过来又能使其具有足够的吸引力，能够促使供应商进行生产和供应。所有这一切要求介入的各方在产品规格上做一定程度的妥协与让步。价格的高低与采购品的品质也有很大的关系。如果采购品的品质一般或质量低下，供应商会主动降低价格，以求赶快脱手。

（3）交货条件

交货条件也是影响采购价格的非常重要的因素。交货条件主要包括运输方式、交货期的缓急等。如果货物由采购方来承运，则供应商就会降低价格；反之，就会提高价格。有时为了争取提前获得所需货物，采购方会适当提高价格。

(4) 采购品的供需关系

当企业所采购的物品为紧俏商品时,供应商就处于主动地位,就可以趁机抬高价格;当企业所采购的商品供过于求时,采购企业则处于主动地位,可以获得最优的价格。

(5) 生产季节和采购时机

当企业处于生产旺季时,对原材料需求紧急。因此,不得不给出程度更高的价格。避免这种情况的最好办法是提前做好生产计划,并根据生产计划制订出相应的采购计划,为生产旺季的到来提前做好准备。

**2. 订货数量**

一次的订购数量会影响到价格、运输成本和库存持有成本。购买方希望通过谈判得到优惠的价格,希望只有在需求出现时才实际进货,以此避免存货的积聚。对此,如果买方预计今后的价格会升高,就会采取提前采购的措施,以避免涨价的损失。对于一些可以再出售的物品,低价时大量囤积,高价时出售能取得价差的利润。企业储备库存的总成本包括取得成本、储存成本和缺货成本。

(1) 取得成本

正如前所述,取得成本即商品的价格。换句话说,取得成本是指为取得某种存货而支出的成本,通常用 $TC_a$ 来表示。它又分为订货成本和购置成本。

订货成本是指取得订单的成本,如办公费、差旅费、邮资、电报电话费等支出。订货成本中有一部分与订货次数无关,如常设采购机构的基本开支等,称为订货的固定成本,用 $F_1$ 表示;另一部分与订货次数有关,如差旅费、邮资等,称为订货的变动成本。每次订货的变动成本用 $K$ 表示,订货次数等于存货年需要量 $D$ 与每次进货批量 $Q$ 之商。订货成本的计算公式为:

$$订货成本 = \frac{D}{Q} \times K + F_1$$

购置成本是指存货本身的价值,经常用数量与单价的乘积来确定。年需要量用 $D$ 表示,单价用 $U$ 表示,于是购置成本为 $D \times U$。

订货成本与购置成本之和就等于存货的取得成本,其计算公式为:

取得成本 = 订货成本 + 购置成本 = 订货固定成本 + 订货变动成本 + 购置成本

即

$$TC_a = F_1 + \frac{D}{Q} \times K + D \times U$$

(2) 储存成本

储存成本是指为保持存货而发生的成本,包括存货占用资金应计的利息(若企业用现有现金购买存货,便失去了现金存放银行或投资于证券应取得的利息,这就是"放弃利息";若企业借款购买存货,便要支付利息费用,这就是"付出利息")、仓库费用、保险费用、存货的破损和变质损失等,通常用 $TC_c$ 表示。

储存成本也分为固定成本和变动成本两部分。固定成本与存货数量的多少无关,如仓库折旧、仓库职工的固定月工资等,常用 $F_2$ 表示。变动成本与存货的数量有关,如存货资金的应计利息、存货的破损和变质损失、存货的保险费用等,其单位成本用 $K_c$ 表示。用公式表达的储存成本为:

$$储存成本 = 储存固定成本 + 储存变动成本$$

即
$$TC_c = F_2 + \frac{Q}{2} \times K_c$$

(3) 缺货成本

缺货成本是指由于存货供应中断而造成的损失,包括材料供应中断造成的停工损失、产成品库存缺货造成的拖欠发货损失及需要主观估计的商誉损失。如果生产企业以紧急采购代用材料来解决库存材料中断之急,那么缺货成本表现为紧急额外购入成本(紧急额外购入的开支会大于正常采购的开支)。缺货成本用 $TC_s$ 表示。

(4) 储备存货的总成本

如果以 TC 表示储备存货的总成本,其计算公式为:

$$储备存货的总成本 = 取得成本 + 储存成本 + 缺货成本$$

即
$$TC = TC_a + TC_c + TC_s = F_1 + \frac{D}{Q} \times K + D \times U + F_2 + \frac{Q}{2} \times K_c + TC_s$$

如果存货量大,可以防止因缺货造成的损失,减少缺货成本,但相应要增加储存成本;反之,如果存货量小,就可以减少储存成本,但相应会增加订货成本和缺货成本。所以要使成本达到最小,就要确定经济采购批量。

**3. 经济订货量基本模型**

经济订货量基本模型需要设立的假设条件(与定量采购模型假设条件一致,见第 1 章介绍)是:

① 企业能够及时补充存货,即需要订货时便可立即取得存货;
② 能集中到货,而不是陆续入库;
③ 不允许缺货,即无缺货成本,$TC_s$ 为零,这是因为良好的存货管理本来就不应该出现缺货成本;
④ 需求量稳定,并且能预测,即 $D$ 为已知常量;
⑤ 存货单价不变,不考虑现金折扣,即 $U$ 为已知常量;
⑥ 企业现金充足,不会因为现金短缺而影响进货;
⑦ 所需存货市场供应充足,不会因买不到需要的存货而影响其他。

设立上述假设后,储备存货总成本的公式可以简化为:

$$TC = F_1 + \frac{D}{Q} \times K + D \times U + F_2 + \frac{Q}{2} \times K_c$$

当 $F_1$、$K$、$D$、$U$、$F_2$、$K_c$ 为常数量时,TC 的大小取决于 $Q$。为了求出 TC 的极小值,对其进行求导演算,可得出下列公式:

$$Q^* = \sqrt{\frac{2KD}{K_c}}$$

这一公式称为经济订货量模型,求出的每次经济订货批量,可使 TC 达到最小值。这个基本模型可以演变为其他形式。

每年的最佳订货次数计算公式:

$$N^* = \frac{D}{Q} = \frac{D}{\sqrt{\frac{2KD}{K_c}}} = \sqrt{\frac{DK_c}{2K}}$$

与批量有关的存货总成本计算公式为：

$$TC(Q^*) = \frac{KD}{\sqrt{\frac{2KD}{K_c}}} + \frac{\sqrt{\frac{2KD}{K_c}}}{2} \times K_c = \sqrt{2KDK_c}$$

最佳订货周期计算公式为：

$$t^* = \frac{360}{N^*} = \frac{360}{\sqrt{\frac{DK_c}{2K}}}$$

经济订货量占用资金计算公式为：

$$I^* = \frac{Q^*}{2} \times U = \frac{\sqrt{\frac{2KD}{K_c}}}{2} \times U = \sqrt{\frac{KD}{2K_c}} \times U$$

经济订货量的基本模型是在前述各假设条件下建立的，但现实生活中能够满足这些假设条件的情况十分罕见。为使模型更接近于实际情况，具有较高的可用性，需逐一放宽假设，同时改进模型。

（1）订货提前期

一般情况下，企业的存货不能做到随用随补充，因此不能等库存用光再去订货，而需要在没有用完前提前订货。在提前订货的情况下，企业再次发出订货单时的库存量称为再订货点，用 R 来表示，其数量等于交货时间（L）和每日平均需要量（d）的乘积，即：

$$R = L \times d$$

（2）存货陆续供应和使用

在建立基本模型时，假设存货一次性全部入库，故存货增加时存量变化表现为一条垂直的直线，如图 1-5 定量采购模型所示。事实上，各批存货可能陆续入库，使存量陆续增加。尤其是产成品入库和在制产品的转移，几乎总是陆续供应和陆续耗用的。在这种情况下，需要对基本模型作一些修改。

设每批订货量为 Q，由于每日送货量为 P，故该批货全部送达所需日数为 Q/P，称之为送货期。因零件每日耗用量为 d，故送货期内的全部耗用量为（Q/P）×d。由于零件边送边用，所以每批货送完时的最高库存量为 E = Q-(Q/P)×d，平均库存量则为 $\overline{E}$ = [Q-(Q/P)×d]÷2。与存货批量有关的总成本为：

$$TC = \frac{D}{Q} \times K + \frac{1}{2} \times \left(Q - \frac{Q}{P} \times d\right) \times K_c = \frac{D}{Q} \times K + \frac{Q}{2} \times \left(1 - \frac{d}{P}\right) \times K_c$$

在储存变动成本与订货变动成本相等时，TC 有最小值，故存货陆续供应和使用的经济订货量公式为：

$$\frac{D}{Q} \times K = \frac{Q}{2} \times \left(1 - \frac{d}{P}\right) \times K_c$$

$$Q^* = \sqrt{\frac{2KD}{K_c}\left(\frac{P}{P-d}\right)}$$

将这一公式代入上述 TC 计算公式，可得出存货陆续供应和使用的经济订货量总成本公式：

$$TC(Q^*) = \sqrt{2KDK_c\left(1 - \frac{d}{p}\right)}$$

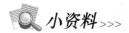

小资料 >>>

陆续供应和使用的经济订货量模型,还可以用于自制和外购的选择决策。自制零件属于边送边用的情况,单位成本可能较低,但每批零件投产的生产准备成本比一次外购订货的订货成本可能高出许多。外购零件的单位成本可能较高,但订货成本可能比较低。要在自制零件和外购零件之间作出选择,需要全面衡量它们各自的总成本才能得出正确的结论。这时就可借用陆续供应和瞬时补充的模型来选择方案,进行决策。此时,相关总成本(TC)为:

$$TC = DU + TC(Q^*)$$

(3) 保险储备

前述讨论是在假定存货的供需稳定且确知的情况下进行的,即每日需求量不变,交货时间也固定不变。但实际上,每日需求可能变化,交货时间也可能变化。按照某一订货批量(如经济订货量)和再订货点发出订单后,如果需求增大或者送货时间延迟,就会发生缺货或供货中断。为防止由此造成的损失,就需要多储存一些存货以备应急之用,称为保险储备(安全存量)。这些存货在正常情况下不动用,只有当存货过量使用或送货延迟时才动用。有保险储备下的再订货点的计算公式为:

再订货点 = 交货时间 × 平均日需求 + 保险储备

即

$$R = L \times d + B$$

式中:$R$ 为再订货点;$L$ 为交货时间;$d$ 为平均日需求;$B$ 为保险储备。

建立保险储备固然可以使企业避免缺货或供应中断造成的损失,但存货平均储备量加大却会使储备成本升高。研究保险储备的目的,就是要找出合理的保险储备量,使缺货或供应中断损失和储备成本之和实现最小化。方法是可先计算出各不同保险储备量的总成本,然后再对总成本进行比较,选出其中总成本最低的方案作为最令人满意的方案。

假设与保险储备相关的总成本为 TC($S$, $B$),缺货成本为 $C_S$,保险储备成本 $C_B$,则:

$$TC(S, B) = C_S + C_B$$

设单位缺货成本为 $K_u$,一次订货缺货量 $S$,年订货次数为 $N$,保险储备量为 $B$,单位存货成本为 $K_c$,则:

$$C_S = K_u \times S \times N$$
$$C_B = B \times K_c$$
$$TC(S, B) = K_u \times S \times N + B \times K_c$$

现实中,缺货量 $S$ 具有不确定性,其概率可根据历史经验估计得出,保险储备量 $B$ 可选择而定。

**4. 价格折扣**

供应商提供的价格会影响到企业的购买行为,进而影响到企业的采购成本。例如,当供应商推出价格折扣将其中一部分收益传递给买方时,企业受到鼓动而进行大批量的购买。折扣是工业企业产品销售常用的一种促销方式。了解折扣有助于采购商在谈判过程中降低采购价格。价格折扣按提供折扣的原因分为以下 5 种类型。

（1）付款折扣

现金付款通常比月结付款的采购价格要低；以坚挺货币付款比用其他货币付款具有价格优势。

（2）数量折扣

数量小的订单其单位产品成本较高，因为小数量订单所需的订单处理、生产准备等时间与大数量订单并无根本区别。此外，有些行业生产本身具有最小批量要求，如印刷、电子元件的生产等。以印刷为例，每当印刷品的数量增加 1 倍，其单位产品的印刷成本可降低多达 50%。

（3）地理折扣

跨国生产的供应商在销售时实行不同地区采用不同价格的地区差价，对于地理位置有利的客户予以折扣优惠。此外，如果供应商的生产地或销售点接近顾客时，往往也可以因交货运输费用低等原因获得较优惠的价格。

（4）季节折扣

许多消费品包括工业消费品，都具有季节性，相应的原材料和零部件的供应价格也随着季节的变化而上下波动。在消费淡季时将订单下给供应商往往能拿到较低的价格。

（5）推广折扣

许多供应商为了推销产品，刺激消费，扩大市场份额或推广新产品，减少市场进入障碍，往往采取各种推广手段以实现在一定的时期内降价促销。策略地利用推广折扣也是降低采购成本的一种手法。

### 小资料>>>

按折扣适用情况不同，数量折扣分为普遍数量价格折扣和特殊数量价格折扣两种。普遍数量价格折扣是指随着购买数量的增加，供应商会降低适用于所有订购产品的报价。这在消费采购中很普遍，特殊数量价格折扣是指降低的报价只适用于数量折扣范围内的产品。如果企业的采购量很大，已经超过了价格折扣的分界点，就无须考虑不同价格对成本的影响。但是如果企业的购买量还不是很大，就要考虑是以较高的价格购买较少的数量，还是以较低的价格购买较多的数量，同时考虑库存持有成本增加的因素。

**5. 采购方式**

不同的采购方式也会对采购成本产生影响。采购方式有集中采购、分散采购、联合采购、电子采购和招标采购等（见 1.1.4 介绍）。

**6. 与供应商的协作关系**

当今的产业结构包含着相当程度的专业化，而且随着产业技术发展速度的不断加快，产品寿命也相应地缩短。随着产品寿命不断缩短，在第一时间得到正确的产品信息就变得越来越重要。在及时得到供应市场的有关信息上，采购人员发挥着至关重要的作用。随着专业化程度的不断加深，更多的公司会利用供方市场的信息，通过创新开发出新产品来。尽管卖方在让潜在用户了解新的发展方向上发挥着重要的作用，但买方也在寻求创新，买方甚至会推动这种开发，不仅在传统市场中如此，在非传统市场中更是如此。

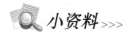 小资料 >>>

首先，你应该找出哪些是更好的有利于公司成功的关键采购目标。先于大处着眼，再落到细节。在决定有利于公司成功的几个关键目标之前，可以考虑以下一些因素：供货商品质，交货及时率，下单到交货的周期，成交价格，批量折扣，能满足需求的服务，以及其他反应供货商表现的方面等。然后，决定几个对企业成功来说很重要的关键目标。

这些信息应该用来制定供货商评估的标准。标准来源于公司对市场的价值定位，也就是公司的战略基础。确定你的公司需要做什么来满足客户的需求，将引导你决定实际需要去做什么。这将引导你思考如何要求你的供货商，以便更好地满足客户的需求。制定你的供货商评估标准又将涉及采购人员评估标准的制定。这一切都是相互联系的。

## 4.2 降低采购成本的有效方法

### 4.2.1 降低采购成本的原则

作为采购人员，其最终目的是要以最低的成本及时采购到质量合格的原材料或商品，满足企业生产经营所需，因此降低成本成为其在采购过程中所必须思考的主要问题。遵循什么样的原则，对降低成本十分重要。

（1）原材料（商品）质量最优原则

成本最优往往被许多企业误解为价格最低，所以很多企业为降低成本购进低质的原材料（商品），不仅影响后续生产和经营活动，还耽误了企业及时对客户的供给，损害企业的商誉。

（2）总体成本最低原则

采购决策影响着后续的原料运输、调配、维护、调换，乃至长期产品的更新换代，因此，必须有总体成本考虑的远见，必须对整个采购流程中所涉及的关键成本环节和其他相关的长期潜在成本进行评估。

（3）以事实和数据信息为谈判基础原则

谈判不是一味压价，而是基于对市场和自身的充分了解和长远预期的协商。总体成本分析、供应商评估、市场评估等为谈判提供了有力的事实和数据信息，帮助企业认识自身的议价优势，从而掌握整个谈判的进程和主动权。按照双方交易原则，建立与供应商的长远双赢规划。许多先进的国际企业都建立了供应商评估、激励机制，与供应商建立长期的合作关系，确立双赢的合作基础。例如，帮助供应商优化运输计划，承诺最低采购量和价格保护等。

（4）从保持企业核心竞争优势角度制定采购成本管理战略的原则

采购成本管理的目的不仅在于降低成本，更重要的是为了建立和保护企业的核心竞争优势。也就是说，如果某项成本的降低削弱了企业的战略地位，则应弃之不用；但是，如果某项成本的增加有助于增加企业的竞争力，则这种成本是值得增加的。

> **小资料** >>>
>
> 除了以上介绍的降低采购成本的三大原则外,还必须从以下七个方面着手。
> 1. 首先必须建立完善的供应商评审体制:对具体的供应商资格、评审程序、评审方法等都要作出明确的规定。
> 2. 完善采购员的培训制度。
> 3. 价格的评审应由相应程序规定由相关负责人联名签署生效。
> 4. 规范样品的确认制度,分散采购部的权力。
> 5. 不定期的监督,使采购员形成压力。
> 6. 建立奖励制度,对下调价格后应对采购员进行奖励。
> 7. 加强开发能力,寻求廉价代替品。

### 4.2.2 采购成本分析

采购成本分析可以从以下几方面考虑。

(1) 在开发过程中因选择或供应商介入可能发生的成本

在开发过程中因选择或供应商介入可能发生的成本,包括原材料和零部件对产品的规格和技术水平的影响,供应商技术水平与参与本公司产品开发的程度,对供应商技术水平的审核,原材料或零部件的合格及认可过程,原材料或零部件的开发周期对本公司产品开发周期的影响等因素,原材料或零部件及其工装(如模具)等不合格对本公司产品开发的影响等因素。

(2) 采购过程中可能发生的成本

采购过程中可能发生的成本,包括原材料或零部件采购费用或单价,市场调研与供应商考察、审核费用,下单、跟货等行政费用,文件处理及行政错误费用,付款条件所导致的汇率、利息等费用,原材料运输、保险费用等因素。

(3) 生产过程中可能因采购而发生的成本

生产过程中可能因采购而发生的成本,包括收货、发货(到生产使用点)费用;安全库存仓储费、库存利息;不合格来料滞仓费、退货、包装运输费;交货不及时对本公司生产的影响及对储存等工作的影响;生产过程中的原材料或零部件库存;生产过程中涉及原材料或零部件的行政费用等因素。

(4) 质检过程中可能发生的采购成本

质检过程中可能发生的采购成本,包括供应商质量体系审核及质量水平确认(含收货标准);检验成本;因原材料或零部件不合格而导致的对本公司的生产、交货的影响;不合格品本身的返工或退货成本;生产过程中不合格品导致的本公司产品的不合格;导致不合格来料的行踪费用等因素。

(5) 售后服务过程中因原材料或零部件而发生的成本

售后服务过程中因原材料或零部件而发生的成本,包括零部件失效产生的维修成本;零部件供应给服务维修点不及时而造成的影响;因零部件问题严重而影响本公司的产品销售;因零部件问题导致本公司的产品理赔等因素。

## 4.2.3 降低采购成本的方法

降低采购成本应主要着眼于供应商和供应市场，而不是依靠压缩采购人员的待遇。降低采购成本的方法归纳起来有以下几类。

（1）优化整体供应商结构和供应配套体系

这包括通过供应商市场调研等寻找更好的新供应商、通过市场竞争招标采购、与其他单位合作实行集中采购、减少现有原材料和零部件的规格品种进行大量采购、与供应商建立伙伴型合作关系取得优惠价格等。

（2）通过对现有供应商的改进来降低采购成本

促使供应商实施即时供应、改进供应商的产品质量降低质量成本、组织供应商参与本企业产品开发及工艺开发降低产品与工艺成本、与供应商实行专向共同改进项目以节省费用（如采用周转包装材料降低包装费用、采用专用运输器具缩短装卸运输时间和成本、采用电子邮件传递文件减少行政费用）并提高工作效率等。

（3）通过运用采购技巧和战术来降低采购成本

其中常用的是灵活运用采购谈判技巧。辅助价格谈判的一个基本工具就是成本结构分析，另一个工具就是了解供应商的"学习曲线"，再一个就是利用价格折扣。

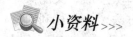

美国密歇根州立大学一项全球范围内的采购和供应链研究结果表明：在所有的降低采购成本的方式当中，供应商参与产品开发最具潜力，成本降低可达42%，利用供应商的技术和工艺则可降低成本40%，利用供应商开展及时生产可降低成本20%，供应商改进技术和工艺则可降低成本14%，而通过改进采购过程及价格谈判等仅可达到11%。欧洲某专业机构的另一项调查也得出类似结果：在采购过程中通过价格谈判降低成本的幅度一般在3%～5%，通过采购市场调研比较优化供应商平均可降低成本3%～10%，而供应商早期参与产品开发成本降低则可达10%～50%。由此可见，在整体采购成本中，采购人员更应该关注"上游"采购，即在产品的开发过程中充分有效地利用供应商。

## 4.2.4 常用的降低采购成本的具体方法

**1. 通过采购要素分析降低采购成本**

（1）分析采购物料的功能

正确设计产品组成，合理使用原材料，是企业采购材料、降低产品成本的先决条件。进行价值分析，目的在于简化产品设计便于制造，使用替代性材料，以最低的费用获得所需要的必要物资。采购物资不仅是购买一种实物，更重要的是购买这种实物所包含的必要功能，只要功能大于成本，价值才能大，这是价值分析理论的核心。

（2）分析采购物料的价格

任何功能都要以付出费用为代价，不切实际地追求多功能、高质量，势必造成浪费。以满足需要的功能，采购到合理价格的物资，以性能价格比作为衡量物资采购成功与否的标志，是采购过程进行价值分析的又一目的。如在产品非磨损部位将铁制材料改为塑料制品，更新改造固定资产时，采购二手的辅助机器而非全新设备等方法。

（3）分析运杂费

在达到采购目的、不影响其他工作的情况下，运用价值分析方法消除不必要的运杂费可以降低采购成本。如采用提供较佳付款条件的运输企业、选择费用较低的货运承揽者，或考虑改变运输模式（如将空运改为海运），同样达到降低成本的目的。

（4）分析采购物流的使用费用

一般情况下购置费用容易引起人们的重视，而使用过程发生的费用往往被忽视。例如，有的物资购置费用低，但使用中修理费用高、燃油、耗电多等，导致寿命周期使用费用较高，这是价值分析的另一个目的。

**2. 通过分析供应商成本，降低采购成本**

（1）供应商定价方法分析

供应商的价格底线是采购人员谈判的价格底线，只有了解供应商的定价方法、供应企业的成本构成等因素，采购人员才能做到知己知彼，把采购价格压到最低。供应商的定价方法可细分为成本加成定价法、目标利润定价法、采购商理解价值定价法、竞争定价法及投标定价法。① 成本加成定价法。成本加成定价法，是供应商最常用的定价法，它以成本为依据在产品单位成本的基础上加上一定比例的利润。该方法的特点是成本与价格直接挂钩，但它忽视市场竞争的影响，也不考虑采购商（或客户）的需要。由于其简单、直接，又能保证供应商获取一定比例的利润，因而许多供应商都倾向于使用这种定价方法。② 目标利润定价法。目标利润定价法，是一种以利润为依据制定卖价的方法。其基本思路是：供应商依据固定成本、可变成本及预计的卖价，通过盈亏平衡分析（盈亏平衡分析，又叫本量利分析或保本分析，它是通过分析生产成本、销售利润和生产量之间的关系来了解盈亏变化，并据此确定产品的开发及生产经营方案。）算出保本产量或销售量，根据目标利润算出保本销售量以外的销售量，然后分析在此预计的卖价下能否达到利润目标；否则，调整价格重新计算，直到在制定的价格下可实现的销售量能满足利润目标为止。③ 采购商理解价值定价法。采购商理解价值定价法，是一种以市场的承受力及采购商对产品价值的理解程度作为定价的基本要求，常用于消费品尤其是名牌产品，也有时适用于工业产品如设备备件等。④ 竞争定价法。竞争定价法最常用于寡头垄断市场，具有明显规模经济性的行业，如较成熟的市场经济国家的钢铁、铝、水泥、石油化工及汽车、家用电器等。其中，少数占有很大市场份额的企业是市场价格的主导，而其余的小企业只能随市场价格跟风。寡头垄断企业之间存在很强的相互依存性及激烈的竞争，某企业产品价格的制定必须考虑到竞争对手的反应。⑤ 投标定价法。投标定价法是由公开招标，参与投标的企业事先根据招标广告的内容密封报价、参与竞争。这种公开招标竞争定价的方法最常用于拍卖行、政府采购，也用于工业企业，如建筑包工、大型设备制造，以及非生产用原材料（如办公用品、家具、服务等）的大宗采购。

（2）供应商价格组成分析

在大型企业里，其所需的原材料，有的多达万种以上，要对每种材料做好供应商价格组成分析是不可能的，根据存货的 ABC 分析方法，一般对数量上仅占 10% 而其价值却占总采购成本 70% 的 A 类存货进行分析。采购人员要想知道供应商的实际成本结构并不容易，通常采购人员可从供应商的供应价格影响因素及定价方法着手，对供应商的成本组成进行分析。常用的方法有以下几种：

① 根据利润表分析供应商的价格组成。采购人员要收集相关信息，可以从企业的财务利润表入手，得到供应企业的成本组成，其计算方法为：

营业利润 =（营业收入 – 营业成本）–（销售费用 + 管理费用 + 财务费用）

以其推导出营业收入，作为供应商的价格组成。

② 根据盈亏平衡分析确定供应商的价格组成。分析时将生产成本分为固定成本和变动成本。企业的产品销售收入扣除变动成本后的剩余，叫做边际贡献或边际毛利，产品单位销售收入扣除单位变动成本后的剩余，叫单位边际贡献。当供应商有边际贡献后，再来分摊固定费用（见4.3.3介绍）。即：

利润 = 营业收入 – 变动成本 – 固定成本
　　 =（单价 – 单位变动成本）× 销售量 – 固定成本

因此，供应商在制定产品价格时，产品的单价应该大于成本（即单位固定成本摊销与单位产品变动成本之和）。但是，在新产品上市或销售淡季，供应商会考虑用边际贡献来分摊固定成本，这时就可以把价格压到单位总成本之下（不含单位固定成本），只要使供应商获得边际贡献即可成交。一般来说，成本构成中固定成本比例越高，价格的弹性就越大，随市场季节变化及原材料的供应而变化的波动也就越剧烈，因而这些产品在采购时可采用加大订购数量及在销售淡季订购等方法来降低采购成本；而对于变动成本比例较高的产品则要下大力气改善供应商，形成供应链的管理模式，促进其管理水平的提高并降低管理费用。也就是说，作为采购人员要了解供应商的成本结构，就要了解其固定成本及变动成本的内容。

③ 根据学习曲线分析供应商的价格组成，学校曲线是分析采购成本、实施采购降价的一个重要工具和手段。其基本概念是随着产品的累计产量增加，单位产品的成本会以一定的比例下降。这种单位产品成本的降低与规模效益并无关系，它是一种学习效益。这种学习效益是指某产品在投产的初期由于经验不足，产品的质量保证、生产维护等需要较多的精力投入以致带来较高的成本，随着累计产量的增加，管理渐趋成熟，所需要的人力、财力和物力逐渐减少，工人越来越熟练，质量越来越稳定，前期的工程、工艺技术调整和变更越来越少，突发事件及故障不断减少，物流不断畅通，原材料及半成品等库存控制日趋合理，前期生产期间的各种改进措施逐步见效，因而成本不断降低。这就意味着生产某产品的老企业压价的空间大，因此，需要采购人员调查供应商生产产品的时间和产量等相关情况。

④ 充分考虑价格折扣分析供应商的价格。折扣是企业产品销售中常用的一种促销方式。了解折扣有助于采购人员在谈判过程中降低采购价格，概括起来大体有付款的现金折扣、购买的数量折扣、采购地的地理折扣、供应的季节折扣、产品的推广折扣等几种类型。有策略地利用折扣是降低采购成本的一种手法。

**3. 利用标准化降低采购成本**

在产品设计阶段，使用行业标准流程与技术、工业标准零件，既可以加大原料取得的便利性，又可以减少自制所需的技术投入，同时也可降低生产所需的成本。原料、产品、服务的标准化在产品、服务设计阶段就充分考虑未来采购、制造、储运等环节的运作成本，提高其标准化程度，减少差异性带来的后续成本。

**4. 利用管理会计方法降低采购成本**

（1）目标成本法

目标成本是预计目标售价减去目标利润得出的。产品的目标成本确定后，与公司目前的相关产品成本或本行业先进水平相比较,确定成本差距。设计小组通常运用质量功能分析、价值工程、流程再造等方法来寻求满足要求的产品与工序设计方案,把这一差距缩小。质量功能分解旨在识别顾客需求,并比较分析其与设计小组计划满足的需求差距,以支持价值工程的设计过程,以此达到降低成本的目的。

(2) 定额管理法

与采购过程有关的定额,包括生产消耗定额、物资储存定额、采购费用定额等。工作中常常通过制定先进合理的物资消耗定额,采用标准化、通用化和系列化,确定最经济合理的物资消耗标准;在保证质量的前提下,尽量采用以廉代贵,综合利用原材料,提高材料利用的经济性、效益性。在充分采用准时制的情况下,制定与经济订购批量相适应的储存定额;采购过程中,采用多种采购方式,就近组织物资供应,选用恰当的运输方式等方法制定采购费用定额。降低企业采购成本,定额管理是行之有效的一种方法。

**5. 利用供应链管理法降低采购成本**

供应链管理的核心是企业间组织的融合,最终达到以企业战略为核心,实现所有企业组织、战略和业务流程的全面结合。采购过程是供应链上的重要结合点,是联结供应商与用户企业的桥梁,用供应链思想来管理采购成本可大幅度降低采购成本。常常通过优化采购体系或对现有供应商的改进优化企业供应链,达到降低采购成本的目的。

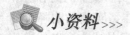
小资料>>>

稳定的供应商有较强的供货能力,价格透明,长期合作其对公司供应有一定的优先安排,能确保其供货的质量、数量、交货期、价格等。采购管理要十分重视提高整体供应链的竞争优势,要尽可能与优秀的供应商建立长期、稳定的合作关系,鼓励供应的产品与技术改进,支持供应商的发展,必要时可与其签订战略联盟合作协议等。

**6. 运用采购谈判技巧和战术降低采购成本**

灵活运用采购谈判技巧降低价格,是采购最常用的一种方法。通常要掌握采购谈判作业要领;做好采购谈判规划,主要从预测、学习、分析与策略等方面入手;注意谈判中的发问和倾听技巧;巧妙利用谈判的时机;充分利用成本结构分析,以便在谈判过程中取得合理的价格。

**7. 利用库存控制降低采购成本**

对于经常性、需求量大的原材料、零配件,需要在采购和库存之间作平衡分析,这种分析常采用经济批量和经济订货点来确定。经济订货批量模型(见4.1.3介绍)有助于企业在采购时树立成本效益观念,重视资金的时间价值,合理安排采购计划,减少不必要的资金占用。

任何可以节省费用的手段都应该是采购过程中值得考虑的对象,但必须是合情、合理,更要合法,有利于与供应商的伙伴互动关系。至于上述几种方法应该优先使用哪种,哪种方法较好,则有赖于采购人员依照不同状况进行专业判断后确定。

## 4.3 采购成本控制的策略

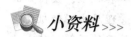

采购部门的职责包括采购政策、采购标准的制定及监督实施,采购系统的管理等,而控制并降低采购成本是采购部门的一项基本职责,在20世纪80年代,西方国家的公司已开始对采购成本控制及供货商管理给予关注。通过采购成本控制,降低了零部件的价格,简化了供应链,并改善了市场反应速度,从而实现了大量的成本节余。

控制采购成本应着眼于供应商和供应市场,建立科学的采购管理系统,分析采购成本变化的情况和变化趋势,选择合适的采购模式和采购策略。

### 4.3.1 从采购计划中控制成本

采购计划环节是采购工作的第一步,所以至关重要。一般来讲,企业的经营从购入原料、材料,到生产加工成产成品,再通过销售过程获得利润,其中如何获得足够数量而又不浪费资金的原料、物料是采购计划的重点所在。因此,采购计划也可以是关于采购数量的计划,是维持正常的产销活动,是在某一特定时期内确定在何时购入多少数量的何种材料的估计作业。采购计划(见第2章介绍)为控制采购成本确定最佳的进货批量。

### 4.3.2 建立科学的采购管理系统

为控制企业的采购成本,企业应针对采购管理现状及未来发展,参照国内外先进管理模式,建立先进的物料采购系统,以理顺现有采购过程中各个要素的关系,在保证物流、资金流和信息流畅通的前提下,有效控制采购过程,使物资采购系统更有效率和效益,从而更好地控制采购成本。企业可以建立如图4-3所示的采购管理系统来控制采购成本。

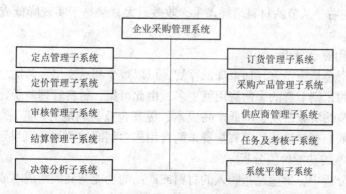

图4-3 采购管理系统成本控制

### 小资料 >>>

企业既可以通过采购管理系统来控制部门内的工作，又可以通过各种相关的信息记载来管理和考评业务人员的工作绩效。它可以给物料采购工作带来明显的改善和收益，使得产品成本、业务处理成本较少，业务周期缩短；使采购管理更加科学，减少管理层次；使机构更加扁平化，有利于高层管理者对业务人员的工作质量、工作能力及工作效率的了解；使人力资源也得到最大程度的开发；增大工作过程的透明度，有利于跨部门工作的连续性、一致性，大大提高工作效率和采购效率。同时，合并在一起的较大采购量也能使供应商最大限度地提高效率和实现规模经济效益，从而让采、供双方实现"双赢"。

#### 4.3.3 进行采购成本的定性和定量分析

采购在企业生产过程中占有非常重要的地位，购进的原材料一般要占产品总成本的大部分。这就意味着在获得采购方面所做的点滴成本费用节约能对利润产生很大影响。因此，采购成本的分析对降低采购成本有着重要的意义。

### 小资料 >>>

谈判是买卖双方为了各自目标，达成彼此认同的协议过程，这也是采购人员应具备的最基本能力。价格与成本分析是专业采购的基本工具，了解成本结构的基本要素，对采购者是非常重要的，如果采购不了解所买物品的成本结构，就不能算是了解所买的物品是否为公平合理的价格，同时也会失去许多降低采购成本的机会。

**1. 采购成本的定性分析**

采购成本的定性分析一般包括材料消耗分析、库存占用资金分析和采购成本的功能价值分析。

（1）材料消耗分析

采购材料所支出的款项平均占销售收入的60%，而用于支付工资的劳务费用仅占销售收入的15%～20%。对于资源短缺的日本，其材料支出在销售收入中所占的比重比美国和欧洲各国多5%左右。从节约材料消耗入手，收效最大，最易于实现降低成本、增加盈利的目标。

（2）库存占用资金分析

存货占用的资金规模很大，如果降低存货，可以减少利息支出，若加之仓储作业和运输搬运等费用的节约，则节省的采购费用就更多。由此可见，材料管理对于促进企业在生产过程的顺利进行、节约资金占用、降低产品成本、提高企业盈利能力，起着举足轻重的作用。所以，人们把降低原材料消耗、节省物资采购费用称为利润的"第一源泉"。

（3）采购成本的功能价值分析

在采购价值分析中，价值是指购入的材料或产品的功能与其采购成本或产品的寿命周期成本相对比的比值，是衡量材料采购效益大小的评价尺度。

正确选购原材料，是企业合理使用原材料、降低产品成本的先决条件。根据材料在生产中的使用要求，进行功能价值分析和成本效益分析，力求花费最小的采购费用，购买物美价廉，适合生产使用需要的材料。这是价值分析指导材料采购工作的基本原理。

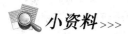小资料>>>

合理地采购原材料是价值分析的目的之一。任何功能都要为之付出费用，不切实际地追求多功能、高质量，势必造成浪费。因此，应以性能价格比作为衡量物资采购成功与否的标志。降低材料的使用费用是价值分析的另一个目的。购置费用容易引起人们的重视，而使用费用往往被忽视。例如，有的材料购置费用低而使用费用及寿命周期费用却较高，价值分析则要求整个寿命周期费用降到最低，即在通过淘汰、消化、合并、标准化、代用等途径，能以最少的费用取得所需要的必要功能，即功能成本最优化。

**2. 采购成本的定量分析**

（1）价格与成本分析

价格与成本分析是专业采购的基本工具。它主要是借助于采购成本盈亏平衡分析（Event Point Analysis）方法，对供应商定价的基本依据和成本结构进行分析，以此进行采购决策。根据本量利分析的基本原理，销售收入、产量和单价三者之间的关系为：

$$销售收入（S）= 产量（Q）\times 单价（P）$$

根据成本的形态分析可知，生产成本由固定成本和变动成本两部分构成，即：

$$生产成本（C）= 固定成本（F）+ 产量（Q）\times 单位产品变动成本（C）$$

当盈亏平衡时，即销售收入等于生产成本或单价等于单位产品成本，公式表达为：

$$S_0 = Q_0 \times P = F + Q_0 \times C$$

式中：$S_0$ 为保本点（即盈亏平衡点）销售收入；$Q_0$ 为保本点产量。从而，保本产量 $Q_0$ 和保本销售收入 $S_0$ 的计算公式分别为：

$$Q_0 = \frac{F}{P - C}$$

$$S_0 = \frac{F}{1 - C/P}$$

其中，单价与单位产品变动成本之差是指单位产品销售收入扣除变动成本后的剩余，称为单位边际贡献；而"$1 - C/P$"表示单位产品销售收入可帮助企业收回固定费用以实现企业利润的系数，称为边际贡献率。

供应商在制定产品的价格时都会考虑到其边际贡献率是否大于零，也就是说产品的单价应该大于单位产品成本（即单位产品固定成本与单位产品变动成本之和）。作为采购人员要了解供应商的成本结构，就要了解其固定成本及变动成本的内容。如果采购人员不了解所购买物品的成本结构，就不能掌握所购买物品的价格是否公平合理，同时也失去了许多降低采购成本的机会。

（2）采购成本的因素分析

一般情况下，可以用连环替代法对影响采购成本的各因素进行定量分析。连环替代法是指将分析指标分解为各个可以计量的因素，并根据各个因素之间的依存关系，顺次用各因素的比较值（通常为实际值）替代基准值（通常为标准值或计划值），据以测定各因素对分析指标的影响。连环替代法的计算步骤是：① 将基准值代入反映指标及影响因素关系的算式，基准值即为比较标准的数据，如计划值、上期值等。② 依次以一个因素的实际值替代基准值，计算出每次替代后指标数值，直到所有的因素都以实际值替代为止。③ 把相邻两次计算的结果相比较，测算每一个替代因素的影响方向和程度。④ 各因素的影响程度之和与指标的实际值与基准值的差额相等。

另外，选择合适的采购方式（见1.1.4介绍）也有助于采购成本的下降和采购费用的降低。

### 本章习题

**一、判断题**

1. 采购成本是指企业为原材料、配套件、外协件而发生的相关费用。（   ）
2. 采购是指通过商品交换和物流手段从资源市场取得资源的过程。（   ）
3. 通过控制采购成本，能加快资金周转速度，提高资产回报率。（   ）
4. 储存成本是指由于存货供应中断而造成的损失，包括材料供应中断造成的停工损失、产成品库存缺货造成的拖欠发货损失及需要主观估计的商誉损失。（   ）

**二、选择题**

1. 由采购单位选出供应条件较为有利的几个供应商，同他们分别进行协商，再确定合适的供应商。这种供应商选择方法称为（   ）。
   A. 直观判断法　　B. 评分法　　C. 采购成本比较法　　D. 协商选择法
2. （   ）由于建立了用户和商家直接进行沟通和挑选的平台，减少了中间环节，节省了时间，从而使采购成本明显降低。
   A. 集中采购法　　B. 联合采购法　　C. 电子采购法　　D. 招标采购法
3. 在关键采购策略实施中，哪种物资价格最贵，对公司的经营活动至关重要，在价值上占到全部物品的70%～75%，但在物品数量上仅占总数的5%～10%？（   ）
   A. A类　　　　　B. B类　　　　　C. C类　　　　　D. 其他类
4. 采购成本管理的目的不仅在于降低成本，更重要的是为了建立和保护企业的核心竞争优势。这说明采购成本管理应遵循（   ）。
   A. 原材料（商品）质量最优原则
   B. 总体成本最低原则
   C. 以事实和数据信息为谈判基础原则
   D. 从保持企业核心竞争优势角度制定采购成本管理战略的原则

**三、思考题**

1. 采购成本由哪几部分构成？
2. 控制采购成本的意义是什么？
3. 影响采购成本的因素是什么？
4. 经济订货量基本模型的含义与实现的条件是什么？
5. 降低采购成本的有效方法有哪些？

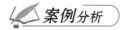 案例分析

## 格兰仕降低企业采购成本的做法和经验

**1. 采购部门：变成本中心为利润中心**

原材料成本占格兰仕总成本的60%～70%，因此采购成本是格兰仕最重要的成本，也是每年降低成本的重点部门。不论是松下、通用汽车等老牌企业，还是戴尔、惠普等新兴企业，都建立了强大的采购部门和完善精密的采购制度。采购部门不仅仅是一个购入原材料的部门，同时是企业的利润中心之一。为什么呢？想一想这个公式就会明白：

$$收入 - 成本 = 利润$$

也就是说，在收入不变的情况下，降低成本就意味着增加利润。所以完全有理由认为采购部门也是利润中心。

**2. 不断开发供应商，营造竞争局面**

供货商的开发和管理应该是动态的，较理想的状态是采用鲶鱼效应。格兰仕就是不断开发新的、更有威胁的供应商，让它像鲶鱼激活沙丁鱼一样，在供货商之间营造彼此竞争的氛围。格兰仕发展供应商的方式是：先粗选，在众多供应商中根据其硬件设施、技术力量和环境标准等指标，排除肯定不合格的一部分。通过粗选的企业可以参加格兰仕采购的正式招标，中标者并不是报价最低的，主要标准是报价的可行性。供应商中标后，按照格兰仕的要求进行供货。每次招标，都经常有新面孔出现。主要商品、材料的供应商应该有三家以上，而且每年应至少再发展一家。

**3. 向供应商要利润**

格兰仕总裁梁庆德认为，采购人员与对方谈判时最有效的一种武器是了解供应方的合理成本水平。为了培养采购人员的这种能力，格兰仕物资供应部把市场上各种同类产品都找来，分析最低多少成本能做出这个产品。例如，物资采购部曾经带领全体采购人员对手电筒的成本进行了一次深入分析。这次分析给了大家深刻的印象，因为分析结果是最低2.5元可以做出市场上卖10元左右的手电筒。由此可见，充分了解供应商的成本水平对价格判断和制定有多么重要的作用。

**4. 与供货商共赢**

与供货商合作谋取共赢是有远见的企业坚持不懈的工作。如果只顾自己的利益，将被供货商抛弃。格兰仕就是采取了与供应商共赢的方式来获得共同的成功。

（1）与供应商结成战略联盟关系

"刀光剑影大火并，双打总比单打好"，格兰仕总裁梁庆德一直这样宣传他的"战略联盟"理念。格兰仕作为全球微波炉的冠军，正在成为多个家电产品的单项冠军，随着格兰仕进入世界制造的高水平平台，能够成为格兰仕的合作伙伴，也成为很多供应商追求的目标。所以与供应商结成战略联盟关系是格兰仕未来发展的重要一步。

（2）注重与供应商之间的诚信往来

格兰仕注重诚信，在付款条件方面坚决遵守45天付款期的规定，到期自动付款，不会像业内一些企业那样，找出各种借口拖着，然后等着供应商来做"工作"。因为这个原因，

很多供应商都愿意与格兰仕合作。

（3）帮助供应商降低成本

格兰仕的物资供应系统的员工与供应商一起对降低零部件成本的方案进行探讨，积极帮助供应商降低成本。格兰仕非常重视与供应商达成长期合作的共识，朝着更高品质、更低成本的目标共同努力。

**5. 管好采购人员**

采购人员拿回扣等腐败现象，在格兰仕没有生存的空间。格兰仕的经理会在双方合作开始前就直接拜访对方高层，向供应商的高层表明"阳光交易"的决心。由于高层已经沟通了这种理念，供应商就不会再动这种心思。如果对方私下里搞这种活动的话，格兰仕可能会终止与该供应商的合作。

格兰仕对采购人员的素质要求是：让对方充分地感到你的诚意；对非常有把握的事情不要承诺；少说多听，以静制动；多问多听对方陈述和要求，然后再寻求突破。

格兰仕在员工教育方面也特别强调真诚和诚信，并辅以制度上的严格要求。由于格兰仕是一个有长远发展前途的企业，包括采购业务人员在内的员工在企业里也容易有长远的计划，通常不会希望因为做"拿回扣"之类的短期行为而失去了在企业长期的发展机会。

问题：
1. 格兰仕与供应商结成战略联盟关系有什么特殊意义？
2. 试分析格兰仕是如何有效降低采购成本的。

# 第 5 章

# 招 标 管 理

**学习目标**
1. 掌握招投标程序。
2. 掌握招投标过程中应当注意的事项。
3. 了解招标文件、投标文件等的基本构成。
4. 了解评标的基本概念和基本方法。
5. 了解招标的基本形式。

**导入案例**

## "迟到"招标文件惹的祸

"我的一时糊涂,害得采购中心很多人都跟着我没了国庆长假……"国庆过后,某地政府采购中心一工作人员小黎懊恼地说起了一次让他后悔不已的开标。

**1. 开标与废标**

他回忆说,9月初,受委托人委托,他们中心组织了100多台计算机采购的公开招标。根据招标文件的规定,投标截止时间和开标时间是同一时间,投标截止前,有一家投标人只送来一个按要求密封的开标一览表和投标保证金。开标时,由供应商代表检查完投标文件是否完好后,采购中心项目负责人便开始唱标。唱标结束后,投标不完整的这家投标人又送来了一份密封完好的文件,坐在投标文件存放处的采购人代表随手就把这份文件接过来放进了整堆投标文件中。

小黎虽然知道政府采购代理机构接受这样的文件是违反法律的有关规定的。在开标时发现投标文件不全,应立即宣布其为不合适招标文件的无效投标,也可认为投标人的投标文件是投标截止时间之后提交的,即迟到的投标文件,代理机构不应接受,应原封不动地退回。接受先后两部分投标文件,易造成修改后部分文件与合同执行间的争议,也是对其他投标人的不公正。但看到坐在旁边的项目负责人没对此表示异议,作为助手的小黎便没吱声。

**2. 供应商的质疑**

评标结束后,最后送来文件的供应商中标了,很快有供应商便就采购中心开标后又收取文件的事情提出质疑,后来还提起了投诉,最终该项目被判废标。供应商提出质疑后,采购中心主任觉得很意外,3个工作人员守着投标文件,怎么会发生这样的事情。私下了解情况后,小黎就更加自责了,因为事实上当时项目负责人正在考虑如何组织专家评标的事情,一走神还真没注意到有投标人送来"迟到"的文件,而另一名工作人员也因一名供应商的疑问而转移了注意。

**3. 采购方的感激**

聊天中,小黎颇有感触地说,作为一名政府采购从业人员,不仅应该廉洁自律,还应敢于与作弊、贿赂、腐败和幕后交易等作斗争。既然人出现在评标现场,就应该对现场的一切活动担起一份责任心,既然参与了政府采购的组织,就应该为相应的财政资金尽一份心。

## 5.1 招标概述

### 5.1.1 招标、投标概述

招标是一种使用越来越广泛的采购方法,已经受到人们越来越多的关注。所谓标,就是标书,就是任务计划书、任务目标;所谓招标,就是招收完成给定任务计划的人或企业。所谓招标采购,就是通过招标方式寻找最好的供应商进行采购的采购方式。

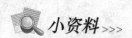

小资料 >>>

招标投标形式在我国发展历史不长,起源于20世纪80年代。从20世纪80年代初开始,我国先后在国家基本建设项目、机械成套设备、进口机电设备、科研课题、出口商品配额和项目融资等领域推行招标投标制度。我国国家计委、建设部、铁道部、电力部、广电部、国内贸易部和外贸部等先后制定了一系列的招标投标的条例、规章、制度和法律等,规范招标投标制度。例如,1984年国家计委和建设部先后发布了《建设工程招标投标暂行规定》;1985年以来,有关部门先后发布了《申请进口机电设备国内招标暂行方法》、《机电设备招标投标指南》和《机电设备招标投标管理办法》;1995年,国内贸易部发布了《建设工程设备招标投标管理试行办法》;1997年,国家计委规定并发布了《国家基本建设大中型项目实行招标投标的暂行规定》;特别是1999年,国家计委受全国人大和国务院的委托,牵头起草了我国第一部综合性的《招标投标法》,统一指导我国包括企业采购在内的各个行业的招标投标活动,保证我国招标投标活动的正常进行。

从招标投标业务活动看,建设工程招标投标较多一些,开展的早一些。在采购领域,机电设备的招标采购走在前头,企业在物资采购中使用招标投标的方式相对比较少。最近几年兴起的政府采购,为招标采购提供了一个广阔的市场。因为政府采购的批量大、要求公开、公正和公平,因此随着政府采购的广泛铺开,招标采购将有一个较大的发展。

### 5.1.2 招标的基本形式

招标可以分成两种方式:公开招标和邀请招标。公开招标,是指招标人以招标广告的方式邀请不特定的投标者。邀请招标,是指招标人以投标邀请书的方式邀请特定的投标者。二者除邀请方式不同以外,其他步骤都大体相同。

实际采购过程中,两种招标方式运用均有各自优势,主要区别如图5-1所示。

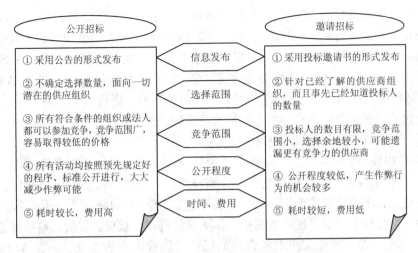

图 5-1 两种招标方式对比图

## 小资料 >>>

货物采购是项目实施中的重要工作之一，采购货物质量的好坏和价格的高低，对项目的投资效益影响较大。根据我国有关规定，在中华人民共和国境内进行与项目建设有关的重要货物的采购，必须进行招标。为了将这方面工作做好，应根据采购标的物的具体特点，正确选择货物的招标投标方式，进而正确选择好设备、材料供应商。

**1. 公开招标**

（1）公开招标的特点与类型

公开招标是由招标单位通过报刊、广播和电视等媒体公开发表招标广告，在尽量大的范围内征集供应商。采购采用公开招标，能够引起最大范围内的竞争，可以使货物采购者以合理价格获得所需的设备和材料，可以促使供应商进行技术改造以降低成本、提高质量，有利于采购的公平和公正。

公开招标一般组织方式严密，涉及环节众多，所需工作时间较长，故成本较高。因此，一些紧急需要或价值较小的设备和材料的采购则不适宜这种方式。

公开招标在国际上又分为国际竞争性招标和国内竞争性招标。① 国际竞争性招标。我国政府和世界银行商定，凡工业项目采购额在100万美元以上的，均需采用国际竞争性招标。通过这种招标方式，一般可以使买主以有利的价格采购到所需的设备、材料，可引进国内外先进的设备、技术和管理经验，并且可以保证所有合格的投标人都有参加投标的机会，保证采购工作公开而客观地进行。② 国内竞争性招标。适用于合同金额小、工程地点分散且施工时间拖得很长、劳动密集型生产或国内获得货物的价格低于国际市场价格、行政与财务上不适于采用国际竞争性招标等情况。国内竞争性招标要求具有充分的竞争性，程序公开，对所有的投标人一视同仁，并且根据事先公布的评选标准，授予最符合标准且标价最低的投标人。

（2）公开招标的优点

① 公平。公开招标，使对该招标项目感兴趣又符合投标条件的投标者都可以在公平竞

争条件下,享有中标的权利与机会。② 价格合理。基于公开竞争,各投标者凭其实力争取合约,而不是由人为或特别限制规定售价,价格比较合理。而且公开招标,各投标者自由竞争,因此招标者可获得最具竞争力的价格。③ 改进品质。因公开招标,各竞争投标者的产品规格或施工方法不一,可以使招标者了解技术水平与发展趋势,促进其品质的改进。④ 减少徇私舞弊。各项资料公开,经办人员难以徇私舞弊,更可避免人情关系。⑤ 扩大货源范围。通过公开招标方式可获得更多投标者的报价,扩大供应来源。

(3) 公开招标的缺点和可能带来的问题

① 采购费用较高。公开登报、招标文件制作与印刷、开标场所布置等,均需花费大量财力和人力。② 手续烦琐。从招标文件设计到签约,每一阶段都必须周详准备,并且要严格遵循有关规定,不允许发生差错,否则容易引起纠纷。③ 可能产生串通投标。凡金额较大的招标项目,投标者之间可能串通投标,作不实报价或任意提高报价,给招标者造成困扰与损失。④ 其他问题。投标人报出不合理的低价,以致带来偷工减料、交货延误等风险。另外,招标人事先无法了解投标企业或预先进行有效的信用调查,可能会衍生意想不到的问题。

**2. 邀请招标**

邀请招标是由招标单位向具备设备、材料制造或供应能力的单位直接发出投标邀请书,并且受邀参加招标的单位不得少于三家。这种方式是一种不需公开刊登广告而直接邀请供应商进行竞争性投标。采用邀请招标可以简化程序、节省时间和费用,但可能遗漏合格的有竞争力的供应商。

(1) 邀请招标的适用范围

邀请招标适于合同金额不大,或所需特点采购的供应商数目有限,或需要尽早交货等情况,主要有:① 招标单位对拟采购货物在世界上(或国内)的制造商的分布情况比较清楚,并且货物技术复杂或有特殊要求,只有少量几家潜在投标人可供选择;② 已经掌握拟招标的供应商或制造商及其他代理商的有关情况,对他们的履约能力、资信状况等已经了解;③ 项目工期较短,不允许拿出更多时间进行招标过程,因而采用邀请招标;④ 拟公开招标的费用与拟公开招标的节资相比,得不偿失;⑤ 还有一些不宜进行公开招标的项目,如涉及国家安全、国家秘密、军事技术、抢险救灾等项目;⑥ 法律、行政法规规定不宜公开招标的。

(2) 邀请招标的优点

① 节省时间和费用,因无须登报或公告,投标人数有限,减少评标工作量,可以节省时间和费用。② 比较公平,因为是基于同一条件邀请单位投标竞价,所以机会均等。虽然不像公开招标那样不限制投标单位数量。但公平竞争的本质相同,只是竞争程度较低而已。③ 减少徇私舞弊,防止串通投标现象。

(3) 邀请招标的缺点和可能带来的问题

① 由于竞争对手少,招标人获得的报价可能并不十分理想。

② 由于招标方对供应市场了解不够,可能会遗漏一些有竞争力的供应商或承包商。

**3. 其他招标方式**

(1) 议标

议标也称为谈判招标或指定招标,是由招标方直接选定一家或几家企业进行协调谈判,确定交付条件的方式。

议标方式有以下优点：① 可及早选定供应商或承包商，以利于设计；② 能促使项目早日开工；③ 采购方的招标费用可大大降低；④ 采购方是根据其价格及技术要求来选定供应方，因而完全可以物色到自己较为满意的供应商或承包商；⑤ 可以充分利用供应商或承包商所拥有的专业技术知识和工作经验。

议标方式的缺点有：① 采购人接受的合同价格可能并非真正的竞争性价格，不能反映供应市场所能承受的真实价格和最低价格；② 对政府部门来说，可能满足不了公众要求参与项目财务审核，透明度要求高的这一原则。许多国家政府法律不允许政府投资项目采用议标方式。

（2）两阶段选择性招标

两阶段选择性招标是这样的一种程序，依据该程序，招标活动明显地分为两个阶段：第一阶段，招标机构就拟采购货物或工程的技术、质量或其他特点及就合同条款和供货条件等广泛地征求建议（合同价款除外），并同投标方进行谈判以确定拟采购货物或工程的技术规格。在第一阶段结束后，招标实体就可最后确定技术规格。第二阶段，招标机构依据第一阶段所确定的技术规格进行正常的招标，邀请合格的投标者就包括合同价款在内的所有条件进行投标。

两阶段招标具有两个方面的优点：第一阶段给予招标方相当大的灵活性，它可以通过谈判与供应商或承包商达成一套有关拟招标事项的确定技术规格；而在第二阶段，又可充分利用公开招标方法所提供的高度民主、客观性和竞争性的优势。

两阶段选择性招标主要应用于技术复杂、规模巨大的工程项目中，经过第一阶段的竞争之后，被选中的承包商即让其加入设计小组，作为建筑专业人员就设计中涉及的施工质量、施工可行性、施工进度及工程成本等问题积极提出建议。在第二阶段，合同总价可以部分通过协商、部分根据第一阶段取得的资料予以综合后确定。要指出的是，采用这种招标方法，对买方而言，其所承担的经济风险要大些。

## 5.1.3 招标的准备

**1. 招标的分标**

招标方投票的基本单位是包，在一次招标时即可以投全部的合同包，也可以只投一个或其中几个包，但不能仅投一个包中的某几项。招标分标时应有利于吸引更多的投标人参加竞争，以发挥各个供货商的专长，达到降低货物价格、保证供货时间和质量的目的，同时还要考虑便于招标工作的管理。业主在进行货物采购的分标和分包方案时，应遵循以下几个基本原则。

（1）合理安排时间原则

在制订分包计划时，项目所需的各种货物应按需求时间划分为几个标，分别编制招标文件，陆续招请供应商，如施工机具招标、主要材料供应招标、永久工程设备招标等。时间合理原则要求充分考虑供货时间满足项目进度计划要求的问题，再综合考虑资金、制造周期、运输和仓储能力等条件。既不能延误项目实施的需要，也不应过早提前到货。过早到货虽然对施工需要有保证，但它会影响资金的周转，以及额外支出对货物的保管和保养费用。按时供应质量合格的货物，是项目能够正常执行的物质保证。

(2) 分包大小恰当原则

此原则要求根据项目所需货物之间的关系，预计金额的大小进行适当的分标和分包。如果标和包划分得过大，一般中小承包商无力问津，有实力参与竞争的承包商过少就会引起投标价格较高。反之，如果标分得过小，虽然可以吸引较多的中小供货商，但很难吸引实力较强的供货商，尤其是外国供货商来参加投标；若包分得过细，则不可避免地会增大招标、评标的工作量。因此，分标、分包要大小恰当，既要吸引更多的供货商参与投票竞争，又要便于买方挑选，并有利于合同履行过程中的管理。

(3) 符合货物性质原则

每次招标时，可根据货物的性质只发一个合同包或划分几个合同分别发包，如电气设备包、电梯包等。在每个包内又可以细分成若干项，如钢材采购的合同包内包括型钢、带钢、线材、管材、板材等项。对于成套设备，为了保证零备件的标准化和机组连接性能，最好只划分为一个标，由某一供应商来承包。专用产品由于对货物的性能和质量有特殊要求，所以应按行业来划分。

(4) 降低采购成本原则

如果工程的施工点比较分散，则所需货物的供货地点也势必分散，因此应考虑外地供应商和当地供货商的供货能力、运输条件、仓储条件等进行分标，以利于保证供应和降低成本。凡国内制造厂家可以生产达到技术要求的设备，应单列一个标进行国内招标；国内制造有困难的设备，则需要进行国际招标。

(5) 采购次数合理原则

大型项目所需采购的货物往往种类多、数量大，特别是大型工程建设需要大量建筑材料和较多的设备，如果一次采购可能会因需求过大而引起价格上涨。因此应合理计划、分批采购。

(6) 加快资金周转原则

由于项目投资来源多元化，因此应考虑资金的到位情况和周转计划，进行合理分标分项采购。

**2. 招标的资格审查**

招标过程中的资格审查分为资格预审和资格后审。资格预审是指招标人出售招标文件或者发出投标邀请书前对潜在投标人进行的资格审查。资格预审一般适用于潜在投标人较多或者大型、技术复杂货物的公开招标及需要公开选择潜在投标人的邀请招标。资格后审是指开标后对投标人进行的资格审查，资格后审一般在评标过程中的初步评审开始时进行。对投标人的资格审查，包括投标人资质的审查和所提供货物的合格性审查两个方面。

(1) 对投标人资质的审查

投标人填报的资格证明文件应能表明其有资格参加投标，并且一旦投标被接受后有履行合同的能力。如果投标人是生产厂家，则必须具有履行合同所需的财务、技术和生产能力。若投标人按合同提供的货物不是自己制造或生产的，则应提供货物制造厂家或生产厂家正式授权同意提供该货物的证明资料。要求投标人提交供审查的证明资格的文件，一般包括以下几方面内容：① 营业执照的复印件；② 法人代表的授权书或制造厂家的授权信；③ 银行出具的资信证明；④ 产品鉴定书；⑤ 生产许可证；⑥ 产品荣获国优、部优的荣誉证书；⑦ 制造厂家的资格证明。制造厂家的资格证明除了厂家的名称、地址、注册或成立的时间、主管部门等情况外，还应有以下内容：职工情况调查，主要指技术工人、管理人员的数量调查；近期资产负债表；生产能力调查，包括生产项目、年生产能力，哪些货物可以自己生产、哪些自己不能生产而需要从其他厂家购买主要零部件；近三年该货物主要销售给国内外单位的情况；近三年的年营业额；易损件的供应条件；其他情况；⑧ 贸易公司（作为代理）的资格证明；⑨ 审定资格时需提供的其他证明材料。

（2）对所提供货物的合格性审查

投标人应根据招标要求提供所有货物及其辅助服务的合格性证明文件，这些文件可以是手册、图纸和资料说明等。证明资料应说明以下情况：① 表明货物的主要技术指标和操作性能；② 为使货物正常、连续使用，应提供货物使用两年内所需的零配件和特种工具等清单，包括货源和现行价格情况；③ 资格预审文件或招标文件中指出的工艺、材料、设备、参照的商标或样本目录号码仅作为基本要求的说明，并不作为严格的限制条件。投标人可以在标书说明文件中选用替代标准，但替代标准必须优于或相当于技术规范所要求的标准。

### 5.1.4 招标的基本过程

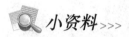

**小资料>>>**

根据相关法律规定，开标应当按照招标文件规定的时间、地点和程序以公开方式进行。开标由招标人或者招投标中介机构主持，邀请评标委员会成员、投标人代表和有关单位代表参加。投标人检查投标文件的密封情况，确认无误后，由有关工作人员当众拆封、验证投标资格，并宣读投标人的名称、投标价格及其他主要内容，然后由评标委员会进行评标。但在实际招投标过程中，由于各种各样的失误，给招投标带来了不必要的问题。

招标是一个复杂的系统工程，它涉及各个方面各个环节。一个完整的招标过程，基本上可以分为以下 5 个阶段。

**1. 策划**

招标活动，是一次涉及范围很广的大型活动。因此，开展一次招标活动，需要进行很认真的周密策划。招标策划主要应当做以下的工作。

① 明确招标的内容和目标，对招标采购的必要性和可行性进行充分的研究和探讨。

② 对招标书的标底进行仔细研究确定。

③ 对招标的方案、操作步骤、时间进度等进行研究决定，例如，是采用公开招标还是邀请招标，是自己主持招标还是请人代理招标，分成哪些步骤，每一步怎么进行等。

④ 对评标方法和评标小组进行研究讨论。

⑤ 把以上讨论形成的方案计划形成文件，交由企业领导层讨论决定，取得企业领导决策层的同意和支持，有些甚至可能还要经过公司董事会的同意和支持。

以上的策划活动有很多诀窍。有些企业为了慎重起见，特意请咨询公司代理进行策划。

**2. 招标**

在招标方案得到公司的同意和支持以后，就要进入实际操作阶段。招标的第一个阶段就是招标阶段。招标阶段的工作主要有以下几个方面。

① 形成招标书。招标书是招标活动的核心文件，要认真起草好招标书。

② 对招标书的标底进行仔细研究确定。有些要召开专家会议，甚至邀请一些咨询公司代理。

③ 招标书发送。要采用适当的方式,将招标书传送到所希望的招标人手中。例如,对于公开招标,可以在媒体上发布;对于选择性招标,可以用挂号或特快专递转交所选择的投标人手中。许多的标书是要花钱买的,有些标书规定是要交一定的保证金以后才能得到招标书。

### 3. 投标

投标人在收到招标书以后,如果愿意投标,就要进入投标程序。

首先就是要准备投标书等有关文件。这些文件包括以下几个方面。

① 投标书、投标报价一览表、分项一览表。
② 投标资格证明文件(公司的营业执照副本复印件加盖公章及其他相关证件)。
③ 公司与制造商代理协议和授权书。
④ 公司有关技术资料及客户反馈意见。
⑤ 投标方应按招标文件中提供的投标文件格式填写,并将投标文件装订成册,在册面上填写"投标文件资料清单"。

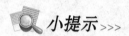

小提示>>>

投标书、投标报价,需要经过特别认真的研究,详细地论证完成、这些内容是要和许多供应商竞争评比的,既要先进、又要合理、还要有利可图。投标文件要在规定的时间准备好,一份正本、若干份副本,并分别封装签章,信封上分别注明"正本""副本"字样,寄到招标单位。

### 4. 评标

招标方收到投标书以后,直到招标会开会那天,不得事先开封。只有当招标会开始,投标人到达会场,才将投标书邮件交投标人检查,签封完好后,当面开封。开封后,投标人可以拿着自己的投标书当着全体评标小组陈述自己的投标书,并且接受全体评委的质询,或者甚至参加投标辩论。陈述辩论完毕,投标人退出会场,全体评标人员进行分析评比,最后投票或打分选出中标人。

### 5. 定标

在全体评标人员投票或打分选出中标人员以后,交给投标方,通知中标方。同时对于没有中标者也要明确通知他们,并表示感谢。

以上是一般情况下的招标的全过程。在特殊的场合,招标的步骤和方式也会有些变动。

## 5.1.5 招标采购优越性及适用范围

### 1. 招标采购特点

招标采购(见1.1.4介绍)与一般的采购方式相比,主要有以下三个特点。

(1) 规范性

招标是在指定的时间和指定的地点进行的,并事先规定具体的条件,对采购的流程和标准进行规范。

(2) 竞争性

招标是一种引发竞争的采购程序,是竞争的一种具体方式,充分体现了竞争的平等、信誉、正当和合法等原则。

（3）便捷性

招标是由参加投标的企业按照招标人所提出的条件，一次性递价成交的贸易方式，双方无须进行反复磋商，使交易过程便捷化。

**2. 招标采购优点**

招标采购是在众多供应商情况中选择最佳供应商的有效方法。它有很多优越性，主要体现在以下几个方面。

（1）它体现了公平、公开和公正

它的操作过程全部公开，接受公众的监督，防止暗箱操作。这样做，使所有投标者放心，不必走歪门邪道、费心费力地探听信息，只需专心致志搞好投标业务，提高了投标质量。同时信息公开，也可以防止徇私舞弊、行贿受贿和腐败违法行为，维护了公平和公正，保证了整个活动的正常进行。

（2）它体现了竞争

招标活动是若干投标人的一个公开竞选的过程，是一场实力的大比拼。利用竞争机制，才能调动众人的积极性和智慧；才能造成一种力争上游的局面；才能使投标活动生气勃勃，提高投标的水平和质量。

（3）它体现了优化

由于投标竞争比较激烈，众多的投标者通过竞争最后只能有一个中标者，平等竞争、方案优越者才能取胜。所以，每个投标者必然会调动全部的智慧，竭尽全力制定和提供最优的方案参与竞争。所以可以说每个投标者提供的方案都是各自的最优方案。而评标小组又在这些方案的基础上，进一步分析比较选出更优的方案，因此，这就保证了最后的中标方案是在集中了众多投资者集体智慧的基础上所形成的最优方案。

**3. 招标采购的适用情况**

招标采购一般是一项比较庞大的活动，牵涉面广、费时间、费精力、成本高。因此并不是什么情况都要用招标投标的方法。即使采用，也不是那么频繁使用，一般只适宜于比较重大的项目中，或者影响比较深远的项目中。例如以下几种情况。

① 寻找比较长时期供应物资的供应商，例如，新企业开业，寻找未来的长期物资供应伙伴时采用招标方式。

② 寻找一次比较大批量的物资供应商。

③ 寻找一项比较大的建设工程的工程建设和物资采购供应商等。

对于小批量物资采购或者比较小的建设工程，一般较少采用招标方式，因为这样做成本太高、不合算。

## 5.2 招标文件

### 5.2.1 招标文件概述

招标文件是整个招标投标活动的核心文件，是招标方全部活动的依据，也是招标方的智慧和知识的载体。因此,形成一个高水平的招标文件,是搞好招标采购的关键。招标企业首先应该认真形成一个高水平的招标文件。招标文件并没有一个完全严格不变的格式,招标企业可以根据具体情况灵活地组织招标文件的结构。但是一般情况下,一个完整的招标文件应当起码有以下5个基本部分组成。

**1. 投标邀请书**

投标邀请书,有的简称为招标书,其核心内容就是向未定的投标方说明招标的项目名称和简要内容、发出投标邀请,并且说明招标书编号、投标截止时间、投标地点、联系电话、传真、电子邮件地址等。

**2. 投标目标任务说明**

这一部分应当详细说明招标的目标任务。如果目标任务是单纯的物资采购任务,那么这里就应当需要采购物资的一览表,以及供应商所应当承担的服务项目要求,以及所提供的物资要求等。如果目标任务是寻找长期合作的物资供应商,例如,实施准时化采购系统等,就需要详细说明合作项目的内容、本企业和供应商企业相互应当承担的基本任务和责任要求、保障措施等。如果目标任务是开发一个建设工程项目,例如,开发计算机管理信息系统项目等,就需要详细说明功能、技术标准及数据处理等方面的要求。目标任务是一个标的,要求投标方能够实现这个标的,并且提出实现这个标的的技术方案和技术路线。

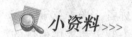

小资料>>>

招标的目标任务的技术水平和指标要求,需要既有先进性、又有可能性。其先进程度,应该是国内同行业中的先进水平,没有先进性,竞标就失去了意义。但是这种先进性又不能高不可攀,它必须是人们通过努力能够达到的水平。否则引不起人们竞争的兴趣。而这个合理水平的掌握,需要招标方认真调查国内外的情况,通过技术、经济分析来确定。这是起草招标文件的一大难点。

**3. 投标须知**

投标须知,实际上要建立起一些在整个投标过程中共同的概念和规则,把它明确地写出来,作为招标文件的一部分,以期达成共识,作为今后双方行为的依据,并且声明未尽事项的解释权归谁所有,以免今后引起争议。

投标须知的主要内容基本上是招标投标的一些基本规则、做法标准等。这些东西基本上都可以从招标投标法中找到依据(不可以与招标投标法相抵触)。但是可以根据自己的情况具体化、实用化,把它一条条列出来提供给投标方,作为与投标方的一种约定做法。

**4. 购销合同**

有的招标文件把这一部分又叫做商务条款。基本内容就是购销合同、任务内容明细组成、描述方式、货币价格条款、支付方式、运输方式、运费及税费处理等商务内容的约定和说明。

**5. 投标文件格式**

有的招标文件把这一部分叫做"附件"。这一部分很重要,就是要告诉投标者,他们将来的投标文件应该包括一些什么文件,每种文件的格式应当如何。总之,这一部分内容就是要求投标方投标时所需要提供的所有文件的内容和形式。

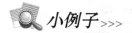小例子 >>>

### 投标文件格式作为附件的样例

有一份招标文件,把这一部分作为附件。其中,附件一规定了投标书的格式。附件二规定了资格文件的内容,包括:(1)投标公司全称;(2)公司历史简介及现状;(3)公司运营执照(商业登记证书)复印件;(4)公司的组织结构和主要成员及属于何集团;(5)开户银行名称和开户银行出具的资格证明书;(6)有关授权代理人的资料和制造商的授权书(若投标方为代理商);(7)质量保证能力;(8)提供2～3个能代表其公司业绩水平,与本项目类似的项目简介,包括项目名称、项目单位联系方法、实施时间、内容等,出具工程验收证明。附件三是完成项目的详细方案和技术说明要求。

## 5.2.2 招标文件编写要求

由于招标文件的特殊用途,在编写招标文件时,应注意相关事项,具体如图5-2所示。

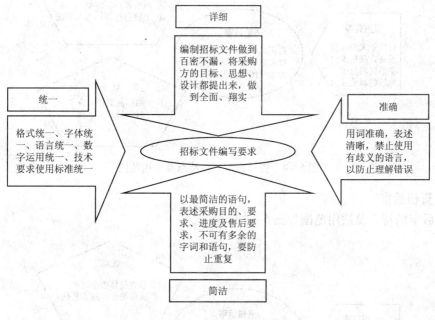

图5-2 招标文件编写要求

## 5.2.3 招标流程

**1. 招标流程设计注意事项**

招标流程设计的注意事项如图5-3所示。

**2. 资格预审和资格后审的选择**

(1) 资格预审

资格预审的特点及适用范围如图5-4所示。

| 流程设计目的 | 流程设计要点 | 流程所用文件 | 流程常见问题 |
| --- | --- | --- | --- |
| （1）为了采购到性价比最高的需求物资<br>（2）确保采购招标过程中的公平、公正，评价客观有效<br>（3）保证招标活动符合国家有关规定 | （1）根据实际情况选择资格审查方式<br>（2）开标活动应按照预定时间、地点准时进行<br>（3）评标活动持续时间不可过长，避免因招标过程影响生产进度 | （1）采购申请单<br>（2）招标文件<br>（3）资格审查表<br>（4）投标文件评审记录单<br>（5）采购合同 | （1）未正确选择资格审查方式，导致招标时间或费用增加<br>（2）未按照预定时间、地点安排开标活动<br>（3）招标过程存在作弊行为 |

图 5－3　招标流程设计的注意事项

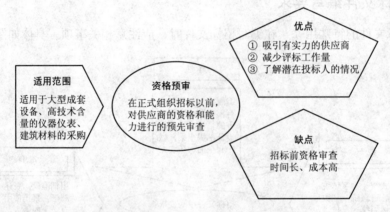

图 5－4　资格预审招标特点及适用范围

（2）资格后审

资格后审的特点及适用范围如图 5－5 所示。

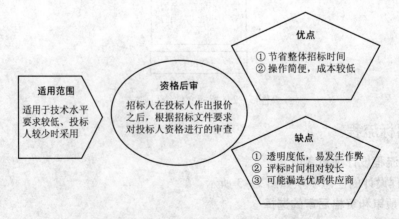

图 5－5　资格后审招标特点及适用范围

 参考资料

## ××公司招标文件中的投标须知

### 1. 招标文件的构成

招标文件用以阐明所需设备及服务、招标投标程序和合同条款。

招标文件由下述部分组成:

(1) 投标邀请;

(2) 招标设备一览表;

(3) 投标方须知;

(4) 购销合同;

(5) 投标文件格式。

### 2. 招标文件的修改

招标文件的修改将构成招标文件的一部分,对投标方有约束力。

### 3. 投标文件的编写要求

投标方应仔细阅读招标文件的所有内容,按招标文件的要求提供投标文件,并保证所提供的全部资料的真实性,以使其投标文件对应招标文件的要求,否则,其投标将被拒绝。

### 4. 投标文件组成

(1) 投标文件包括下列部分。

① 投标书、投标报价一览表和分项一览表(格式略)。

② 投标资格证明文件(公司的营业执照副本复印件加盖公章及其他相关证件)。

③ 公司与制造商代理协议和授权书。

④ 公司有关技术资料及客户反馈意见。

⑤ 投标方应按招标文件中提供的投标文件格式填写,并将投标文件装订成册,在册面上填写"投标文件资料清单"。

(2) 投标方可对本招标文件"招标设备一览表"中所列的所有设备进行投标,也可只对其中一项或几项设备投标,但不得将一项中的内容拆开投标。

(3) 招标文件的签署及规定

① 投标文件正本和副本需打印并由投标方法人代表或委托代理人签署。

② 除投标方对错处作必要修改外,投标文件中不允许有加行、涂抹或改写。

③ 电报、电话、传真形式的投标概不接受。

(4) 投标文件的密封和标记

① 投标方应准备正本和副本各一份,用信封分别把正本和副本密封,并在封面上注明"正本和副本"字样,然后一起放入招标文件袋中,再密封招标文件袋。一旦正本和副本有差异,以正本为准。

② 每一密封信封上注明何时之前不准启封。

③ 投标文件由专人送交,投标方应将投标文件按规定进行密封和标记后,并按投标注明的时间和地址送至招标方。

(5) 递交投标文件的截止时间

所有投标文件都必须按招标方在招标邀请中规定的投标截止时间之前送至招标方。投标文件从投标截止之时起，标书有效期为30天。

(6) 迟交的投标文件

招标方将拒绝在投标截止时间后收到的投标文件。

**5. 投标方保证金**

① 投标方保证金为投标文件的组成部分之一。

② 投标方应向招标代理机构提供投标保证金。投标保证金于投标截止之日前交至指定处。

③ 投标保证金应以银行支票或现金形式提交。投标设备的保证金额依据招标文件指定的保证金额。

④ 未按规定提交投标保证金的投标，将被视为无效投标。

⑤ 未中标的投标方的保证金，在定标后5日内予以退还（无息）。

⑥ 中标的投标方的投标保证金，在中标方签订合同并履约后5日内退还（无息）。

**6. 开标**

① 招标方按投标邀请中规定的时间和地点公开开标。

② 开标时，投标方须由法人代表或委托代理人（具有授权书）参加，并签名报到，以证明其出席开标会议，否则，视为自动弃权。

**7. 评标委员会**

招标方将根据招标采购设备的特点组建评标委员会，其成员由技术、经贸、法律等方面的专家和政府采购办代表、采购单位代表等5人以上的单数组成，评标委员会对投标文件进行审查、质疑、评估和比较。

**8. 评标原则和方法**

① 评委会按公正、公平和公开原则对待所有投标方。

② 评委会审查投标文件是否一一符合招标文件的所有条款、条件和规定。

③ 评标时依据投标商品的价格、技术性能、交货期、付款条件、售后服务、资信及履约能力和其他优惠条件等，选择中标方。

**9. 其他注意事项**

① 评标是招标工作的重要环节，评标工作在评委会内独立进行。

② 为了有助于对投标文件进行审查、评估和比较，招标方有权向投标方质疑，请投标方澄清其投标内容。投标方有责任按照招标方通知的时间、地点指派专人进行答疑和澄清。

③ 在开标、投标期间，投标人不得向评委询问情况，不得进行旨在影响评标结果的活动。

④ 评委会不向落标方解释落标原因，不退还投标文件。

⑤ 根据投标和评标情况，招标结果可能是一次定标，也不排除再次竞争的可能性。

**10. 定标原则**

① 严格按照招标文件的要求和条件进行评标，择优定标。

② 本次招标合同将授予符合招标的要求并且报价最合理，能提供最佳服务的投标者。

**11. 中标通知和签订合同**

① 评标结束后，由招标方签发《中标通知书》。

② 中标方按《中标通知书》中规定的时间地点与购买方签订合同。中标方未按《中标通知》指定的时间、地点与购买方签订合同，招标方不再退还投标保证金。

③ 招标文件、中标方的投标文件及其澄清文件等，均为经济合同的依据。

**12. 授予合同变更数量的权力**

招标方在授予合同时有权对"投标设备一览表"中规定的设备数量和服务予以增加或减少。

**13. 中标服务费**

按规定收取一定比例的中标服务费。

## 5.3 投标文件

### 5.3.1 投标文件概述

投标文件是投标者投标的全部依据，也是招标者招标所希望获得的成果，是投标者智慧和技术的载体。投标者应当集中集体的智慧，认真准备一份高水平的投标文件参加投标。投标文件主要是根据招标文件要求提供的内容和格式进行准备。一般应当包括以下几个基本组成部分。

**1. 投标书**

投标书是投标者对于招标书的回应。投标书的基本内容是以投标方授权代表的名义写的明确表明参加对招标方招标项目进行投标的意愿、简要说明项目投标的底价和主要条件。这是主要内容。除此之外，要对投标文件的组成及附件清单、正本本数、副本本数做出说明，还要声明愿意遵守哪些招标文件给出的约定、规定和义务。最后要有授权代表的签字和职位。

**2. 目标任务的详细技术方案**

这是投标文件的主体文件。在这份文件中，要针对招标项目提出自己的技术的和经济的指标参数，并且详细说明达到这些技术经济指标的技术方案、技术路线、保障措施等。在这一份文件中，还要对完成自己的方案所需要的成本费用及需要购置的设备材料等列出详细的清单。如果项目有多个单位多个人完成的话，还要把项目组织的人员、项目分工等列表说明。

**3. 投标资格证明文件**

这一部分要列出投标方的资格证明文件。包括投标方企业的全称、历史简介和现状说明，企业的组织结构，企业的营业执照副本复印件、企业组织机构代码证、技术交易许可证等，开户银行名称及开户银行出具的资格证明书，还要对授权代理人的情况、资格等作说明，并附授权委托证明书。

**4. 公司与制造商代理协议和授权书**

如果投标方是某些制造商的产品代理，则还要出具和制造商的代理协议复印件及制造商的委托书。这样做的目的，是为了防止在招标方和投标方将来合作时可能引起的来源于制造商的纠纷。

**5. 公司有关技术资料及客户反馈意见**

这一部分主要是投标方企业对自己的业务水平、技术能力、市场业绩等提出一些让招标方可信的说明及证明材料，增加投标方对自己的信任，也是一种对自己的技术资格的另一种方式的证明。

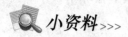 小资料>>>

公司有关技术资料及客户反馈意见中，一般用实例写出自己令人信服的技术能力、质量保证能力等，列出自己有关技术资格证书、获奖证书、兼职聘任证书等的复印件。特别是可以简述自己完成的几个具体实例，说明它们创造的效益，特别是用户自己的使用证明、主管部门的评价或社会的反应等。并且留下有关证明人的联系电话、地址、邮编等，为招标方证实实际情况提供方便。

### 5.3.2 投标文件的封装

以上全部文件构成一份投标文件并封装成一份"正本"，还要根据招标文件的要求的份数分别复印若干份，封装成若干份"副本"。每本封装好后，在封口处盖章，交付招标方。

### 5.3.3 投标文件的补充、修改和撤回

补充是指对投标文件中遗漏或不足的部分进行增补。修改是指对投标文件中已有的内容进行修订。撤回是指收回全部投标文件，或者放弃投标，或者以新的投标文件重新投标。

## 5.4 开　标

### 5.4.1 开标概述

开标（Bid opening），是指招标单位在规定的时间、地点内，在有投标人出席的情况下，当众公开拆开投标资料（包括投标函件），宣布投标人（或单位）的名称、投标价格及投标价格修改的过程。

开标应当按招标文件规定的时间、地点和程序，以公开方式进行。开标时间应与投标截止时间为同一时间。唱标内容应完整、明确。只有唱出的价格优惠才是合法、有效的。唱标及记录人员不得将投标内容遗漏不唱或不记。开标既然是公开进行的，就应当有一定的相关人员参加，这样才能做到公开，让投标人的投标为各投标人及有关方面所共知。

一般情况下，开标由招标人主持，在招标人委托招标代理机构代理招标时，开标也可由该代理机构主持。主持人按照规定的程序负责开标的全过程。其他开标工作人员办理开标作业及制作记录等事项。邀请所有的投标人或其代表出席开标，可以使投标人得以了解开标是否依法进行，有助于使他们相信招标人不会任意做出不适当的决定；同时，也可以使投标人了解其他投标人的投标情况，做到知己知彼，大体衡量一下自己中标的可能性，这对招标人的中标决定也将起到一定的监督作用。

此外，为了保证开标的公正性，一般还邀请相关单位的代表参加，如招标项目主管部门的人员，评标委员会成员，监察部门代表等。有些招标项目，招标人还可以委托公证部门的公证人员对整个开标过程依法进行公证。具体而言，开标工作应做到以下几点。

① 开标时间应当在提供给每一个投标人的招标文件中事先确定，以使每一投标人都能事先知道开标的准确时间，以便届时参加，确保开标过程的公开、透明。

② 开标时间应与提交投标文件的截止时间相一致。将开标时间规定为提交投标文件截止时间的同一时间，目的是为了防止招标人或者投标人利用提交投标文件的截止时间以后与开标时间之前的一段时间间隔做手脚，进行暗箱操作。例如，有些投标人可能会利用这段时间与招标人或招标代理机构串通，对投标文件的实质性内容进行更改等。关于开标的具体时间，实践中可能会有两种情况：如果开标地点与接受投标文件的地点相一致，则开标时间与提交投标文件的截止时间应一致；如果开标地点与提交投标文件的地点不一致，则开标时间与提交投标文件的截止时间应有一个合理的间隔。

### 小资料 >>>

关于开标时间的规定，与国际通行做法大体是一致的。如联合国示范法规定，开标时间应为招标文件中规定作为投标截止日期的时间。世界银行采购指南规定，开标时间应该和招标通告中规定的截标时间相一致或随后马上宣布。其中"马上"的含义可理解为需留出合理的时间把投标书运到公开开标的地点。

③ 开标应当公开进行。所谓公开进行，就是开标活动都应当向所有提交投标文件的投标人公开。应当使所有提交投标文件的投标人到场参加开标。通过公开开标，投标人可以发现竞争对手的优势和劣势，可以判断自己中标的可能性大小，以决定下一步应采取什么行动。法律这样规定，是为了保护投标人的合法权益。只有公开开标，才能体现和维护公开透明、公平公正的原则。关于开标地点。为了使所有投标人都能事先知道开标地点，并能够按时到达，开标地点应当在招标文件中事先确定，以便使每一个投标人都能事先为参加开标活动做好充分的准备，如根据情况选择适当的交通工具，并提前做好机票、车票的预订工作等。招标人如果确有特殊原因，需要变动开标地点，则应当按照有关规定对招标文件做出修改，作为招标文件的补充文件，书面通知每一个提交投标文件的投标人。

### 小资料 >>>

《中华人民共和国招标投标法》规定："开标应当在招标文件确定的提交投标文件截止时间的同一时间公开进行，开标地点应当为招标文件中预先确定的地点。开标由招标人主持，邀请所有投标人参加。开标时，由投标人或者其推选的代表检查投标文件的密封情况，也可以由招标人委托的公证机构检查并公证；经确认无误后，由工作人员当众拆封，宣读投标人姓名、投标价格和投标文件的其他主要内容。招标人在招标文件要求提交投标文件的截止时间前收到的所有投标文件，开标时都应当当众予以拆封、宣读。"

## 5.4.2 开标的一般程序

开标的一般程序有以下几个方面。

① 招标单位工作人员介绍各方到会人员，宣读会议主持人及招标单位法定代表证件或法定代表人委托书。

② 会议主持人检验投标企业法定代表人或其指定代理人的证件、委托书。

③ 主持人重申招标文件要点，宣布评标办法和评标小组成员名单。

④ 主持人当众检验启封投标书。其中属于无效标书，需经评标小组半数以上成员确认，并当众宣布。

⑤ 投标企业法定代表人或其指定的法定代理人申明对招标文件是否确认。

⑥ 按标书送标时间或以抽签方式排列投标企业唱标顺序。

⑦ 各投标企业代表按顺序唱标。

⑧ 当众启封公布标底。

⑨ 招标单位指定专人监唱，做好开标记录（工程开标汇总表格式如表5-1所示），并由各投标企业的法定代表人或其指定的代理人在记录上签字。

表5-1 工程开标汇总表

| 建设项目名称 | | | | 建筑面积 | | | $m^2$ | | |
|---|---|---|---|---|---|---|---|---|---|
| 投标单位 | 报价/万元 | | | 施工日期 | 开工日期 | 竣工日期 | 三大材料耗用量 | | |
| | 总额 | 土建 | 安装 | | | | 钢材/t | 木材/$m^3$ | 水泥/t |
| | | | | | | | | | |
| | | | | | | | | | |
| | | | | | | | | | |

招标单位：　　　　　　　　　　　　　　　　　　　　　开标日期：　年　月　日
评标小组代表：　　　　　　　　　　　　　　　　　　　记录：
注：本表一式两份，一份签章后报上级招标管理机构，另一份招标单位自己保留。

# 5.5 评　　标

## 5.5.1 评标概述

评标是招标方的权力。评标体系是招标方根据自己的利益和客观、公正、公平的原则自主建立的。评标的根本目的，就是选中真正最优的技术方案投标方，为自己带来最大的效益。

招标方将根据招标任务的特点组建评标小组或者评标委员会，评标小组成员5人以上，为表决方便，应取单数。其成员中，有投标方企业的人员，也要有一定数量的技术、经贸、法律等方面的专家。评标小组根据公正、公平、公开原则对所有投标方的投标文件进行审查、质疑、评估和比较，并把最后的评比结果交给投标方。

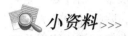

小资料>>>

评标由评标委员会负责。评标委员会由招标人的代表和有关技术、经济等方面的专家组成，成员为5人以上单数，其中技术、经济等方面的专家不得少于成员总数的2/3。这些专家应当从事相关领域工作满8年，并具有高级职称和具有同等专业水平，由招标人从国务院有关部门或省、自治区、直辖市人民政府有关部门提供的专家名册或者招标代理机构的专家库内的相关专业的专家名单中确定。一般项目可以采取随机抽取的方式，特殊招标项目可以由招标人直接确定。与投标人有利害关系的人不得进入评标委员会，已经进入的，应当替换。评标委员会的评标工作受有关行政监管部门监督。

## 5.5.2 评标原则

评标工作应按照严肃认真、公平公正、科学合理、客观全面、竞争优势和严格保密的原则进行，保证所有投标人的合法权益。

招标人应当采取必要的措施，保证评标秘密进行，在宣布授予中标人合同之前，凡属于投标书的审查、澄清、评价和比较及有关授予合同的信息，都不应向投标人或与该过程无关的其他人泄露。任何单位和个人不得非法干预、影响评标的过程和结果。如果投标人试图对评标过程或授标决议施加影响则会导致其投标被拒绝；如果投标人以他人名义投标或者以其他方式弄虚作假、骗取中标的，则中标无效，并将依法受到惩处；如果投标人与招标人串通投标，损害国家利益、社会公共利益或者他人合法权益，则中标无效，并将依法受到惩处。

## 5.5.3 评标程序与内容

**1. 行政性评审**

对所有的投标文件都要进行行政性评审，其目的是从众多的投标文件中筛选出符合最低要求标准的合格投标文件，淘汰那些基本不符合要求的投标，以免浪费时间和精力去进行技术评审和商务评审。

（1）投标人的合格性检查

若为国际金融组织的贷款项目，投标人必须是最合格成员国的公民或合法实体；若是联营体，则其中的各方均应来自合格的成员国，并且联营体也应注册在一个合格的成员国。此外，根据世界银行贷款项目的评标规则，若投标人（包括一个联营体的所有成员和分包商）与为项目提供相关咨询服务的公司有隶属关系，或如投标人是业主所在国的一个缺乏法律和财务自主权的公有企业，该投标人可被认定无资格投标。

（2）投标文件的有效性

有效的投标文件应具备必要的条件。例如，投标人必须已通过资格预审；总标价必须与开标会议宣布的一致；投标保证金必须与招标文件中规定的一致；投标书必须有投标人的法定代表签字或盖章；若投标人是联营体，必须提交联营协议；如果投标人是代理人，应提供相应的代理授权书等。

(3) 投标文件的完整性

投标文件必须包括招标文件中规定的应提交的全部文件。例如，对于工程招标项目，除提交工程量表和报价单外，还应该按要求提交工程进度表、施工方案、现金流动计划、主要施工设备清单等。随同投标文件还应提交必要的证明文件和资料。例如，除招标中有关设备供货可能要求提供样本外，还要提供该设备的性能证明文件，如设备已在何时何地使用并被使用者证明性能良好，或制造者提供的性能实验证书等。除此之外，若投标文件正本缺页会导致废标。

(4) 报价计算的正确性

各种计算上的错误包括分项报价与总价的算术错误过多，这至少说明投标人是不认真和不注意工作质量的，不但会给评审委员留下不良印象，而且可能在评审意见中提出不利于中标的结论。对于报价中的遗漏，则可能被判定为"不完整投标"而被拒绝。

(5) 投标书的实质性响应

对于招标文件提出的要求应当在投标书中"有问必答"，要避免"答非所问"，这就是投标文件的实质性响应。所谓实质性响应，是指投标文件与招标文件的全部条款、条件和技术规范相符，无重大偏差。这里的重大偏差是指：有损于招标目的的实现或在与满足招标文件要求的投标进行比较时有碍公正的偏差。判断一份投标文件是否有重大偏差的基本原则是要考虑对其他投标人是否公平。在其他投标人没有同等机会的情况下，如果默认或允许一份投标文件的偏差可能会严重影响其他投标人的竞争能力，则这种偏差就应被视为重大偏差。

### 小资料 >>>

重大偏差的例子有：固定价投标时提出价格调整；未能响应技术规范；合同起始、交货、安装或施工的分段与所要求的关键日期或进度标志不一致；以实质上超出所允许的金额和方式进行分包；拒绝承担招标文件中分配的重要责任和义务，如履行保证和保险范围；对关键性条款表示异议或例外（保留），如适用法律、税收及争端解决程序；那些在投标人须知中列明的可能导致废标的偏差。

若投标文件存在重大偏差，有两种处理方式：一是以世界银行为代表的处理方式，即业主对存在重大偏差的投标将予以拒绝，并且不允许投标人通过修改投标文件而使之符合招标文件的要求；二是国际工程师联合会推荐的投标程序中规定的处理方法，即如果业主不接受投标人提出的偏差，则业主可通知投标人在不改变报价的前提下撤回此类偏差。

通常，行政性评审是评审的第一步，只有经过行政性评审，被认为是合格的投标文件，才有资格进入技术评审和商务评审；否则，将被列为废标而予以排除。

**2. 技术评审**

技术评审的目的是确认备选的中标人完成本招标项目（以下以工程项目为例）的能力，以及他们的施工方案的可靠性。技术评审的主要内容有以下几方面。

(1) 技术资料的完备

应当审查是否按招标文件要求提交了除报价外的一切必要的技术文件资料。例如，施工方案及其说明、施工进度计划及其保证措施、技术质量控制和管理、现场临时工程设施计划、施工机具设备清单、施工材料供应渠道和计划等。

(2) 施工方案的可行性

对各类工程（包括土石方工程、混凝土工程、钢筋工程、钢结构工程等）施工方法的审查，主要是机具的性能和数量选择，施工现场及临时设施的安排，施工顺序及其相互衔接等。特别是要对该项目的最难点和要害部位的施工方法进行可行性论证。

(3) 施工进度计划的可靠性

审查施工进度计划是否满足业主对工程竣工时间的要求。如果从表面上可看出其进度能满足要求，则应审查其计划是否科学和严谨，是否切实可行，不管是采用线条法或网络法表示施工计划，都要审查其关键部位或线路的合理安排，还要审查保证施工进度的措施。

(4) 施工质量的保证

审查投标文件中提出的质量控制和管理措施，包括质量管理人员的配备、质量检查仪器设备的配置和质量管理制度。

(5) 工程材料和机器设备供应的技术性能符合设计技术要求

审查投标书中关于主要材料和设备的样本、型号、规格和制造厂家名称地址等，判断其技术性能是否可靠和达到技术要求的标准。

(6) 分包商的技术能力和施工经验

招标文件可能要求投标人列出其拟指定的专业分包商，因此，应审查这些分包商的能力和经验，甚至调查主要分包商过去的业绩和声誉。

(7) 审查投标文件中有何保留意见

审查投标文件中对某些技术要求有何保留性意见。

(8) 对于投标文件中按招标文件规定提交的建议方案作出技术评审

这种评审主要对建议方案的技术可靠性和优缺点进行评价，并与原招标方案进行对比分析。

**3. 商务评审**

商务评审的目的是从成本、财务和经济分析等方面评审投标报价的正确性、合理性、经济效益和风险等。商务评审的主要内容有以下几方面。

(1) 报价的正确和合理

① 审查全部报价数据计算的正确性。包括报价的范围和内容是否有遗漏或修改；报价中每一单项的价格的计算是否正确。② 分析报价构成的合理性。例如，从分析投标报价中有关前期费用、管理费用、主体工程和各专业工程价格的比例关系，可以判断投标报价是否合理，还可以判定投标人是否采用了严重脱离实际的"不平衡报价法"。③ 从用于额外工程的日工报价和机械台班报价及可供选择项目的材料和工程施工报价，可以分析其基本报价的合理性。④ 审查投标人报价中的外汇支付比例的合理性。

(2) 投标文件中的支付和财务问题

① 资金流量表的合理性。通常在招标文件中要求投标人填写整个施工期的资金流量计划。有些缺乏工程投标和承包经验的承包商经常忽略了正确填写资金流量表的重要性，比较草率、随意地填报工程的资金流量计划。其实，在评审中的专家完全可以从资金流量表中看出承包商的资金管理水平和财务能力。② 审查投标人对支付工程款有何要求，或者对业主有何优惠条件。

（3）关于价格调整问题

如果招标文件规定该项目为可调价格合同，则应分析投标人在调价公式中采用的基价和指数的合理性，估量调价方面的可能影响幅度和风险。

（4）审查投标保证金

尽管在公开开标会议上已经对投标保证金作了初步的审查，但在商务评审过程中仍应详细审查投标保证金的内容，特别是是否有附带条件。

（5）其他条件

① 评标货币。按投标人须知中的规定将投标报价中应支付的各种货币（不包括暂定金额）转换成单一币种货币。② 若在投标行政性评审时，允许通过将偏差折算成一个货币值在商务评审时计入标价作为"惩罚"，从而使包含偏差的投标转变为具有实质性响应的投标，则此时应将偏差按评标货币折价计入标价中。③ 国内优惠。如果在评标中，允许给国内投标人优惠，则在投标人须知中应注明并提供确定优惠合理性的具体程度及优惠金额的百分比。④ 交叉折扣。在对同一投标人授予一个以上的合同或合同包时，这个投标人会提供有条件的折扣，此时，业主应在投标人满足资格条件的前提下，以总合同包成本最低的原则选择授标的最佳组合。

（6）对建议方案的商务评审

应当与技术评审共同协调审查建议方案的可行性和可靠性，应当分析对比原方案和建议方案的各方面利弊，特别是接受建议方案在财务方面可能发生的潜在风险。

**4. 澄清投标书文件的问题**

这里所指的澄清问题，是为了正确地做出评审报告，有必要对评审工作中遇到的问题，约见投标人予以澄清，其内容和规则包括：要求投标人补充报送某些报价计算的细节资料；要求特别对其具有某些特点的施工方案做出进一步的解释，证明其可靠性和可行性，澄清这种施工方案对工程价格可能产生的影响；要求投标人对其提出的新建议方案做出详细的说明，也可能要求补充其选用设备的技术数据和说明书；要求投标人补充说明其施工经验和能力，澄清对某些外国并不知名的潜在中标人的疑虑。

**5. 综合评价和比较**

综合评价和比较是在以上工作的基础上，根据事先拟定好的评标原则、评标指标和评标办法，对筛选出来的若干个具有实质性响应的投标文件综合评价和比较，最后选定投标人。中标人的投标应当符合下列条件之一：能最大限度地满足招标文件中规定的各项综合评价标准，能满足招标文件各项要求，并且经评审的投标价格最低，但投标价格低于成本的除外。

综合评价和比较一般采取如下过程：首先，设置评价指标。一般设置的评价指标包括：投标报价、施工方案（或施工组织设计）与工期、质量标准与质量管理措施、投标人的业绩、财务状况、信誉等（见5.5.4介绍）；之后，可选取评分方法（见5.5.5介绍）和专家评议法（见5.5.5介绍）的评价方法进行评价。

## 5.5.4 评标考核指标体系的确定

确定评标考核指标体系是整个评标的关键，评标指标体系设置的科学、合理与否，在很大程度上将直接影响招标活动的顺利进行。因此，评标指标体系的确定，不能仅仅局限于投标单位的资格条件、经验、规模、服务和财务能力等，既要考虑各方面的综合素质，又要便于操作。

在实际评标过程中，常用的评考指标体系有：投标商品的价格、技术性能、质量水平、交货期、付款条件、售后服务、资信及履约能力、合作精神和其他优惠条件等。根据具体情况可以在其基础上适当增加或减少。

要评价一个方案的好坏，不能只看某一个指标，而是要看各个指标的综合效果。这就要把每个指标的评价结果"加"起来求出一个总评价值，也就是总成绩。但是在评价指标体系的多个评价指标中，不是每个指标的重要性都是同等重要的。有的指标明显重要一些，有的就不那么重要。所以，为了表示各个指标的不同重要性，应当分别赋予每个指标不同的权值，把各个指标进行加权求和得出综合评价值。

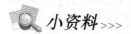

确定指标评价体系、定义各个指标的含义及判别标准，以及各个指标的相对重要程度，是一个非常重要而又较难的工作。它直接关系到各个评委评标的可操作性、评标水平、评标的客观性和公正性，决定了整个评标的质量和能否真正选出最优的投标方案。所以，它是评标工作的关键，需要非常重视。可以把评标小组全体成员集合到一起，再聘请一些专家，加上企业的一些管理人员、作业人员一起认真地坐下来，好好地研究几天，一个一个的指标进行讨论决定，形成一个标准文件，然后决定根据这个标准文件进行评标。这样做，就可以保证评标的质量。

为便于操作，一个重要的途径就是指标量化。这个量化，不仅是各个指标要量化，每个指标的重要性也要量化。认真确定考评指标体系中各个指标的权值。把每个指标值与其相应的权值相乘再相加，就可以得出综合的指标评价值。这个评价值越高，方案越好。

### 5.5.5 评标方法

评标通常采用的评价方法有：评标价比较法、评分法和专家评议法。

**1. 评标价比较法**

评标价比较法是以招标的费用为基础，对所有投标文件进行评审和比较，按照标的性质和特点的不同，又可分为最低报价法、综合评标价法和寿命期费用评标价法三种。

1）最低报价法

采购简单商品、半成品、原材料及其他技术规格简单的货物，由于它们的性能、质量相同或容易比较，评标仅以投标报价作为唯一尺度，即将合同授予报价最低的投标人。价格计算分两种情况：① 若拟采购的货物由国内生产，则投标报价应为出厂价、仓库交货价或货架交货价；② 若拟采购的货物从国外进口，则报价应包括货款、保险费、运费的CFI价（适用于水上运输）或CIP价（适用于包括多方式联运在内的各种运输方式）。无论采用哪种方式，报价都包括制造和装配货物所使用的材料、部件及货物本身已支付或将支付的进口税、产品、销售税和其他税款。

2）综合评标价法

综合评标价法是综合考虑投标报价以外的各种评标因素，并将这些因素用货币表示，然后在投标报价的基础上增加或减掉这些费用来得到综合评标价，评标价最低者中标。采购机组、车辆等大型设备时，多采用这种方法。综合评标价的计算有一定的难度，主要依靠评标人员的经验和水平。除投标报价外，尚需要考虑以下因素。

(1) 国内运费和保险费

一般情况下，对每份投标文件而言，货物从国内工厂（出厂价情况下）或目的港（CIF价情况下）到达最终目的地的距离不同、运输条件各异，因而国内运费、保险费及其他有关费用也就不尽相同。这部分费用一般由买方承担，应在每份投标文件的评审中区别对待。将它们换算为评标价格时，可按照运输部门（铁路、公路和水运）、保险公司及其他有关部门公布的收费标准，计算货物运抵最终目的地将要发生的费用。

(2) 交货期

招标文件规定的交货期一般都有一个幅度。因提前交货而使买方获益者，除非另有规定，一般在招标文件中规定不给予评优优惠。投标文件提出的交货期超过招标文件规定的最迟日期时，其标书一般都被拒绝。交货期在允许的幅度以内的投标文件，应相互比较，并按照一定标准将各标书不同交货期的差别及其给买方带来的不同效益影响作为评标因素之一，计入标价。例如，以所允许幅度范围内最早交货期为准，每迟交货1个月投标价的某一百分比（一般为2%）计算折算价，将其加到投标报价上去。

(3) 支付条件

在一般货物采购中，招标文件都规定在签订合同、装船或交货、验收时分别支付货款的一部分，投标人在报价时应考虑规定的付款条件。如果投标文件对此有较大的偏离且令买方无法接受，则可视为非响应性投标而予以拒绝。反之，如果投标文件对付款条件的偏离在可接受范围内，应将因偏离而给买方增加的费用（资金利息等），按招标文件中规定的贴现率换算成评标时的净现值，作为评标价的一部分加到报价中。

(4) 零配件和售后服务

零配件的评价以设备运行期一定时间内各类易损配件的获取途径和价格作为评标要素。售后服务的评价内容一般包括安装监督、设备测试、提供配件、负责维修、人员培训等项，评价提供这些服务的可能性和价格。

## 小资料 >>>

评标时如何对待零配件和售后服务这两笔费用，要视招标文件的规定区别对待。若这些费用已要求投标人包括在投标报价之内，则评标时不再考虑这些因素；若要求投标人在投标报价之外单报这些费用，则应将其加到报价之内。如果招标文件中没有作出上述任何一种规定，评标时应按投标文件技术规格附件中由投标人填报的备件名称和数量计算可能需购置的总价格，以及由招标人自行安排的售价表，然后将其加到投标报价中。

(5) 性能、质量及生产能力

投标设备应具备招标文件技术规格中规定的性能和生产效率。如所提供设备的性能、生产能力等某些技术指标没有达到技术规格要求的基准参数，则每种参数同基准参数相比每降低1%，或相差1个计量单位，应在投标报价上增加若干金额。为了减少制定技术标准和评标时的工作量，实际操作中往往只将若干主要性能参数作为评标时应考虑的因素。

将以上各项评审价格加到投标报价后，累计金额即为该投标文件的综合评标价。表5-2归纳了报价以外的其他主要折算因素的内容。

表 5-2 主要非价格因素表

| 主要因素 | 内容 |
|---|---|
| 运输费用 | 货物如果有一个以上的进入港,或者有国内投标人参加投标时,应在每一标价上加上将货物从抵达港或生产地运到现场的运费和保险费,其他由招标单位可能支付的额外费用,如运输超大件设备需要对道路加宽、桥梁加固所需支出的费用等 |
| 价格调整 | 如果按可以调整的价格招标,则投标的评定和比较必须考虑价格调整因素。按招标文件规定的价格调整方式,调整各投标人的报价 |
| 交货或竣工期限 | 对交货或完工期在所允许的幅度范围内的各投标文件,按一定标准(如投标价的某一百分比),将不同交货或完工期的差别及其对招标人利益的不同影响,作为评价因素之一,计入评标价中 |
| 付款条件 | 如果投标人所提的支付条件与招标文件规定的支付条件偏差不大,则可以根据偏离条件使招标人增加的费用(利息等),按一定的贴现率算出其净现值,加在报价上 |
| 零部件及售后服务 | 如果要求投标人在投标价之外单报这些费用,则应将其加到报价上 |
| 设备的技术性能和质量 | 可将投标书提供的技术参数与招标文件中规定的基准参数的差距折算为价格,计算在评标价中 |
| 技术建议 | 可能带来的实际经济效益,按预定的比例折算后,在投标价内减去该值 |
| 优惠条件 | 可能给招标人带来的好处,以开标日为准,按一定的换算办法贴现折算后,作为评审价格因素 |
| 其他可折算为价格的要素 | 按对招标人有利或不利的原则,增加或减少到投标价上去。如对实施过程中必然发生,而投标文件又属明显漏项部分,给予相应的补项增加到报价上去 |

3) 寿命期费用评标价法

这种方法是在综合评标价的基础上,再进一步加上一定运行年限内的费用作为评标价格。采购生产线、成套设备、车辆等运行期内各种后续费用(零配件、油料、燃料、维修等)较高的货物时,可采用寿命期费用评标价法。评标时应首先确定一个统一的设备评审寿命期,然后再根据各投标文件的实际情况,在投标报价上加上该寿命期内所发生的各项运行和维护费用,再减去寿命期末设备的残值。计算各项运行和维护费用及残值时,都应该按照招标文件中规定的贴现率折算成净现值。这些以贴现值计算的费用包括:① 估算寿命期内所需的燃料、油料、电力和热能等消耗费;② 估算寿命期内所需零配件及维修费用,所需零配件及维修费用可按投标人在技术规格附件中提供的担保数字,或过去已用过、可作参考的类似设备实际消耗数据为基础,以运行时间来计算;③ 估算寿命期末的残值。

以上在综合评标价法和寿命期费用评标价法中得到的评标价,仅在评标时作为投标比较、排名之用,以便选择中标人,而在签订合同时仍以原投标报价为准。

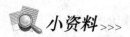小资料>>>

有时候,采购整座工厂成套生产线或设备、车辆等,采购后若干年运转期内的各项后续费用(零件、油料、燃料、维修等)很大,有时甚至超过采购价。不同投标书提供的同一种设备,相互间运转期后续费用的差别,可能会比采购价格间的差别更为重要。在这种情况下,就应采用寿命周期成本法。以汽车为例,一般采购价总是小于包括后续维修费和燃料费

用在内的后续费用,相互间的比例甚至可达到 1:3。

## 2. 评分法

评分法是将各评分因素按其重要性确定权重(所占百分比),按此权重分别对各投标文件的报价和各种服务进行评分,累计得分最高者中标。

评分法中各评分因素可以包括:① 投标价格;② 在买方将设备材料由国内工厂或目的地运至最终目的地过程中发生的运费、保险费和其他费用;③ 投标文件中所报的交货期;④ 偏离招标文件规定的付款条件;⑤ 备件价格;⑥ 技术服务和培训费;⑦ 设备的性能、质量和生产能力;⑧ 国内提供所报设备备件及售后服务情况。

评分因素确定后,应依据采购标的物的性质、特点及各因素对总投资的影响程度来具体划分权重和评分标准,应分清主次,不能一概而论。最后,由评标人对各因素进行评分,累计得分最高的投标人即为中标人。世界银行贷款采购项目通常采用的权重分配比例如表 5-3 所示。

表 5-3　世界银行贷款采购项目评标权重

| 序号 | 项　　目 | 分　　数 |
|---|---|---|
| 1 | 设备材料投标报价 | 60～70 分 |
| 2 | 标准备件价格 | 0～20 分 |
| 3 | 技术性能、维修及运行费 | 0～20 分 |
| 4 | 服务和设备的提供 | 0～20 分 |
| 5 | 设计标准化等 | 0～20 分 |
| 总计 | | 100 分 |

评分法的好处是简便易行,评标考虑因素更全面,可以将难以用金额表示的各项要素量化后进行比较,从中选出最好的投标人;缺点是各评标人独立给分,受评标人主观随意性的影响可能比较大。为了保证评标的准确性,评标人应具有较高的专业水平和广博的知识面。采用评分法评标,评分因素和各因素的权重分配均应在招标文件中加以说明。

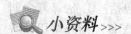
小资料>>>

运用评分法评价加工订购设备材料招标时,投标人提供的设备材料型号、规格各异,难以合理确定不同技术性能的有关权重和每一性能应得的分数,有时甚至会忽视某一投标人所投设备材料的一些重要指标。

## 3. 专家评议法

专家评议法也称定性评议法或综合评议法,评标委员会根据预先确定的评审内容,如报价、工期、技术方案和质量等,对各投标书共同分项进行定性的分析、比较,进行评议后,选择投标书在各指标都较优良者为候选中标人,也可以用表决的方式确定候选中标人。

这种方法实际上是定性的优选法,由于没有对各投标因素的量化(除报价是定量指标外)比较,标准难以确切掌握,往往需要评标委员会协商,评标的随意性较大。其优点是评标委员会之间可以直接对话与交流,交换意见和讨论比较深入,评标过程简单,在较短时间内即可完成；但当成员之间评标结果差距过大时，确定中标人较困难。

专家评议法一般适用于小型项目或在无法量化投标条件的情况下使用。

## 本章习题

**一、判断题**

1. 一个完整的招标过程包括：策划、招标、投标、开标、评标、决标和签订合同。
（　　）
2. 招标采购与一般采购方式相比具有规范性、竞争性、便捷性的特点。（　　）
3. 一些紧急需要或价值较小的设备和材料的采购适宜采用公开招标方式。（　　）
4. 邀请招标具有公平、价格合理、改进品质、减少徇私舞弊等特点。（　　）
5. 由于竞争对手少，招标人获得的报价可能并不十分理想，是邀请招标的缺点之一。
（　　）

**二、选择题**

1. 招标单位对拟采购货物在世界上（或国内）的制造商的分布情况比较清楚，并且货物技术复杂或有特殊要求。在上述情况下，适宜采用哪种招标方式？（　　）
　　A. 公开招标　　　B. 邀请招标　　　C. 议标　　　D. 两阶段选择性招标
2. （　　）是整个招标投标活动的核心文件，是招标方全部活动的依据，也是招标方的智慧和知识的载体。
　　A. 招标文件　　　B. 投标文件　　　C. 投标须知　　　D. 购销合同
3. 所有招标文件都必须按招标方在招标邀请中规定的投标截止时间之前送至招标方。投标文件从投标截止之时起，标书有效期为（　　）天。
　　A. 10　　　B. 20　　　C. 30　　　D. 40
4. 采购简单商品、半成品、原材料及其他技术规格简单的货物最适宜采用下列哪种评标方法？（　　）
　　A. 最低评标价法　　　　　　B. 综合评标价法
　　C. 寿命期费用评标价法　　　D. 专家评议法

**三、思考题**

1. 招标的基本形式和它的优越性是什么？
2. 招标的基本过程包括哪些环节？
3. 招标文件和投标文件的含义是什么？
4. 评标的程序和内容是什么？
5. 有哪些评标的方法？它们的实现过程是什么？

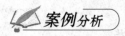案例分析

### 涉嫌招标舞弊，英食品公司丧失联合国食物提供商资格

联合国 2005 年 10 月 21 日宣布，暂停英国恰乐食公司作为联合国食物提供商的资格，

原因是这家公司涉嫌在合同竞标时舞弊。同一天，因为涉嫌在联合国"石油换食品"计划中支付回扣，得克萨斯石油大亨奥斯卡·怀亚特及两名瑞士籍主管遭到检方指控。"石油换食品"丑闻余波未平，新的招标舞弊问题又对联合国采购管理造成冲击。

### 1. 舞弊

联合国发言人斯特凡纳·迪雅里克 2005 年 10 月 21 日说，恰乐食公司暂时丧失食物提供商资格，并且在调查结束前不得与联合国签订新合同，因为该公司涉嫌在竞标联合国一份合同之前非法获取相关内部资料。英国媒体报道说，恰乐食公司因此赢得价值 6 200 万美元的合同，为联合国驻利比里亚维和部队提供食物。恰乐食公司隶属于全球最大的公共饮食企业——英国康柏司集团公司，之前与联合国共签订 7 份合同，分别为联合国驻黎巴嫩、赛普路斯、利比亚、苏丹、埃塞俄比亚、厄立特里亚、布隆迪等地 3 万多名维和士兵提供食物。

迪雅里克说，联合国将根据调查结果判断是否允许恰乐食公司继续履行合同。同时，联合国计划尽快重新招标，以保证维和部队的食物供应。"联合国重申，将对联合国承包商违反职业道德的欺诈行为采取零宽容政策。"迪雅里克说。

### 2. 调查

针对联合国的指控，英国康柏司集团说，恰乐食公司正积极配合公司有关机构对招标程序展开大范围调查，"公司有严格、毫不宽容的职业准则，所有职员都必须遵守，无一例外。"

康柏司集团 2005 年 10 月 21 日在声明中说，目前已有两名管理人员接受停职调查，公司已经聘请英国富尔德律师事务所调查联合国、恰乐食公司及联合国前承包商——IHC 公司之间的关系。与此同时，联合国内部调查机构也正对联合国采购业务展开调查，以探明层出不穷的采购丑闻发生原因。

2005 年 9 月初，联合国大会预算咨询委员会主席、俄罗斯外交官弗拉基米尔·库兹涅夫被控与联合国一名采购官员共同接受巨额贿赂，并参与洗钱。而早在 2005 年 8 月 8 日，联合国采购部门的另一名俄罗斯人亚历山大·雅科夫列夫承认参与欺诈和洗钱，并接受承包商 100 万美元的贿赂。雅科夫列夫还承认曾向"石油换食品"计划竞标成功的承包商索贿。

### 3. 旧痛

2005 年 10 月 21 日，纽约的调查人员对德克萨斯石油大亨、前美国滨海石油公司董事长奥斯卡·怀亚特及两名瑞士籍主管提出指控，罪名是涉嫌在"石油换食品"计划中支付回扣。另外，怀亚特还涉嫌游说联合国官员，使采购油价能够保证他们在支付回扣后仍能获利。如果罪名成立，上述三人将面临 62 年监禁和巨额罚款。同时遭到起诉的还有三家公司，包括统称为"怀亚特国际公司"的纳夫塔石油公司和梅德纳夫塔贸易公司，以及瑞士一家咨询公司。检查人员说，这三家公司都是由瑞士人米格尔和赛义吉经营。

联邦调查人员对涉及"石油换食品"案件的 6 个人和 6 家公司提出指控。

由前美联储主席保罗·沃尔克领导的独立调查小组 2005 年 10 月 21 日发表声明说，将在 2005 年 10 月 27 日召开新闻发布会，针对所有涉及"石油换食品"案件的公司发布一份最终调查报告。调查小组成员、南非籍理查德·戈得斯通曾说，有证据表明，参与联合国"石油换食品"计划的 4 500 家公司中有 2 500 家涉嫌支付回扣和非法索要过高报酬。

问题：
1. 请结合案例内容，试分析竞标舞弊的不利影响。
2. 结合案例，你认为如何杜绝竞标舞弊？

# 第6章

# 采购谈判与合同管理

> **学习目标**
> 1. 了解采购谈判、采购合同管理和采购风险的基本含义。
> 2. 理解采购谈判、合同管理的内容和风险防范。
> 3. 掌握采购谈判的策略和技巧。

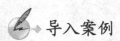 导入案例

## NEC 产品进口价格谈判

20 世纪 80 年代,我国某电子产品进出口公司与日本著名的 NEC 公司进行洽谈,准备订购一批产品投放市场。在当时,消费者对日本 NEC 公司的产品知道得还很少,尽管它在国际市场上销路不错,但在中国市场上还是一片空白。

在谈判中,双方对产品价格发生分歧。日商代表坚持以当时国际市场的价格报价,而我方则要求其降低售价,双方各执一词,相持不下。日商认为他们的报价是国际市场的价格,不能让步。而我方代表则十分诚恳地说:"不错,你们的报价确实是国际市场的价格。但你们是否考虑过,虽然你们的产品在国际上已经有了很好的销路,但在中国市场上还没有你们的产品,中国消费者还不了解你们产品的优点。所以,我方进口你们的产品后,准备先进行一系列的广告宣传,使中国消费者了解你们的产品。一旦宣传成功,则中国市场的潜力是非常大的,到那时,NEC 产品的需求量将会迅速上升,而作为中国最具实力的电子产品进出口公司,我们也肯定能给贵公司下大量订单。而眼下你们提出的价格肯定会影响该产品在中国市场的竞争。因为我们要进行大规模的广告宣传,费用将加进产品的售价上。这样一来,你们的产品价格就会高于其他同类产品,而中国消费者对这个产品的优点还不够了解,这样很可能导致试销失败。如果我们试销失败了,其他公司也不会轻易再作尝试,这个产品在中国市场上相当长一段时间里仍然会是空白。希望你们慎重考虑,怎样做才比较合适。"

日方听了我方有理有据且十分诚恳的阐述后,意识到这次洽谈并不仅仅是一次普通的商品交易,而是关系到开拓中国市场、长期发展合作的大事。牺牲眼前利益,降低产品售价,做出小的让步,会赢得与日俱增的广阔的市场,孰轻孰重,一目了然。日方表示:为了配合开拓中国市场,可以先以成本价小批量供应一批产品,以后再逐步向国际市场的价格靠拢。为了帮助中方进行产品宣传,日方还愿意提供一笔无息贷款,解决广告费用问题。

终于，经过我方公司的大力宣传，加上 NEC 产品的优良性能，在很短的时间内，NEC 公司的产品就得到了中国消费者的认可，NEC 公司获得了丰厚的利润。

# 6.1 采购谈判技巧

## 6.1.1 采购谈判概述

**1. 采购谈判的含义**

采购谈判是指为了在交易过程中争取和维护各自的利益，交易各方就交易过程中存在的问题进行交流、探讨，并做出判断，最终达成共识的过程。当采购方和供应商两者的意见不完全统一时，就需要通过谈判来解决，这就是采购谈判。企业作为采购商品的买方，与卖方厂商对购销业务有关事项进行反复磋商，谋求达成协议，建立双方都满意的购销关系。

**2. 采购谈判的目的**

采购谈判的目的，一是希望获得供应商提供的满足合同规定的品种、规格、数量、价格、交付条件的产品或服务；二是确保供应商能及时按照合同约定履行供应合同；三是在发生采购商品差错、事故、损失等纠纷时，双方协商解决索赔事宜；四是说服供应商给予采购商更大的合作与支持；五是采购商与供应商发展长期、稳固的合作伙伴关系。

**3. 采购谈判的内容**

在采购谈判中，谈判双方主要就商品的质量条件、价格条件、数量条件、包装条件、交货条件、支付条件、货物保险条件、商品的检验与索赔条件、不可抗力条件和仲裁等交易条件进行磋商。

**4. 采购谈判的特点**

（1）采购谈判的目的性

采购谈判是为了最终获取本单位或部门所需物料或服务，保障本单位或部门及时持续的外部供应。

（2）采购谈判的经济性

在谈判中，买卖双方争议最激烈的问题往往是商品的价格问题。对采购者来说，当然是希望以最低的价格或者最经济的价格获得所需商品。理性的采购者会选择总供应成本低的那个商品，而不仅仅是购买价格最低的商品。

（3）采购谈判的沟通性

采购谈判是一个采供双方通过不断调整各自的战略和利益而相互沟通，最终争取在某些方面达成共识的过程。

（4）采购谈判的对立统一性

采购谈判蕴含了买卖双方"合作"与"冲突"的对立统一关系。双方都希望能够通过谈判最终达成协议，这是合作的一面；但各方同时又希望通过协议能够获得尽可能多的利益，这是冲突的一面。正是由于买卖双方的这种对立统一关系，才体现出了采购谈判的重要性，以及在谈判中选用适当策略和技巧的必要性。

(5) 采购谈判同时受主客观条件制约

在采购谈判中,最终达成的协议所体现的利益分配主要取决于买卖双方的实力和当时的客观形势。另外,谈判结果还在一定程度上受主观条件的制约,例如,谈判人员的素质、能力、经验和心理状态,以及在谈判中双方所运用的谈判策略和技巧。

(6) 采购谈判的科学性和艺术性

采购谈判既是一门科学,又是一门艺术。作为采购人员,掌握谈判涉及的基本知识和一些常用策略技巧是必需的,它能使谈判者更有效地驾驭谈判的全过程,为己方赢得尽可能多的利益。采购人员要多学习谈判的知识和技巧,接受专业培训是很有必要的。

## 6.1.2 采购谈判的原则

在经济合作中,任何企业都可能进行大量的商务谈判。在采购谈判过程中,谈判各方所必须遵守的思想和行为准则就是采购谈判的原则。充分认识和理解采购谈判的原则,有助于掌握和运用采购谈判的策略与技巧,从而有利于保护谈判当事人的权利和利益,保障谈判的顺利进行。

**1. 自愿原则**

自愿原则是指具有独立行为能力的交易各方能够按照自己的意愿来进行谈判并做出决定。自愿是交易各方顺利进行合作的基础。任何非自愿或带胁迫性的行为在采购谈判中都是不可取的。所以自愿原则是采购谈判各方进行合作的前提和保证。

**2. 合法原则**

所谓合法,包括两个方面:一是谈判各方所从事的交易项目必须合法;二是谈判各方在谈判过程中的行为必须合法。

### 小资料>>>

交易项目的合法是开展采购谈判的法律保证,如果谈判各方从事的是非法交易,如买卖毒品、走私军火等,那么他们为此所进行的谈判不是合法的采购谈判,交易项目将受到法律的禁止,交易者还要受到法律的制裁。谈判行为的合法是谈判顺利进行并且取得成功的保证,只有在合法的谈判行为下所达成的交易合同才会受到法律的保护,交易才有可能顺利地达成。如果在谈判过程中采用非法的谈判行为,如行贿受贿、武力胁迫等,那么不但由此产生的谈判结果对谈判各方不具约束力,而且违法行为的实施者还要受到法律的制裁。由此可见,合法原则是谈判各方所要遵守的重要原则。

**3. 诚信原则**

诚信为商务之本,更为做人之本。作为采购谈判的主体在采购谈判中千方百计追求利益最大化是天经地义、无可厚非的。敏锐地捕捉商机,是商人的天性。而由于谈判各方客观上存在信息不对称,掌握完全信息的谈判方若采用蒙骗手段达成交易是让人防不胜防的。

### 小资料>>>

应该注意到一个现象,就是现行的交易并非一次性交易,而是不可预知将来会做多少次交易。从博弈的角度看，谈判主体都应该不敢贸然选择欺骗的手段去获得只此一次的欺诈性交易。随着世界经济全球化的浪潮，要求更多的国家、企业、个人建立信用档案。随着我国对外经济开放的深入和各个经济实体之间的交往的深入，在采购活动中更要遵循这一原则，以实现采购活动的顺利开展。

**4. 双赢原则**

在谈判中要兼顾双方利益。"双赢"是把谈判当作一个合作过程，能和对手像伙伴一样，共同去找到满足双方需要的方案，使双方交易费用更合理，风险更小。谈判的结果应满足谈判各方的合法利益，能够公平地解决谈判各方的利益冲突。双赢在表面上看来是相互往后退让一步，但实际上，双赢往往意味着双方可以分享更大的蛋糕，双赢的结果是建立信任和长期的合作关系，创造性的解决方案可以满足双方利益的需要，每个谈判者都应该牢记，每个谈判都有潜在的共同利益。共同利益就意味着机会，强调共同利益可以使谈判更顺利。另外，谈判者还应注意谈判双方兼容利益的存在，这种不同的利益同时并存，并不矛盾或冲突。图6-1显示了谈判中三角利益的平衡关系。

图6-1 谈判三角利益平衡

## 6.1.3 采购谈判的流程

一般可以把采购谈判分为三个阶段：谈判准备阶段、正式谈判阶段和达成协议阶段。

**1. 采购谈判的准备阶段**

无须争辩，进行准备是谈判最重要的阶段之一，每一次的谈判会晤都需要长期的提前准备，一般来说，准备阶段主要进行如下方面的工作。

(1) 谈判内容的准备

企业在谈判前应当收集充足的信息，包括市场行情信息、宏观环境信息和企业内部需求信息等，而企业进行采购谈判，其主要的内容还是所采购物品的价格。因此，企业在进行采购谈判以前，要对谈判涉及的价格方面的事情做好准备。① 慎重选择供应商。最适合的供应商应该具备许多条件，但是，能够提供适合的品质、充足的数量、准时的交货、合理的价格和热忱的服务，应该是共同的要求。但是对于如何选择供应商，许多企业都感到很困难。通常，企业的做法是先成立评选小组，决定评审项目后，再将合格厂商加以分类、分级。选择正确的谈判对象，可以使谈判工作事半功倍。② 确定底价与预算。谈判之前，采购人员应该先确立拟购物品的规格与等级，并就财务负担能力加以考虑，定出打算支付给供应商的最高价格，以便在议价之前，能对报价加以适当的还价。③ 请报价厂商提供成本分析表或报价单。为了确定物品或劳务是否能真正符合买方的要求，应请卖方提供报价单，以便详细核对内容，将来拟购项目若有增减，也可以根据这个报价单重新核算价格。交货时，也应有客观的验收标准。对于巨额的订制物品等，应另请卖方提供详细的成本分析表，以了解报价是否合理。④ 审查、比较报价内容。在谈判之前，采购人员应审查报价单的内容有无错误，避免造成将来交货的纷争，并将不同供应商的报价单的报价基础加以统一，以免发生不公平的现象。⑤ 了解优惠条件。有时供应商对长期交易的客户会提供数量折扣，对于能以现金支付的货款，享以现金折扣；对于整批机器的订购，附赠备用零件或免费安装等。因此，采购人员应该掌握这些优惠条件的情报，以利于将来的谈判议价。

### 小资料 >>>

在一次贸易谈判的准备过程中，采购方的谈判代表从各种渠道得知对方的主要谈判人也就是对方公司的总经理有个毛病：每天一到下午4～5点钟就会心烦意乱，坐立不安。于是，采购方充分利用这一点，采用各种理由将每天所要谈判的关键内容拖至下午4～5点之间。此举果然使得采购方获得了意想不到的收益。

(2) 谈判地点和时间的选择

① 谈判地点的选择。关于谈判地点的选择，通常不外乎三种情况：在采购企业所在地，在对方企业所在地，既不在采购企业，也不在对方企业的所在地的其他地方。这三种不同地点的选择各有利弊。谈判地点安排在采购方企业所在地的优点是：环境熟悉，不会给采购谈判人员造成心理压力，有利于以轻松、平和的心态参加谈判，查找资料和邀请有关专家比较方便，可以随时向本企业决策者报告谈判进展情况；同时由于地利、人和等因素，可以给对方谈判人员带来一定的心理压力。缺点是易受本企业各种相关人员及相关因素的干扰，而且也少不了繁杂的接待工作。谈判地点选在对方的优点是：采购方谈判人员可以少受外界因素打扰，从而以全部精力投入谈判工作；可以与对方决策者直接交换意见，避免对方谈判人员以无权决定为借口而拖延谈判时间。但这种方法也有缺点，环境不熟悉，易有压力；临时需要查找资料或邀请有关专家不方便。相对来说，谈判地点选在其他地方对双方都比较公平，谈判可以不受外界干扰，保密性强，但对双方来讲，查找信息和请示企业领导都多有不便，各项费用支出较高。② 谈判时间的选择。一般都在白天，这时双方谈判人员都能以充沛的精力投入谈判、头脑清醒、应对自如和少犯错误。

(3) 谈判人员的选择

谈判人员的选择对于一次采购谈判成功与否的重要性是不言而喻的。有的采购谈判可能规模大，情况复杂，目标多元化，从而需要由多个谈判人员组成谈判小组；而有的采购谈判可能因为规模较小，目标单一明确，仅需要1～2名的谈判人员。但无论谈判人员的多寡，一些对谈判人员基本素质的要求是相同的。这些共同的要求包括：谈判人员应具有良好的自控与应变能力、观察与思考能力、迅速的反应能力、敏锐的洞察力，甚至有时是经过多次采购谈判而于无形之中的直觉。此外，采购人员应具有平和的心态、沉稳的心理素质及大方的言谈举止等。

### 小资料 >>>

对于必须组成谈判小组的采购谈判来说，其谈判小组的组成规模要适当，依据实际情况而定，应该遵循的原则就是保持精干高效。采购谈判小组应当拥有一名具有丰富的谈判实践经验、高明的组织协调能力的领头人，还需要财务、法律、技术等各方面的专家。在性格和谈判风格上，小组成员应该是进攻型和防御型两类人员优势互补，以使谈判能够取得最佳的效果。理想的谈判小组应该是3～5人，而且所有关键角色都要有。

一般来说，每个谈判者扮演一个角色，但实际上常常是一个谈判者身兼几个相互补充的角色，这些角色能够反映谈判者自身的性格特点，如表6-1所示。

表6-1 谈判者角色

| 角色名称 | 角色特点 | 角色在谈判中的作用 |
| --- | --- | --- |
| 首席代表 | 任何谈判小组都需要首席代表，由最具专业水平的人担当，而不一定是小组中职位最高的人 | 组织谈判准备<br>精心安排谈判事宜<br>指挥谈判，需要时召集他人<br>裁决与专业知识有关的事 |
| 白脸 | 由被对方大多数人认同的人担当<br>对方非常希望仅与白脸打交道 | 对对方的观点表示同情和理解<br>看起来要作出让步<br>给对方安全的假象，使他们放松警惕 |
| 红脸 | 白脸的反面就是红脸，这个角色就是使对手感到如果没有他或她，会比较容易达成一致 | 需要时中止谈判<br>削弱对方提出的任何观点和论据<br>胁迫对方并尽力暴露对方的弱点 |
| 强硬派 | 这个人在每件事上都采取强硬立场，使问题复杂化，并要其他组员服从 | 用延迟战术来阻挠谈判进程<br>允许他人撤回已提出的未确定的报价<br>使谈判小组的讨论集中在谈判目标上 |
| 清道夫 | 这个人对谈判过程进行记录、整理，将所有的观点集中，作为一个整体提出来 | 观察并记录谈判的进程<br>设法使谈判走出僵局<br>防止讨论偏离主题太远<br>指出对方论据中自相矛盾的地方 |

(4) 谈判方式的选择

采购谈判方式可以简单地分为面对面的会谈和其他方式的谈判。① 面对面的会谈。这种方式能较多地增加双方谈判人员的接触机会，增进彼此之间的了解，从而更能洞悉双方谈判人员的谈判能力、风格，给谈判人员充分施展各种策略和技巧留下了很大的空间。但是这种谈判方式对谈判人员的个人素质有较高的要求，同时费用较高，较适用于大宗贸易和期望与对方建立长期合作关系的谈判活动。② 其他方式的谈判。把利用信函、电报、电传进行的谈判称为书面谈判。书面谈判有利于传递详细确切的信息，且没有不必要的干扰。采用这种形式，谈判双方可以有充分的时间去考虑谈判条件合适与否，便于慎重决策。此外，电话谈判也可以用来获取信息，提高效率，且费用也较低。但是，无论是书面谈判还是电话谈判，都没有视觉交流，容易产生误解。如今，随着高科技的迅速发展，互联网在采购谈判中的地位将逐步提升，因为网上谈判克服了电话谈判和书面谈判缺乏面对面交流的缺陷，与面对面会谈相比，又具有方便、成本低廉，没有时空限制的优点。

（5）谈判策略的制定

制定谈判策略，就是制订谈判的整体计划，从而在宏观上把握谈判的整体进程。制定谈判策略，包括确定那些最有利于实现谈判目标的方法。在准备阶段收集到的信息，是制定谈判策略的基础。制定谈判策略要进行一系列的决策，这些决策包括：是单赢还是双赢；先谈判什么问题，后谈判什么问题；开始的立场是什么；当有特殊情况发生时应急方案是什么等。采购者在双方谈判之前，应该把谈判中可能涉及的这些问题思考清楚，在谈判准备阶段工作做得越充分，对于下一步真正的会谈阶段越能够取得预期的成果。

**2. 正式谈判阶段**

（1）开局阶段

谈判的开局阶段是指谈判准备阶段之后，谈判双方进入面对面谈判的开始阶段。开局阶段中的谈判双方对谈判尚无实质性感性认识。各项工作千头万绪，无论准备工作做得如何充分，都免不了遇到新情况新问题。所以，在这个阶段一般不进行实质性谈判，而只是进行见面、介绍、寒暄，以及谈判一些不是很关键的问题。这些非实质性谈判从时间上来看，只占整个谈判程序中一个很小的部分。从内容上看，似乎与整个谈判主题无关或关系不太大，但它却很重要，因为它为整个谈判定下了一个基调。如果谈判开局处理不好，会导致两种弊端：一是目标过高，使谈判陷于僵局；二是要求太低，达不到谈判预期的目的。

因此在谈判的开局阶段，谈判者应该创造和谐的谈判气氛，进一步加深彼此的了解和沟通，适时洞察对方，及时调整策略，此外开局的另一项任务是共同设计谈判流程，包括议题范围和日程。

**小资料>>>**

内地一家工厂与一位港商洽谈购买原料之事，港商利用这家工厂非用他的原料不可的优势，在谈判开始时态度就非常傲慢和盛气凌人。在这种情况下，如果这家工厂的谈判代表仍然以谦虚、谨慎和不厌其烦的方式述说自己的开局目标，只能助长对方的嚣张气焰。鉴于此，该厂的代表一反常态，拍案而起，开宗明义的指出："如果你们没有诚意可以走了。我们的库存还够维持一个时期的正常生产，而现在我们已经做好了转产。先生们，请吧！"这种冲击式极强的表达方式，大大出乎对方的预料，一时竟弄得对方手足无措。由于利益所在，对方窘态消失之后，终于坐下来与这家工厂开始了真诚的谈判。这家工厂的代表队也借气氛缓和之际，坦诚地表达了自己原定的开局目标。

（2）摸底阶段

在合作性洽谈中，双方在实质性谈判前还要相互摸底，了解对方的谈判目标和底线。所以，在这一阶段说话往往非常谨慎，通常以介绍自己的来意、谈判者的情况、本企业的历史、产品的主要信息为主，并倾听对方的意见和观察其反应。在这一阶段，价格这一敏感问题往往先不涉及。另外，这一阶段切忌不能只是己方喋喋不休地讲话，要遵循"多听、多看、少说"的原则，多给对方说话的权利。要想促使对方先谈谈看法，可采取集中策略，灵活、得当地使对方说出自己的想法，又表示了对对方的尊重。① 征询对方意见。例如，

"贵方对此次合作的前景有何评价?""贵方认为这批原料的质量如何?""贵方是否有新的方案?"② 诱导对方发言,这是一种开渠引水,启示对方发言的方法。例如,"贵方不是在电话中提到过新的构想吗?""贵方对市场进行调查过,是吗?"③ 使用激将的方法。激将是诱导对方发言的一种特殊方法,由于运用不恰当则会影响谈判气氛,应慎重使用。例如,"贵方是不是对我们的资金信誉有怀疑?"在启示对方发言时,应避免使用能使对方借机发挥其优势的话题,否则会使己方处于被动。

在摸底阶段,不仅要注意观察对方发言的语义、声调、轻重缓急;还要注意对方的行为语言,如眼神、手势、脸部表情,这些都是传递某种信息的符号。优秀的谈判者都会从谈判对手的一举一动中,体察对方的虚实。

(3) 磋商阶段

这个阶段可以说是整个采购谈判过程中最艰难也是最重要的阶段,所有要讨论的议题内容都横向展开,以合作的方式,反复磋商,逐步推进谈判内容。通过对采购商品的数量、价格、交货方式、付款条件等各项议题的反复讨论,互相让步,寻找双方利益的平衡点。由于此阶段是整个谈判活动中最为重要的阶段,故其投入精力最多,占用时间最长,涉及问题最多。所以采购谈判人员应把握好下面几个方面的问题。① 合理地报价、提出条件。初始报价运用的是否科学、合理,关系到整个谈判过程的利益得失。由于这个问题比较复杂,本书还将在谈判策略和技巧中详细论述,在此不予赘述。② 判断双方的分歧程度。通过询价阶段,双方都已经知道了对方的初始报价,所以接下来主要是双方彼此讨价还价,尽力为己方争取更多利益。而初始报价已经表明了双方分歧的差距,要为己方争取利益就必须判断对方为何如此报价,他们的真实意图是什么。可以通过一系列审慎的询问来获得更多的信息,例如,这一报价和购买数量的关系,有没有包括运费、零配件费用和其他费用在内等。但是需要注意,在这一阶段不适宜马上对对方的回答予以评论或反驳。③ 设法消除分歧。在明确了分歧的程度和产生原因之后,就要想办法消除双方之间的分歧。对由于误解而造成的分歧,通过加强沟通,增进了解之后,一般是可以消除的;对出于策略的考虑而人为造成的分歧,通过多轮的磋商和双方你来我往的讨价还价之后,往往也可以将分歧慢慢地缩小和解决;对双方立场相差很远而形成的真正的分歧,其消除是非常困难和漫长的,需要高明的策略和技巧。

### 小资料 >>>

判断分歧的类型和原因主要有三种。

1. 由于误解而造成的分歧,主要是因为未能进行充分和有效的沟通。例如,在表达己方的意见时未能阐述清楚,在对方报价时没有解释报价的依据等。

2. 出于策略的考虑而人为造成的分歧。例如,双方为了讨价还价以达到自己满意的价格的需要,开始报价的时候就报得很高或很低。

3. 双方立场相差很远而形成的真正的分歧。例如,购买方的价格底线和供应商的价格底线差距很大,在通过多轮磋商之后仍不能取得一致。

**3. 达成协议阶段**

采购谈判在经历了准备阶段、磋商阶段之后,就进入了达成最终协议阶段,在这一阶段，总结和明确阐述所达成的协议尤其重要，这也是决定下一步的目标，以及为完成协议确定角色责任。记住，协议阶段不是工作的结束而是一种开始，双方都必须对协议感到满意，并清楚地了解协议所涉及的内容，否则迟早都可能会出现问题。

### 小资料 >>>

一般情况下应该寻找对双方都公平和有效的协议，这将是双方所遵照执行的唯一的协议。所以，应该仔细查看任何对你似乎太有利的协定。它可能有一些你没有意识到的陷阱。记住一句话："如果协议太好而显得不真实，那么它可能就是不真实的！"

协议签署应从以下几个方面进行注意。①起草协议应从实际出发，反映谈判所解决的实际需要，切忌照搬、照抄别人的合同或标准性格式。②关于法律适用条款问题。在一些涉外谈判所达成的协议内容中，一般都涉及不同国家的国内法、国际惯例、公约或国家间的条约。这些法律、惯例、公约等，对谈判协议的格式、内容、当事人的权利义务、国际支付等都有不同的规定。因此，在谈判的终局阶段签订合同时，应注明适用的法律范围。③关于协议文本的文字使用问题。按照国际谈判惯例，协议使用的文字应是谈判当事人国家的法定文字，通常应是谈判各方所在国的多种文字，并具有相同的效力。④审查或修改谈判协议。谈判协议一旦形成，必须抓住最后的机会，严格审查，一丝不苟，遇有问题立即修改。谈判中的协议、文件是谈判各方就其权利与义务关系协商一致的范文，对谈判各方均具有约束力，任何一方违约，都要承担违约责任。因此，老练的谈判者总是要利用复查、修改协议的最后机会，进一步谋求己方利益，杜绝漏洞，避免失误。

### 小资料 >>>

2003年5月，湖北某大型石化公司与甘肃某公司进行谈判。尽管湖北方面提出了合理的报价，但经过反复磋商仍未能与甘肃的这家公司达成协议，眼看谈判就要不欢而散。这时，湖北这家企业的谈判代表并没有责怪对方，而是以一种委婉和友好的口气向对方说："你们这次来到武汉，我们照顾不周，请多包涵。虽然这次谈判没有取得成功，但在这十几天里，我们之间却建立了深厚的友谊。你们的许多想法对我们启发很大。协议没达成，也不能怪你们，毕竟你们的权力有限。希望你们回到兰州后，能转达我们对贵公司总经理的诚挚歉意，请告诉他，我方随时愿意就相关的项目与你们进行合作洽谈"。

甘肃方面的谈判代表原以为一旦谈判失败，一定会遭到湖北方面的冷遇，没想到对方仍然一如既往地热情招待，让他们非常感动。回到甘肃后，他们反复核算，多方了解行情，认为湖北方面的报价是可以接受的，遂主动向湖北的这家企业发出重新谈判的邀请。在双方的共同努力下，第二次谈判终于取得了圆满的结局。

## 6.1.4 采购谈判的策略和技巧

在采购谈判中，为了使谈判能够顺利进行并取得成功，谈判者应善于灵活运用一些谈判策略和技巧。谈判策略是指谈判人员通过何种方法达到预期的谈判目标，而谈判技巧是指谈判人员采用什么具体行动执行策略。在实际工作中,应根据不同的谈判内容、谈判目标、谈判对手等个体情况选用不同的谈判策略和技巧。

**1. 采购谈判的策略**

(1) 报价策略

谈判双方在结束了非实质性谈判后,必然会将话题转入正题,提出各自的交易条件,即报价。那么到底是先报价还是后报价?很难一概而论,因为先报价与后报价各有利弊,表6-2列出了先报价的利弊。

表6-2 先报价的利弊

| 先报价的有利之处 | 先报价的不利之处 |
| --- | --- |
| • 先行报价对谈判的影响较大,它实际上是为谈判划定了一个框框或基础线,最终协议将在此范围内达成。例如,买方报价某货物购进价为1 000元,那么,最终成交价不会低于1 000元;而如果卖方报价为1 000元,则最终成交价不会高于1 000元<br>• 先报价,如果出乎对方的预料和设想,往往会打乱对方的原有方案,使其处于被动地位 | • 对方了解到我方的报价后,可以对他们自己原有方案进行调整,这等于使对方多了一个机会,如果我方的交易起点定得太低,他们就可以修改先准备的定价,获得意外的收获<br>• 先报价,会给对方树立一个攻击的目标,他们常常会采用集中力量攻击这一报价,迫使报价方一步步退让,而报价方有可能并不知道对方原先方案的报价而处于被动 |

报价对于一场谈判来说,非常的关键和重要,在报价的过程中必须注意如下几点。① 对卖方来讲开盘报价必须是最高的。相应地,对买方而言,开盘价必须是最低的,这是报价的首要原则。你对谈判对手的情况了解得越少,你所开出的条件就应该越高。也就是说,只要你让对手觉得你的条件是可以谈的,就完全可以大胆地提出你自认为非常离谱的条件。如果双方是初次接触,对方在听到你的条件后可能会非常惊讶,但在接下来的谈判过程中你可以做出比较大的让步,从而可以让对方感觉你初次合作很有诚意。② 开盘报价必须合乎情理。对于卖方开盘价,虽然是报价要高,但也绝不是漫天要价,毫无根据,而应该是合乎情理。如果报价过高,又讲不出道理,会使对方感到你没有诚意,甚至不予理睬,扬长而去。对于买方来说,也不能"漫天杀价",这会使对方感到你没有常识,而对你失去信心,或将你一一击倒,使你陷于难堪境地。所以无论是卖方或买方在报价时都要有根有据,合乎情理。③ 报价应该坚定、明确和完整。开盘价要坚定而果断地提出,这样才能给对方留下认真而诚实的印象,如果欲言又止,吞吞吐吐,就会导致对方产生怀疑。

**小资料>>>**

爱迪生的某项发明获得了发明专利。一天,某公司经理表示愿意购买该发明专利,并让爱迪生先报价,爱迪生想了想,回答道:"我的发明对贵公司有怎样的价值,请您先开个价吧。""那好吧,我出40万元,怎么样?"经理爽快地先报了价。谈判顺利结束了,其实,爱迪生最初只想卖5 000元。

(2) 还价策略

在还价之前必须充分了解对方报价的全部内容,准确了解对方提出条件的真实意图,要做到这一点,在还价之前要设法摸清对方报价中的条件哪些是关键的、主要的;哪些是附加的、次要的；哪些是虚设的或诱惑性的；甚至有的条件的提出，仅是交换性的筹码。只有把这一切搞清楚，才能提出科学且有策略的还价。① 永远不要立即答应对手的第一次报价。要知道，对手极有可能和你一样了解开盘报价的策略和技巧，如果你立即答应对手的第一次报价，无疑会步入对手设下的陷阱。所以即使你已经认同对方的报价也不能马上答应。② 知道对方的报价后立即大胆地表示意外。在知道对方的报价后，一定要立即表示深深的意外。如果你没有表示出意外，对方就会认为你很有可能接受他提出的远超过他预期的条件。如果你表示出很意外，对方通常会做出一些让步。但如果没有任何表示，只会让对方变得更加强硬和自信。因此，即使不是与对方在当面谈判，仍然需要让他感觉到你的惊讶。③ 拿对方竞争者的报价与之做比较。这项工作十分重要和必要，你可以由此评估每一个报价，并向卖方显示你对合理价格的认识。这还可以向卖方施加一定的压力，显示"我不一定会向你购买"的意思。④ 要求特别的折扣、促销的优惠等。卖方通常会有一些促销的政策，而且这个政策具有相当大的弹性，由销售人员来把握，但是如果你不主动要求，卖方不一定会主动给你。

### 小资料 >>>

如果对方的报价超过谈判协议区的范围，与己方要提出还价条件相差甚大时，不必草率地提出自己的还价，而应首先拒绝对方的还价。必要时可以中断谈判，给对方一个出价，让对方在重新谈判时另行报价。

(3) 让步策略

采购谈判可以看成双方不断地让步最终达到价值交换的一个过程。让步既需要把握时机，又需要掌握一些基本的技巧，也许一个小小的让步会影响到整个战略布局，但是也要注意草率让步和寸步不让都是不可取的。① 谨慎让步。每次让步的幅度不能过大，要让对方意识到你的每一次让步都是艰难的，否则对方会期待你的下一次让步。采购谈判人员应该从各方面详细地描述做出让步会对本企业造成的负面影响，适当夸大让步所要付出的代价和艰难会让供应商不好意思进一步提出其他要求。另外，即使同意做出让步，也不要太快答应，表现出左右为难的样子也是情有可原的。② 让步的同时索取回报。让步的同时及时索取回报，也就是每次让步都需要对方用一些可以增加己方利益的条件来交换，要明确要求对方给予你所期望的回报。③ 替代价格让步。让步的形式有很多种。当供应商提出涨价的要求时，采购方可以用其他让步方式来代替涨价，如更多的采购量、更优厚的付款条件等，尽量避免因价格的上升给企业带来不必要的损失。从采购方的角度来看，只要其他的让步付出的代价要小于价格上涨，那么无论何种方式都是可以接受的。④ 有计划地让步。事前做好让步的计划，所有的让步都应该是有序的，将具有实际价值和没有实际价值的条件区别开来，在不同的阶段和情况下使用。尽量迫使对方在关键问题上先行让步，而己方则在对手的强烈要求下，在次要方面或较小的问题上让步。

### 小资料 >>>

如果供应商提出增加采购额，那么采购人员就可以在同意其要求的同时，提出要求供应商再给予优惠价格和付款条件。及时索取回报可以让你所做出的让步更有价值,还可以帮你避免很多麻烦,因为,如果对手每次让你让步都要他付出代价的话,他就不会无休止地一直要你让步。另外还要注意表达方式,"如果我们能够为你提供这个,你会为我们做什么呢?"就是不错的表达。千万不要索取具体的报酬,避免在双方之间造成一种对抗的情绪。

在谈判过程中,让步是能否达成协议的关键,同时也是影响谈判结果的关键。能够控制好自己的让步幅度的一方总会处于优势地位,获得的利益也相对另一方要多,所以如何控制让步就显得非常重要了。

**2. 采购谈判的技巧**

(1)先声夺人

所谓"先声夺人",是指谈判前设法给对手以巨大的压力。例如,如果公司因为某些原因要改变生产的新产品的品牌或其他方面供应商已经熟悉和接受的东西,而同时又要维持原来的供应渠道,以确保生产正常进行;但是一般来说,供应商由于怕麻烦等原因不愿更换已经商议好的条件,这种情况下采购人员就要采用"先声夺人"的谈判技巧。

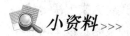

小资料>>>

在与原供应商的商务谈判过程中,采购人员在使用"先声夺人"技巧时,特别是针对那些较小的供应商,采购人员就要将重点集中于公司的强大实力和良好信誉等方面,避而不谈具体的实质性内容。最后,因为对方急于维持供应关系,只好降低价格。这样,企业在不改变品牌的情况下就能顺利达到降低采购成本的目的。

(2)"擒贼先擒王"

所谓"擒贼先擒王",是指在谈判过程中直接和对方掌握实权的人谈判。这一技巧适用于某些"家长式"的企业。所谓"家长式"的企业是指那些一个人或少数几个人说了算的企业。公司的采购人员可以在事先已做了详细的市场价格调查的情况下,和对方的区域主管商谈;若价格谈不下来,再与对方销售部副经理、经理谈,如果只是被告知价格是刚性的,这时采购谈判人员就要意识到,是不是可能只有对方老总才有定价权。于是采购人员可以通过各种渠道与对方的老总谈判,往往会收到意想不到的效果。在对方低层主管没有价格决策权的情况下,采取这种技巧是非常重要的,对方业务员和低层主管对此也无可非议。但这种方式一般难度比较大,不一定成功,因为对方具有决策权的人不一定那么容易说服;而且一旦不成功还有可能得罪对方谈判人员,破坏双方关系。

与此技巧相对应的,采购方可使用"权力有限"的谈判技巧,即在较被动的情况下,推说没有被授予最大的让步权力,以便使对方放弃所坚持的条件。

(3)避免争论策略

谈判人员在开始谈判之前,要明确自己的谈判意图,在思想上做必要的准备,以创造融洽、活跃的谈判气氛。然而,谈判双方为了谋求各自的利益,谈判中出现分歧是很正常的事。出现分歧时应保持冷静,防止感情冲动,尽可能地避免争论。遇到分歧时,比较理想的方式是采用如下措施进行解决。①冷静倾听对方的意见。当对方说出你不愿意听或对你很不利的话时,不要感情冲动或生气地立即打断及反驳对方,应耐心地听完对方的发言,必要时还可承认自己某些方面的疏忽。② 婉转地提出不同意见。不应直截了当地提出自己的否定意见，这样会使对方在心理上产生抵触情绪，反而迫使对方千方百计维护自己的意见；而应先同意对方的意见，然后再作探索性的提议。③ 谈判无法继续时应立即休会。如果某个问题成了彼此继续谈判的绊脚石，使谈判无法再顺利进行，应在双方对立起来之前就及时地休会，从而避免引起更进一步的僵持和争论。休会的策略为固执型谈判人员提供了请示上级的机会，也可借机调整双方思绪，以利于问题在心平气和的友好氛围中得以圆满解决。

（4）避实就虚

避实就虚是指你方为达到某种目的和需要，有意识地将洽谈的议题引导到相对次要的问题上，借此来转移对方的注意力，以求实现你的谈判目标。例如，对方最关心的是价格问题，而你最关心的是交货问题。这时，谈判的焦点不宜直接放到价格和交货时间上，而是放到运输方式上。在讨价还价时，你方可以在运输方式上做出让步，而作为双方让步的交换条件，要求对方在交货时间上做出较大的让步。这样，对方感到满意，你方的目的也就达到了。

（5）抛砖引玉

这是指在谈判中，一方主动提出各种问题，但不提供解决的方法，让对方来解决。这一策略不仅能尊重对方，而且又可以摸清对方的底细，争取主动。但是这种策略在以下两种情况下不适用：一是谈判出现分歧时，对方会误认为你是故意在给他出难题；二是若对方是一个自私自利、寸利必争的人，就会乘机抓住对他有利的因素，使你方处于被动地位。

（6）情感沟通

人有七情六欲，满足人的感情和欲望是人的一种基本需求。在谈判中充分利用感情因素以影响对方，则不失为一种可取的策略。例如，可以利用空闲时间，主动与谈判对方一起聊天、娱乐，也可馈赠小礼品，提供食宿的方便。还可通过帮助解决一些其他问题，从而达到增进了解、联系感情、建立友谊，从侧面促进谈判的顺利进行。

（7）先苦后甜

例如，供应商想要在价格上有多一些的余地，你方可先在包装、运输、交货、付款方式等多方面提出较苛刻的方案来作为交换条件。在讨价还价过程中，再逐步地做出让步。供应商鉴于你方的慷慨表现，往往会同意适当提价。而事实上这些"让步"是你方本来就打算提供的。但要注意的是，这一策略只有在谈判中处于主动地位的一方才有资格使用。

（8）适当沉默

适当沉默，是出于被动地位的谈判人员常用的一种技巧，是为了给对方造成心理压力，同时也起缓冲作用。但是如果运用不当，可能适得其反。例如，在还价中沉默常被认为是默认，沉默时间太短意味着你被慑服。在对方咄咄逼人的时候，你适当地运用沉默可缩小双方的差距。在沉默中，行为语言是唯一的反应信号，是对方十分关注的内容，所以应特别加以运用，以达到保持沉默的真正目的。

（9）最后期限

处于被动地位的谈判者，总有希望谈判成功达成协议的心理。当谈判双方各持己见、争执不下的时候，处于主动地位的谈判者就可利用这一心理，提出解决问题的最后期限和解决条件。这是一种时间通牒，可使对方感到如不迅速做出决定他就会失去机会，从而给对方造成一种心理压力——谈判不成损失最大的还是自己。

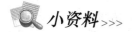 小资料>>>

只要你处于谈判的主动地位,就不要忘记抓住恰当的时机来适时使用该策略。使用时还应注意:切忌不可激怒对方而要语气委婉、措辞恰当、事出有因;要给对方一定的时间考虑,让对方感到你不是在强迫他,而是向他提供了一个解决问题的方案,并由他自己觉得是否接受;提出最后期限时,最好还能对原有条件也有所让步,给人以安慰。

总之,只要谈判人员善于总结,善于观察,并能理论结合实践,就能创新出更多更好更适合自身的谈判策略和技巧,并灵活运用在谈判过程中,一定能够起到出其不意的效果。

# 6.2　采购合同管理

## 6.2.1　采购合同含义与特征

**1. 采购合同的含义**

合同是双方或多方确立、变更和终止相互权利和义务关系的协议。合同的种类很多,但人们生活中最常见、最普遍的合同是经济合同,它是法人之间为实现一定的经济目的,明确双方权利义务关系的协议。

采购合同是经济合同的一种,是供需双方为执行供销任务,明确双方权利和义务而签订的具有法律效力的书面协议。采购合同俗称买卖合同,是商品交换最普遍的形式,也是典型的有偿合同。随着商品流通的发展,采购合同正成为维护商品流通秩序和促进商品市场发展完善的手段。

**2. 采购合同的特征**

(1) 它是转移标的物所有权或经营权的合同

采购合同的基本内容是出卖人向买受人转移合同标的物的所有权或经营权,买受人向出卖人支付相应货款,因此必然导致标的物所有权或经营权的转移。

(2) 采购合同的主体比较广泛

从国家对流通市场的管理和采购的实践来看,除生产企业外,流通企业也是采购合同的重要主体,其他社会组织和具有法律资格的自然人也是采购合同的主体。

(3) 采购合同与流通过程密切联系

流通是社会再生产的重要环节之一,对国民经济和社会发展有着重大影响,重要的工业品生产资料的采购关系始终是国家调控的重要内容。采购合同是采购关系的一种法律形式,它以采购这一客观经济关系作为设立的基础,直接反映采购的具体内容,与流通过程密切相连。

## 6.2.2　采购合同的内容

合同、合约、协议等作为正式契约,应该条款具体、内容详细完整。一份买卖合同主要由首部、正文与尾部三部分组成。

**1. 首部**

合同的首部主要包括：名称、编号、签约日期、签约地点、买卖双方的名称、合同序言等。

**2. 正文**

（1）主要内容。合同的正文主要包括以下内容。

① 商品名称。即所要采购物品的名称。

② 品质规格。品质是指商品所具有的内在质量与外观形态的结合，包括各种性能指标和外观造型。该条款的主要内容有：技术规范、质量标准、规格和品牌。

③ 数量。这是指用一定的度量制度来确定买卖商品的重量、个数、长度、面积、容积等。该条款的主要内容有交货数量、单位、计量方式等。必要时还应该清楚说明误差范围以及交付数量超出或不足时的处理方法。

④ 单价与总价。单价是指交易物品每一计量单位的货币数值。如：一台计算机6 000元。该条款的主要内容包括计量单位的价格金额、货币类型、国际贸易术语（如 FOB、CIF、CPT 等）、物品的定价方式（固定价格、浮动价格）。

⑤ 包装。包装是为了有效地保护商品在运输存放过程中的质量和数量，并有利于分拣和环保而把货物装进适当容器的操作。该条款的主要内容有：包装标志、包装方法、包装材料要求、包装容量、质量要求、环保要求、规格、成本、分拣运输成本等。

⑥ 装运。装运是把货物装上运输工具并运送到交货地点。该条款的主要内容有：运输方式、装运时间、装运地与目的地、装运方式（分批、转运）和装运通知等。在 FOB、CIF 和 CFR 合同中，卖方只要按合同规定把货物装上船或者其他运输工具，并取得提单，就算履行了合同中的交货义务。提单签发的时间和地点即为交货时间和地点。

⑦ 到货期限。到货期限是指约定的到货最晚时间。到货期限要以不延误企业生产为标准。

⑧ 到货地点。到货地点是货物到达的目的地。到货地点的确定并不一定总是以企业的生产所在地为标准。有时为了节约运输费用，在不影响企业生产的前提下，也可以选择在交通便利的港口交货。

⑨ 付款方式。国际贸易中的支付是指采用一定的手段，在指定的时间、地点，使用确定的方式方法支付货款。付款条款的主要内容有：支付手段、付款方式、支付时间和支付地点。

⑩ 保险。保险是企业向保险公司投保并缴纳保险费的行为，也指货物在运输过程受到损失时，保险公司向企业提供的经济补偿。该条款的主要内容包括：确定保险类别及其保险金额，指明投保人并支付保险费。根据国际惯例，凡是按照 CIF 和 CIP 条件成交的出口物资，一般由供应商投保；而按照 FOB、CFR 和 CPT 条件成交的进口物资由采购方办理保险。

⑪ 商品检验。商品检验是指商品到达后按照事先约定的质量条款进行检验，对于不符合要求的产品要及时处理。

⑫ 纷争与仲裁。仲裁条款以仲裁协议为具体体现，表示买卖双方自愿将其争议事项提交第三方进行裁决。仲裁协议的主要内容有仲裁机构、适用的仲裁程序、仲裁地点、裁决效力等。

⑬ 不可抗力。不可抗力是指在合同执行过程中发生的、不能预见的、人力难以控制的

意外事故，如战争、洪水、台风、地震等，致使合同执行被迫中断。遭遇不可抗力的一方可因此免除合同责任。不可抗力条款的主要内容包括：不可抗力的含义、适用范围、法律后果、双方的权利义务等。

（2）选择性内容

合同正文的选择性内容包括：① 保值条款；② 价格调整条款；③ 误差范围条款；④ 法律适用条款。买卖双方在合同中明确说明合同适用哪国法律的条款。对大批量、大金额、重要设备及项目的采购合同，要求全面详细地描述每一条款。对于金额不大、批量较多，而且买卖双方以前有供货、分销、代理等长期协议（认证环节完成）的，则每次采购交易使用简单订单合同，索赔、仲裁和不可抗力等条款已经包含在长期认证合同中。对于企业因频繁批量采购而与供应商签订的合同可以分为两个部分：认证合同和订单合同。认证合同的内容是买卖之间需要长期遵守的协议条款，由认证人员在认证环节完成的，是对企业采购环境的确定。订单合同就每次物料采购的需求数量、交货日期、其他特殊要求等条款进行表述。

**3. 尾部**

采购合同的尾部包括：合同的份数、使用的语言及效力、附件、合同的生效日期和双方的签字盖章。

### 6.2.3 采购合同的资格审查、订立与履行

**1. 采购合同的资格审查**

合同依法订立后，双方必须依法严格执行。因此采购人员在订立合同之前，必须审查供应商的合同资格、资信及履约能力，按合同法的要求，逐条订立合同的必备条款。

（1）订立合同的资格审查

审查供应商的合同资格，为了避免与不具备签订合同资格的个人或组织签订合同，以免日后发生不必要的经济纠纷，必须审查供应商是否属于经国家审批程序成立的法人组织。① 法人资格审查。没有取得法人资格的社会组织，已被吊销营业执照取消法人资格的企业或组织，无权签订购销合同。尤其要特别警惕根本没有办理工商登记手续或未经批准的所谓的公司，他们或私刻公章，冒充法人，或假借他人名义订立合同，旨在欺骗采购方的资金。同时，要注意识别那些没有设备、技术、资金和组织机构的"四无"企业，他们往往在申请营业执照时弄虚作假，以假验资、假机构骗取营业执照，虽签订供货合同并收取货款或订金，但根本不具备供货能力。② 法人能力审查。法人能力审查主要是审查供应商的经营活动是否超出营业执照批准的范围。超越业务范围的合同属于无效合同。法人能力审查还包括对签约的具体经办人的审查，购销合同必须由法人的法定代表人或法定代表人授权承办人签订。承办人在代表法人代替签订合同时应出示身份证、法人代表的委托书和营业执照或副本。

**小资料>>>**

××省国际经济技术合作公司参加亚行贷款巴基斯坦农业灌溉项目中××泵站设备成套子项目的国际投标，该公司投标人员按招标文件要求完成投标文件，由于该公司董事长

（法定代表人）出国考察，不能在投标截止日期前回国，该公司总经理签署了所有文件，但在该投标人提供的英译本营业执照复印件（经公证）中明确显示该公司的法定代表人是该公司的董事长。评标结果是该公司未能通过商务审查，主要原因就是文件不是由公司法定代表人签署的，并且文件签署人无授权书。

（2）供应商的资信和履约能力审查

资信，即资金和信用。审查供方当事人的资信情况，了解供应商对供货合同的履约能力，对于确定购销合同中的权利义务条款具有非常重要的作用。① 资信审查。对于资信的审查，一方面要求供应商要有固定生产经营场所、生产设备和与生产经营规模相适应的资金，这是法人对外签订供货合同起码的物质基础。同时，要注意审查其历史上的资信情况，在历史上是否信守承诺，是否有过对需求者及工商财税等部门的不诚信行为。② 履约能力审查。履约能力是指除资信以外的技术和生产能力、原材料及能源供应、工艺流程、加工能力、产品质量和经营管理水平等方面的综合情况。总之，就是要了解对方有没有履行合同所必需的人力、物力和财力保证。

**2. 采购合同的订立**

签订采购合同的程序根据不同的采购方式而有所不同，一般情况下，采购合同签订程序要经过要约和承诺两个阶段。

（1）要约阶段

这是指当事人一方向另一方提出订立经济合同的建议。提出建议的一方为要约人。要约是订立采购合同的第一步，要约应具有如下特征。① 要约是要约人单方的意思表示，它可向特定的对象发出，也可向非特定的对象发出。当向某一特定的对象发出要约后，要约人在要约期限内，不得再向第三人提出同样的要约，不得与第三人订立同样的采购合同。② 要约内容必须明确、真实、具体和肯定，不能含糊其辞、模棱两可。③ 要约是要约人向对方做出的允诺，因此要约人要对要约承担责任，并且要受要约的约束。如果对方在要约一方规定的期限内做出承诺，要约人就有接受承诺并与对方订立采购合同的义务。④ 要约人可以在得到对方接受要约表示前撤回自己的要约，但撤回要约的通知必须不迟于要约到达。对已撤回的要约或超过承诺期限的要约，要约人不再承担法律责任。

（2）承诺阶段

承诺表示当事人另一方完全接受要约人的订约建议，同意订立采购合同的意思表示。接受要约的一方叫承诺人，承诺是订立合同的第二步。它具有如下特征。① 承诺由接受要约的一方向要约人做出。② 承诺必须是完全接受要约人的要约条款，不能附带任何其他条件，即承诺内容与接受要约必须完全一致，这时协议即成立。如果对要约提出本质性意见或附加条款，则是拒绝原要约，提出新要约。这时要约人与承诺人之间的地位发生了互换。在实践中，很少有对要约人提出的条款一次性完全接受的，往往经过反复的业务洽谈，经过协商，取得一致的意见后，最后达成协议。

供需双方经过反复磋商，经过要约与承诺的反复，形成具有文字的草拟合约。再经过签订合同和合同签证两个环节，一份具有法律效力的采购合同便正式形成了。签订合同是在草拟合约确认的基础上，由双方法定代表签署，确定合同的有效日期。合同签证是合同管理机关根据供需双方当事人的申请，依法证明其真实性与合法性的一项制度。在订立采购合同时，特别是在签订金额数目较大及大宗商品的采购合同时，必须经过工商行政管理部门或立约双方的主管部门签证。

**3. 采购合同的履行**

（1）采购合同履行的一般原则

采购合同生效后，当事人对质量、价款、履行期限和地点等内容没有约定或约定不明确的，可以协议补充；不能补充协议的，按照合同有关条款或交易习惯确定。① 质量要求不明确的，按照国家标准、行业标准；没有国家、行业标准的，按照通常标准或者符合合同目的的特定标准履行。② 价款或者报酬不明确的，按照订立合同时的市场价格履行；依法应当执行政府定价或者政府指导价的，按规定履行。③ 履行地点不明确的，在履行义务一方所在地履行。④ 履行期限不明确的，债务人可以随时履行，债权人也可以随时要求履行，但应当给对方必要的时间。⑤ 履行方式不明确的，按照有利于实现合同目的的方式履行。⑥ 履行费用的负担不明确的，由履行义务一方负担。

（2）标的物所有权属的转移

标的物所有权属的转移包括以下内容：① 标的物的所有权自标的物交付时转移。② 当事人可以在买卖合同中约定买受人在履行支付价款或者其他义务时，标的物的所有权属于出卖人。③ 出卖人应当按照约定或者交易习惯履行向买受人交付标的物或者交付提取标的物的单证，并转移标的物所有权的义务。④ 出卖人应当按照约定或者交易习惯向买受人交付提取单证以外的有关单证和资料。⑤ 出卖具有知识产权的计算机软件等标的物时，除法律另有规定或者当事人另有约定外，该标的物的知识产权不属于买受人。⑥ 出卖人应当按照约定的期限交付标的物。约定交付期间的出卖人可以在约定期限内的任何时间交付。⑦ 标的物在订立合同之前，已为买受人占有的，合同生效的时间为交付时间。⑧ 出卖人应当按照约定的地点交付标的物。⑨ 当事人没有约定交付地点或者约定不明确的，可以补充协议；不能达成补充协议的，可按照合同有关条款或者交易习惯确定。上述办法均不能确定的，适合下列规定：第一，标的物需要运输的，出卖人应当将标的物交给第一承运人以运交给买受人；第二，标的物不需要运输的，出卖人和买受人订立合同时，知道标的物在某一地点的，出卖人应该在该地点交付标的物；不知道标的物在某一地点的，应当在出卖人订立合同时的营业地交付标的物。

（3）标的物的质量、数量、包装条款的履行

① 标的物质量条款的履行。标的物质量条款的履行，首先以当事人在合同中的约定为准；如果没有明确约定，但卖方提供了质量说明，该说明可以作为质量要求。另外，卖方的产品介绍、产品说明书等，均构成对标的物的明示担保。如果实际的标的物与这些说明不符，即构成违约。因标的物质量不符合质量要求，致使不能实现合同目的的，买受人可以拒绝接受标的物或者解除合同。买受人拒绝接受标的物或者解除合同的标的物坏损、灭失的风险由出卖人承担。对于不合格标的物的处理有三种办法：一是降低价格销售；二是做返修处理，达到合格标准后再行发货；三是作为退货处理，供应商补充发货。② 标的物数量条款的履行。在供应商提供的标的物的数量超过合同规定时，可采取两种办法：一种是增加付款，接受多余部分；另一种办法是退回多余部分，这时要及时通知供应商。③ 标的物包装条款的履行。当事人应当在合同中对包装要求作出明确规定，没有约定或约定不明确的，可以协议补充，达不成协议的，按交易习惯来定。仍不能确定的，卖方有义务采取通用的包装形式。没有通用包装方式的，卖方有义务提供足以保护标的物的包装方式。如因卖方提供的

包装不符合要求,导致标的物受损的,卖方应承担责任。

(4) 标的物的检验

买受人收到标的物时,应当在约定的检验期间内检验。没有约定检验期间的,应当及时检验。当事人约定检验期间的,应当在检验期间内将标的物的数量或者品质不符合约定的情形通知出卖人。买受人怠于通知的,视为标的物的数量或品质符合规定。当事人没有约定检验期间的,买受人在发现或者应当发现标的物的数量或者品质不符合约定的应当在合理期间内通知出卖人。出卖人知道或者应当知道提供的标的物不符合约定的,买受人不受上诉通知的限制。

(5) 承担标的物的风险

标的物毁损、灭失的风险,在标的物交付之前,由出卖人承担,交付之后由买受人承担,但法律另有规定或者当事人另有约定的除外。① 因买受人的原因致使标的物不能按照约定的期限交付的,买受人应当自违反约定之日起承担标的物坏损、灭失的风险。② 出卖人出卖交由承运人运输的在途标的物,除当事人另有约定的以外,毁损、灭失的风险自合同成立起由买受人承担。③ 当事人没有约定交付地点或者约定地点不明确,标的物需要运输的,出卖人将标的物交给第一承运人后,标的物的毁损、灭失的风险由买受人承担。④ 出卖人按照约定或者依照《合同法》有关规定将标的物置于交付地点,买受人违反约定没有收取的,标的物毁损、灭失的风险自违反约定之日起由买受人承担。⑤ 出卖人按照约定,未交付有关标的物单证和资料的,不影响标的物毁损、灭失风险的转移。⑥ 因标的物品质不符合要求,致使不能实现合同目的的,买受人可以拒绝接受标的物或解除合同。买受人拒绝接受标的物或者解除合同的,标的物毁损、灭失的风险由出卖人承担。⑦ 标的物毁损、灭失的风险由买受人承担的,不影响出卖人因履行债务不符合规定,买受人拥有要求其承担违约责任的权利。

### 6.2.4 采购合同的争议与索赔处理

在采购过程中,买卖双方往往会因为彼此之间的责任和权利问题引起争议,并由此引发索赔、理赔、仲裁及诉讼等。为了减少争议的产生,并在争议发生后能获得妥善的处理和解决,买卖双方通常都在签订合同时对违约后的索赔、免责事项等内容实现做出明确规定。这些内容反映在合同中就是违约责任条款。

采购业务中,处理好争议和索赔是一项重要工作。索赔一般有三种情况:买卖双方间的贸易索赔;向承运人的运输索赔;向保险人的保险索赔。

**1. 违反合同的责任区分**

在采购合同履行过程中,采购商品未能按合同要求送达买方时,首先应分清是供方责任还是运输方责任,认清索赔对象。

1) 违反采购合同的责任

(1) 供方责任

违反采购合同时,供方的责任主要有以下两个方面的内容:① 商品的品种、规格、数量、质量和包装等不符合合同的规定,或未按合同规定日期交货,应偿付违约金、赔偿金;② 商品错发到货地点或接货单位(人),除按合同规定负责运到规定的到货地点或接货单位(人)外,并承担因此而多付的运杂费;如果造成逾期交货,应偿付逾期交货违约金。

（2）需方责任

① 中途退货应偿付违约金、赔偿金；② 未按合同规定日期付款或提货，应偿付违约金；③ 错填或临时变更到货地点，应承担由此多支出的费用。

2）违反货物运输合同的责任

当商品需要从供方所在地托运到需方收货地点时，如果未能按采购合同要求到货，应分清责任在货物承运方还是托运方。

（1）承运方责任

① 不按运输合同规定的时间和要求发运的，偿付托运方违约金。② 商品错运到货地点或接货人，应无偿运至合同规定的到货地点或接货人。如果货物运到逾期，偿付逾期交货的违约金。③ 运输过程中商品的丢失、短少、变质、污染、损坏，按其实际损失（包括包装费、运杂费）赔偿。④ 联运的商品发生丢失、短少、变质、污染、损坏，应由承运方承担赔偿责任的，由终点阶段的承运方按照规定赔偿，再由终点阶段的承运方向负有责任的其他承运方追偿。⑤ 在符合法律和合同规定条件下的运输，由于下列原因造成商品丢失、短少、变质、污染、损坏的，承运方不承担违约责任：不可抗力如地震、洪水、风暴等自然灾害；商品本身的自然性质；商品的合理损耗；托运方或收货方本身的过错。

（2）托运方责任

① 未按运输合同规定的时间和要求提供运输，偿付承运方违约金。② 由于在普通商品中夹带、匿报危险商品，错报笨重货物重量等导致商品摔损、爆炸、腐蚀等事故，承担赔偿责任。③ 罐车发运的商品，因未随车附带规格质量证明或化验报告，造成收货方无法卸货时，托运方须偿付承运方卸车等费用及违约金。

（3）已投财产保险时，保险方的责任

对于保险事故造成的损失和费用，保险方在保险金额的范围内承担赔偿责任。被保险方为了避免或减少保险责任范围内的损失而进行的施救、保护、整理、诉讼等所支出的合理费用，依据保险合同规定偿付。

**2. 索赔和理赔应注意的问题**

发生合同争议后，首先分清责任属于供方、需方还是运输方。如需方在采购活动中因供方或运输方责任蒙受了经济损失，就可以通过与其协商交涉，进行索赔。索赔和理赔既是一项维护当事人权益和信誉的重要工作，又是一项涉及面广、业务技术性强的细致工作。因此，提出索赔和处理理赔的时候，必须注意下列问题。

（1）索赔的期限

索赔的期限是指争取索赔一方向违约一方提出索赔要求的期限。关于索赔期限，合同法有规定的必须依法执行，没有规定的，应根据不同商品的具体情况做出不同的规定。如果逾期提出索赔，对方可以不予理赔。一般地，农产品、食品等索赔期限短，普通商品索赔期限长一些，而机器设备的索赔期限则更长。

（2）索赔的依据

提出索赔时，必须出具因对方违约而造成需方损失的证据（保险索赔另外规定），当争议条款为商品的质量条款或数量条款时，该证明要与合同中检验条款相一致，同时出示检验的出证机构。如果索赔时证据不全、不足或不清，以及出证机构不符合规定，都可能导致对方的拒赔。

(3) 索赔额及赔偿办法

关于处理索赔的办法和索赔的金额，除了个别情况外，通常在合同中只做一般笼统的规定，而不做具体规定。因为违约的情况较为复杂，当事人在订立合同时往往难以预计。有关当事人双方应根据合同规定和违约事实，本着平等互利和实事求是的精神，合理确定损害赔偿的金额或其他处理的办法，如退货、换货、补货、整修、延期付款、延期交货等。当商品因质量出现与合同规定不符造成采购方蒙受经济损失时，如果违约金能够补偿损失，不再另行支付赔偿金；如违约金不足以抵补损失，还应根据所蒙受经济损失的情况，支付补偿金以补偿其差额部分。

### 小资料>>>

国际贸易中发生索赔时，根据联合国国际货物销售合同规定：一方当事人违反合同应付的受损害赔偿额，应于另一方当事人因其违反合同而遭受的包括利润在内的损失额相等；如果合同被宣告无效，而在宣告无效后的一段合理时间内，买方已经以合理方式购买替代货物，或者卖方已以合理方式把货物转卖，则要求损害赔偿的一方可以取得合同价格和替代货物交易价格之间的差额。

**3. 仲裁**

经济仲裁是指经济合同的当事人双方发生争议时，如经过协商不能解决，当事人一方或双方自愿将有关争议提交给双方同意的第三者依照专门的裁决规则进行裁决，裁决的结果对双方都有约束力，双方必须遵照执行。

### 小资料>>>

当采购方与卖方发生纠纷需要仲裁时，可按照一般的仲裁程序到相应的受理机构提出仲裁申请，仲裁机构受理后，经调查取证，先行调解；如调解不成，进行庭审，开庭裁决。

(1) 仲裁的受理机构

根据我国有关法律规定：凡是我国法人之间的经济合同纠纷案件，统一由国家工商行政管理局设立的经济合同仲裁委员会仲裁管辖；凡是有涉外因素的经济纠纷或海事纠纷事件，即争议的一方或双方是外国法人或自然人的案件，以及中国企业、公司或其他经济组织间有关外贸合同和交易中所发生的争议案件，由民间（非政府）的社会团体——中国国际贸易促进委员会附设的对外经济贸易仲裁委员会和海事委员会仲裁。

(2) 仲裁的程序

① 提出仲裁申请：仲裁申请人必须是与本案有直接利害关系的当事人。所写申请书应当写明以下事项：申诉人名称、地址、法人代表姓名、职务；被诉人名称、地址、法人代表姓名、职务；申请的理由和要求；依据、证人姓名和住址。② 立案受理：仲裁机关收到仲裁申请后，经过审查，符合仲裁条例规定的，应当在7日内立案；不符合规定的，应在7日内通知申诉人不予受理，并说明理由。案件受理后，应当在5日内将申请书副本发送被诉人，被诉人收到申请书副本后，应当在15日内提交答辩书和有关证据。③ 调查取证：仲裁

院必须认真审阅申请书、答辩书,进行分析研究,确定调查方案及搜集证据的具体方法、步骤和手段。为调查取证,仲裁机关可向有关单位申请查阅与案件有关的档案、资料和原始凭证。有关单位应当如实地提供材料,协助调查,必要时应出具证明。仲裁机关在必要时可组织现场勘察或者对物证进行鉴定。④ 先行调解:仲裁庭经过调查取证,在查明事实、分清责任的基础上,应当先行调解,促使当事人双方互谅互让、自愿达成和解协议。调解达成协议,必须双方自愿,不得强迫。协议内容不得违反法律、行政法规和政策,不得损害公共利益和他人利益。达成协议后,仲裁庭应当制作调解书。调解书应当写明当事人的名称、地址、代表人或者代理人姓名、职务,纠纷的主要事实,责任协议内容和费用的承担。调解书由当事人签字,仲裁员、书记员署名,并加盖仲裁机关的印章。调解书送达后即发生法律效力,双方当事人必须自动履行。调解未达成协议或者调解书送达前一方或双方后悔,仲裁庭应当进行仲裁。⑤ 开庭裁决:仲裁庭决定仲裁后,应当在开庭前,将开庭审理的时间、地点以书面形式通知当事人。

在庭审过程中,当事人可以充分行使自己的诉讼权利,即申诉、答辩、反诉和变更诉讼的权利,委托律师代办诉讼的权利,申请保全的权利,申请回避的权利。仲裁庭认真听取当事人陈述的辩论,出示有关证据,然后以申诉人、被诉人的顺序征询双方最后意见,再行调解。调解不成的,由仲裁庭评议后裁决,并宣布裁决结果。闭庭后10日内将裁决书送交当事人。

### 6.2.5 采购合同的变更、终止和解除

**1. 采购合同的变更和终止**

当事人协商一致,可以变更合同。当事人对合同变更内容约定不明确的,推定为未变更。应当先履行债务的当事人,有确切证据证明对方有下列情形之一的,可以终止履行合同。

① 经营状况严重恶化。
② 转移财产、抽逃资金,以逃避债务。
③ 丧失商业信誉。
④ 有丧失或者可能丧失履行债务能力的其他情形。

当事人没有确切证据中止履行的,应当承担违约责任。当事人依据上述理由中止履行的,应当及时通知对方。对方提供适当担保时,应当恢复履行。中止履行后对方在合理期限内未恢复履行能力并且未提供担保的,中止履行的一方可以解除合同。

**2. 采购合同的解除**

有下列情形之一的,当事人可以解除合同。

① 因不可抗力原因致使不能实现合同的。
② 在履行期限届满之前,当事人一方明确表示或者以自己的行为表明不履行主要债务。
③ 当事人一方延迟履行主要债务、经催告后在合理期限内尚未履行。
④ 当事人一方延迟履行债务或其他违约行为致使不能实现合同的。

合同解除后，尚未履行的，终止履行；已经履行的，根据履行情况和合同的性质，当事人可以要求恢复原状，采取其他补救措施，并有权要求赔偿损失。合同权利义务的终止，不影响合同中结算和清理条款的效力。

## 6.3 采购风险控制

### 6.3.1 采购合同风险及其防范

采购合同风险是指采购合同中存在的各种风险，即因供销双方的责任或其他原因引起的损失。除了不可抗力等不可归责的因素外，采购合同的风险还有其他形成原因，最常见的就是合同欺诈，而引起这种情况发生的原因通常是管理不善。

**1. 采购合同欺诈行为**

采购合同欺诈行为是指卖方为获得不正当的利益，采用欺诈、弄虚作假等非法手段骗取买方信任签订合同的行为。常见的采购合同欺诈行为有以下几种。

（1）伪劣产品替代履行

在签订买卖合同时欺诈方出示的是质量较高的样品，而在履行时却以质量低劣的伪次品替代。

（2）不履行或不完全履行欺诈

当事人一方在自身无履约能力或者只有一定的履约能力的情况下，自订立合同起，就根本没有履行合同的诚意，而是想通过欺诈手段使对方履行合同。在骗取对方履行合同之后，非法占有对方履行的钱或产品，而自己却不再履行合同，使对方造成重大损失。

（3）伪造产品的质量鉴定证明或标志

供方本无产品或产品质量不合格，但为骗取贷款，引诱对方签订合同，伪造产品的质量鉴定证明或标志，使对方看过之后信以为真而订立合同，在对方做出履行之后，供方则不再对等地做出履行，溜之大吉。

（4）假冒注册商标商品诱签合同

一方当事人为了诱使对方签订合同，骗取钱财，将自己的伪劣产品假冒为注册商标商品，对方由于信任注册商标商品而与之签订合同，在履行合同之后，才发现上当受骗。

（5）谎称专利产品

供方谎称自己的产品为专利产品或名优产品，利用对方信息不灵、交通闭塞、缺乏经验，对"专利"或"名优"产品的神秘感、信任感而使其陷入错误的认识。供方在意思表示不真实的情况下，与对方签订合同，以推销自己的伪劣产品。

（6）盗用其他单位名称

一方当事人通过非法途径盗取其他单位的公章、合同专用章或空白合同书，在对方当事人不知道自己为无权订约的情况下，为了获取非法利益，而与对方当事人签订买卖合同，获取对方当事人履行的钱或物。

（7）假单位欺诈

所谓假单位，又称"皮包公司"，是指根本不存在或未经合法注册的单位。这样的单位没有注册资金,没有固定的场所,没有经营管理设施,甚至连从业人员都是虚假的。社会上极个别不法分子往往就是利用私刻公章或合同专用章,骗取营业执照成立所谓的"假单位",然后冒充董事长或业务经理的名义与被欺诈方签订合同,待对方做出履行或预付款项后,携带钱财逃之夭夭。

(8) 虚假价格欺诈

供方使需方在陷入错误认识的情况下与之订立合同,从中获取不法利益。这种欺诈手法一般是通过所谓的"大减价"、"大甩卖"、"大清仓"等活动实现的。

(9) "放长线钓大鱼"

这种欺诈手段的特征:一是欺诈方在实施欺诈行为之前已先与被欺诈方签订履行了几份小额合同,付小额定金,且履约积极、顺利,制造本身履约能力强、重合同守信誉的假象,骗取对方信任,然后谎称因生产生活需要,签订大额买卖合同,骗取大量货物或钱款;二是欺诈方对被欺诈方非常了解,而被欺诈方对欺诈方的了解都是假象。待上当受骗后,才知道欺诈方原来所说的纯属谎言;三是在实施欺诈行为之后,欺诈方往往逃避或隐藏起来。

(10) 买卖双重欺诈

这是一种古老传统且较难识别的欺诈手法。其特征一是欺诈方先后以卖方和买方的两种身份出现,即欺诈方先派人以卖方或推销者的身份出现,意欲出卖某种商品,使被欺诈方相信有人出卖某种商品且价格较低的现象。然后欺诈方再多次派人以买方或求购方的身份出现,使被欺诈方又相信有多人要买这种商品,可以赚很多钱的假象;二是被欺诈方是一些开业不久,但又赚钱心切的企业,由于缺乏签约交易经验,这些新企业很容易就上当受骗;三是欺诈方在与被欺诈方签订完某种买卖合同、被欺诈方付清货款后,就卷款逃走。

**2. 采购合同风险管理中存在的问题**

虽然欺诈方有很多狡猾的手段实现其目的,但是其屡屡得手的根本原因还是风险管理中存在问题,让别人钻了空子。

(1) 对交易对方的资信状况缺少了解

一般情况下,企业在投资之前,首先要对交易方的经营状况有所了解,不能盲目投资。实践中,合同一方往往在未查验对方营业执照或工商登记,对该企业的性质、经营范围、注册资金及法定代表人等基本信息不甚了解的情况下草草地签订合同。

### 小资料 >>>

某机器厂与某公司签订《联营协议书》,约定双方合作开发生产系列生物工程制品。签订协议后,该机器厂先期向该公司支付了 10 万元技术使用费。但对方却未履行义务,人去楼空,致使该机器厂的投资无法收回。后来经查验发现这家公司根本就不存在,盖的公章也是假的。

(2) 对交易对方是否为合同主体缺乏认识

企业中未经授权的科室、车间等内部部门,或者是未正式取得营业执照和已经被注销、撤销的企业本身都不具备对外签订合同的主体资格,除非其事先得到法人授权、事后得到法人追认或事后取得了法人资格,否则其签订的合同是无效的。上述不具备合同主体资格的部门有时具备一定的履行能力,就使一些企业认为,只要能履行合同义务,有没有主体资格都无所谓。一旦对方发生履行不力的状况，如果其主管单位不承认合同效力，企业就要遭受损失。

(3) 对担保人的具体情况疏于审查

如果交易对方提供了担保人，会让企业觉得多了一层保障。但事实上，大部分担保合同无非是走一个形式，通常是在关联企业或有着密切往来的企业之间相互提供担保，但企业也很少会去审查担保人的经营状况。有些担保企业本身就已经是负债累累，自身难保，已经被吊销营业执照或面临破产，当交易对方无法履行合同时，企业从担保人那里也无法收回投资。还有一些企业认为由行政机关或其所属的事业单位提供担保更为可靠，但事实上，按照国家担保法的有关规定，行政机关和事业单位根本不具有对外担保的资格，这样的担保形同虚设，是最不可靠的。

(4) 对抵押财产的状况疏于查验

有的企业认为，对担保人的资信状况不好把握，但抵押物是看得见、摸得着的，让人产生实实在在的安全感。然而实践中的诸多教训表明，事实并非如此。有的企业为了换取对方的信任，一项财产上设置多个抵押权或者重复抵押，使抵押财产的价值远远大于被担保的财产价值，却并未告知对方，从而使债权人的资产流失，抵押权落空。还有的企业将自己并不享有所有权的财产设定抵押，或者是抵押的标的物本身并不符合我国法律的有关规定，禁止用于抵押的财产或标的物本身就是法律禁止流通的物品，这样的抵押合同无效，从而造成债权人财产流失。

### 小资料 >>>

某企业 A 在与某有限公司 B 签订合同时，认为该公司规模不大，要求其提供担保。于是 B 公司就用其董事长乘坐的一辆奥迪汽车做抵押，签订了抵押合同，但并未办理过户。之后 B 公司无力支付货款，A 公司欲实现抵押权，将抵押的汽车拍卖以偿付债务。可是到了有关部门查询后，方知该汽车并非 B 公司所有，而是向别人借用的，使 A 企业遭受不小的损失。

(5) 口头变更合同后未用书面形式确认

根据合同实行履行情况及市场的波动变化，对原合同的标的物、数量、价格、履行期限等关键内容进行变更是一种普遍现象。一些企业在订立合同时比较注意采用书面形式，而在对合同进行变更时却常以口头协定来代替书面协议。如果对方缺少诚信意识，在合同履行后不承认变更内容，企业在诉讼中便无据可依。

(6) 未及时行使法定抗辩权利

合同法赋予合同当事人三大抗辩权，即先履行抗辩权、同时履行抗辩权和不安抗辩权，这对降低交易风险起着极为重要的作用。若合同中明确约定了履行次序，企业作为先履行的一方，有足够证据证明对方出现财务危机或濒临破产等情况，可以行使不安抗辩权；若企业作为后履行一方，在对方未先履行或履行不符合约定时，可以行使先履行抗辩权；若合同中未明确约定履行次序，双方互负的债务均已临近清偿期，对方履行不符合约定时，可以行使同时履行抗辩权。有些企业签订合同后并不关注对方经营状况的变化和实际履约情况，自己履行了义务却因对方亏损、破产或转移财产而无法收回投资的案件并不罕见。

### 小资料 >>>

某构件厂与某建材厂签订买卖合同,定期向其发货,货到付款。后因建材厂经营不善,接连几次付款迟延,构件厂明知这种情况,却继续发货,最终建材厂无力支付货款,构件厂损失惨重。但其实,如果构件厂在知道对方经营状况严重恶化时,及时行使不安抗辩权,就可以避免上诉损失。

(7) 合同条款语义模糊易产生歧义

合同是确定双方权利义务的最根本的依据,因此企业在签订合同时,必须认真斟酌每一条条款,将可能发生争议的地方详细说明。但实践表明,企业往往容易忽视合同内容的规范翔实,有时代表单位签订合同的人可能本身并不十分了解合同中标的物的性能、用途等相关指标,也未经过技术人员或有关领导的审查,便轻易做出决定,而当合同履行发生争议时,从粗线条的合同条款中却无法找出对自己有利的依据。

(8) 合同缺乏专人管理而超过诉讼时效

合同的诉讼是有时效的,在诉讼时效期限内当事人若不主张权利,则将丧失胜诉权。有些企业负责人只管签合同,而并不派专人去监督合同自签订至履行的整个过程,直到有些债权无法追回并诉至法院时,才知道已经过了诉讼时效。

(9) 授权不及时收回导致被授权人滥用权力

企业总是要授权一些人代表自己对外签订合同,但往往未明确授权的范围和期限,对离职人员的授权凭证如盖有企业公章的空白合同书、介绍信等未及时收回,也未告知交易伙伴本企业人员的变动情况,导致一些已经丧失授权的人员仍然冒用原单位的名义与他人签订合同。而交易对方在不知情的情况下,由于在长期交往过程中形成的信赖关系,仍然会相信其具有授权,最终由授权单位承担责任。

### 小资料 >>>

某制衣厂长期由员工张某负责向某布料厂订购制衣材料,后张某因违反单位规定被辞退,但制衣厂并未将此事告知布料厂,张某又再次以制衣厂的名义订购了30匹布料,布料厂按照其要求将布料送往他处,事后张某下落不明,布料厂诉至法院,法院最终判决由制衣厂负责偿还该货款。

(10) 对企业印章的使用缺乏规范管理

合同法规定,企业法定代表人的签名或盖章只要具备其一,合同便具有法律效力。一般法定代表人都会授权他人对企业印章进行管理,但往往印章的使用程序并非十分严格,从而导致滥用印章的情况层出不穷。有时,掌管印章的人由于人情关系等原因,未经法定代表人许可,便随意向他人出具盖有印章的空白合同、介绍信,或者将印章借与他人使用而不问其具体用途,往往在追究企业责任的时候,领导才会认识到这个问题的严重性。而借用印章的人通常都是以转嫁责任为目的,以印章所属企业的名义购买货物或是为他人提供担保,由于有印章为证,最终该企业不得不承担责任。

### 3. 采购合同风险防范

对于采购合同的风险应有足够的防范意识和行为，这在采购合同管理的整个过程都应该引起重视。

（1）欺诈合同的风险防范

签订合同前须认真审查对方的主体资格、资信情况和履约能力。一是要对方提供法定代表人身份证明、营业执照；委托代理人签订合同的，要求对方出具法定代表人授权委托书、代理人的身份证明等，杜绝凭关系或熟人的介绍草率签订合同的情况；要通过各种方式对对方的资信情况进行调查；要掌握与了解对方的履约能力。二是签订合同时严格审查合同条款。应严格审查合同内容、行使权利、义务对等、条款规范、约定明确，以利履行。合同主要条款不能含糊不清或易产生歧义，以防止对方利用条款设置骗局，留下隐患，这项工作应由法律顾问或律师把关。三是建立健全必要的合同管理制度，根据具体情况，从合同签订到履行完毕，企业应制定一套切实可行的、完善且严密的合同管理制度。四是聘请法律顾问，降低经营风险。不法分子利用合同诈骗屡屡得手，加大了企业经营风险。事实上，合同由对方提出的，看似公平的条款，实际上很有可能是对方对某些法律问题的规避；合同由己方提出的，在权利和义务上对己方有利的条款，实际上很有可能存在重大的法律隐患。因此，企业除了提高员工素质，提高经营管理水平外，聘请有合同法律知识和业务技能的律师做法律顾问，是规避合同风险的有力措施。

（2）恶意订立合同的风险防范

当今经济社会已是充分竞争的社会，绝大部分企业都已经不可避免地进入到白热化的竞争中。为了打击对手，有时竞争对手会采用恶意谈判的方式进行合同磋商。竞争对手冒用签订合同的名义与对方进行多轮次的谈判，试图了解对手的各种信息，了解对手项目的规模、资金、人员状况，了解对手目前的经营状况、财务状况、后期安排等。很显然，这些信息如果被竞争对手恶意获得，将对自己产生不利影响。

（3）商业秘密泄露的风险防范

上文已经提到了恶意的谈判磋商，但是许多的业务合作者也不一定在磋商时期存在恶意，一定的过失也有可能导致公司商业机密的泄露。与合作者进行商谈时的资料等可能被善意获得，获得者在今后的过程中可能由于工作的不慎而将公司有用的信息传递出去。这些问题的出现，都可能使当事人的利益受损。对于上述情况，应该提高警惕，更重要的是应该建立完善而规范的管理制度并严格执行，也可以通过签订保密协议对当事人进行合理的约束。

### 小资料 >>>

瑞雪科技公司是专门从事科技开发的公司，公司的项目开发涉及很多的技术内容，公司的项目开发需要很多人在不同的阶段进行介入。近年来，公司已发生数次泄密事件，公司产品还未推出时，竞争对手就已用相似的技术和产品占领了市场，为此公司请了一名顾问做专门的分析。分析认为，公司存在三方面的风险：一是公司内部员工的项目风险，有可能在人员流动中将信息泄露出去；二是公司的技术协作方，可能在项目的合作过程中将公司有用的技术信息占有从而导致公司的损失；三是拟与该公司进行项目合作的谈判方，他们可能会利用谈判的资料泄密。

因此公司设计了保密方案，根据不同的对象草拟了相关保密协议，要求所有当事人在和任一合作伙伴进行磋商之前，即签署保密协议。该保密协议的签署使得与其磋商的任何当事人首先要清楚保守商业秘密义务的重要性，既为恶意磋商的当事人敲响了警钟，又为可能过失泄密的当事人进行了提醒。虽然不能苛求该保密协议的万能作用，但是保密协议的签署无疑为界定各方的权利义务设定了标准和责任，可谓有百利而无一害。

（4）合同要约的风险防范

从合同签订的一般步骤来看，合同需要当事人之间进行不断地磋商最终达成一致。随着谈判的深入，当事人之间不停地就合同的条款进行要约和反要约，并通过承诺来锁定结果。但是如何进行要约，对要约风险的防范是需要特别注意的问题。

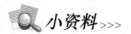

小资料 >>>

不当的要约将会使自己落入合同义务的陷阱中，根据《合同法》的规定，所谓要约，是指希望和他人订立合同的意思表示，有时不一定是自己真实意思的表达，但是一旦对方承诺则视为合同生效。这种类似情形通常在国际货物贸易中尤为需要注意，如果没有在发盘中予以密切注意，极有可能受制于发盘。要做到好的发盘，又要防止在刚发盘的时候就落入合同成立的陷阱中，则需要认真分析合同的主要内容。一个典型的买卖合同包括货物的数量、价格、交付时间和地点，以上要素双方达成一致则视为合同成立，其他的条款可以通过商业习惯及法律规定予以补充。

## 6.3.2 招标风险及其防范

**1. 招标的舞弊行为**

招标的目的就是要使采购活动公平、公开和公正，让供应商充分竞争，以达到降低采购成本的目的。但是，若招标工作不规范，就会导致招标失去意义，甚至滋生腐败。常见的招标舞弊行为包括以下几种。

① 违法透露有关招标投标的情况或泄露标底。
② 搞虚假招标。
③ 与投标人就投标价格、投标方案等实质性内容进行谈判。
④ 以不合理的条件限制或者排斥潜在的投标人。
⑤ 因评标结果违反评标原则而受到投标商质疑。
⑥ 擅自修改已审定的招标文件等。

**2. 招标风险防范措施**

招标风险防范措施主要包括以下几种。

① 理顺主管部门之间的关系，明确具体职责，明确采购机关、建设单位、建筑工程招标管理机构、监察、审计部门的职能。采购机构确定招标方案、编制招标文件、发布招标公告、对投标人进行资格预审。
② 择优选择中介机构编制标底。
③ 依法组建评标委员会，委托专业招标机构招标。
④ 依法确定工程勘察、设计和监理队伍。

⑤ 根据项目特点，确定主要材料、设备的采购方式。
⑥ 形成统一工程质量，采用多种形式竞争确定工程造价的市场定价模式。
⑦ 确保工程质量，防范采购风险。避免由于招标方法不科学、运作程序不严谨、监管措施不得力，造成偷工减料、以次充好、暗箱操作、甚至出现"豆腐渣"工程等严重后果。

## 6.3.3 采购行为风险及其防范

**1. 采购舞弊行为**

采购中回扣问题最令人头疼，回扣是指供应商非法支付给采购方或采购方员工的贿赂金。供应商向采购方或采购方员工支付回扣以期取得采购方员工的合作，借以提高利润，而这是以采购方的损失为代价的。供应商支付回扣给采购方员工进行串通欺诈时，通常意在获取以下两种利益。

（1）非法争取业务

一些企业运用回扣先于竞争对手获得有关采购方计划和战略方案信息及采购方估价小组所使用的未公开的投标估价准则，偷看竞争对手的密封投标，向竞争对手提供误导性信息从中破坏，使其不具备资格；或笼络采购方公司有影响的人员否决其他竞争对手；或使标的设计要求只有支付了回扣的供应商才能达到，以此达到欺诈的目的。

（2）非法提高利润率

提高利润率是供应商支付回扣的目的所在。供应商通过支付回扣给采购方有关的工作人员，使其同意不正当的订单变动、价格上涨，买通采购方的检验和质量控制部门，使其低于标准的材料和不符合规格要求的产品得以使用，并设法避开其他采购方职能部门对质量和价格的抱怨。

**2. 采购舞弊行为审计线索**

（1）采购人员的奢侈生活方式

采购人员的生活方式的奢侈程度往往是其受贿及发生供应商欺诈的一个信号。如果员工的消费水平同其收入水平不符合，特别是那些有权选择决定供应商或掌握了大量对供应商有用信息的员工，他们的奢侈生活方式往往隐含着受贿和供应商的欺诈活动。

（2）对供应商的欺诈行为没有良好的防范制度

具体来说是企业内部未同有关员工签订廉政协议，也未向供应商明确表明不能容忍任何欺诈和行贿行为的态度。因此，企业应同有关员工签订廉政协议，同时，在同供应商签订采购合同应当附加有关廉政条款，并明确供应商若发生任何欺诈和行贿行为必须承担的经济和法律责任。

（3）不正当的单一渠道供应商

如果达到了一名好的供应商所具备的一切条件，企业选定单一渠道的供应商的现象是非常正常的。但是对单一渠道供应商应该有一定的防范制约制度，如安排定期的检查，以确认货物的质量是否达到规定的要求。一旦供应商产品的供应出现了问题，如不适当的价格上涨或质量达不到要求，采购方应能及时采取应变措施，而不过分依赖单一的供应商。缺乏以上这些控制制度而采用单一渠道的供应商可能就是舞弊行为发生的先兆。

（4）其他供应商的抱怨和申诉

对于竞争者而言，被其他企业夺去了业务自然不高兴，他们会抱怨或申诉，这种抱怨或申诉可能说明供应商正在进行着舞弊活动。如果不诚实的供应商成功地买通了采购方的某位员工,并利用他逼走了其他的供应商,被逼走的供应商会通过抱怨的方式提醒采购方有关人士注意到受贿行为及欺诈的发生。

(5) 供应商与采购方员工之间的亲密关系

采购方的员工与供应商成为了好朋友,其中并无任何不合理的因素。但是在某些情况下,他们有意无意地为供应商的舞弊行为提供帮助,这种帮助并不以接受回扣或其他报酬为目的,而可能是出于友谊和其他原因。如某些员工可能对企业经营者或所有者怀有怨恨,准备跳槽而故意帮助供应商,或期望从供应商那里得到一份工作。供应商与采购员工之间的亲密关系还包括另一种情况,即掌握着对供应商进行评估和选择权的员工与某一特定供应商的员工有着亲密的关系,有可能会成为供应商欺诈的助手。

(6) 经常发生的但未得到解决的对供应商产品的投诉

供应商欺诈的审计线索还包括经常发生的但未得到解决的对供应商产品的投诉。生产加工人员可能对供应商提供的材料或设备的质量不满意,财务人员也可能觉得供应商价格过高,而采购部门仍然将订单给同一供应商,排除采购人员偷懒的情况,就是供应商正在进行舞弊活动。

**3. 采购行为风险防范**

(1) "三分一统"

"三分"即市场采购权、价格控制权和质量验收权,三权分离,各自负责,互不越位;"一统"即合同的执行特别是结算付款一律统一管理。物料管理人员、检验人员和财务人员都不准与客户见面,实行封闭式管理。财务部依据合同规定的质量标准,对照检验单和数量测量结果,认真核算后付款。这样形成了一个以财务管理为中心,最终以降低成本为目的的制约机制。

(2) "三统一分"

即所有外购材料统一采购验收,统一审核结算,统一转账付款,费用分开控制。只有统一采购,统一管理,才能既保证需要,又避免漏洞;既保证质量,又降低价格;既维护企业信誉,又不上当受骗。

(3) "三公开两必须"

"三公开"即品种、数量和质量指标公开,参与供货的客户和价格竞争程序公开,采购完成后的结果公开;"两必须"是必须货比三家后采购,必须按程序、按法规要求签订采购合同。

(4) "五到位一到底"

"五到位"就是采购的每一笔物资都必须五方签字,即采购人、验收人、证明人、批准人和财务审查人都在凭证上签字,才算手续齐全,才能报销入账;"一到底"就是负责到底,谁采购谁负责到底,包括价格、质量和使用效果都记录在案,经得起检查,什么时候发现问题什么时候处罚。

(5) 监督制度全过程、全方位

全过程的监督是指采购前、采购过程中和采购完成后都有监督。从采购计划的制订开始,到采购物资的使用结束,这其中有9个环节(计划、审批、询价、招标、签合同、验收、核算、付款和领用),每一个环节都有监督,但重点是对制订计划、签订合同、质量验收和结账付款四个环节的监督。对计划的监督主要是保证计划的合理性和准确性；对合同的监督主要是其合法性和公平程度；对质量的监督是保证验收过程不降低标准，不弄虚作假；对付款的监督是确保资金安全，按程序、按合同履行。把监督贯穿于采购活动的全过程，是确保采购管理规范和保护企业利益的第二道防线。全方位的监督是指行政监察、财务审计、制度考核三管齐下。

(6) 建立责任追究制度

责任追究的关键是重奖重罚并及时兑现。只要发现不按程序、不按标准执行的苗头，就当即下考核单，或限期整改或严厉处罚，随时兑现。科学、规范的采购机制，不仅可以降低企业的物资采购价格、提高物资采购质量，还可以保护采购人员和避免外部矛盾。

## 本章习题

### 一、判断题

1. 采购谈判是一项非常重要的工作，从前期准备、谈判过程到谈判结果都应当受到高度的重视。（    ）
2. 在采购谈判中，开局己方先报价往往更能占到有利先机。（    ）
3. 采购合同可以由两方的部门代表签署，不需要请示领导层。（    ）
4. 采购合同欺诈行为往往是由于企业管理中的漏洞导致欺诈方有机可乘。（    ）
5. 如果企业的某一原材料只有固定的单一供应商，这是非常不利的。（    ）

### 二、选择题

1. 下面哪一项不属于采购谈判的基本原则？（    ）
　　A. 合法原则　　B. 诚信原则　　C. 自愿原则　　D. 利益最大原则
2. 随着世界经济的发展，采购范围越来越大，跨国的、远距离的采购谈判也越来越普遍，下面哪一种谈判形式最有利于远程采购谈判？（    ）
　　A. 书面会谈　　B. 面对面会谈　　C. 网络会谈　　D. 电话会谈
3. 在采购谈判时，如果对方最关心的是价格问题，而你方最关心的是交货时间问题。在讨价还价时，你方可以在运输方式上做出让步，而作为双方让步的交换条件，要求对方在交货时间上做出较大的让步。这体现的是下面哪一种采购谈判技巧？（    ）
　　A. 先声夺人　　B. 避实就虚　　C. 先苦后甜　　D. 抛砖引玉
4. 供应商A在接到公司B发来的发货请求后，对其中的价格条款进行修改并回复给公司B，这种情况属于采购合同订立程序中的（    ）。
　　A. 新要约　　B. 承诺　　C. 拒绝　　D. 接受
5. 甲方已经按照合同约定先为乙方供应了50盒产品进行试点销售，但乙方迟迟未按约定偿付试点销售的费用及接下来的货款，此时甲方可以行使以下哪一种权利进行风险防范？（    ）
　　A. 不安抗辩权　　　　　　　　B. 先履行抗辩权
　　C. 同时履行抗辩权　　　　　　D. 后履行抗辩权

### 三、思考题

1. 什么是采购谈判？采购谈判的目的是什么？

2. 采购谈判的一般流程是什么？
3. 采购谈判有哪些策略和技巧？
4. 谈一谈采购合同管理的重要性。
5. 采购合同有哪些风险？如何防范？

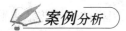 案例分析

## BP 案背后的合同风险控制

许多国际知名品牌企业在进入中国市场时，都习惯于采用特许经营或特约经销商模式。两者大致都包括商标、标志的使用许可，统一店堂布置、统一销售价格、统一服务标准和统一原辅材料供应等内容。在很多情况下，供应商和经销商是良好的商业合作伙伴，但是有时两者也会产生矛盾纠纷，而导致纠纷的原因则五花八门。

从 2004 年起，BP 石油（上海）贸易有限公司（以下简称 BP 石油）与洛阳润源贸易有限公司（以下简称洛阳润源贸易）因为 BP 石油单方面引用合同条款终止《经销商合同》而引发诉讼，洛阳润源贸易先后在陕西西安市、河南三门峡市和洛阳市与 BP 石油及其关联企业嘉实多贸易公司打了近十起官司。

双方最主要的争议焦点是，在双方签署的多份《经销商合同》中都有一个允许单方面解除合同的"自愿终止条款"。根据这一条款，任何一方都可以在提前 30 天做出书面通知的情况下无条件地、单方面终止合同。

但作为经销商的洛阳润源贸易认为《经销商合同》的自愿终止条款无效，该合同属于格式合同。BP 石油和嘉实多单方终止合同的行为构成违约并需做出巨额赔偿，而 BP 石油和嘉实多则认为该条款对等地赋予双方解除合同的权利，符合公平原则。

围绕这一问题，近 5 年来，双方除了在洛阳发生诉讼外，官司还打到了三门峡、西安等地，面对同样的合同条款，有的法院支持经销商的诉求，也有的法院支持 BP 石油和嘉实多，而有的诉讼至今还没有完结。

针对上述类似案件，上海汉商律师事务所主任王嵘律师认为，跨国公司企业管理的一个重要特色就是强调合同的统一。对一家企业来说，就同一类业务活动，如果使用不同版本的合同，将大大增加风险控制和危机处理的难度，造成业务发展无序，引发经销商之间的攀比纠纷。但如果使用同一版本的合同，就又容易导致合同被指控为格式合同。

除此之外，在多个省份或地域设有经销商网络的厂家还会面对同一问题判决不尽一致的情况，对此，有些律师会建议外企客户在合同中加入仲裁条款，用仲裁约定使对方所在地的法院无法获得审判管辖权。BP 石油和嘉实多的有关人士称，在与洛阳润源贸易进行了多年诉讼后，他们的新版经销商合同都订明了仲裁条款。

不过，代理过多起类似特许经营合同和经销合同案子的另一位律师认为，更多的风险环节还是出在经销商方面，"目前多数经销合同是生产厂家组织法律和商业专家研制出的格式合同。这种格式合同往往从自己的利益出发，很容易产生纠纷。""此外，就合同而言，最容易出问题的是主要条款约定不明，例如，经销合同中最为关键的条款就是销售政策，如厂家的交货依据和时间、经销商退货或换货的条件、广告费和促销费用的承担问题，销售返利

的比率等,非常容易产生歧义。作为弱势一方的经销商要在合同订立之初就学会规避强势供应商可能涉及的'合同陷阱'"。

**问题:**

1. 若站在本案中供应商,也即 BP 石油的角度,这次诉讼风波给你怎样的合同风险启示?

2. 若站在本案中经销商,也即洛阳润源贸易的角度,你将采取怎样的措施防范采购合同风险? 纠纷发生后,应该怎样控制局面?

# 第7章

# 采购绩效评估

## 学习目标

1. 了解采购绩效的目的和意义。
2. 理解采购绩效评价指标的内容。
3. 掌握提升采购绩效的方法和技巧。

## 导入案例

### 中集集团对采购部门的绩效考核

从企业的角度看,要做好采购工作,从采购价格和供应商处要效益,不仅要做好供应商的考核和评价工作,还要做好采购部门的绩效考核工作,通过制定可测的、有挑战性的考核指标,来监督采购部门及采购人员的业绩,促使他们不断改进。中集集团非常注重对采购部门及采购人员的业绩考核,并在总部和各下属公司形成了一套较完善的考核体系,并从以下两方面对采购部门及人员进行考核。

**1. 运用业绩考核工具**

中集集团会根据原材料重要程度、价格可节约程度及对生产保障的影响程度等制定相应的考核指标,并采取部门考核和采购人员个人考核相结合的方式,对采购部门和采购人员进行考核。以统购材料(钢材)为例,其考核指标为:① 资源保障率 = 年度采购总量/年度箱单总耗量×100%;② 材料市场走势判断准确性:对材料市场的趋势判断与市场走势是否一致;③ 经营性采购收益 = (市场年度均价 − 集团年度采购均价)×集团年度采购总量;④ 市场年度均价 = 以前 $n$ 位主要供应商年度市场平均价格;⑤ 集团年度均价。

**2. 运用内部看板工具**

中集集团业绩管理的一个亮点就是"绩效看板"。无论是统购材料还是非统购材料,中集集团都建立了入库价格看板和材料成本价看板,这样对于总部来说,可以清楚地了解各下属公司的材料采购情况及价格差异;对于下属公司来说,通过看板中的采购价格和其他兄弟公司作比较,可以便捷地发现自己的价格优势和劣势,从而进一步分析原因,并予以改进。

# 7.1 采购绩效评估的基本内容

采购作为企业生产运作的一个重要环节，它的绩效对企业整体目标的实现起着很重要的作用。采购在制定了采购方针、战略、目标及实现相应目标的行动计划后，在计划实施时还需有相应的绩效指标，用于对采购过程进行检查控制，并在一定的阶段对工作进行总结。在此基础上再提出下一阶段的行动目标与计划，如此循环反复、不断改进。采购绩效评估是对采购工作进行全面系统地评价、对比并从中判定采购所处整体水平的做法。

## 7.1.1 采购绩效评估概述

**1. 采购绩效评估定义**

商品采购工作在一系列的作业程序完成之后，是否达到了预期的目标，企业对采购的商品是否满意，需要经过考核评估之后才能下结论。商品采购绩效评估就是建立一套科学的评估指标体系，用来全面反映和检查采购部门工作成绩、工作效率和效益。

对商品采购绩效的评估可以分为对整个采购部门的评估和对采购人员个人的评估。对采购部门绩效的评估可以由企业高层管理者来进行，也可以由外部客户来进行；而对采购人员的评估则常由采购部门的负责人来操作。对商品采购绩效的评估是围绕采购的基本功能来进行的。采购的基本功能可以从两方面进行描述：① 可以把所需的商品及时买回来，保证销售或生产的持续进行，就像给一辆车加油让它持续奔驰一样；② 可以开发更优秀的供应源，降低采购成本，实现最佳采购。

**2. 采购绩效评估的基本原则**

① 绩效评估是采购工作的一部分，是与采购流程中的各项工作同步、持续进行的。采购人员要定期审查采购目标的实现程度，确保达到考核的主要目的。

② 采购绩效评估不仅涉及采购工作，还要结合整个企业的目标，进而要求考核工作要持续、长期进行。

③ 采购绩效评估的主管负责人员必须具备一定的掌控全局的能力，了解整个工作的进度，审查采购人员和考核人员的工作能力和工作表现。

**3. 采购绩效评估的意义**

绩效评估是企业管理者对企业经营运作情况的一个判断过程。这一过程是管理过程中不可缺少的，只有进行科学、合理的采购绩效评估工作，才能保证企业未来的发展方向。具体来说，采购绩效评估的实施对企业有着如下意义。

（1）采购绩效评估可以支持更好的决策制定

绩效评估活动使得绩效和成果更具可见性，公司能够据此制定出更好的决策。如果不清楚哪些领域的绩效达不到标准，开发绩效改善计划将是十分困难的。衡量标准提供了一定时间内采购绩效的追踪记录并直接支持管理层的决策制定。

（2）采购绩效评估可以支持更好的沟通

绩效评估活动可以使采购成员间更好地进行沟通，包括在采购部门内部、在部门之间与供应商,以及与行政管理层之间。例如,一个采购员必须与供应商清楚地沟通绩效期望。衡量供应商绩效质量的标准反映了采购员的期望。

(3) 采购绩效评估为企业提供绩效反馈

绩效评估活动提供了绩效反馈的机会,可以在绩效评估活动中防止或改正可能的问题。反馈也可提供买方、部门、团队或者是供应商在一定时间内为满足绩效目标所进行的努力情况。

(4) 采购绩效评估也是一种激励和指导行为

绩效评估活动激励和引导行为向着所要求的结果方向发展。一个衡量体系将以多种方式完成这一任务。首先,绩效种类和目标的选择暗示管理人员哪些活动是公司重要的;其次,管理层通过将绩效目标的完成与公司的奖励(如工资的增长)相联系来激励和影响员工行为。

正是由于上述原因,人们逐步开始关注采购功能活动的绩效评价问题,希望通过这项工作来发现采购中存在的问题,不断反馈,不断改进,努力提高采购的绩效水平。

## 7.1.2 采购绩效评估的目的

采购绩效评估的目的主要包括以下几个方面。

**1. 确保采购目标的实现**

各个企业采购目标各有不同,例如,国有企业的采购除注重降低采购成本外,还偏重于"防弊",采购作业以如期、如质、如量为目标;而民营企业采购单位的,采购工作除了维持正常的产销活动外,非常注重产销成本的特征。因此,各个企业需要针对采购单位所追求的主要目标加以评价,并督促目标责任制的实现。

**2. 提供改进绩效的依据**

企业实行的采购绩效评估制度,可以提供客观的标准来衡量采购目标是否达成,也可以确定采购部门目前的工作绩效如何。正确的绩效评估,有助于指出采购作业的缺陷所在,从而据以拟订改善措施,起到惩前毖后的作用。

**3. 作为奖惩的参考依据**

良好的绩效评估方法,能将采购部门的绩效独立于其他部门而显示出来,并反映采购人员的个人表现,成为各种人事考核的参考资料。依据客观的绩效评估,进行公正的奖惩,可以激励采购人员不断前进,发挥团队合作精神,使整个部门发挥整体效能。

**4. 协助甄选人员与训练**

根据绩效评估的结果,可以针对现有采购人员的能力缺陷,拟订改进计划。例如,安排采购人员参加专业性的教育训练,如果在评估中发现整个部门缺乏某种特殊人才,可以由公司内部另行甄选或向外招募,如成本分析员或专业营销人员等。

**5. 促进部门间的关系**

采购部门的绩效,受到其他部门配合程度的影响非常大。因此采购部门的职责是否明确,单证、流程是否简单、合理,付款条件及交货方式是否符合公司管理规章制度,各部门的目标是否一致等,都可以通过绩效评估拟定,并可以改善部门之间的合作关系,提高企业整体运作的效率。

### 6. 提高人员的士气

有效而且公平的绩效评估制度，可以使采购人员的努力成果获得适当的回报和认定，采购人员通过绩效评估，可以与业务人员或财务人员一样，对公司的利润贡献有客观的衡量度，成为受到肯定的工作伙伴，对采购人员和采购部门的士气提升有很大的帮助。

## 7.1.3 影响采购绩效评估的因素

影响采购绩效评估的一个重要因素是：企业高层管理人员如何看待采购业务的重要性及它在企业中所处的地位。企业高层管理人员对采购业务的不同期望会对所采用的评估方法和技术产生重要影响。不同企业在采购绩效评估方面是不同的。导致这种状况的直接原因是各企业在管理风格、组织程度、委托采购上分配的职责不同，而不是由企业的具体特征（如工业型、生产经营型）造成的。管理层对待采购态度的不同会影响相应的采购绩效评估因素，如表7-1所示。

表7-1 采购绩效评估因素表

| 管理层观点 | 采购业务的等级地位 | 绩效评估依据 |
| --- | --- | --- |
| 把采购看做是一种业务 | 在组织中的地位低 | 订单数量、订单累计额、供应到货时间管理、授权、程序等 |
| 把采购看做是一项商业活动 | 向管理人员报告 | 节约额、降价程度、通货膨胀报告、差异报告 |
| 把采购看做是综合物流的一部分 | 采购同其他材料相关的业务构成统一的整体 | 节约额、成本节约额、货物供应的可靠程度、废品率、供应到货时间的缩短量 |
| 把采购看做是一项战略性经营职能 | 采购者进入高级管理层 | 应有成本分析、早期介入的供应商数量、自制还是购买决策、供应额减少量 |

从表7-1可知，关于影响采购绩效评估的因素主要有以下四种。

### 1. 业务活动

评估采购业务的绩效主要取决于与现行采购业务有关的一些参数，例如，订货量、订货间隔期、积压数量、安全库存量、保险库存量、采购供应率、现行市价等。

### 2. 商业活动

采购业务是一种商业活动，管理人员主要关注采购所能实现的潜在节约额。采购部门的主要目的是降低价格以减少成本的支出。采购时要关注供应商的竞争性报价，以便保持一个令人满意的价位。采购绩效评估采用的主要参数是采购中的总体节约量（通常用每一产品组和每一客户表示）、市价的高低、差异报告、通货膨胀等。

### 3. 物流因素

采购往往被看成是综合物流的一部分。企业采购管理人员追求低价格会存在一定的风险，它可能导致供应商产品的质量和物流服务水平同步降低，即质量不稳定和供货不及时，影响生产正常进行。因此对提升供应商供货质量和物流服务水平应成为采购管理人员业绩评估的重要因素。

**4. 商业方式**

采购业务对于决定公司的核心业务及提高公司竞争力将产生积极的作用。在这种情况下，管理人员评价采购绩效主要考虑以下几个方面：基本供应量的变化数量（通常是减少量）、新的潜在供应商（订有合同的）的数量及已实现的节约额等。

## 7.1.4 采购绩效评估的流程

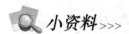小资料>>>

采购绩效评估是对采购工作进行全面系统的评价、对比，从而判定采购整体水平的做法。可通过自我评估、内审、管理评审等方式进行。评估审核一般依据事先制定的审核评估标准或表格，对照本公司的实际采购情况逐项检查、打分，依据实际得分对照历史、同行或世界领先水平找出薄弱环节进行相应地改进。采购绩效评估的实施需要领导的支持和高层管理者的承诺，他们需要提供系统必需的财务资源。管理层也要求所有的采购点尽量运用相同的系统结构，这能减少重复的工作并节约开发与实施成本。

开发并实施采购绩效评估包括一系列流程，如图7-1所示。

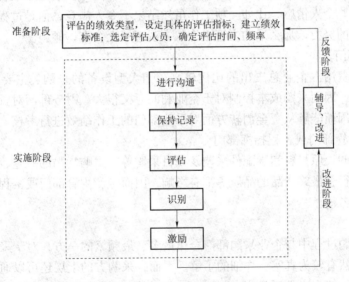

图7-1 采购绩效评估流程

**1. 确定需要评估的绩效类型**

在采购绩效评估中，第一步就是要确定公司所需评估的绩效类型。一个企业要根据自身的实际情况选择不同的绩效类型进行评估，所选择的绩效类型必须与公司及采购部门的目标和任务相结合。选择绩效类型是开展采购绩效评估的关键一步。一般情况下，采购绩效通常分为三个方面评估：采购职能部门绩效测量、采购人员绩效测量和供应商绩效测量。这三个方面的绩效均包括多个绩效类型。例如，采购职能部门的绩效类型包括财务节约、客户服务和采购系统能力等。每个绩效类型可以设定不同的指标进行评估。

## 2. 具体绩效评估指标设定

一旦确定了绩效评估类型,接下来的工作就是确定具体的绩效评估指标,成功的采购绩效评估指标必须清晰、可衡量。所谓的清晰,就是员工必须正确理解该指标的含义并认同该指标,这样才能引导绩效按期望的结果发展。所谓的可衡量,是指建立的评估指标必须是能够准确测量、估计和计算的。关于指标的选择将在7.2具体介绍,在此不予赘述。

## 3. 建立绩效评估标准

为每一项指标建立相应的绩效标准也是十分重要的,制定不可能完成的标准会打消积极性,太容易达到的标准又不能发挥潜能,因此建立绩效评估标准是非常重要的,详细内容见7.2,在此不予赘述。

## 4. 选定绩效评估人员

参与采购绩效评估的人员不仅包括采购部门的人员,还需要财务部门、生产部门、供应商,甚至专家顾问的配合。

(1)采购部门主管

采购部门的主管是整个采购工作的直接部署者和执行者,他对于所有采购工作的任务和进展情况都非常了解,包括人员的分配、员工的工作状态、各项工作的执行过程及出现的问题等。因而,采购主管是最有资格负责采购工作绩效考核的人。但是考核自己部门的工作绩效难免会加入一些个人情感,比如一项工作虽然结果不令人满意,但是过程很艰辛,执行人员也付出了很大的努力,那么采购主管也许从主观感情上会有些倾斜。

(2)财务部门

采购的成本费用占企业总支出的比例较高,如大型设备的采购、主要原材料的长期采购、项目采购等,因而采购成本控制对于企业利润意义很大。财务部门对资金的流入流出会进行全盘掌握,因而能够从资金周转方面对采购部门的工作绩效进行考核。

(3)生产主管部门或工程指挥部门

对于设备采购、原材料和零配件采购及项目采购等,采购货物的质量、数量、时间对企业生产的顺利进行、最终产品的品质等都有影响,因而生产主管部门或工程指挥部门也参与采购工作绩效的考核。

(4)供应商

供应商是采购过程中与企业采购部门合作最多、最频繁的一方,对于采购部门的运作方式、工作状态自然有较为真实、详细的了解。因而,采购方的上层还可以通过正式或非正式的渠道向供应商了解本企业采购部门或人员的工作情况,间接地考核采购绩效。但是要注意,出于种种原因供应商很可能不提供真实的信息,这种方法较为适合于那些有长期合作且关系密切的供应商。

(5)专家顾问

为了让考核工作更为客观、权威,可以聘请外界的采购专家或管理顾问,对企业的整个采购制度、组织结构、人员分配、流程设置、工作绩效等定期做客观的分析和评价,并提出具有可行性的建议。

## 5. 确定绩效评估的时间和评估的频率

好的采购绩效评估系统要对不同的绩效类型设定不同的评估时间和频率,这样才能保证评估的结果及时有效。因此，管理者必须确定什么样的频率对不同的绩效类型更有效。比如一个对入库运输状况的评价就必须是频繁的（每天或是实时的），而对于供应商绩效的总评价则可以按每周一次或每月一次的频率进行，时间可选在每周一或月初。

**6. 实施评估并将结果反馈**

实施评估是一个系统性工作，需要很多部门的良好沟通和配合，实施的结果要及时反馈。这时候管理者要思考的问题是如何才能更好地利用反馈的结果。结果一方面表明了采购部门所取得的成绩，另一方面也揭示了采购中存在的诸多问题。在肯定成绩的同时也要着力解决发现的问题。只有这样，才能达到实施采购绩效评估的目的。采购绩效评估的实施阶段，一般包括以下阶段。

（1）进行沟通

评估参与各方进行有效、持续、正式和非正式的评估沟通。这在评估的实施阶段是非常重要的，良好的沟通是后续工作的基础。

（2）保持记录

观察绩效表现，收集绩效数据，将任何表现采购绩效的痕迹、印象、影响、证据、事实完整地记录下来，并做成文档。

（3）评估

通过检查、测评、绩效考核、绩效会议等进行对比、分析、诊断和评估。

（4）识别

识别在各个领域中的缺点和优点，并加以确认。

（5）激励

激励包括正激励、负激励、报酬、教导、训诫、惩罚等手段。

**小资料>>>**

在完成绩效评估之后，对评估中发现的问题要及时改进，这往往是最容易忽视的环节，却又是最重要的环节。最后要将改进后的结果反馈给相关部门，在下一轮的绩效评估中，采购绩效的标准就会有所提高，也只有这样，才能从真正意义上提高采购绩效。

### 7.1.5　采购绩效评估和考核的方式

采购绩效的评估和考核一般有两种方式：不定期考核和定期考核。

① 不定期的评估和考核是跟踪特定的采购项目，由项目执行人自己进行的考核。一项采购任务完成以后，采购人员本身就要对该项采购任务的完成情况有一个总结和评估。此时，经常采用的方法是由采购人员自己填写采购评估考核表（也称为采购自我评估表）。采购自我评估表是针对单个业务员业绩进行的定量描述，是对整个采购工作绩效进行考核的基础和依据。填写采购考核表一般以一票业务为单位，由采购人员自己填写，再交由部门进行审查和存档。表7-2提供了采购考核表的一种格式以供参考。

表 7-2 采购评估考核表

| 合同号： | 采购货物名称： | | 规格： | 实际数量： | |
|---|---|---|---|---|---|
| 实际供应商 | 其他说明： | | | | |
| | 计划供应商： | | | | |
| | 变更理由：<br>1. 质量符合要求且价格低于计划供应商<br>2. 距离近，方便运输<br>3. 业务关系良好的老客户<br>4. 其他原因 | | | | |
| 实际价格 | 计划价格 | 差额 | | 市场最低价 | 差额 |
| 质量满意度：<br>1. 好<br>2. 一般<br>3. 不满意 | 是否退订：<br>比率：<br>原因： | | | 是否补货、换货：<br>比率：<br>原因： | |
| 进货方式<br>1. 火车<br>2. 汽车<br>3. 自提 | 运输天数 | 比计划<br>多　天<br>少　天 | | 实际进货费用 | 比计划<br>多　元<br>少　元 |
| 实际订货费用 | 比计划多或少（元） | 其中，差旅费、通讯费、手续费、其他 | | 订货提前天数<br>比计划　多　天<br>　　　　少　天 | |

通过填写自我评估表一般要达到三个目的：第一是汇报采购任务的实际完成情况，填写一些任务执行细节及指标等；第二是要将实际完成情况与计划完成情况进行对比，看有哪些差异，并分析产生差异的原因，以此借鉴；第三是要考核实际完成的指标情况，评价任务完成的优质程度。对于采购人员个人来讲，自我评估表就相当于工作日志，用以记录自己的工作状况，衡量工作效率。

### 小资料 >>>

不定期的评估和考核方式，一般以特定项目的方式进行，适用于新产品开发计划、资本降低专项方案等，例如，企业要求某项特点产品的采购成本要低于某一比例，并以此成果给予采购人员适当的奖惩。这种评估方式对提高采购人员的士气有很大帮助。

② 定期评估和考核主要是与公司年度人事考核同步进行的对采购人员工作情况的评估和考核，一般以采购人员的工作表现作为考核内容，包括工作态度、合作精神、工作能力、学习能力、忠诚度、积极性等。在采购人员自我考核的基础上，采购部门在月末或年末定期对各项采购任务的完成情况进行统计汇总，完成整个部门的阶段性绩效评估。这时采购自我评估表就自然而然地成为各个阶段对采购人员工作绩效的定量描述，为采购人员的考核、评比、提取和加薪提供了详细的资料依据，同时汇总信息又是采购部门各个阶段工作绩效的重

要资料,是控制和监督采购工作的基础。不仅采购部门要掌握其工作绩效的信息,其他相关部门,如仓储、生产、销售等部门也要参考采购部门的信息,作为供应链的一环,采购绩效的评估信息对于整个企业的决策与运作都是有参考价值的。

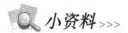

定期绩效评估常以目标管理的方式进行,即从各种绩效指标当中,选择当年年度重要性比较高的项目定位考核目标,年终按目标实际达成程度加以评估和考核,可以提高个人或部门的采购绩效。使用这种方法主要是以工作业绩为考核重点,比较客观公正。但应避免人们会特意追求考核目标的提高而忽略其他方面,因此,要求目标的选择要高一些,要选择全面。

## 7.1.6 采购绩效评估和考核中存在的问题

采购绩效评估和考核一直存在着一些问题和局限性。绩效考核专家马克·布朗认为:"目前大多数管理者和专业人士就像是那些只拥有一般必须工具及许多与考核无关数据的额外工具就驾驶飞机的飞行员。"他说,"实际上,每一家企业的考核系统都存在某种类型的问题。"

**1. 过多及错误的数据**

数据过多是企业考核系统中存在的最常见的问题。同时也是更严重的问题,管理者往往会关注那些错误的数据。根据经验或感觉可能会认为所选择的考核指标与成功相关,而事实上可能根本不是这样。管理层所采用的考核指标又可能与其他部门或职能领域运用的方法相冲突。

**2. 关注短期的考核指标**

很多中小型企业都依赖关注短期的考核指标和数据。通常,这些企业所采集的数据都是财务和运营数据。而对于采购而言,这就意味着关注短期工作量及供应链活动,而忽视了长期的或是战略性的考核指标。

**3. 缺少细节**

一些时候,测评报告过于简短以至于信息变得毫无意义。一个关于月度供应商质量单一考核报告的考核指标就缺乏细节内容。供应经理期望获知供应商目前存在的缺陷都有哪些具体类型,哪些缺陷使得买方公司需要增加成本,还希望知道每段时间供应商的绩效质量。

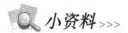

一家汽车零部件的主要区域配送工厂的运营经理收到一份按客户索赔要求对配送工厂质量进行的月度考核报告。此外,他还收到了包括以下细节的报告:①所出现错误的类型(零部件分拣错误、损坏、缺货或丢失等);②哪些客户对质量提出了索赔要求;③哪些员工对质量问题负责;④该中心处理质量索赔问题的总成本;⑤出现索赔问题的零部件数据。只有凭借这些细节方面的信息,经理才能采取根除配送工厂质量问题的行动及措施。

**4. 导致错误的绩效行为**

不幸的是，很多考核指标都会导致一些不需要的行为发生。例如，如果以采购订单的数量来考核采购人员的绩效，那么他们肯定会将供应商采购量分割为很多小批量的采购订单，以便能在订单的数量上领先。

**5. 行为考核指标及成果**

实施行为考核指标的问题在于，无法保证该行为一定能实现所期望的结果。例如，对整个企业的所有合同所涵盖的采购总量进行追踪的行为考核指标如今已越来越普遍。但追查通过使用企业范围合同所带来的总成本节约是更好的考核指标。行为考核指标的另一个例子是，商品团队每个季度召开会议的次数，更好的考核指标是考察由团队行为所带来的绩效成果。尽管存在很多行为考核指标，但能取得最终成果的考核指标才有意义。

## 7.2 采购绩效评估指标和标准

### 7.2.1 采购绩效评估的内容

要想了解采购工作的绩效，进而对采购过程进行控制，就必须先了解从哪些方面去衡量绩效。采购工作的原则是以最少的资源消耗实现预定的采购目标，因而衡量其绩效可以从采购效果和采购效率两个方面着手。其中，采购效果对应采购工作范围的各个环节的运作状况，而采购效率对应采购部门的工作能力。

**1. 采购效果**

采购效果是通过采购流程各个环节的工作能够实现预定目标的程度。采购工作整体目标一般是：从最合适的地方、以最合理的价格、采购质量最好的货物；并以最优质的服务，在最合适的时间运送到最佳地点；同时采购工作必须保证公司整体供应，并有助于产品的创新和生产流程的改进。根据采购目标的描述，衡量采购效果还要看货物价格与成本、货物质量、采购物流等方面的情况。

（1）货物价格与成本

采购价格与成本主要是从支付采购货物的实际价格与标准价格之间的关系角度来衡量和控制采购成本。其中，企业往往以上年度12月31日或企业财政年度起始日的实际相关采购价格作为本年度的标准价格，也称年度基价。采购价格与成本这个衡量尺度主要涉及两个方面：① 采购价格/成本控制。这是指监控和评估采购货物的标准价格、供应商提供的价格及价格的走势等情况，主要目的是监控采购价格，据此采取适当的措施以防价格失控。② 采购成本降低。这是在对采购价格/成本进行控制的同时，通过重新分析采购货物价值、在企业内部各部门之间协调采购需求或者寻找新的供应商、替代物，以减少采购成本支出，主要目的是监控降低成本的活动。

（2）采购货物质量

采购货物的质量尤为重要，如原材料的质量对整个生产流程的质量控制都有着重大的影响。采购工作要保证订购的货物满足企业设计、销售等部门的质量要求，必要时还要参与产品质量的改进工作。

(3) 采购物流

这里的采购物流是指采购货物的订货、交货、库存控制等方面的工作。具体包括：① 及时、准确的订货控制；② 供应商供货可靠性控制；③ 交货与库存控制。

**2. 采购效率**

采购效率是指为了实现预定的采购目标，控制计划消耗和实际消耗之间的关系，它直接决定于采购工作的能力。这就与为实现采购目标所需的资源及相关的采购活动有关，并涉及采购工作组织和管理的各个方面。组织和管理越规范，资源的功能发挥得越充分，采购目标的实现就越有效率。实现采购目标所需的资源包括以下几个方面。

① 采购人员。主要是指采购人员的年龄、培训经历、工作经验、工作态度、发展前景等。

② 采购管理。主要是指采购部门的管理制度，包括采购人员的时间安排、责任分工、薪酬制度、行政管理制度、供应商管理办法等。

③ 采购程序。主要是指采购程序的合理性、采购人员的执行要求等，以保证采购工作的有效进行。

④ 采购信息系统。主要是指包括所有采购活动资料的管理系统，它有利于支持采购人员的工作，方便跟踪采购实施的过程，也方便采购部门与其他各个部门的合作与沟通，并为采购绩效的衡量与评估提供详细准确的信息。

## 7.2.2 采购绩效指标设立的原则

采购绩效评估与考核的关键：一是要选择适用的衡量指标；二是绩效指标的目标要合理；三是确定绩效指标要符合有关原则。一套完整的采购绩效考核指标体系是做好该项工作的必要保证。

**1. 采购绩效指标的选择要同企业的总体采购水平相适应**

采购绩效考核与评估指标的设定主要应该考虑采购绩效指标的选择要同企业的总体采购水平相适应。对于采购体系不太健全的单位，刚开始可以选择批次、质量、合格率、准时交货等来控制和考核供应商的供应表现，而平均降价幅度则可用于考核采购部门的采购成本业绩。随着供应商管理程序的逐步健全、采购管理制度的日益完善、采购人员的专业化水平及供应商管理水平的不断提高，采购绩效指标也就可以相应地系统化、整体化，并且不断细化。

**2. 采购绩效指标的选择要明确、尽量量化**

采购绩效指标的选择要明确、尽量量化，要能够得到自己、顾客及相关人员的认同，要现实可行。确定采购绩效指标目标值时要考虑以下前提：一是内外顾客的需求，尤其是要满足"下游"顾客，如生产部门、品质管理等的需要。原则上，供应商的平均质量、交货等综合表现应该高于本公司内部的质量与生产计划的要求，只有这样供应商才不至于影响本公司的内部生产与质量，这也是"上游控制"原则的体现；二是所选择的目标及绩效指标要同本公司的大目标保持一致；三是具体设定目标时既要实事求是、客观可行，又要具有挑战性，要以过去的表现作为参考，更重要的是要与同行的佼佼者进行比较。

## 7.2.3 采购绩效评估指标

采购绩效考核与评估的关键是要制定一套客观的、能够充分展现采购人员绩效的、对考核对象有导向作用的指标体系，同时要制定出相应的、合理的、适度的标准，只有这样才能真正发挥出采购绩效考核和评估的监督、激励、惩罚的作用。采购绩效评估指标体系如图7-2所示。

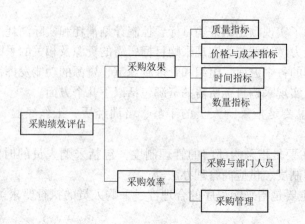

图7-2 采购绩效评估指标体系

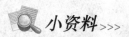

采购人员在其工作职责上，必须完成适时、适量、适质、适价及适地等基本任务，因此，其绩效评估应以此"5适"（5 Rights）为中心，并以数量化的指标作为衡量绩效的尺度。

**1. 质量绩效指标**

质量绩效指标主要是指供应商的质量水平及供应商所提供的产品或服务的质量表现，它包括供应商来料质量、质量体系水平等方面，可通过验收记录及生产记录来判断。

（1）来料质量

包括批次质量合格率、来料抽验缺陷率、来料在线报废率、来料免检率、来料返工率、退货率、对供应投诉率及处理时间等。

（2）质量体系

包括通过ISO 9000的供应商比例、实行来料质量免检的物料比例、来料免检的供应商比例、来料免检的价值比例、实施SPC的供应商比例、SPC控制的物料数比例、开展专项质量改进（围绕本公司的产品或服务）的供应商数目及比例、参与本公司质量改进小组的供应商人数及供应商比例等。

**2. 价格绩效指标**

价格绩效指标是企业最重视及最常见的衡量指标。透过价格指标，可以衡量采购人员议价能力及供需双方势力的消长情况。通常用年采购总额、各采购人员年采购额、年人均采购额、各供应商年采购额、供应商年平均采购额、各采购物品年度采购基价及年平均采购基价等表示。它们一般是作为计算采购相关指标的基础，同时也是展示采购规模、了解采购人员及供应商负荷的参考数据，是进行采购过程控制的依据和出发点，常提供给公司管理层作参考。而控制性指标则是展示采购改进过程及其成果的指标，如平均付款周期、采购降价、本地段比率等。

（1）年采购额

包括生产性原材料与零部件采购总额、非生产性采购总额（设备、备件、生产辅料、软件、服务等）、原材料采购总额占产品总成本的比例、原材料外购总额等，还可以按不同的材料进一步细分为包装材料、电子类零部件、塑胶件、五金件等，也可按采购付款的币种分为人民币采购额及其比例、不同外币采购额及其比例。原材料采购总额按采购成本结构又可划分为基本价值额、运输费用及保险额、税额等。此外年采购额还可分解到各个采购员及供应商，算出每名采购人员的年采购额、年人均采购额、各供应商年采购额、供应商年平均采购额等。

（2）采购价格

包括各种各类原材料的年度基价、所有原材料的年平均采购基价、各原材料的目标价格、所有原材料的年平均目标价格、各原材料的降价幅度及平均降价幅度、降价总金额、各供应商的降价目标、本地化目标、与伙伴工厂联合采购额及比例、联合采购的降价幅度等。

（3）采购成本

形成向供应商发出采购订单的成本，是指企业为了实现一次采购而进行的各种活动的费用，如办公费、差旅费、邮资、电报电话费等支出。每年的总采购成本受到一年中采购次数或生产准备次数的影响，也就是受到每次采购规模或每次生产数量的影响。随着采购次数的减少（即规模和生产数量的增加），年总采购成本会下降。采购成本随着采购次数或采购规模的变化而成反比。起初随着采购批量的增加，采购成本的下降比储存成本的增加要快，即采购成本的边际节约额比维持成本的边际增加额要多，使得总成本下降。当采购批量增加到某一点时，采购成本的边际节约额与维持成本的边际增加额相等，这时总成本最小。此后，随着采购批量的不断增加，采购成本的边际节约额比维持成本的边际增加额要小，导致总成本不断增加。

（4）其他

主要包括付款方式、平均付款周期、目标付款期等。

**3. 时间绩效指标**

这项指标主要是用以衡量采购人员处理订单的效率及对于供应商交货时间的控制。延迟交货，固然可能形成缺货现象，但是提早交货，也可能导致买方负担不必要的存货成本或提前付款的利息费用。

（1）紧急采购费用指标

紧急运输方式（如空运）的费用与正常运输的差额。

（2）停工断料损失风险

停工期间作业人员薪资损失。事实上，除了前述指标所显示的直接费用或损失外，尚有许多间接的损失。例如，经常停工断料，造成顾客订单流失，作业人员离职，以及恢复正常作业机器必须做的各项调整（包括温度、压力等）；紧急采购会使得购入的价格偏高，品质欠佳，连带也会产生赶工时间必须支付额外的加班费用。这些费用与损失，通常都未加以估算在此项绩效指标内。

#### 4. 数量绩效指标

当采购人员为争取数量折扣,以达到降低价格的目的时,可能导致存货过多,甚至发生呆料、废料的情况。

(1) 储存费用指标

现有存货及保管费用与正常存货水准利息及保管费用之差额。

(2) 呆料、废料处理损失指标。处理呆料、废料的收入与其取得成本的差额。存货积压越多,利息及保管的费用越大,呆料、废料处理的损失越高,显示采购人员的数量绩效越差。不过此项数量绩效,有时会受到公司营业状况、物料管理绩效、生产技术变更或投机采购之影响,故并不一定完全归咎于采购人员。

#### 5. 采购物流指标

采购物流指标主要用来衡量采购物流各环节的工作情况,包括以下 4 个方面的指标。

(1) 涉及订货工作的指标

包括平均订货时间、平均订货规模、最小订货数量、订单变化的接受率、季节性变化接受率、平均订单确认时间等。

(2) 涉及供应商供货的指标

包括供应商供货可靠性、已交货数量/未交货数量、实行"JIT"的供应商数目与比例、供应商采用 MRP(物料需求计划)或 ERP(企业资源计划)等系统的程度等。

(3) 涉及交货与货物接收的指标

包括准时交货率、首次交货周期、正常交货周期、交货频率、交货的准确率、平均交货运输时间、在途存货总量、平均报关时间、平均退货时间、平均补货时间等。

(4) 涉及库存与周转的指标

包括原材料库存量、库存周期、存货周转率等。

#### 6. 采购效率指标

质量、数量、时间及价格绩效指标,主要是衡量采购人员的工作效果,而衡量采购人员能力与采购管理水平的则采用采购效率指标进行评估。

(1) 年采购金额

它是企业一个年度商品的采购总金额,包括生产性原材料与零部件采购总额、非生产性原材料采购总额、原材料总额占总成本的比例等。年采购额可分摊到各个采购员和供应商,算出每名采购人员的年采购额、年人均采购额、各供应商年采购额、供应商平均采购额等。

(2) 年采购金额占销货收入的百分比

它是指企业在一个年度里商品采购总额占年销售收入的比例,其反映企业采购资金的合理性。

(3) 订购单的件数

它是指企业在一定时期内采购商品的数量。

(4) 采购人员的人数

它是指企业专门从事采购业务的人数,是反映企业劳动效率指标的重要因素。

(5) 采购部门的费用

它是一定时期采购部门在采购过程中所发生的所有费用,反映企业采购部门的管理成本指标。

(6) 新厂商开发个数

它是指企业在一定期间采购部门与新的供应商的合作数量，反映企业采购部门的工作效率。为使供应来源充裕，对唯一来源的物料，通常要求采购人员必须在期限内增加供应商个数，此绩效指标，可以以唯一来源物料占所有 A 类物料的比率来衡量。

(7) 采购完成率

它是指一定期间内企业商品实际采购额与计划采购额的比例，即"指标完成率＝本月累计完成件数/本月累计请购件数"，反映采购部门采购计划的完成情况。完成件数有两种计算标准，第一种标准是由采购人员签发订购单即算，第二种标准则必须等供应商交货验收完成才算。不过，采购人员若为提高采购的完成率，使议价流于形式或草率，则将得不偿失，因此，若无停工断料之虞，完成率稍低亦无妨。

(8) 错误采购次数

它是指未按照有关的请购或采购作业程序处理的案件。譬如错误的请购单位、没有预算的资本支出请购案、未经请购单位主管核准的案件、未经采购单位主管批准的订购单等。此等错误次数，应要求降至零。

(9) 订单处理的时间

它是指企业在处理采购订单的过程中所需要的平均时间，反映企业采购部门的工作效率。

## 7.2.4 采购绩效评估的标准

采购绩效评估是对采购工作进行全面系统的评价，从而判定采购工作的整体水平。考核工作一般依据现实的标准或表格，对各项采购指标逐一检查以判断对应环节的工作绩效，再通过与过去比较或与同行业标准、国际领先标准对照，对采购工作及时做出总结并加以改进。各项指标的考核可以用过去的指标作对照，也可以以行业平均水平为尺度，或选择一个目标企业的指标作为考核的基础。具体说来，常见的考核标准有以下几种。

(1) 过去的绩效

选择公司过去的绩效作为考核当前绩效的标准，这是很自然、有效的做法。尤其适用于那些处于起步和发展阶段的企业，但使用这种标准要求采购业务没有战略性变化，采购部门组织结构稳定，人员及其职责也没有重大变动。

(2) 行业平均绩效

企业往往会选择同行业企业作为目标来考核自己的业绩。作为对照的企业在采购组织结构、采购内容、采购目标等方面与本企业相似，而且往往是本企业的竞争对手，形成竞争的同时也形成相互的促进和激励。

(3) 标准绩效

一些企业，由于种种原因，过去的绩效难以获得准确数据或采购业务发生了战略性变化，又难以在同行业中找到可以对照的目标企业，可以使用标准绩效作为衡量基础。标准绩效的设定一般要注意以下三个方面：① 固定的标准。标准绩效的指标设立后不能轻易变动，至少在一段时间内，尤其是一个采购项目期内不能变动。② 有挑战意义的标准。标准绩效不能是一套平均水平上的指标，而要有一定的难度，要经过采购部门人员的努力才能完成。这样的标准才能激励工作热情，促进采购目标的实现。③ 可能实现的标准。在当前的环境和条件作为标准的绩效指标下,通过积极的努力确实能够达到。如果标准设定过高,一方面会增加采购部门和人员的压力,另一方面其激励效果也会降低。

## 7.3 提升采购绩效的措施

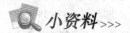 **小资料**>>>

采购绩效的提高涉及采购工作的方方面面,对于那些采购管理水平低下的企业,一个简单的管理方法就能够带来明显的成本降低。例如,对于那些各部门分散采购的企业来说,如果设立专门的采购部门,将整个企业的需求信息进行整合,定时定量地进行集中采购,就能够避免大量的、重复的采购人力浪费,并能够获得更优惠的价格,从而明显地降低采购成本。对于那些意识到采购管理重要性的企业,尝试更为科学、系统的采购管理方法,对整个采购活动甚至是整个供应链条进行规范和改造,采购工作的绩效往往能够得到更为明显的提高。

要想提高采购工作的绩效,最为基本的做法就是将采购工作的具体环节制度化、规范化,并在整个企业内推行。对于那些缺乏制度建设的企业,这是提高采购工作绩效最为显著的方法。但采购绩效应当持续提升,仅仅建立采购工作管理制度是不够的,还应当有切实可行的实施办法。

### 7.3.1 开发采购绩效评估和考核系统

**小资料**>>>

采购评估和考核系统的开发需要领导支持和高层管理者的承诺,他们必须提供系统必需的财务资源。管理层也要求所有的采购点运用相同的系统结构,这能减少重复的工作并节约开发与培训的成本。系统的基本设计是相同的,但并不需要每一个采购点必须用同样的绩效指标或绩效标准,另外高层管理者的支持也传递了追踪和改善绩效重要性的信息。

开发有效的绩效评估和考核系统包括下面一系列活动:确定需要评估的绩效类型,开发具体的绩效评估标准,为每一项指标建立绩效标准,系统细节定案及实施并审核绩效和考核标准系统。图7-3显示了采购绩效评估系统的开发概况。

建立采购绩效评估和考核系统就是要把评估工作的原则、频次、标准、人员、方式、目的等做出明确的规定,并形成一个系统,各部门配合,一般由采购管理部门负责监督执行。要想成功地建立起采购绩效评估系统,需要注意以下几个方面。

(1) 明确目的

企业必须首先明确采购绩效评估和考核的目的,才能在此基础上建立采购绩效评估系统,也就是说系统必须符合考核的目的。

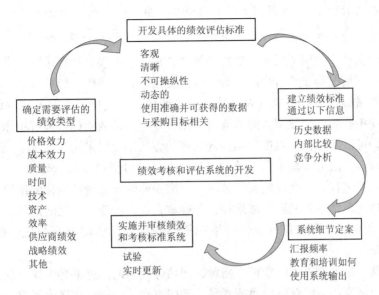

图 7-3　绩效评估和考核系统的开发

（2）符合企业实际

企业建立的采购绩效评估系统必须从企业自身特点出发，符合企业的实际运作方式，满足企业各部门的需要，这样的评估和考核才能够得以长期实施，并取得显著的效果。

（3）信息共享，公开明确

企业建立采购绩效评估和考核系统不只是采购部门的事情，企业应该站在整个企业的立场上建立这项系统，评估和考核的结果也要在企业各部门内共享，这样才能保证采购绩效评估和考核的目的得以实现。

## 7.3.2　建立标杆管理机制

**1. 标杆管理概述**

标杆管理（Benchmarking），简单说来就是寻找一种标准，可以选择内部绩效高的部门为标准，也可以选择外部绩效高的公司为标准，通过比较和分析这些标准及其实践经验来改善自己的工作过程，使自己慢慢接近甚至超过标准。

### 小资料>>>

20世纪80年代前后，施乐公司的复印机业务的全球垄断地位受到日本佳能等竞争者的全方位强烈冲击，面对急剧下滑的市场占有率，施乐公司展开了向日本竞争者深入学习的运动，从采购模式、生产方法、营销手段和成本、价格构成等各个方面找出一些衡量标准，然后与自己的相应方面进行比较分析，找出差距和不足，继而进行经营管理、生产流程、采购模式等各方面的全面改造。经过一段时间的努力，终于取得成效并夺回了市场份额。后来这种管理方法被称为标杆管理。

应该说，标杆管理的先驱是美国施乐公司，众多公司和企业的借鉴和应用使得标杆管理的理论和实践在之后的20年里得到了长足的进步，应用的范围也更为广泛，现在已经涉及库存管理、成本管理、营销管理、研发管理、人力资源管理及采购管理等各个方面。

人们在采购活动中使用了很多的监控和评估方法。有时候，计算采购活动中的关键比率并观察比率的变化情况是非常有用的，如采购的支出额、销售额、订单数量、支出额、薪水成本、交易的数量等。人们普遍认为，如果无法评估一个变量，也就无法对该变量进行控制。在采购活动中收集到的数据，通常既可以用作重要的绩效指标，也可用作重要的控制工具。因此，人们可以考虑在实践中使用标杆管理的方法来改善采购绩效。

将标杆管理作为改进采购工作绩效的工具，就是通过资料收集、分析比较、跟踪学习、机制改造等一系列过程，将企业的实际情况与基准企业的指标进行量化的比较，分析这些基准，找出企业达到最优绩效的原因和途径，明确本企业在行业中所处的地位，并在此基础上改进自己的采购策略，从而有效地促进采购绩效的提高，实现企业的战略优化，提高竞争力。

标杆管理既不是以上提到的监控、衡量、评估等代名词，也不是去找出统计数据或其他证据，来说明新供应商、已有供应商或者采购部门本身是否符合规格或要求。标杆管理的目的是发现可能存在的"最佳做法"，并试图确定和找出最佳做法中的伴随变量或构成变量。标杆管理认为在完成以上步骤后，这些变量就可以被用作主要指标（标杆），并被递交给研究组织，由这些组织来研究出赶上（或超过）这些绩效指标的做法。但是标杆管理并不是要照搬其他组织的方法和系统。标杆管理的重点是找出那些标杆组织成功之处的因素。

### 小资料 >>>

有时候，"最佳做法标杆法"这个术语容易让人误解，事实上，"最佳做法标杆法"要说明的是标杆，而不是做法本身。另外，标杆管理也不是总与竞争者进行比较。企业经常依靠与非竞争者进行比较获得信息资源，特别是在建立标杆流程或者是部门活动要跨越不同的行业时（如供应链管理）。通常从合作的非竞争者那里更容易获得标杆管理的数据和信息。

在理解了标杆管理并不仅仅是照搬竞争者的系统和方法后，还需要理解一点，即标杆管理和工作毫不相干。标杆管理重点考虑的是衡量和评估，其目的不是为了衡量和评估本身，而是要去了解当前最佳做法所取得的成就，以便在自己的组织中赶上或超过这些绩效。

**2. 标杆管理的类型**

依照作为基准的对象的不同可以将标杆管理分为以下几类。

（1）内部标杆管理

这是在企业内部进行的较为简单的一种管理方式。一般是将某个绩效较高的部门作为基准，分析其业务流程、工作方式的优越性，进而推进其他部门的绩效提高。由于企业内部容易实现信息共享，且会计记账原则一致，因而这种方法比较容易实施。

（2）竞争者标杆管理

这是以同行业的竞争者为基准的标杆管理方式。同行业的竞争者和本企业提供类似的产品和服务，面对类似的市场环境和消费者，承受着相同的市场竞争，一些衡量指标和行业标准也都是一致的，因而便于拿过来作为标准进行比较。但是，正是由于竞争的压力，在对其进行分析时往往会让对方感到威胁，因此想要获得竞争者的信息是比较困难的。

(3) 广泛标杆管理

这是一种被普遍采用的标杆管理方式。它是以某个行业的领先者或有着类似成长过程的优秀企业为基准，比较分析与其管理模式、决策制定等方面的差距，再进一步，还可以针对自身的情况，选取其绩效高的职能部门或业务流程进行比较分析。由于这样选定的企业不一定是同行业的，不存在竞争压力，因而其更愿意提供和分享其理念、技巧、方法等。但是要注意，前两种方法在同一部门的同一行业内，由于使用的标准、统计方法、会计原则都一致，而且涉及的衡量指标等都是相对应的，因而分析的时候只需将相应的方面加以比较；而运用这种标杆管理方法则没那么简单，这需要领导者有较高的洞察力，能够从不同行业的企业中找到自己学习的样板。

(4) 流程标杆管理

这是以最佳工作流程为基准的标杆管理方式。比如选择某企业科学的采购流程作为基准，将本企业的相应指标与其进行对比分析，找出并弥补差距。

**3. 实施标杆管理的过程**

虽然标杆的类型很多，具体步骤、描述方式等存在一些不同之处，但基本的步骤还是相似的。用标杆管理进行采购绩效的评估一般有以下几个步骤。

(1) 选择进行能够标杆管理的目标——标杆什么

进行标杆管理首先要确定企业想要进行标杆的业务流程、职能部门等。一般是企业感觉到其某方面工作的绩效太差，或在竞争的压力下认为有必要提高工作的效果和效率，因而选用标杆的方法来进行评估和改进。在这一步骤中要挑选、培训并建立起学习标杆的团队，要决定收集资料、考察现状的方法。应该向第一线的工作人员了解该业务流程、职能部门存在的问题和缺陷，掌握其工作原理，以便进行比较分析。可以说，这是整个标杆管理的准备阶段。① 选择怎样的标杆管理目标。要进行标杆的目标往往是企业与采购相关的关键流程或职能，如采购部门与销售、研发、生产等其他部门的协调，供应商评估与管理，库存周转模式等。② 建立怎样的学习团队。标杆的整个过程应当由专门的团队负责执行，这个团队中要有领导者、标杆管理目标过程的管理者、参与标杆管理目标过程的一线工作人员、标杆管理目标过程的受益人。团队的组成是为了完成标杆，因而成员们要有积极学习的精神，要了解本企业进行标杆的目的、标杆的步骤等基本知识。

(2) 确定最佳的比较目标——以什么为基准

在大量搜集有关信息和有相关专家参与的基础上，针对具体情况确定不同的比较目标。可以在企业内部寻找绩效好、效率高的部门作为比较目标，也可以在行业内找到其他先进企业作为比较目标，甚至将不同行业先进企业的某个业务流程、管理方式等作为比较目标。寻找比较目标时，绩效最高的并不一定就最合适，要综合考虑其规模、组织结构、产品特点、技术特征、生产流程等因素，选取与本企业具有可比性的企业作为比较目标。

(3) 确定标杆项目——比较分析什么

要找到衡量本企业与比较目标企业绩效的具体项目及其指标，这需要进行一系列的工作。① 要通过实地调查、搜集数据、处理数据、加工数据、分析比较等，了解比较目标企业的信息，整理得到以下两个方面的情况：一是比较目标企业的现有绩效水平如何，如企业的市场占有率、盈利率、成本结构、工资水平、企业技术的领先程度、具有自主知识产权产品的数量、企业客户的稳定性等；二是比较目标企业是采用怎样的方式达到这一绩效水平的，包括工作过程的组建、信息系统支持、培训、企业文化、经营模式等方面的内容。

② 与本企业现有的经营模式进行比较，寻找差距，为企业找到改进的方向与方法。当比较目标是同一个行业中的企业时，核心竞争力和衡量指标大致相同，可方便地进行比较分析；当比较目标是其他行业的业务流程、职能部门时，要找到将其衡量指标进行转化和类比的方法。比如选择不同行业的一个优秀企业的采购流程作为标杆的目标。虽然采购货物有所不同，但是很多衡量指标是可比的，像有关供应商评估、采购人员管理等方面的指标。具体操作时要将有关指标全部列出来，一一比较进行打分，或者绘制矩阵图，通过对比分析区分有优势的方面和有劣势的方面，然后针对差异程度采取适当的策略进行改造。

（4）制订缩小差距的计划并付诸实施——怎样进行改造

这是实施标杆管理的最终目的和关键一环。首先，要从思想上在本企业内部达成共识，创造一种环境，使企业的全体员工都能够自觉自愿地欢迎变革、进行学习，共同努力实现企业绩效的提升。然后要制订一系列行之有效的计划，并积极付诸行动，向着比较目标的基准努力。只有这样才能够实现提高绩效、提高竞争力的目的。

（5）评估结果——改造的成果如何

实施标杆管理是一个循序渐进的过程，需要付出长期的努力，这一过程无论是本企业还是比较目标企业的发展信息都是动态的，因而不能忽视一项重要的后续工作，即检查和审视改造的过程，并不断调整标杆管理的目标，使目标切实可行又不乏挑战，这样才能符合本企业提升绩效的实际需求。

**4. 实施标杆管理应该思考的问题**

在企业具体实施标杆管理，提升采购绩效的过程中，要对以下几个方面问题进行详尽思考。

（1）企业应该在哪些领域采用标杆管理

在采购中，几乎所有能被评估的活动都可以使用标杆管理。例如，未完成交货量、退货率、生产中断次数及未支付价格指数等。

（2）企业应该以谁为基准点

首先，必须确定基准点。有一个显而易见的方法可以确定最佳做法，那就是向供应商打听谁是他们的良好的合作伙伴。也可以对那些成功的组织（使用人们普遍接受的市场份额或盈利状况指标来评估）进行分析，考察它们的采购运作方式。一些工业观察家或专业机构也可以为此提供正确的建议。

（3）企业怎样来获得信息

大部分有用的信息都可以从公共信息领域获得。管理杂志和贸易出版社也出版了大量有关信息。此外，一些成功的经理和组织也很乐意与他人分享信息，与其他人的交往也会有助于收集这些信息。当然，如果竞争对手对标杆管理感兴趣则更好，信息交流对双方都有好处。

（4）企业怎样来对信息进行分析

标杆管理并不是为了信息本身而关注信息的。不仅要收集所需要的数据，还要充分地对同类数据进行对比分析。通常，统计数据、比率及其他一些"硬"信息要比看法或奇闻之类的信息更具有价值。

（5）企业怎样来利用这些信息

一般来说，如果发现有人在某个活动领域中的表现优于自己，就应该着手赶上或超过他们。制定出自己的绩效标准，并设计出适当的办法来达到这些标准。当然，这样做也意味着需要使用大量的资源，这也就要求高层管理者积极支持标杆管理。

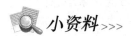小资料>>>

企业不能把标杆管理仅仅作为另一种重要的采购管理方法来运用，如果不把标杆管理作为组织的一项政策，标杆管理就不会发挥它应有的作用。

### 7.3.3 采用多种绩效指标

前一节中介绍了评估采购绩效的常用指标体系，但是要全面地提高企业的采购绩效，可以考虑多种绩效指标，也就是常见指标以外的一些指标。

**1. 采购部门商业活动的质量**

一般认为，采购主要是一种商业职能，采购部门所进行的商业活动是评估采购绩效的重要方面。这些商业活动的质量是评估采购绩效的一个主要指标。例如，要评估采购绩效，需要分析采购部门是否参与了新产品从构思到生产的开发工作？采购部门对市场的了解程度如何？从战略上看，这就要求采购部门紧跟市场的发展，关注世界其他的市场状况，而不仅仅是了解当前市场的情况。

**2. 采购部门的参与程度**

产品知识也是一种用来评估采购部门在商业活动中的参与程度的指标，它包括对竞争对手的产品及产品部件或原料的了解情况。这就要求采购部门要全面地参与到保证组织生存的战略的制定过程中。例如，如果某种产品的生命周期在缩短，那么希望在这些产品的市场竞争中取得优势的公司就必须加快产品创新的步伐。很少有哪个组织可以单独做到这一点，大多组织需要主要供应商和他们一起工作（如可以采取协作生产的方式合作），并对供应商进行激励和管理。在评估采购绩效时，必须对这些问题进行考虑。在评估生产率的改进状况及质量计划时，同样也需要如此。

**3. 信息系统的开发与实施**

在这个 EDI 非常重要的时代，信息系统的开发与实施也是非常重要的评估指标。例如，一家英国零售公司要求采购人员在 20 个月内和公司最重要的 20 名供应商建立起 EDI 联系。

**4. 采购部门评估系统**

采购部门评估系统本身也可以是重要的评估指标。例如，是否对主要供应商的绩效进行了评估？该信息是否用于管理和控制？从这个过程中得到的数据是否对供货决策有影响？

### 7.3.4 向领导层报告

一般企业的业务成功，与管理层的关注和支持是分不开的。采购绩效的提升当然与企业的领导层关系重大。一般来说，采购部门应按照规定的要求向管理层报告。

无论使用什么系统来对采购工作进行评估，都需要制定报告书，对采购部门的工作范围、采购目标及采购绩效进行说明。报告书包括了当前和预测的市场条件及其他对高层管理者有用的信息。例如，相关新产品的数据、新原料和新流程、有关供应源开发的信息、关于主要原材料的市场信息，以及对相关公司政策和战略的建议。报告书的信息质量很重要，报告书的表达方式也同样重要。只有那些表达方式非常专业的报告书才会引起工作繁忙的高层领导者的注意。报告书应该包括哪些内容？多长时间撰写一次报告？报告应该采用怎样的表达方式？这些问题的答案只能视具体情况而定。根据经验，在必要的时候进行报告是很有用的。有些公司要求部门经理定期进行报告，并在其他必要的时候也撰写相关的报告。例如，如果市场很动荡，或者如果某产品的原料含量太高，这时就需要进行报告。报告包括周报、季报和年报，它们记载了采购部门在相应时期内的主要活动。

### 小知识 >>>

所有报告的内容都必须简明扼要，报告的首页一般是内容概要，可以使用图画、图解或图标来说明那些支持论据的数据资料。报告书的正文部分，应该只提供统计汇总信息。不过如果有必要，可以把详细的统计数字写在附录中，对汇总信息进行说明。如果需要下结论或提出建议，通常把结论和建议放在报告书的结尾部分（也有些报告书把这些内容放在开头部分）。在撰写报告时应该注意一点，即如果对某些信息有怀疑，就不能把它们包括在报告内容中。另外，在撰写报告时，应该站在管理者的角度。需要明确的是：汇报的目的是什么？阅读报告书的人希望得到哪方面的信息？他希望在什么时候阅读报告书？如果他去年、上个月或上周需要这些报告，并不代表他现在仍然需要它们。

通过向管理层报告，采购部门可以了解管理层对采购工作的态度，而且，撰写报告的过程也是对整个采购绩效进行初步评价的过程。同时，企业管理层的关注，也是采购部门的压力和动力，对提高企业的采购绩效大有裨益。

## 7.3.5 实施电子采购

电子采购就是"在网上进行买卖交易"，其内涵是：企业以电子技术为手段，改善经营模式，提高企业运营效率，进而增加企业收入。它极大地降低了企业的经营成本，并能帮助企业与客户及合作伙伴建立更为密切的合作关系。普遍的实践结果表明，电子采购具有更高的绩效。

### 小资料 >>>

20世纪80年代，IBM的采购像所有的传统采购方式一样，各自为政、重复采购的现象非常严重，采购流程各不相同，合同形式也是五花八门。这种采购方式不仅效率低下，而且无法获得大批量采购的价格优势。20世纪90年代，IBM公司决定通过整合信息技术和其他流程，以统一的姿态出现在供应商面前。IBM开发了自己的专用交易平台，实施电子采购。此项措施有效地降低管理成本、缩短订单周期、更好地进行业务控制，IBM的竞争优势由此得到显著的提高。

## 7.3.6 改进采购绩效的技巧

**1. 营造良好的工作氛围**

如果采购组织内部存在剧烈的矛盾，采购人员与供应商之间互相不信任，缺乏合作诚意，使采购人员无法将全部精力投入在工作上，这样就会降低采购的绩效。因此，任何采购组织，包括供应商，融洽、和谐、流畅的工作气氛是搞好各项工作的基础。

**2. 更新采购业绩评价的理念**

采购绩效的提升，需要先进的理念、扎实的态度和勤奋工作。

（1）建立全面采购成本的观念

从降低采购价格向降低采购成本目标转化。采购成本包括采购价格和非价格因素成本，非价格因素成本是指因供应商的质量、交货期和售后服务等存在问题而给买方增加的成本。

（2）强化跨部门协作和前期参与

降低采购成本从产品设计开始。通过采购部门前期参与新产品开发或工程建设，有利于对设计人员施加影响，推进产品标准化，同时可以使采购与工程建设同步化，缩短采购周期，降低采购成本。

（3）加强供应商管理和资源整合

通过加强供应商管理和优化，充分利用供应商技术、服务及劳务成本等优势，实现部分不增值的业务活动外包，降低供应链中的成本，达到"双赢"。

**3. 强化内部管理**

管理的根本是管人，企业员工是一个企业最宝贵的资产。与其他部门相比较，采购部门对人的依赖性更大，采购工作的大部分工作内容是人与人的交往。从管理角度去提升商品采购绩效主要体现在以下几个方面。

① 在企业内建立合格的采购团队，提供必要的资源。
② 选聘合格人员担任采购人员，给予必要的培训。
③ 给采购部门及采购人员设立有挑战性，但又是可行的工作目标。
④ 对表现突出的采购人员给予物质及精神上的奖励。

**4. 加强与供应商的合作**

供应商的表现对采购绩效有着很大的影响，而供应商与采购商的关系又在很大程度上制约着采购绩效的提升。通过加强与供应商的合作能够有效地改进采购绩效，与供应商联手实现降低商品采购成本的途径有以下几个方面。

① 与供应商共同制订可行的成本降低计划。
② 与供应商签订长期的采购协议。
③ 供应商参与到产品设计中去。

**5. 充分应用科学技术**

在企业的采购过程中，要充分应用现代科学技术，如网络传输技术。而传统通信技术如电话、传真、信函等，虽已被使用了几十年甚至上百年，但在今天仍发挥着重要作用。

## 本章习题

### 一、判断题

1. 采购绩效评估是对采购工作进行全面系统地评价、对比,并从中判定采购所处整体水平的做法。( )
2. 绩效评估是采购工作的一部分,是指在采购流程中的其他各项工作进行完毕后,对采购的整体情况进行评估。( )
3. 定期绩效评估常以目标管理的方式进行,但应避免人们会特意追求考核目标的提高而忽略其他方面,因此,要求目标的选择要高一些,要选择全面。( )
4. 标杆管理就是获取竞争者的信息,与之做比较,从而改善自身水平,赶上行业里领先的竞争者。( )
5. 采购绩效评估的主体是采购部门人员,其他部门人员的配合也非常重要,但并不参与具体绩效的评估。( )

### 二、选择题

1. 下面哪一项不属于采购绩效评估的目的?( )
   A. 确保采购目标的实现　　　　B. 提高员工的士气
   C. 作为奖惩的依据　　　　　　D. 为标杆管理提供标准
2. 下面哪一项不属于采购绩效评估中采购效果的评估指标?( )
   A. 价格指标　　B. 质量指标　　C. 时间指标　　D. 管理指标
3. 下面哪一项指标可以反映企业采购工作的数量绩效?( )
   A. 停工断料损失风险　　　　　B. 平均订货数量
   C. 储存费用指标　　　　　　　D. 订购单件数
4. 组织和管理越规范,资源的功能发挥得越充分,采购目标的实现就越有效率。下面哪一项不属于实现采购目标所需的资源?( )
   A. 采购物流　　B. 采购人员　　C. 采购管理　　D. 采购程序
5. 采购绩效评估需要设立科学的评估标准,下面哪一项不适合作为采购绩效评估的标准?( )
   A. 过去的绩效　　B. 行业最高绩效　　C. 标准绩效　　D. 行业平均绩效

### 三、思考题

1. 什么是采购绩效评估?评估的目的是什么?对企业有怎样的意义?
2. 采购绩效评估体系是怎样的?有哪些指标?
3. 标杆管理作为提升采购绩效的一种方法,试阐述标杆管理的原理和过程。
4. 提升采购绩效还有哪些方法?

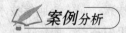

## 跨国超市公司的采购绩效考核

考核不仅是调动员工积极性的主要手段,而且是防止业务活动中非职业行为的主要手段，在采购管理中也是如此。如何对采购人员进行绩效考核？跨国超市公司人员有许多成熟的经验可以借鉴，其中的精髓是量化业务目标和等级评价。每半年，跨国超市公司都会集中进行员工的绩效考核和职业规划设计。针对采购部门的人员而言，就是对采购管理的业绩回顾评价和未来的目标制定。在考核中，交替运用两套指标体系，即业务指标体系和个人素质指标体系。

业务指标体系主要包括：① 采购成本是否降低，买方市场的条件下是否维持了原有的成本水平；② 采购质量是否提高，质量事故造成的损失是否得到有效控制；③ 供应商的服务是否增值；④ 采购是否有效地支持了其他部门，尤其是运营部门；⑤ 采购管理水平和技能收费是否得到提高。

当然，这些指标还可以进一步细化，如采购成本可以细分为：购买费用、运输成本、废弃成本、订货成本、期限成本、仓储成本等。把这些指标意义量化，并同上一个半年相同指标进行对比所得到的综合评价，就是业务绩效。应该说，这些指标都是硬的，很难加以伪饰。所以这种评价有时显得很"残酷"，那些只会搞人际关系而没有业绩的采购人员这时就会"原形毕露"。

在评估完成之后，将员工划分成若干个等级，或给予晋升、奖励或维持现状，或给予警告或辞退，可以说，这半年一次的绩效考核与员工的切身利益是紧密联系在一起的。

对个人素质的评价相对就会灵活一些，因为它不仅包括能力评价，还包括进步的幅度和潜力。主要内容包括：谈判技巧、沟通技巧、合作能力、创新能力、决策能力等。这些能力评价都是与业绩的评价联系在一起的，主要是针对业绩中表现不尽如人意的方面，如何进一步在个人能力上提高。为配合这些改进，那些跨国公司为员工安排了许多内部的或外部的培训课程。

在绩效评估结束后，安排的是职业规划设计，包含下一个半年的主要业务指标和为完成这些指标需要的行动计划。这其中又包括两个原则：一是量化原则，这些业务指标能够量化的尽量予以量化，如质量事故的次数、成本量、供货量等；二是改进原则，在大多数情况下，仅仅维持现状是不行的，必须在上一次的绩效基础上有所提高，但提高的幅度要依具体情况而定。

问题：
1. 从该案例中你得到了哪些启示？
2. 你认为现阶段国内超市采购绩效考核存在哪些问题？如何解决这些问题？

# 第 8 章

# 企业业务外包

## 学习目标

1. 了解企业业务外包的概念和发展过程。
2. 明确企业业务外包的优势和风险。
3. 掌握企业业务外包的几种方式及它们各自的特点。

## 导入案例

### 企业外包的不同方式

从英国伯明翰到德国柏林，你搭乘的是英国航空班机（British Airways）吗？实际上，你并不是。

虽然航机展现出英航的全套外观，机组人员身穿英航制服，舱务空服员也穿戴着充满浓厚英航企业色彩的服装，但是，其实你这趟旅行使用的是英航全面借助外包的服务。丹麦船运公司快桅船运（Maersk）负责提供客机、机组人员和舱务空服员，机舱乘客餐饮由瑞士空膳集团 Gate Gourmet 公司承制，机票则由旅行社代理销售。

实质上，英国航空近似一个虚拟公司（Virtual Company）。维修工程外包，全球网点的地勤服务亦由当地同业接手代理。英航并不将这些领域视为事业核心，反而在另一项焦点资产——乘客身上，倾注全力。

任何产品或服务的生产都涉及相当多的活动。从获取原材料开始到最终产品的分配和销售的过程，被称为纵向链条。供应链管理的中心问题就是如何组织纵向链条。例如，斯克特纸制品公司，它独自伐木取材、碾磨材料、制作纸制品，并将产品销售到市场上。其他一些著名企业，如耐克，却是非纵向一体化的，他们仅仅独自完成纵向链条中的少数任务，其他的则通过外包供应商来完成。

惠普公司的前任首席执行官约翰·杨这样描述该公司在 20 世纪 90 年代初的规模缩减，"过去，为了制造自己的产品，我们弯曲所有的金属片和每一个塑料零件，现在，我们不必再做这些事情了，而由其他人为我们提供。"像惠普这样的企业，正越来越多地利用供应商来获得产成品。

# 8.1 业务外包概述

## 8.1.1 外包的提出

供应链管理注重的是企业核心竞争力,强调根据企业的自身特点,专门从事某一领域、某一专门业务,在某一点形成自己的核心竞争力,这必然要求企业将其他非核心竞争力业务外包给其他企业,即所谓的外包业务。

传统的"纵向一体化"模式已经不能适应目前技术更新快、投资成本高、竞争全球化的制造环境,现代企业应更加注重于高价值生产模式,更加强调速度、专门知识、灵活性和革新,与传统的"纵向一体化"控制和完成所有业务的做法相比,实行业务外包的企业更强调集中企业资源于经过仔细挑选的少数具有竞争力的核心业务,也就是集中在那些使他们真正区别于竞争对手的技能和知识上,而把其他一些虽然重要但不是核心的业务只能外包给世界范围内的"专家"企业,并与这些企业保持紧密合作的关系。从而使自己企业的整个运作提高到世界级水平,而所需要的费用则与目前的开支相等甚至有所减少,并且往往还可以省去一些巨额投资。更重要的是,实行业务外包的公司出现财务麻烦的可能性仅仅是没有实行外包的公司的三分之一,把多家公司的优秀人才集中起来为我所用的概念正是业务外包的核心,其结果是使现代商业机构发生了根本的变化。企业内向配置的核心业务与外向配置的核心业务紧密相连,形成一个关系网络(即供应链)。企业运作与管理也由"控制导向"转为"关系导向"。

在供应链管理环境下,企业成功与否不再由"纵向一体化"的程度高低来衡量,而是由企业集聚和使用的知识为产品或服务增值的程度来衡量。企业在集中资源于自身核心业务的同时,通过利用其他企业的资源来弥补自身的不足,从而变得更具竞争优势。

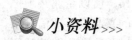小资料>>>

尽管业务外包的速度在迅速加快,但没有迹象表明现在已经达到顶峰。迄今为止,全球的所有业务外包活动,一半以上都集中在美国,与此同时,欧洲的业务外包活动也在增加,其中最活跃的是英国、法国、意大利和德国。事实上,欧洲这方面开支的增长速度比美国还要快。

## 8.1.2 外包概念

小资料>>>

### 宏基公司的"外包"战略运用

台湾宏基公司进行了流程再造,将在台湾生产的传统转变为在台湾生产主板、外包装和显示器等关键零部件,其他部件则以"外包"给市场地厂商生产,然后在市场地组装销售,从而提供给世界各地的消费者。这种模式推出后,库存时间从100天降到50天,资金周转率提高了一倍,新产品提前上市一个月,产品也更能迅速满足消费者个性的需求。

"外包"(Outsourcing),英文一词的直译是"外部寻源",指企业整合利用其外部最优秀的专业化资源,从而达到降低成本、提高效率、充分发挥自身核心竞争力和增强企业对环境的迅速应变能力的一种管理模式。

外包又称外协,是指采购方委托供应商根据其所提供的设计图纸、工艺和质量要求,制造或加工产品;或由供应商根据采购方要求提供产品。这种合作关系通常被称为外协关系,供应商通常被称为外协供应商,英文 Suppliers,而由供应商提供的产品叫做外包品或外协件。

企业在内部资源有限的情况下,为取得更大的竞争优势,仅保留其最具竞争优势的功能,而把其他功能借助于整合,利用外部最优秀的资源予以实现是十分必要的。企业内部最具竞争力的资源和外部最优秀资源的结合,能产生巨大的协同效应,使企业最大限度地发挥自有资源的效率,获得竞争优势,提高对环境变化的适应能力。截取企业价值链中比较窄的部分,缩小经营范围,重新配置企业的各种资源,将资源集中于最能反映企业相对优势的领域,构筑自己的竞争优势,获得使企业持续发展的能力。

### 小资料 >>>

《哈佛商业评论》证实,外包模式是过去几十年来企业最重要的管理概念和经营手法。又比如在许瑞夫港(Shreefeport)咨询顾问公司的研讨会里,将企业外包模式定义为:依据服务协议,将某项服务的持续管理责任转嫁给第三者执行。

## 8.1.3 业务外包的产生与发展

业务外包这种管理模式是工业经济时代已经形成的社会分工与协作组织在当今知识经济条件下的发展与演化。早在20世纪20年代,美国福特公司就开始在产品零部件标准化基础上形成流水作业线,生产具有规模效益的T型车的生产组织实践,并实现了零部件供应的外部化。发展到20世纪下半叶,标准化、全球化的组装生产模式已普及到全球。从工业时代的全球化的协作生产到知识经济时代的战略性业务外包是一个不断演进的、从量变到质变的连续过程,这种变化有其产生的必要性和必然性。

① 以信息产业为标志的新兴技术的兴起,带动了这个社会经济的迅速发展,这个社会经济处于重新整合的时期。信息技术的发展从根本上改变的企业的管理模式,扩张了企业的界限。过去由于市场交换中的信息搜寻、协作分工而付出的成本比较高昂,所以企业必须把研发、生产、销售等一系列活动集中在自己的内部进行。随着网络技术的兴起,管理信息系统的完善,集成制造技术的普及和电子商务的发展,使企业间跨越时空障碍的合作日益便利,大大降低了企业协作的交易费用。企业之间可以结成动态联盟,把精力和资源集中在自己最擅长的活动上,而把自己不擅长的工作交给合作伙伴来完成。以信息网络为依托,通过把企业的内部优势资源和外部优势资源进行迅速有效的整合,企业可以创造出更大的竞争

优势。

② 相关行业的发展趋于成熟。相关行业主要是指各种零配件或资源的供应商所组成的行业，这些行业的成熟会形成行业内企业较好的竞争格局。经济学已经证明，上下游企业的资产专用性程度越高，通过市场交易方式的成本就越高。而供应方或需求方的竞争越趋于完全竞争，上下游企业的资产专用程度就越低，进而通过市场交易方式的交易费用就越低，资源配置的效率就越高。随着行业日趋成熟，市场交易成本大大降低，业务外包的规模相对于整个行业的规模其比例会越来越大。

③ 竞争日益国际化的发展，使市场范围大规模地扩大，这将促使专业化进一步发展。社会专业化发展的过程必定伴随着大量的企业调整（主要是缩小）其经营范围，以便更好地利用社会分工所带来的好处，从企业战略角度考虑，这个过程就是业务外包。最后，市场成熟和体制健全也降低了企业之间交易的不确定性，提高了企业间交易的效率，使业务外包战略的运营成本大大降低。

④ 业务外包促使外部企业与供应商的合作关系更加密切。在全球经济一体化的今天，中国已经成为世界制造工厂。企业业务外包不仅在国内，而且在全球范围内迅速发展。目前，制造企业由于业务外包而越来越重视加强供应商开发与管理，利用优质外部资源，同供应商合作追求"双赢"成为业务外包长期发展的目标。供应商已成为外包企业不可缺少的产品、生产技术、服务等资源的提供者。

### 8.1.4 外包的特征

"外包"作为一种企业获得竞争优势的新途径，具有以下特征。

（1）并行的作业分布模式

由于企业把非特长的经营活动交给其他企业完成，这使得传统企业运作方式中时间和流程上处于先后关系的有关职能和环节得以改变。企业的各项活动在空间上是分布的，但在时间上却可以并行。比如企业在研发时，合作伙伴可能正积极地生产或营销该企业产品。这种并行的作业模式提高了企业的反应速度，有利于企业形成先动优势。

（2）在组织结构上，实行"外包"的企业由于业务的精简而具有更大的应变性

对实行"外包"的企业来讲，由于大量的非特长业务都由合作伙伴来完成，企业可以精简机构而变得更加精干，中层经理传统的监督和协调功能被计算机网络所取代，金字塔状的总公司、子公司的组织结构让位于更加灵活的对信息流有高度应变性的扁平式结构，这种组织结构将随着知识经济的发展越来越具有生命力。

（3）以信息技术为依托实现与外部资源的整合

实行"外包"的企业以信息网络为依托，选用不同公司的资源，与这些具有不同优势的企业组成靠电子手段联系的经营实体，企业成员之间的信息传递、业务往来和并行分布作业模式都主要由信息网络提供技术支持。如在企业协调方面，计算机支持和群体协同工作环境为"外包"企业提供全新的协调管理方式，它综合应用计算机和通信技术、分布式技术、人工接口技术、管理科学和社会科学等理论成果，提供系统服务、基本协同服务和任务协同服务三种基本的协调功能；在企业决策方面，实行"外包"的企业采用基于并行工程环境的群体决策模式，包括充分利用 INTERNET 信息服务和 CLIENT/SEVER 模式、利用 IN-TRANET 建立企业决策支持系统及利用多智能决策模式等。

(4)"外包"可以专注于核心竞争力的发展

"外包"的目的在于巩固和扩张自己的核心竞争力,建立自己的优势。"外包"明显区别于兼并,后者聚焦于市场的外部扩张行动,如通过兼并企业扩展市场规模,而"外包"优势甚至是规模减缩的过程。这种内部化过程不需对核心竞争力要素的长期积累,而是直接把原有的资源应用于巩固、发展核心竞争力上,从而迅速地建立核心竞争优势。所以,可以说"外包"是建立竞争力的最有效的途径。

## 8.1.5 业务外包与采购的区别

大部分的企业,外包与采购有所不同,外包侧重于与供应商建立特定的合作关系,由供应商提供个性化的产品和服务,而采购侧重于一般商品的买卖。外包与采购的区别如表 8-1 所示。

表 8-1 外包与采购的区别

| 项 目 | 外 包 | 采 购 |
| --- | --- | --- |
| 合作关系 | "双赢"伙伴关系<br>双方相互给予支持 | 一般买卖关系<br>单纯的商品交易行为 |
| 制造方法 | 根据采购方的设计规格进行生产 | 物料通用性规格<br>采购方根据一定的目录订货 |
| 交易形态 | 采购方既可以提供也可以不提供物料(零件),其交易具有买卖与外包两种因素 | 单纯的商品交易 |
| 交货后发生事故的处理 | 由承包厂商负一切责任 | 采购方未付款时还有办法找厂商负责,付款后,采购方自身负全责 |
| 隐藏的瑕疵被发现 | 采购方可以根据契约内容,在一定期限内要求承包厂商修补,或者提出赔偿请求<br>采购方与供应商共同分析产生隐形质量问题的原因和研究提高质量水平的解决方案 | 采购方根据契约内容,过了验收期限,意味着采购方对质量的默认,失去索赔权利 |
| 付款期限 | 采购方收到货后或物料被消耗后一段时间内付款 | 采购方先付款或货到后很短时间内付款 |

## 8.1.6 业务外包的原则

企业业务外包应遵循以下原则。
① 同供应商合作体现优势互补、实行"双赢"原则。
② 确立长期而稳定合作的原则。
③ 降低成本,提高核心竞争力原则。
④ 不断优化供应商,使供应商持续改进的原则。
⑤ 规避合作风险的原则。

## 8.1.7 基于信息技术的业务外包

在企业竞争中,信息技术的作用日益重要,众多企业不仅要搞好它们现有的经营项目,还要开辟新的项目,这样一种重大使命使新型的信息技术部门应运而生,它们的工作重心是迅速开发、设计和集成新的产品和系统。以下是运用信息技术进行外包的主要原因。① 集中精力于外包有助于更好地权衡时间和金钱,指导信息技术投资。② 可以减少内部工作人员,集中人力投入企业开发、设计和集成那些创造最大附加值的领域。③ 可以提高成本收益,降低底层通用程序的开发和维护费用。

### 小资料 >>>

新兴的信息技术部门的规模比目前小得多,也机动灵活得多,它将起到系统集成者的作用,着重依靠第三方厂商,为了履行这一职能,信息技术部门必须掌握传统信息技术范畴以外的商业技巧,注入对供应商的管理及合同谈判等。这就要求信息技术部门在经营运作方式上也进行相应的变革,而外包就是其考虑的一个有效途径。

**1. 为实施有效的供应商管理提供帮助**

管理供应商是一项复杂的活动,这要求应深入了解供应商的能力和经济状况,要和少数几家厂商建立良好的关系,并要精通合同谈判。这一切之中最艰难的工作在于要在一个项目的各个阶段都做到积极主动地管理供应商。

采取措施加深了解供应商的能力和经济状况是进行大规模外包至关重要的先决条件。企业信息技术部门提供的服务知识、经营能力及实行合同的跟踪记录,有助于缩小外包市场的范围,使企业可以精心挑选供应商。

另外,信息技术部门必须在保持竞争压力和与选中的供应商建立牢固的关系两者之间做出平衡。如果供应商席卷所创造的价值而去,外包便无利可图,要取得平衡,最有效的手段是持有第二外包资源,办法是在多个供应商中轮换外包项目。另一个比较好的做法是把所有的项目都分割成互不相关的部分,订立明确和可行的定期交货办法,再挑选对今后交易感兴趣的供应商。

信息技术部门要在策划和谈判合同实践中积累专业知识。合同谈判决定今后的议价能力,同时也确定价格、提出执行要求和商讨如何共担风险的措施。尽管最佳采购业务要求签订简单明了的便于管理的合同,但是还有以下许多内容要包括在内。

① 面向商业的操作措施,如可用性和用户满意程度等。
② 固定和可变的价格。
③ 生产率增益。
④ 交货日程表。
⑤ 预期的关系变化。

**2. 对实施供应商的项目过程进行控制与监督提供帮助**

外包业务需要信息技术经营者对优先投资的项目具有超常敏感。要做到这一点,一个前提条件是要清楚地进行成本效益分析。外包操作过程必须明确地将所有项目联系企业的目标加以通盘考虑。为了便于项目谈判和对供应商管理,有时还应将一个大项目分解成几个部分或者不同的阶段。

供应商们应当提供精确的交货时间和成本估计,在许多公司中,信心技术部门能很快规定各个项目的资产范围,以便为评估各家供应商提供基本数据,然后,反复同客户企业进行密切协商，使每一项目的成本和效益取得平衡。比较有益的一种做法是同企业各部门合作，决定采用何种效益对比模式，另外，有时还采用约略估算法，在缺乏完整成本系统的情况下核定供应商的成本估算。

外包操作需要制定一份严格管理的时间表，以此来防止由于对方刁难而产生的拖延和错误，同时让供应商明白买方可以随时转走项目。有效的外包操作还要求信息技术部门必须加强设计和集成工作，弥合任何技术差距。

此外，信息技术部门应当牢牢控制供应商在整个开发过程中的通信。这就是说，要采取严格措施，而且要在本公司内确立定期联系制度以做出所有决定。但经营部门也有必要同供应商交谈，所以，确立使三方相互协同的方式就成为至关重要的事情，这可以通过完成一个样本项目来实现。

**3. 为转产外包所形成的人员风险进行有效控制并提供帮助**

外包的增加也许意味着大量从业人员流向供应商。再者，信息技术部门也需要调整其人员的技能编制，提高其设计和集成产品的能力，有才能的策划人员的高度流动性，使得掌握人力资源风险的工作成为人员转换过程中事关成败的大事。有以下几种办法来实施这一转换。

（1）早日公布转产时间表

在完成初期准备之后，即宣布转产和调配人员的整体目标和事件进程。这一做法要同良好的人员管理步调一致，减少技术风险。

（2）边转产边公布

在每个系统或领域准备外包时，公布在滚动基础上的人员变化。这一做法可以减少人力资源风险，但也可能会破坏人员的士气和信任。

（3）在准备加快转产时公布

完成所有大规模外包的准备工作后，一次性地公布生产目标、人员影响和时间进度，只留下少量时间（如30～60天）来完成过渡。尽管这带来的人力资源风险最少，而技术上的风险却很多，因为留下的纠错余地和学习时间都太少。

通常，一家企业选定何种外包方式从根本上说是取决于其人员管理的模式，而且受以下因素的影响：① 外包系统的类别；② 牵涉到的人员数量；③ 转为外包式时间的长短；④ 对供应商信任度的大小；⑤ 有无众多的供应商；⑥ 转产成本；⑦ 供应商的人员需求。

企业可以将牵涉到的人员大致分成以下三大类：长期留用、立即转给供应商（或解聘）及在过渡期作为要员留用，并分别采取不同的管理措施。

## 8.2　外包的方式

### 8.2.1　业务外包的原因

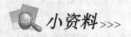
**小资料**>>>

福特汽车公司与其他大型汽车制造业者，将其零部件供应体系大量外包，由悬挂系统到座椅无所不外包。福特公司保留最后组装的责任,当然,烤漆工厂和车体外壳机具供应商,必须对组装工厂管理部分负责。南非的福特汽车公司在1999年开始就对外宣布全车外包。

业务外包推崇的理念是,如果在供应链上的某一环节不是世界上最好的,如果这又不是企业的核心竞争优势,如果这种活动不至于与客户分开,那么可以把它外包给世界上最好的专业公司去做。也就是说,首先确定企业的核心竞争力,并把企业内部的资源集中在那些有核心竞争优势的活动上,然后将剩余的其他企业活动外包给最好的专业公司。供应链环境下的资源配置决策是一个增值过程,如果企业能以更低的成本获得比自制更高价值的资源,那么企业选择业务外包。促使企业实施业务外包的原因主要体现在以下几点。

(1) 分担风险

企业可以通过外向资源配置分散由政府、经济、市场、财务等因素产生的风险。企业本身的资源、能力是有限的,通过资源外向配置,与外部的合作伙伴分担风险,企业可以变得更有柔性,更能适应变化的外部环境。

(2) 加速重构优势的形式

企业重构需要花费很多的时间,并且获得效益也要很长的时间,而业务外包是企业重构的重要策略,可以帮助企业很快解决业务方面的重构问题。

(3) 企业难以管理或失控的辅助业务职能

企业可以将在内部运行效率不高的业务职能外包,但是这种方法并不能彻底解决企业的问题,相反这些业务职能可能在企业外部变得更加难以控制。这种时候,企业必须花时间去找到问题的症结所在。

(4) 使用企业不拥有的资源

如果企业没有有效完成业务所需的资源(现金、技术、设备等),而且不能盈利时,企业也会将业务外包,这是企业临时外包的原因之一。企业必须同时进行成本/利润分析,确认在长期情况下这种外包是否有利,由此决定是否应该采取外包策略。

(5) 降低和控制成本,节约资本资金

许多外部资源配置服务提供者都拥有能比本企业更有效、更便宜的完成业务的技术和知识,因而他们可以实现规模效益,并且愿意通过这种方式获利。企业可以通过外向资源配置避免在设备、技术和研究开发上的大额投资。

## 8.2.2 业务外包的主要模式

根据不同的标准,可以将业务外包划分为不同类型,如整体外包和部分外包,生产外包、销售外包、研发外包、人力资源外包,以及无中介的外包和利用中介服务的外包等。

首先,根据业务活动的完整性可以将业务外包分为整体外包和部分外包。所谓部分外包,指企业根据需要将业务各组成部分分别外包给该领域的优秀的外部供应商。如企业的人力资源部分外包,企业根据需要将劳资关系、员工聘用、培训和解聘等分别外包给不同的外部供应商。一般来说,部分外包的内容主要是与核心业务无关的辅助性活动,如临时性服务等。当企业的业务量突然增大,现有流程和资源不能完全满足业务的快速扩张时,可以通过部分外包,利用外部资源,不仅获得规模经济优势,提高工作效率,而且可以尽快解决企业业务活动的弹性需求。而整体外包是企业将业务的所有流程,从计划、安排、执行及业务分析全部外包,由外部供应商管理整个业务流程,并根据企业的需要进行调整。在这种外包模式下,企业必须与承包商签订合同,合约内容应包括产品质量、交货期、技术变动,以及相关设备性能指标的要求。整体外包强调企业之间的长期合作,长期合作关系将在很大程度上抑制机会主义行为的产生,因为一次性的背叛和欺诈在长期合作中将导致针锋相对的报复和惩罚。外包伙伴可能会失去相关业务,因此,这种合作关系会使因机会主义而产生的交易费用降到最低限度。

其次,根据业务职能可以将业务外包划分为生产外包、销售外包、供应外包、人力资源外包、信息技术服务外包,以及研发外包。业务外包理论强调企业专注于自己的核心能力部分,如果某一业务职能不是市场上最有效率的,并且该业务职能又不是企业的核心能力,那么就应该把它外包给外部效率更高的专业化厂商去做。根据核心能力观点,企业应集中有限资源强化其核心业务,对于其他非核心职能部门则应该实行外购或外包。

再次,根据合作伙伴间的组织形式可以将业务外包分为无中介的外包和利用中介服务的外包。在有中介的外包模式中,厂商和外包供应商并不直接接触,双方与中介服务组织签订契约,由中介服务机构去匹配交易信息,中介组织通过收取佣金获利。这种利用中介组织的外包模式可以大大降低厂商和外包供应商的搜索成本,提高交易的效率。如麦当劳在我国许多城市的员工雇佣就是采用这种模式。而在无中介的外包模式中,厂商和外包供应商可以借助于互联网络进行,如美国 CISCO 公司将 80% 的产品生产和配送业务通过其"生产在线"网站实行外包,获得 CISCO 授权的供应商可以进入 CISCO 数据库,得到承包供货的信息。

## 8.2.3 业务外包的方式

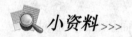
**小资料**>>>

明确核心竞争力和核心资源是企业充分有效地利用外包获得额外利润的前提条件。在企业确立了自身的核心竞争力后,就可以将非核心业务外包给其他专业化的企业。外包企业与供应商务必站在共存共荣的立场上,履行契约、承包外包。外包企业的经营者应设法与供应商经营者充分沟通后,决定外包方式,双方还需在市场寻找机会,积极商洽,研讨改进,以期彻底执行外包协议,使整个外包工作获得理想的效果。

外包主要有以下几种方式。

(1) 临时服务和临时工

企业在掌控主要产品生产过程的同时,会将诸如物业管理、职工食堂、保洁、邮件管理等辅助性、临时性服务项目外包出去。相比较合同期长的稳定职工,企业有时更倾向于雇用临时工。这些辅助服务对企业的发展没有直接的影响,企业也不会担心临时工离开会带走企业的核心技术。

(2) 子网

为了增强企业的竞争优势,很多企业将纵向一体化的企业组织分解为可独立核算的子公司,母公司仅以参股的形式对子公司拥有一定的控制权。从理论上来说,这些独立的部门性公司几乎完全脱离了母公司,整个子公司网络变得更加具有柔性、效率和创新性。因为减少了纵向一体化环境下官僚作风的影响,它们能更快地对迅速变化的市场环境做出反应。

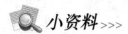

1980年，IBM公司为了在与苹果公司的竞争中获胜，将公司的7个部门分解了出去，创立了7个独立的公司。由于这些子网公司更小，更有柔性，更有效地适应不稳的高科技市场，这使得IBM迸发了前所未有的创造性，最终获得成功。

(3) 除核心竞争力之外的完全业务外包

业务外包的另一种方式是分包合同。在通信行业中，新产品的寿命周期一般都不会超过一年，MCI公司就是靠分包而不是靠自己开发新产品在竞争中立于不败之地的，MCI公司的分包合同每年都在变换，它们有专门的小组负责寻找能为其服务增值的企业，从而使MCI公司能为客户提供最先进的服务。它们的通信软件包都是由其他企业所完成的，而它所要做的，也就是它们企业的核心竞争力所在，就是将所有的通信软件包集成在一起，为客户提供优质的服务。

(4) 合作

企业之间的合作，尤其是与自己的竞争者合作，可以使得两个或者多个企业将资源投入到共同的任务当中，诸如新产品新技术的研发，这样做不仅可以分散企业单独开发的风险，也使得企业获得比单个企业更高的创造性和柔性。尤其在高科技领域，要想获得竞争优势，尽可能地与其他企业建立在技术知识上的合作关系至关重要。

### 小资料>>>

为了提高在微处理器领域的竞争能力，打击英特尔公司，在开发能与英特尔和摩托罗拉的芯片相兼容的新型计算机芯片时，摩托罗拉就曾于苹果、IBM等竞争者合作。而Altera公司与英特尔公司签订的外包合同也是竞争者间合作的成功范例。Altera公司是一个生产高密CMOS逻辑设备的企业，它在开发一个新产品时缺乏一种硅片，而其竞争者英特尔公司恰好能生产该种硅片，两家竞争者公司达成协议：英特尔公司为Altera公司生产这种硅片，而Altera公司授权英特尔公司生产和出售Altera的这一新产品，这次合作使得两家企业都获得了单独运作所不能获得的竞争优势，Altera使用了英特尔的生产能力，而英特尔获得了Altera所开发新产品的相关利益。

## 8.3 自制或业务外包决策

### 8.3.1 自制与外包的影响因素

成功的外包策略可以帮助企业降低成本、提高业务水平、改善产品质量、提高利润率和生产率，但是不恰当的外包却会给企业带来成本增加、供应商控制失效、重要信息资源流失甚至核心竞争力受到威胁等风险。在企业的生产和经营活动中，零部件、子业务或者服务如果自制或者自有能有哪些优势？如果外包给专业化的企业以利用他们的专业化技术又能给外包职能带来多大的效率提高？这些都是企业高层管理者面对自制与外包决策时必须回答的问题。

### 小资料 >>>

自制或业务外包决策是企业的重要决策之一，也是公司生产战略及公司核心业务发展的重要组成部分，它受公司的经营战略、产品技术水平、工艺水平、公司业务性质、质量水平、生产能力、开发与生产成本、投资能力、供应商相关能力与供应商关系等诸多因素影响。随着经济全球化的发展，业务外包相对于自制的比例呈现不断扩大的趋势，而且在国外市场或全球市场业务外包的机会和比例也越来越大。

**1. 与公司战略的关系**

企业的业务外包策略必须与其总体战略相匹配，总体战略是企业制定业务外包的基础，而业务外包是在总体战略安排下的具体战略举措。企业的总体战略不仅决定了企业的自制与外包决策，而且还影响外包对象、外包模式，以及供应商的选择。

### 小资料 >>>

哈佛商学院的波特教授认为，企业在市场竞争中有三类基本的战略可以采用，即成本领先、差异化和集中战略。追求成本领先战略的企业总是尽力使自己成为行业成本最低，为此，要求通过规模经济以降低成本；而差异化战略通过向用户提供独特产品和服务，由此获得溢价报酬。集中战略是指在更小的范围内实施低成本领先战略和差异化战略。

一般说来，业务外包时，成本领先厂商可能更注重供应商的成本节约优势，而差异化战略厂商更看重供应商资源与企业资源的匹配程度和整合的难易。显而易见，企业的总体战略不同，外包策略也相应有所区别。与企业总体战略不匹配的外包策略不仅会使外包收益大打折扣，相反可能使企业陷于外包风险之中，从而损害其核心竞争力。

制造企业在开发生产新产品时，哪些产品或零部件自己制造、哪些需要外包，首先需要同公司的核心业务相适应，要同公司的经营生产战略相适应。自制部分必须是公司现有设施、能力所能承担完成的，而且具备质量和成本优势。一般地说，公司自制的产品或零部件都是具有本公司特色的、能体现本公司产品优势的核心部分。此外还要结合考虑投资方向、产品、技术与工艺发展战略等因素。

图 8-1 显示了企业生产业务发展进程中通常可选择的 A、B、C 三种战略类型。

（1）战略 A

企业在发展初期，生产规模较小，产品未定型，供应链尚未形成，从原料采购、加工到组装由企业自己完成，生产工艺复杂，工序繁多，设备投资大，生产周期长，遇市场需求波动，生产经营风险大。

（2）战略 B

部分业务外包，关键零部件自己加工，以装配为主，产品生产附加值得到提升。

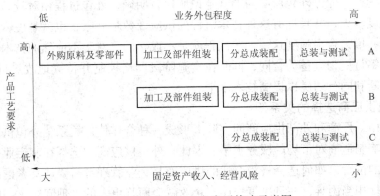

图 8-1 企业生产业务发展战略示意图

(3) 战略 C

大部分零件加工与组装业务外包,以装配和测试为主,产品生产附加值得到进一步提升,以实行生产运作信息化和自动化作为手段,以提高生产效率和降低成本作为目标,以产品开发设计为核心竞争力,是现代企业发展的趋势。

**2. 与企业业务性质的关系**

企业要成功实施业务外包,必须选择正确的外包对象,即要确定哪些业务适合外包,哪些业务必须自制。由于不同业务活动所需投入的资源不同,对企业竞争优势的重要程度也不同,因此,可以据此将企业从事的业务分为核心业务与非核心业务。核心业务(例如,软件企业的研发、制造企业的生产制造等)是企业投入资源最多,对企业存亡具有关键性作用的业务,往往也是企业擅长的、能创造高收益、有发展潜力和市场前景的业务活动。而非核心业务围绕核心业务,对企业的战略重要性相对较低。例如,制造企业的财务活动、人力资源业务,以及后勤等业务,就属于非核心业务。理论上,业务的性质越复杂,对企业的竞争战略越重要,出现信息不对称的可能性也就越大,因此,企业越倾向于将其内部化,而不是外包。这一观点得到了实证研究的证明,在飞机制造行业,越复杂的零部件,其内部化生产的可能性越大。从核心能力的角度来说,核心业务是企业核心能力的载体,必须保留在企业内部,不当的核心业务外包有可能导致企业核心能力的丧失。而非核心业务对企业竞争优势的影响相对较弱,因而,可以根据需要将这类业务外包,甚至通过市场直接采购,以降低风险,提高企业资源的利用效率。

**3. 与产品开发能力及工艺水平的关系**

自制或外包决策在现有产品与工艺能力方面主要考虑以下几点。

① 产品中通用件、标准件的比例。对于不影响产品核心性能的零部件应尽量采用通用件或标准件,以降低成本、提高专业化水平,相应地采购比例会提高。

② 产品中零部件的技术性要求或安全性要求能否满足有关标准(如中国的长城、美国的 UL 标志认证等)。如本公司的设施及水平对某零部件的生产无法满足产品销售其他国家或地区相应的技术性或安全性要求,则该零部件必须考虑选择符合要求的供应商外购供应。

③ 本公司对产品中零部件的技术与工艺知识掌握的程度及相应的工艺、设计水平、生产能力等。如本公司不具备相关零部件的技术开发与工艺生产条件,自然应该考虑外购。

④ 如果外包业务所包含的技术流程比较成熟,执行相对容易,那么企业可能就有大量

的供应商可供选择,业务外包所必需的规范说明比较明确,外包过程相对较为简单。但若技术流程操作难度较大,并且拥有这种技术流程的供应商数量有限,也就是说,技术流程相对不成熟,比如,增大合金强度这一工艺流程就是不成熟的。对于不成熟的技术流程,企业就需要和供应商签订更为完备的合同,同时在实施阶段严格控制并持续地改进供应商的工作,促使供应商不断和同行切磋以提高技术水平。

#### 4. 与外包供应商选择的关系

业务外包中,厂商和外部供应商间实际上形成一种合作伙伴关系,外包供应商的表现在很大程度上影响制造商对市场的服务水平。因此,外包供应商的选择在制定业务外包策略中占有比较重要的位置,如何选择最为合适的供应商是企业管理者需要认真考虑的问题,而外包供应商的选择相当困难,一旦决策失误,企业就会面临更大的管理问题。一般来说,选择外包供应商时首先要有明确的目的——是获取资源,还是降低成本。目的不同,对外包供应商的选择依据也不同。当企业决定采用成本节约方案时,希望供应商低价也就不足为奇了。其次,还要有科学的评价体系来评价潜在的外包供应商,如可以从产品质量、成交价格、交货期限、技术能力、服务水平,以及满足程度等方面对潜在的外包供应商进行考核。显然,外包供应商能力是企业评价和选择供应商的关键,一味追求低价可能会损害外包业务的质量,并最终影响企业的市场表现。

#### 5. 与外包过程管理的关系

由于业务外包是一种界于市场交易和纵向一体化的中间形式,厂商和外包供应商之间实际上形成了一种委托代理关系,外包供应商比厂商拥有更多关于产品和服务的质量、成本等信息,从而导致信息不对称。另外,合作双方理念和文化的差异、无效的沟通机制等因素都可能导致外包的失败。因此,强化对外包过程的管理非常必要,为此可以通过建立相应的管理协调机构,构建畅通的沟通渠道,解决业务外包过程中的问题和矛盾,防止意外的发生。此外,还可以通过细化外包合同、建立质量保证体系等管理控制手段,强化对外包过程的监督,减少外包过程中因信息不对称造成的风险。

#### 6. 与质量体系的关系

本公司的质量保证体系、质量水平、质量检测与控制手段、过程质量控制能力、质量改进能力等能否满足产品中自制零部件的质量要求,是自制或外包决策必须考虑的重要因素。这其中质量保证体系、质量管理水平、质量改进能力更大程度上反映了公司主导产品的质量管理水平,而相应的过程质量控制能力与质量检测与控制手段则是考虑零部件生产可否自制的主要因素。

#### 7. 与产能的关系

产能是确定自制或外包的重要因素之一。当企业在接到客户订单后,因产能限制,无法在规定时间内交货时,一般就通过生产外包解决问题。

#### 8. 与成本的关系

自制或外包决策最终的考虑因素是成本的问题。在综合考虑到公司战略、技术水平、生产能力、质量与供应能力的同时,综合分析产品中零部件自制与外购的成本,计算比较自制与外购的零部件价格、投资及综合效益等是自制与外包决策中关键的一步。

#### 9. 自制或外包决策的程序与发展趋势

自制或外包决策通常遵循以下程序:设计或工程部门负责根据产品技术方案提出有关的

产品零部件清单及相应的图纸、技术要求，采购部分根据技术文件会同工程设计、质保、生产管理、成本分析等部门，按照相应的要求针对有关的零部件进行自制或外包分析。自制或外包分析必须建立在充分的供应市场调研的基础上，结合本公司的经营战略、产品开发能力及工艺水平、质量体系、供应保障和企业策划水平、成本与效益分别对自制与外包的优点、缺点进行比较分析，并在此基础上提出"自制或外购件清单"及分析报告，然后由采购经理提交由公司高层领导及相关部门参与的会议进行讨论决策。

### 10. 批量因素

如果企业需要的只是小批量的特殊零部件，比如新产品开发或者新的原材料的试验阶段，企业通常不会自制而是选择从外部购买。供应商同时为多个采购企业提供类似产品，所以生产量大也比较经济，供应商当然愿意生产需求量大、利润高的产品。如果采购企业要求的小规模部件非常特殊，价格对供应商来说也没有吸引力，那么企业也只能选择自制。随着部件更趋于普遍和标准，外购的倾向也会逐步增强。

### 11. 平衡需求波动的因素

对于需求随着季节等因素波动比较大的企业，他们拥有的设备和劳动力资源可能都不足以应对高峰时期的需求量。当需求处于低谷时，企业只需内部生产而不外购，当需求比较旺盛时，企业内部生产设备满负荷运转的同时还需从外部购买部分产品以弥补生产能力与需求之间的差额。这也使企业避免了频繁裁员与增员的问题。如果企业自制品的生产进度不能满足企业对该产品的需求，那么企业可能会和外部供应商合作，以满足企业不连续的采购需求。

### 12. 库存和存货因素

如果企业采取自制策略，那么供应部门就要采购相应的原材料、零部件及生产工具等以支持自制项目的运行。而如果企业直接采购该产品，那么供应部门接触的供应商数量就会减少，相应的收货、检验、储存、存货管理、会计部门的工作量都会减少。如果采用供应商管理库存，企业的存货管理成本和存货投资都将大大降低。

### 13. 管理控制因素

有时候企业从外部采购的目的仅仅是为了扩充管理控制资料，尤其是当供应商的质量水平和成本都优于本企业时。它们将外部供应商的质量和成本控制水平作为标杆，以审核内部生产的效率，并激励企业对生产过程进行持续的改进。

### 14. 为保密而自制

如果企业不能确保核心知识和技能之类的无形资产的安全，那么外包可能就是很危险的。一旦供应商获得相关的秘密，就可能绕过采购企业而直接侵蚀市场，实现前向整合，或者供应商可能会把偷学的知识用于支持竞争对手的采购活动，甚至直接将相关资料转让给采购企业的竞争对手。为了防止这类问题，有些企业不得不选择自制。

### 小资料>>>

自制或外包决策是一项非常复杂的工作，任何一个企业在作出决定之前都需要全面的审度各个方面的因素及风险。各个因素对不同企业的重要性也不相同，企业应根据自身特点综合评估，以做出最恰当的决策。

## 8.3.2　业务外包的决策分析

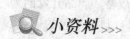小资料>>>

在美国微软公司全球的3万余名雇员中，有超过一半的雇员是从事软件开发的，1万人左右做市场和销售工作，另有4 000人左右从事财务、人事、办公室管理和物流管理工作，其他业务和资源则全部通过业务外包与采购获得。

世界饮料工业的头号"巨人"可口可乐公司也采取了同微软公司类似的做法。它虽然保留了"可口可乐"工厂，保留了诸如财务、人事等管理职能，但始终把大部分精力投入市场和销售领域。即使在市场部门的工作中，工作的主要内容也是保证利用通过业务外包和采购获得的消费者研究、零售研究、竞争对手等研究结果的准确性，并保证能够应用到公司的渠道策略、广告策略和新产品开发策略中去。近几年来，它也开始对生产进行业务外包与采购，即进行"合作生产"，如"雪碧"。

意大利的皮尔·卡丹公司的核心竞争力是研发和设计，其在全世界市场上销售的产品，有90%以上是外包给发展中国家企业生产的，每年仅通过品牌和设计标准的输出收入就近2亿美元。

可以说，对那些成熟的跨国公司而言，他们把资源和注意力更多地放在核心竞争力上面，而对于那些与核心竞争力无关的业务，则尽量通过采购获得。

企业的核心业务来自企业价值链上的某些特定环节，即战略环节。这种战略环节既可以是生产环节、营销环节或研发环节，也可以是某些辅助增值环节。保持企业的战略优势，关键是控制企业价值链的战略环节。很多公司认为，企业对于不产生核心竞争力的业务都可以放在外包和采购之列，而把主要精力和资源集中于核心竞争力的培育、保持和发展上，把一些重要但非核心的业务职能实行外包，交给外面的专家去做可以把多家公司最优秀的人才集中起来为己所用。

分析核心业务一个重要的工具是价值链分析，它的原理是由美国哈佛商学院著名的战略管理专家波特提出来的，他认为，企业每项生产经营作业都是其创造价值的经济作业，企业所有的互不相同但又互相联系的生产经营作业，构成了创造价值的一个动态过程，即价值链。

## 8.3.3　自制或业务外包的决策方法

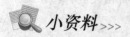小资料>>>

自制或外包分析关乎企业兴衰成败，企业在做出决策之前必须从战略高度审视自己在市场竞争中的位置，准确识别竞争优势和核心竞争力所在。这也正是影响企业自制或外包决策的首要战略因素。给企业带来竞争优势的业务只能保留在企业内部，而对于非核心竞争力的业务，企业可以选择外包出去。自制还是外包战略确定之后，随着业务的推进，企业要在战术层次上分析某些业务适于自制还是外部采购。

企业进行业务外包不外乎两种原因，一种是战术性的，企业希望通过业务外包在短期内达到希望的效果，比如成本节约；另一种则是战略性的，企业外包业务是为了转换资源，集中力量于那些真正把它们和竞争对手区别开来的核心竞争力上，而不仅仅是为了诸如成本节约、偶尔的应急采购等原因。

**1. 自制或外包决策中的盈亏平衡分析**

在企业的自制或外包决策中，成本因素的受重视程度仅次于业务对企业核心竞争力的影响。在实际的产品外包还是自制的决策中，成本的量化分析无疑是最重要的。盈亏平衡分析方法就是量化自制与外包决策中的成本项的一种方法。

盈亏平衡分析也叫量本利分析法或保本分析，它最初是通过分析生产成本、销售利润和产品数量这三者的关系来掌握盈亏变化的规律，指导企业选择能够以最小的成本生产最多的产品并可使企业获得最大利润的经营方案。

如果企业自行生产某种产品，那么总生产成本 $C$ 由两部分构成，一是固定成本 $F$，二是变动成本 $VQ$，$C$ 是产量 $Q$ 的函数。如果企业生产该产品无需购买机器设备而只是利用原有生产设备的剩余生产能力，那么关于该部分生产设备的固定成本就不该计入自制产品的固定成本中，因为不论企业决定自制还是外购，该设备的相应成本都会发生。其他固定成本的分析也是如此。如果企业制造该产品的相应设备人员都要重新配置，那么相应的费用都要计入该产品生产的固定成本之中。

总成本函数就是 $C = F + VQ$，为线性函数，如图 8-2 所示。当需求量 $Q$ 为零时，企业也会发生固定成本 $F$，当需求量逐渐增加，则每增加一个单位需求量要增加一个单位变动成本 $V$，此时变动成本为 $VQ$，总成本等于固定成本加上变动成本。

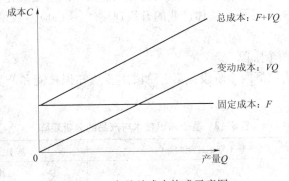

图 8-2 产品总成本构成示意图

当企业外购该产品时，企业不会发生固定成本，只会发生与采购数量、采购价格及采购频率有关的成本。在买方市场下，企业采购该产品的成本 $C = PQ$，其中，$P$ 是产品价格；$Q$ 是企业的需求量。

比较自制与外购的成本是最简单的决策方法，如图 8-3 所示。当需求量小于 $Q_0$ 时，无疑外包是比较经济的；而当需求量大于 $Q_0$ 时，自制又是比较有成本优势的。当需求量等于 $Q_0$ 时，自制与外包的成本相等，此时需要结合其他因素综合考虑。当然，即使是在自制或者外包具有明显成本优势的范围内，仅仅依靠成本高低做出的决策都被认为是草率的，成本分析是一项很重要的指标，但必须同时与其他的影响因素同时考虑才能达到较好的效果，进而做出明智的选择。

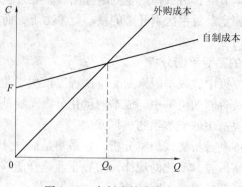

图 8-3　自制或外购成本对比

**2. 自制与外包中的决策分析矩阵**

（1）方法概述

"自制/外包"决策分析矩阵是用来评价企业的产品生产是否外包的一个比较系统的体系，是用一个 2×2 矩阵将决策空间分解为四个象限的方法，它最早是由 Charles H. Fine 和 Daniel E. Whitney 在 1996 年发表的 "Is the make-buy decision process a core competence?" 文章中提出来的考虑产品外包。自制与外包决策分析矩阵方法主要分析以下几个方面的内容。① 知识技能：主要分析外包企业对外包产品生产的控制，但并不包括外包具体的生产过程、流程等。根据对知识技能的掌握程度，企业外包可分为基于生产能力的外包和基于知识技能的外包。② 产品：外包分析主要关注产品结构，关注其产品是集成化生产还是模块化生产。③ 产业增长速度：研究产品所在整体产业的升级速度。④ 供应商数量：企业外包时可供选择的供应商数量。

（2）方法实施的两个阶段

整个决策分析分为以下两个阶段：第一阶段主要从知识技能和产品两个方面进行评判，如表 8-2 所示。

表 8-2　基于知识技术与产品的分析矩阵

| 类　　别 | 基于知识技能的外包 | 基于生产能力的外包 |
| --- | --- | --- |
| 外包部分是模块化生产 | 潜在的外包陷阱<br>外包企业可能被合作伙伴替代，他们拥有的知识和技能与外包企业相当或更多，外包企业能获得的元件他们也能获得 | 最佳的外包机会<br>外包企业了解外包部分，可以将其运用到该企业的生产或产品中去，且供应源比较多，外包部分并不包含竞争优势，从外部购买该部分可以节省精力以处理包含竞争优势的部分 |
| 外包部分是集成化生产 | 最糟的外包形势<br>外包企业对要外购部分及如何集成化并不了解，外包的结果很可能是失败，因为你将花费很多的精力重新分析或者返工 | 基本的外包环境<br>外包企业了解整个外包部分的项目，所以即使其他企业涉足该领域，外包企业仍保持竞争优势 |

从表 8-2 中可以看出，如果企业准备外包的产品结构集成化程度高，而企业本身的相关知识和技术不足以整合外部供应商，如果执意外包，那么企业将要付出高昂的费用对合作伙伴和合作状态进行监控，甚至重新分析外包带来的收益和损失。在这种情况下，企业的外包就面临着非常大的风险，相对的外包形式是最糟糕的。与此对应的则是右上角区域，这是企业实施外包所能遇到的最优机会。从外部来看，模块化的产品结构使得企业能够拥有相当大的选择，而从内部来看，对核心技术的掌控使得企业可以有效整合外部供应商资源。介于上述两种情况之间的是处于左上角和右下角区域的外包环境。当处于左上角区域，企业外包其产品时，由于供应商掌握着核心技术，而整个产品的生产相当模块化，当供应商又可以容易地获得其他生产要素时，供应商很有可能向前整合供应链以排挤并取代企业的市场地位和份额。当企业外包的情况处于右下角区域时，企业将获得比较有利的外包环境，即使外包后的供应商有能力挑战企业，企业也能整合市场其他资源以保持竞争优势。

第二阶段是在第一阶段的矩阵分析基础上，增加对产业发展速度和供应商数量的考虑。经过第一阶段的粗略估计，企业可以大致判定自身的外包形势，接着应用"自制/外包"矩阵进一步帮助企业决策分析，如表 8-3 所示。

面临外包决策的企业，无论是处于"最佳的外包机会"还是"糟糕的外包形势"，都需要再考虑产业增长速度和供应商数量的影响，从而趋利避害、扬长避短。例如，在表 8-2 左上角情况下，明知企业面对的是个"外包陷阱"，但是，当结合表 8-3 综合考虑后就会发现：如果产业升级速度较慢而供应商数量又较多时，可以认为企业进行外包生产的战略风险较小；如果产业升级速度较快而供应商数量又少，企业外包将会失去对产品的控制，真正落入陷阱。表 8-2 中的另外三种情况也可以如此分析。

表 8-3 "自制/外包"决策分析矩阵

| | | 基于生产技术的外包 | | | | 基于生产能力的外包 | | |
|---|---|---|---|---|---|---|---|---|
| | | | 产业速度 | | | | 产业速度 | |
| | | | 快 | 慢 | | | 快 | 慢 |
| 模块化生产 | 供应商数量 | 多 | | | 供应商数量 | 多 | | |
| | | 少 | | | | 少 | | |
| 集成化生产 | | | 产业速度 | | | | 产业速度 | |
| | | | 快 | 慢 | | | 快 | 慢 |
| | 供应商数量 | 多 | | | 供应商数量 | 多 | | |
| | | 少 | | | | 少 | | |

## 8.3.4 外包的优势和风险

**1. 外包的优势分析**

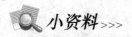

小资料>>>

耐克（Nike）公司，这家世界运动鞋霸主没有直接的原材料供应商，甚至没有自己的工厂。但在许多发展中国家的工厂里,耐克鞋被日夜不停地生产出来,这些工厂的主人不是耐克,而且它们拥有自己的原料供应商——布匹厂、塑料厂、生产设备厂等。而这些供应商们也同样拥有自己的供应商。耐克无疑是成功的。这家公司的股东获得了超过30%的股本受益。这种成功在很大程度上是建立在业务外包与采购战略成功的基础之上的。

归纳起来,外包的优势主要体现在以下几个方面。

(1) 业务外包能够使企业专注核心业务

企业实施业务外包,可以将非核心业务转移出去,借助外部资源的优势来弥补和改善自己的弱势,从而把主要精力放在企业的核心业务上。根据自身特点,专门从事某一领域,某一专门业务,从而形成自己的核心竞争力。利用外包策略,公司可以集中有限的资源,建立自己的核心竞争力,并使其不断地得到提升,进而构筑公司所在行业的壁垒,从而确保公司能够长期获得高额利润,并引导行业朝着有利于企业自身的方向发展。

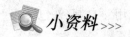

**小资料** >>>

### 戴尔公司的外包效应

戴尔公司把自己有限的资源集中于一个特定的领域,即按照客户的特定需求,为客户最快地提供定制系统的解决方案,而把生产、运送和售后服务等业务外包给专业公司去完成,并与他们建立起战略联盟的关系。这样,戴尔公司不但享有了规模经济的好处,而且在短期内,迅速地成长为全球PC市场最大的供应商之一。

(2) 利用外包战略可以减小公司的规模

精简公司组织,从而减轻由于规模膨胀而造成的组织反应迟钝,缺乏创新精神的问题,使组织更加灵活地进行竞争。公司要想在激烈变化的环境中实现成长,就必须尽量控制其规模,以确保公司灵活反应的能力,外包战略在该方面具有非常重要的意义。可以预料,在相当长的时期内,这种为适应竞争而精简公司组织模式的外包会有很大的持续发展。

(3) 业务外包使企业提高资源利用率

实施业务外包,企业将资源集中到核心业务上,而外包专业公司拥有比本企业更有效、更经济地完成某项业务的技术和知识。业务外包最大限度地发挥了企业有限资源的作用,加速了企业对外部环境的反应能力,强化了组织的柔性和敏捷性,有效增强了企业的竞争优势,提高了企业的竞争水平。业务外包因能促进企业集中有限的资源和能力,专注于自身核心业务,创建和保持长期竞争优势,并能达到降低成本,保证质量的目的,所以在市场经济竞争中日益受到企业瞩目。

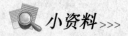

**小资料** >>>

业务外包是虚拟企业经营采取的主要形式。首先要确定企业的核心竞争优势,并把企业内部的智能和资源集中到那些具有核心优势的活动上,然后将剩余的其他企业活动外包给最好的专业公司。虚拟企业中的每一团队,都位于自己价值链的"战略环节",追求自己核心功能的实现，而把自己的非核心功能虚拟出去。如 Boeing——世界最大的飞机制造公司，却只生产座舱和翼尖；Nike——全球最大的运动鞋制造公司，却从未生产过一双鞋。业务外包的虚拟化合作方式，不仅使得企业不同产品生产的成本趋于较低、效率提高，而且还可以推动企业不断顺应市场需求不断变化的态势，降低风险，从而营造企业高度弹性化运行的竞争优势。

（4）能降低风险及与合作伙伴分担风险

这一优势可以从所列出的几个方面得到充分的证实。① 在迅速变化的市场和技术环境下，通过外包，企业之间可以建立起战略联盟，利用其战略伙伴们的优势资源，缩短产品从开发、设计、生产到销售的时间，减轻在较长时间里由于技术或市场需求的变化所造成的产品风险。② 由于战略联盟的各方面都可以利用企业原有的技术和设备，因而将从整体上降低整个项目的投资额，从而也就降低了各企业的投资风险。③ 由于战略联盟的各方都利用了各自的优势资源，这将有利于提高新的产品或服务的质量，提高新产品开拓市场的成功率。④ 采用外包战略的公司在与其战略伙伴共同开发新产品时，实现了与它们共担风险的目的，从而降低了由于新产品的开发失败给公司造成巨大损失的可能性。

（5）市场规则的制约作用加强

业务外包可以避免纵向一体化所引起的两种重要的成本，即代理成本和影响成本。代理成本是与员工懈怠以及为了制止懈怠而引起的管理控制成本，比如，在创新方面，与供应商相比，大型企业内部的部门处于不利的位置。因为一项创新的实现可能是来自于多个部门的参与，导致输出创新的部门可能得不到完全的承认，这就会削弱创新的动力。原则上，大型企业可以制定激励性契约，将员工的收入和部门的预算与创新性绩效或努力的具体度量标准相联系，从而在内部模仿供应商的创新激励机制，例如，3M 公司正是这样做的。影响成本是为了影响组织的内部利益分配的活动成本。它不仅包括影响活动的直接成本，还包括由于影响活动所造成的错误决策的成本。前者如为了推翻一个不利于本部门的决策，部门经理向核心管理层游说所消耗的时间；后者如由于一个无效率的部门懂得如何游说获得稀缺资源，而导致的资源分配不当。市场能够比内部控制更好地培养绩效。这个观念已经成为一些大型一体化企业进行调整的基础。

### 小资料>>>

## GM 公司的成本问题

一位 GM 新产品的项目经理不满一个内部供应商的报价——价格太高，而且以前这个供应商曾发生过交货的质量问题。但是，当这位经理刚刚确定另外一家外部的投标人后，那个内部供应商就跑到公司总部解释，他阐明这项零部件业务的损失将会造成已经供应给其他 GM 产品的类似零部件的成本上升。因为这样会导致内部供应商的生产能力过剩。像 GM 这样的大量生产企业，总部通常都很关心有关规模经济和能力利用方面的问题。于是，总部就找项目经理谈话，同时，这个内部供应商也承诺未来将会更加努力降低成本，提高交货可靠性。于是，他重新获得了这项生意，这个实例解释了为什么在过去的几十年里，GM 公司在世界上拥有最高产量的同时，零部件供应成本也是世界上最高的。

**2. 外包的风险分析**

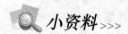小资料>>>

美国零售业著名的企业凯马特公司通过把大部分物流作业外包出去，虽然在短期内降低了公司的运营成本，但却丧失了对物流的控制而使公司总成本大幅度上升，最终在与另一个著名的企业沃尔玛公司的竞争中败下阵来。

业务外包在给企业带来好处的同时也面临着许多风险。如果外包市场是完全可靠和有效的，那么企业可以将除核心业务以外的所有活动外包出去以节约成本，降低经营风险，使自己的经营更加灵活，而且还能与供应商产生一种协同效应，用有限的资源撬动更多的资源，实现资源的杠杆效应。但是，大多数情况下的外包市场是不完全的。由于这种外包市场的不完美，外包在创造许多新的战略机会的同时，也在技术、价格、质量、时间、谈判力量等方面带来了潜在的风险。如果潜在的风险成为现实，就会给企业带来致命的打击。因此，企业在自制与外包决策的过程中，必须对外包的可能效用和潜在风险有充分的认识。

从外包的定义可以看出，外包业务成功的关键在于正确认识企业自身"最具竞争优势的资源"并严格保留，而将"其他非核心竞争力资源借助于外部更优秀的专业化资源来予以整合"。这两点简洁精炼地诠释了业务外包活动的两个要点：一是企业要对自身的核心竞争力有准确的认识；二是选择"优秀"的外包服务商并进行有效的监督和控制。如果企业在外包过程中没能把握好这两个要点，外包就潜在多重风险。以下是外包过程中最主要的风险表现。

（1）外包可能会失去产业信息及泄露私有信息

企业私有信息常常为其提供市场上的优势，这些信息包括生产的特有技术、产品设计或者消费者信息。如果企业利用供应商获得输入品或分销产品时，它们就要面临对这些有价值信息失控的风险。

小资料>>>

惠普公司在佳能公司生产的激光打印机中的发动机时期，当两者达成合作协议时，惠普公司仔细地排除了佳能公司接触软件的机会，而软件正是惠普区别于其他竞争对手之处，由于没有接触软件的机会，佳能公司始终不能模仿惠普的激光打印机，直到现在惠普的激光打印机依然是市场的领先者。

（2）外包可能减弱价格歧视而降低利润

通过以下小案例解释此种风险的含义。

小案例>>>

一家大型化工制造商垄断了某种涂料化合物，该化合物是计算机软盘制造商和录音磁带制造商的输入品之一。磁带制造商可以用另外一种化合物替代它，但是软盘制造商却不可以，所以，软盘制造商对该涂料化合物的需求价格弹性要低于磁带制造商的，按照最优定价逻辑，该化工制造商可以通过向软盘制造商收取高于向磁带制造商收取的价格，从而实现利润最大化。但是，这种安排是不可行的，聪明的磁带制造商可以以外包的方式取得大量的该化合物，然后低于化工制造商的价格出售给软盘制造商，这样就破坏了价格歧视，从而化工制造商就只得以同样的价格出售该化合物给所有客户，因此也就损失了价格歧视可以获得的利润。

（3）外包可能面临不完全竞争的影响

通过以下小案例解释此种风险的含义。

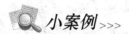

### 某啤酒厂的分销情况

某地一家小型啤酒厂通过一家大型分销商分销它的啤酒，该经销商垄断了该地区啤酒市场的分销渠道，在啤酒市场上拥有强大的力量，假设行业价为每桶50美元，分销边际成本为每桶10美元。如果经销市场是完全竞争的，别的经销商最高出价为40美元，即行业价与分销边际成本的差额。但是，由于该大型经销商具有市场力量，它可以自行确定一个批发价，如25美元，于是，该批发价就成了一个低于完全竞争批发价的每桶15美元的"减价"。

如果啤酒厂能够以相同的边际成本分销它的啤酒，很明显最好是自己分销，以此来避免该经销商的减价。但如果经销商可以从规模经济中获益，而啤酒厂无法通过单一产品获取该规模经济，那么自我经销仍然是无利可图的。

在这个例子中，啤酒厂最大化利润时每月生产10 000桶。此时损失要高于它给经销商的收益，这种情况有时被称为"双倍边际化"。通过纵向一体化而不是外包，啤酒厂和经销商可以消除经销商的市场力量对啤酒生产的不利影响，并且达到最大化纵向链条利润的产量。是否可以增加共同利润在很大程度上决定了兼并能否发生。

（4）外包可能会增加协调难度

没有合适的协调就容易出现"瓶颈"现象，一个供货商没有按期交货，就可能造成另一家工厂的倒闭。在各个地区市场之间，广告形象上的协调失败可以损害品牌的形象，降低销量。虽然纵向一体化企业的内部之间有可能出现协调的问题，但更严重的协调问题却往往发生在供应商之间的市场契约交易之中。这主要是因为，在纵向一体化企业内部进行某项活动时，可以通过集权控制达到协调；而在市场上，供应商之间进行契约交易时则不存在这种控制。在经济学中，陡峭的边际成本曲线表明随着实际表现偏离期望水平，总成本会迅速上升。这种曲线表明存在潜在的协调问题。例如，如果卖方将易腐烂的产品运到港口，却没有船可以将它们运送到市场上，上述情况就会发生，如果船运人员知道及时送货的后果，并且只有一条船可以运送这些易腐烂的产品，那么他就可能会大幅度提高费用。如果某个部件或某个任务中的小错误会引起高额的成本，那么企业常常会放弃市场价格系统，而自己生产该部件或完成该任务，即纵向一体化。

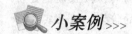 小案例 >>>

## IBM 公司与国际系统公司失败的合作

IBM 公司曾需要获得一组专业化的集成电路，用于在两年后上市的一种新产品，虽然市场上存在类似的电路产品，但是没有一种可以达到 IBM 的高质量要求。于是，IBM 转而求助国际系统公司，经过协商，它答应为 IBM 的电路专门建造一条生产线。

刚开始的时候一切都进行得很顺利。但后来，IBM 公司开始发现其中一种专用电路 BR1 存在严重的质量问题。试验报告指出 BR1 有非常高的失误率，对新产品的性能会产生严重的影响，IBM 公司的经理们怀疑国际系统公司没有认真管理那条生产线，例如，不适当的轮换生产线工人，没有使工作环境中的空气保持足够的清洁。而国际系统公司反驳指责 IBM 的质量测试过程的有效性，声称缺陷不是他们的过错。虽然谈判涉及了双方的高层人员，但是没有一个问题能够得到解决，IBM 的经理们不得不承认由于电路生产过程中存在大量的"黑色魔力"，不能排除该问题有可能是由于国际系统公司控制范围以外的情况造成的。

IBM 公司和国际系统公司对质量标准达成了共识。但是，当没有达到某些标准时，IBM 公司却无法说明这一切是否是由于国际系统公司的粗心大意而造成，由于没有第三方知道如何生产这个关键部件，IBM 公司只得接受国际系统公司的解释，并且期待质量可以改进。后来，IBM 的工程师发现了生产该电路的方法，于是，IBM 马上就中止了与国际系统公司的合同，转而自己生产 BR1。

（5）外包可能会使专用性资产投资不足

专用性资产投资是投资于支持某项特定交易的资产。一家氧化铝提炼厂在建立适应特定铝土矿的工厂时，进行了专用性资产的投资。建成以后，提炼厂如果不重新设计设施和投入大量经费，就无法处理其他的铝土矿。所以，这种投资使交易双方紧密地相互依赖。提炼厂无法替换现有的铝土矿供应商，采矿厂也很难找到其他合作者。

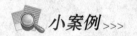 小案例 >>>

## 美国汽车装配厂和它们的零部件供应商之间的关系

美国的汽车装配厂通常采用竞标寻求外部供应商。在合同签订之前，存在许多潜在的投标人。但是，一旦签订合同，双方的专用性投资就将装配厂和供货商结合在一起，形成相互依赖的关系。由于资产的专用性，供货商和装配厂都明白投标不仅仅是为了短期的合作，而是为了能够将双方的合作关系持续很多年。

由于供货商认为它们将得到的是一个长期的合作关系而不是仅仅达成一份短期合同，所以有时会低于成本报价以赢得该合同，这个策略成为"买进"，供货商从以往的经验知道，在签订合同以后，它可以与装配厂重新谈判，声称由于未预期事件（例如，主要材料的质量比预期的要差）提高了成本，由于在此阶段更换供货商成本很高，装配厂有可能会同意这个请求。但另一方面，由于装配厂的采购经理也面临着降低成本的巨大压力，有时，即使装配厂更换供货商的成本很高,它也会威胁如果供应商不降低价格就会更换它,由于供货商已经做出专用于装配厂关系的投资,供货合同的终止将会带来很大的损失,所以供货商不能轻视这种威胁。这种情况一旦出现,汽车装配厂与供货商之间的关系通常就变得不信任和不合作。供货商不愿与装配厂分享有关生产操作和生产成本的信息,担心装配厂会应用这些信息在以后的谈判中压低价格。而装配厂的态度是,"在我的工厂里发生的什么事情都是我自己的事情",这一切极大地阻碍了双方合作提高生产效率和开发新生产工艺的能力。

如何防止这些非效率行为呢?纵向一体化是一个较好的选择。这主要是因为以下两个原因:① 治理上的区别,对企业内部交易的治理基本上不同于公平市场交易的治理,它可以调整适应当事人的有限理性和契约条件的复杂性。② 重复的关系,纵向一体化可以把当事人结合在长期的重复关系中。企业内部的两个结合在一起的部门会更加积极地进行关系专用性投资,而投资成本要比独立的两家企业要低。

(6) 外包有可能减少公司学习机会和核心竞争力培养机会

外包战略所造成的最重要的潜在风险是有关公司学习机会和核心竞争力培养机会的丧失问题。许多对外包战略持批评态度的企业家指出,目前许多企业的外包实践很可能只是获得了短期的竞争优势,而丧失了获得关键技能和构建未来核心竞争力的机会。那些把部分生产外包给低成本生产者的企业或许有可能保住他们当前产品的竞争优势,但却丧失了研制新一代产品的能力。"整合资源管理"强调设计和生产是一对密切相关应该保留一定的生产能力,以保护和发展这种深层次的整合竞争能力,因为,这些能力是他们取得未来成功的关键。

(7) 对供应商的依赖降低企业的谈判力量

英国伯明翰大学商业战略和采购研究中心的克里斯·朗斯代尔(Chris Lonsdale)通过观察进行业务外包的企业所经历的问题发现,供应商经常利用其外包业务所获得的主导地位对采购企业施加压力。如果外包活动涉及大额资金投入,且转换供应商不可实现且成本高昂时,企业常常会被自己的供应商所束缚。发包商没有其他选择只能依赖供应商的状况会被供应商通过合同条款的再协商或者下一周期坚持不同条款的方式利用。这种事后契约的依赖性会引起当事双方权利关系的变化,形势会最终发展为某一供应商占主导地位。

## 小资料 >>>

在某冶金企业供应部门进行调研的过程中,就遇到了类似的问题。某一冶金企业设备润滑油招标时,某一润滑油生产商以价格上的绝对优势获得了这个订单。但是,在接下来合作的几年中,它不断以各种理由要求调高价格,而冶金企业都不得不接受。出现这一问题的关键在于冶金企业的设备规模庞大,而且更换润滑油品牌必须全线停产以清理设备才能实现。面对如此高昂的费用,采购部门只能一次次地对润滑油提供商妥协。

鉴于可能出现的上述问题,在采购双方签订外包合同时,必须事先拟定好一份正式的服务水平协议的合同,合同要包含外包企业所能估计到的每个变化和要求,从而尽量避免事后契约。协议中还应该明确规定在发生变化的情况下,定价机制和规则应该如何适应这些变化和要求。

(8) 外包合同的多重分包引起的控制失效

多重分包就是将外包合同再次拆分外包。如果采购企业仅仅审核和管理分包商,而对供应商的分包活动不予关注,这种方式就可能造成不良后果。分包商之所以将所承包的业务再次分包给其他企业,大多因为他们没有必要的技能或者生产能力来履行这一工作,如信息技术服务等。在业务外包的过程中,采购企业应该仔细审核外部供应商的实际生产能力、技术水平、财务水平和整体运作能力,并就其是否要分包给第三方进行磋商,并将相关的第三方选择和管理条款写进分包合同中,以便日后合作过程中的控制和协调。

(9) 外包可能会增加企业责任外移

由于在外包经营中缺乏对业务的监控,增大了企业责任外移的可能性,导致质量监控和管理难度加大。

(10) 外包可能挫伤员工工作热情和导致员工失去敬业精神

在业务外包中,必然会牵涉到部分员工的利益,如果他们知道他们的工作被外包只是时间问题的话,员工的工作热情和职业道德会降低,他们会失去对公司的信心和工作的原动力,从而导致工作业绩明显下降。

(11) 外包可能产生知识产权问题

特别是研究与开发之类的业务外包。外包者所开发技术的专利、版权的归属问题通常是由企业与外包厂商双方协议达成而非法律规定,这就给错误和陷阱留下了很大空间。

(12) 如何培养外包企业忠诚度的问题

外包企业在利益的驱动下可能从一个企业转移到另一个企业,导致企业失控。但同时过分地依赖外包企业会导致交易成本提高。

(13) 外包的供应商选择问题

企业对于业务外包有许多种选择,挑选了错误的供应商能导致关键技术的失败,因而失去竞争的领先地位。

## 8.3.5 关于外包决策中的常见误解

① 认为企业应该"外包",而不是自制,这样可以避免支付生产产品的成本。这个观点是很容易被否定的。举一个简单的例子,当产成品从生产商分销到零售商,生产商可以自己分销产品,也可以利用一个独立的经销商分配这些产品,即外包,分销。如果利用外包,生产商确实不必考虑卡车、雇佣司机及其他的相关问题,但这并不表明此时的成本比较低,原因很简单,独立的经销商也必须外包卡车、雇佣司机,他们会向生产商收取包括这些相关费用的价格。这就表明,选择外包不能够消除相关活动的费用。

② 企业纵向一体化可以避免向供应商支付利润额。这个观点的基本错误也显而易见。假设经销商花费 200 000 元外包了一辆卡车,收取与它的竞争对手相同的费用,并预期产生净收入 20 000 元。这似乎表明生产商可以自己外包卡车,以避免经销商实现 10% 的利润率。但是,预期的利润率 10% 可能掩盖了每辆卡车利润率的巨大差异,有的卡车可被完全使用,有的可能是完全闲置。10% 的利润率可能足够吸引银行贷款给经销商外包卡车,如果 10% 的利润率超出了贷款人的预期水平,很明显,这就可以预期会有更多人投资此行业,直至降低单位卡车的净收入和利润率。

③ 企业应该自制,而不是采用外包,因为一个纵向一体化的制造商可以在需求高峰或

供应缺乏时期避免支付昂贵的市场价格。在此，可以用一个例子来指出这个观点的错误之处。假设一个橙汁生产商同时经营橙子的种植。在需求高峰或供给缺乏时期，它似乎比未进行纵向一体化的生产商拥有更大的竞争优势，因为后者在此情况下将以高昂的市场价格购进橙子，而它仅以"成本"就可以获得橙子。更具体一些，假设一千克橙汁需要5个橙子及0.12美元的加工成本，它的售价为1.30美元，每个橙子的种植成本为0.05美元，公开市场的售价为0.20美元。于是，前一个生产商的利润为0.93美元/千克，后一个生产商为0.18美元/千克。但是，这种比较是不完全的。当前者利用自己的橙子生产橙汁时，它实际上放弃了向外部销售所能获得的每单位橙子0.15美元的利润，由于一千克橙汁需要5个橙子，前者生产的橙汁还必须包括0.75美元/千克的机会成本损失。所以，实际上与后一个生产商在利润上没有差别。

自制或外包决策是企业运营决策的重要内容之一。随着企业经营环境的变化和企业资源观的变化，自制或外包的决策成为企业配置资源方式选择的重要决策。自制或外包决策，具有深刻的经济理论基础。理论和实践都早已证明，非核心业务的外包可以给企业带来成本效率（包括生产成本和资源配置成本）的比较利益。长期的实践和理论总结，可以见到多种不同形式的外包。但是，外包业务也会给企业带来一定的风险，这是一定要考虑到的。

## 本章习题

**一、判断题**

1. 原材料较为贵重，不宜进行外包（协）作业。（　　）
2. 外包是企业在迫不得已的情况下做出的选择。（　　）
3. 原材料或成品在运输过程中，极易破损或变质，则不宜进行外包。（　　）

**二、选择题**

1. 不属于企业外包的外部原因是（　　）。
   A. 产能不足　　　　　　　　　　B. 技术不足
   C. 自制成本大于外包成本　　　　D. 缺乏自制的知识产权
2. 以下哪些情况下企业不应该采取外包作业（　　）。
   A. 有可能泄露本企业的生产技术或机密的
   B. 成品无法进行检验的
   C. 外包的品质达不到本企业的要求
   D. 外包的成本大于本企业生产成本
3. 选择外包生产企业除了加工生产能力、加工生产设备、员工素质、质量意识和控制手段、信用度外，还要考虑的有（　　）。
   A. 价格
   B. 交期
   C. 视外包生产企业的生产能力，决定给予的生产数量
   D. 交易条件，如交货地点、运输方式、包装方式、付款方式、违约责任等
4. 以下哪些情况下的外包应该慎重或者应该避免（　　）。
   A. 原材料较为贵重，不宜进行外包（协）作业

B. 原材料或成品的体积（或重量）过大，会造成大额的运费
C. 外包（协）的成本与自制成本相差无几
D. 原材料或成品在运输过程中，极易破损或变质

### 三、思考题

1. 简述外包的概念。
2. 外包的优势和风险有哪些？
3. 业务外包的方式有哪几种？

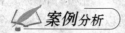
案例分析

## IBM：强烈关注客户需要和技术的至高权

IBM 的首席执行官郭士纳（Gerstner）在进入 IBM 之前是一家大型食品公司的首席执行官，他非常了解根据客户的兴趣管理供应链的重要性。他的首要目标就是把 IBM 的关注点由计算机生产商的角色转变到解决客户问题的供应商，即满足客户需要而不是简单地制造商品。作为解决客户问题的供应商，IBM 开始为客户提供软硬结合的解决方案并采购任何能迎合客户需要的产品。在一些情况下，这可能意味着采购和安装竞争对手生产的但是更符合客户要求的产品。例如，也许客户需要网络系统来确保销售人员能够通过调制解调器拨入并将订单上传到中心系统。作为客户问题解决方案的提供者，IBM 将设计系统、采购网络硬件、安装客户化的软件，并且如果需要还要为用户提供培训。

系统的完善与 IBM 过去的做法完全不一致，同时也将对公司的未来产生深刻的影响。它需要重新审视许多"传统的核心"业务，例如大型机和微型机。IBM 必须认识到它已不再是该领域内的世界领导者。更进一步，由于许多客户认为他们已不再需要 IBM 提供的一些技术或产品，一些业务已不再赚钱。在这样的情况下，IBM 关闭了一些这种业务，将之转卖给其他公司，或者创建其他的独立业务领域。这些变化需要 IBM 外包许多原来是内部生产的供应链工序和产品。几乎 IBM 供应链的每一个独立的工序都被预先假定为可以外包的，包括设计、生产、装配、改进设备、软件完善、分销和测试。

由此 IBM 拉开了企业文化和业务的全面转型。在过去 IBM 从外部供应商那里仅仅采购了大约相当于其卖出产品价值的 30% 的产品，现在这一比例上升到了 70%，从经理层的观点来看，采购和物流突然变得无比重要。除了采购物料和部件外，采购涉及关键的供应链作业的外包，包括产成品。今天看来 IBM 的未来一定更加光明。尽管外包决定 IBM 面临的重组是十分艰难的，但现在看来 IBM 的转型无疑是十分成功的。

问题：

1. IBM 的业务外包属于哪种方式？
2. 如果你是 IBM 的首席执行官，你会选择哪种方式的外包转型？

# 第 9 章

# 供应商的开发与评估

> **学习目标**
> 1. 了解供应商开发的含义、途径和步骤。
> 2. 掌握供应商评估的内容。
> 3. 了解供应商评估的方法。

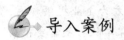 导入案例

## 供应商评估协作代理处（CASE）对供应商的评估

对于供应商评估协作代理处（CASE）的成员来说，现在假设利用互联网快速回顾一个供应商所经历的评估，包括评估是什么时间执行的、谁来执行及执行的结果，CASE 以互联网为基础的供应商绩效信息网络（SPIN）为其成员提供交互式的供应商共享数据库和供应商评估的信息。

航空产业的一个例子可以证明 CASE 在减少多余的审核方面如何获得巨大成功的。参加 CASE 的航空公司每年向 CASE 提供需要在未来进行评估的供应商名单。近年来该机构对 5 200 个评估计划做出了报告，其中 4 300 个被认为是多余的。最后计划评估的数量下降到仅仅 500 多个。CASE 的副总裁兼执行总裁理查德·维理尼维（Richard Villeneuve）说："这并不意味着 53 家航空公司（CASE 的成员）没有能力考察和评估它们的供应商，这仅仅意味着它们可以通过接受由与它们的技术不相上下的审核员所完成的调查活动来减少它们的审核工作量。"

当电子和计算机制造商加入 CASE 时，该机构向互联网的飞跃来得十分迅速。这个产业的一部分是由数字设备公司（现在是康柏的一部分）和联合信号公司为主导的。这些公司十分关注产业内共享非竞争的信息，并建议 CASE 使其系统符合互联网的潮流。在 CASE 最初组建的时候，CASE 的副总裁兼执行总裁说董事会已经决定向互联网方向发展。电子和计算机公司的加入推动了这一进程。

CASE 还提供了一种新的服务即"供应商账户"。供应商每年付 600 美元就可以进入 CASE 的数据库，当 CASE 成员搜索 SPIN 时，这些数据就会显示出来。选择供应商账户为供应商提供了在系统中展示自己的机会。当这些概况如供应商提供的资料标示出来的时候，CASE 会给供应商去展示各种成就和第三方的认可。机构成员也可以根据几个条件去搜索整个 CASE 数据库。这将帮助在采购过程的确认阶段确认未来合适的供应商。成员信息、费用

和申请表都可以在官方网站上下载,但是要想参加 CASE,成员必须既有采购能力又有供给能力。买方不能利用此系统去逃避供应商评估,它们同样必须提供信息。

买方知道供应商开发和评估是现今所要执行的最重要的活动之一。它们同样了解技术的改进有助于使评估过程更准确、更有效并且花费更少。

## 9.1 供应商的开发

### 9.1.1 供应商开发的途径

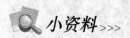小资料>>>

供应商的开发是供应商管理的一个重要的任务。适合于企业需要的供应商是企业发展的宝贵资源。供应商以适当的价格、适当的质量、适当的时间和适当的地方为企业提供资源,这样才能保证企业生产和物流的顺利进行,这就是企业最大的需要。就像军队打仗需要粮草一样,企业生产经营活动离不开需要的物资,供应商就相当于企业的后勤队伍一样,供应商的开发和管理实际就是企业的后勤队伍的建设。

**1. 供应商开发的含义**

供应商的开发是指寻找新的合格供应商的过程。供应商的开发是一项很重要的工作,同时也是一个复杂而庞大的系统,需要企业精心策划和认真组织。企业要想有效地开发供应商,就必须首先扩大供应商的来源,企业所掌握的供应商信息越多,选择的机会就越大。决定是否和某个供应商进行大量业务往来通常需要一系列合理的标准。良好的采购技术是决策背后尽可能合理的论证推理过程。通常的情况下,采购方对供应商能否满足自己的质量、数量、价格、交付时间等的观察将支配决定结果。

在对供应商进行开发时,采购方首先要做得最基本工作就是充分收集供应商的相关信息。然后,相关人员再利用这些信息,组建企业的供应商选择范围,同时要坚持利用科学的方法,对选择范围内的供应商进行选择和评估工作,以期筛选出优秀并且适合本企业的供应商来合作,以保证稳定、高质量的供应来源。

**2. 供应商信息收集方式**

根据供应商信息搜集方式的不同,采购方所得的资料可以分为两类:第一手资料和第二手资料。这里的第一手资料是指采购与供应部门主动收集的原始资料,它具有针对性强、准确等优点,但相对获取成本较高;而第二手资料是采购方为了其他目的收集起来的信息。它包括一些已经出版或发表的文章、期刊、内部资料等信息,收集起来虽然相对容易,但是针对性不强、实效性也差。通常,第二手资料获得相对比较容易,可以作为供应部门分析研究的起点,如果该部分资料尚不能满足需求或者不够充分,再转而寻求昂贵的第一手资料。

**3. 供应商信息来源渠道**

一般情况下,供应商的主要信息来源于网络、商品目录、行业杂志、企业名录、销售商、贸易博览会、电话联系、各类广告及采购部门自己的记录等。

(1) 通过网络寻找供应商

通过上网查询，采购方可以了解市场行情及供应商的情况。在信息时代和全球化市场来临的时候，对供应商信息的发现过程得到了前所未有的解放。网络平台为现代的采购部门带来了一条快捷的途径。通过搜索引擎搜索供应商，或者在电子商务平台上发布需求信息，都可以获得充分的供应商资源。现在，越来越多的供应商都开设网站，提供产品和服务的详细信息。网络提供的信息费用是很低甚至是免费的，而且信息采集量很大，对采购方和供应商来说都是低成本高效率的。要注意的是，这些信息都需要采购方仔细筛选和辨别，因为上网获得的信息毕竟是有关供应商的二手信息，有些信息准确性不高，甚至是虚假信息。采购部门应注意区别，且应及时地把上网得到的资料进行归类，便于以后使用。

### 小资料 >>>

国外的供应商喜欢在很大的范围内上网搜索各种信息源。比如英国，微软公司向英国企业推荐了一些有用的数据库可以作为供应商的来源，它们包括以下几个方面。

① 170 多万个英国公司和商号的名单，它是从黄页电话簿上按超过 2 500 个不同类别细分，储存在相应的网站里。

② 主要的欧洲供应商的参考资料，如《Thomas Global Register Eurpoe》提供21万个工业制造商的可搜索名录，储存在相应的网站里。

③《二手设备网络》从一万多个代理商那里提供了7.5万多款二手的工厂和机器设备——从飞机到X光机。储存在相应的网站里。

这些数据库不断提供更新的信息资料，因此对大量参考资料的收集工作来讲是节省了存储空间。登录这些数据库可能是免费的、不受限制的，也可能仅限于注册的会员。

(2) 通过商品目录

一般的供应商在从事经营活动时都会有各自的商品目录，不仅可以具体介绍自己供应的各类产品，也便于提供给采购方，采购方可以直观地通过商品目录找到能提供所需产品的供应商。

一份完整的商品目录包括商品的性能、价格、技术参数、联系方式、售后服务等。这些资料都是采购人员所需要的，尽管上面介绍的性能、价格、技术参数等不一定与实际提供的完全相符，但至少为采购人员提供了众多的供应商信息，使他们有选择的余地。

采购方可以通过市场调查获得这些商品目录，当然采购人员也要注意平时的积累，搜集尽量多的商品目录作为后备。通常情况下，供应商在把商品目录交给采购人员的同时，也把名片等一起递上，采购人员要把名片与商品目录放在一起，再事后归类，之后采购人员应该把所搜集到的商品目录建立索引，索引要专业、明确、易懂，方便下一次采购时参考。

(3) 通过行业杂志

行业杂志是另一个潜在供应商的重要信息源。每个行业都有该行业有价值的行业信息，其中会包含该行业的技术进展和市场信息，而且基本上每一类行业协会都会定时发布本行业内各类企业的相关情况，特别是最近一段时间业绩比较好，或者技术、管理方面有新发展的企业。行业内企业也会借助专业媒体发布和宣传本企业的产品和服务信息。因此，行业杂志往往是采购人员了解行业和供应商情况很好的途径。行业杂志也有缺点，即时效性不强且不能全面地介绍产业内的所有供应商。采购人员可以参考这类杂志,并与其他供应商信息来源相互补充、佐证和修正。如果这类杂志比较多,采购人员还需要广泛涉猎与自己行业及所采购物资相关的读物,同时也不能通过依赖文字表述来确定供应商,需要进一步的科学选择。

(4) 通过企业名录

企业名录也叫商业注册簿,类似企业黄页,但是内容却丰富得多。它会列出一些供应商的地址、分支机构数、从属关系、产品等,有时还会列出这些供应商的财务状况及其在本行业中所处的地位。一般企业聚集地区的管理部门会定时编制管理辖区内的商业注册簿。注册簿的分类索引主要是按商品名称分类,查找快速,也比较直接,很多企业都以这种方式为主来联系供应商。

但商业介绍也有缺点,即由于版面的限制,很多商家只列出了简单的联系方式,至于产品性能、价格、技术参数、售后服务并没有具体写明。这就需要采购人员与他们进行联系,并及时总结。另外,商业介绍在准确性与有用性方面差别很大,采购方使用时必须格外小心。

(5) 通过销售代表

销售代表是采购方能够接触到的重要信息源之一。他们具备相关的特殊专业化知识,能为采购方提供合适供应源、产品型号、商业信息等方面的信息。通过与许多公司合作,销售代表可以获知更多的产品和服务资料,这对采购方是很有价值的。采购者应当在不影响其他工作的前提下,尽可能地注意销售代表。一个精明的采购者必定是在不影响其他工作的前提下,尽可能多地注意销售代表。发展好的供应商关系非常重要,而这种关系往往始于对供应商销售人员友好、谦逊、共鸣和坦诚的态度。有些采购方以个人名义探望所有来过办公室的销售代表之后,将电话与所获得的信息记下来;另外一些采购方由于没有时间或其他工作压力而无法这样做,但他们也会确保每一名来访者受到热情接待,而不使其感到受到了冷遇或者拒绝。

(6) 通过贸易博览会

地方性和全国性的贸易博览会是采购人员发现潜在供应商的另一种方式。他们可以发现各式新产品和经过改良的老产品,增加自己的专业知识和鉴别能力,同时能收到组织者提供的名单和介绍,不失为很好的信息来源。

(7) 通过经验

采购人员可以通过经验对潜在的供应商进行判断。买方可能在一个产业工作多年并且熟悉供应商情况(可能包括全球供应商)。反对频繁更换公司产品线或采购类型,那样会失去买方在该产业多年积累的经验。因为几乎没有企业在努力开发关于供应商的智能数据库,故买方关于供应商市场的经验和知识就变得非常有价值。

(8) 其他方法

除了以上几种方法外,供应商的信息来源渠道还有电话咨询、向供应商咨询、同行咨询等。比如可以通过当地的 114 查号台和企业黄页来查询供应商的情况,还可以在市场调查时了解供应商信息。此外,国际上流行的企业采购指南、产品发布会、产品展销会、政府组织的各类商品订货会、各种厂商联谊会或同业工会、政府相关统计调查报告或刊物等都可以作为采购方获得供应商相关信息的备选途径。

以上就是获取供应商信息的几种方式。当然,如果能通过较好的途径发布采购信息便可免去这么多麻烦的途径。但在特定的条件下，尤其是采购信息不方便公开发布及所采购的产品市场上并不多见时，如何获取供应商信息还是十分重要的。另外，获取了供应商信息后，采购部门还应该及时建立供应商的分类档案，便于使用。

## 9.1.2 对供应商的调查

搜集供应商信息的过程是比较长的，需要采购人员平时注意通过各种途径积累信息，以便于有突发的新原料需求时能快速找到合适的供应商，保证企业的生产。搜集供应商的相关信息是供应商选择的第一步，合作供应商不能依据获得的书面甚至只是间接的信息来确定，选择过程需要进一步对供应商进行深入调查。通过分析企业的需要，对供应商进行调查的相关内容应该包括以下几个方面。

**1. 供应商的基本状况**

（1）企业的经营环境

主要包括企业所在国家或地区的政治、经济和法律环境的稳定性、进出口是否有限制、货币的可兑换性、近几年的通货膨胀情况、基础设施情况、有无地理限制等内容。

（2）企业的员工情况

主要有员工的受教育程度、出勤率、流失率、工作时间、平均工资水平、生产工人与员工总数的比例等。

（3）企业近几年来的财务状况

包括各种会计报表、银行报表、企业经营报告，执行这类调查需要有充分的供应商管理经历或者是专业的财务人员。对此信息的初步调查，可以避免采购方进一步研究的耗费。财务状况和信誉等级的调查能够清楚地揭示出供应商是否有能力令人满意地履行义务。对保证供应的连续性和产品质量的可靠性，供应商财务状况的稳定性是非常关键的。

（4）企业在同行业中的信誉及地位

主要包括同行对企业产品质量、交货可靠性、交货周期及灵活性、客户服务及支持、成本控制能力等各个方面的评价。

（5）企业近几年的销售情况

包括销售量及趋势、人均销售量和公司产品的市场份额。

（6）企业现有的紧密的、伙伴型的合作关系

包括与本公司的竞争对手、其他客户或供应商之间的关系。

（7）企业的地理位置

主要包括与本公司的距离和通过海关的难易程度。

**2. 供应商的设计、工程和工艺情况**

（1）相关机构的设立与相应职责

（2）工程技术人员的能力

主要包括工程技术人员的受教育情况、工作经验、在本公司产品开发方面的水平、在公司产品生产方面的工艺水平、工程人员的流失情况等。

（3）开发与设计情况

主要包括技术是自行开发还是从外引进、有无与国际知名技术开发机构的合作、现有产品或者试制样品的技术评价、开发设计的试验情况、与顾客共同开发的情况、与供应商共同

开发的情况、产品开发的周期及工艺开发程序、对采购资料的保密等。

**3. 供应商的生产能力**

（1）生产机构的设置情况及职能

（2）生产工艺过程情况

主要有生产设备是否先进、生产能力是否充分利用、工艺布置、设备/工艺的可靠性、生产工艺的改进情况、设备利用率、工艺的灵活性、作业指导的情况、生产能力等。

（3）生产人员的情况

主要有职工参与生产管理的程度、生产现场管理情况、生产报表及信息的控制情况、外包加工的控制情况、生产现场环境与清洁情况、厂房的空间距离以及生产作业的人力是否充足等。

**4. 供应商企业的管理制度**

主要包括生产流程是否顺畅合理、产出效率如何、物料控制是否计算机化、生产计划是否经常改变和采购作业是否对成本计算提供良好的基础。

**5. 质量控制能力**

企业保证质量的能力是需要调查的重要方面，还要调查高层管理者对质量控制的认识。质量控制能力主要包括质量管理的方针、政策是否正确合理、质量制度是否得到落实、对安全事故的反应处理是否有预案、年度质量检验是否使用科学的统计技术、有无政府机构的评鉴等级等。

除此之外，采购方还应针对所采购物资的具体特性和要求，将调查的范围、内容、深度等适当拓宽，以适应其采购策略的需要。

## 9.1.3 供应商开发的步骤

在对供应商开发的流程中，首当其冲的是对资源市场进行竞争性分析，通过相关资料查出近几年（一般是十年）该资源的市场需求数据，运用统计分析得出近几年的同比或环比系数以便对资源市场有较为充分的了解；指导目前市场的供求关系及未来的发展趋势；对于该资源的市场竞争能力及现有供应商要有充分的了解；对潜在供应商的市场位置及产品的市场占有率要有所认识。

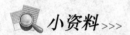

专家认为没有公认的开发和评估供应商的最好办法，而且企业一般利用多种方法。进行供应商开发和评估的整体目标是降低采购风险和使买方整体价值最大化。公司必须选择在随后的一段时间里可以与之做生意的供应商，其选择过程的努力程度是与商品的重要性相联系的。

供应商开发的步骤如图 9-1 所示。

**1. 明确需求**

这里所说的需求主要包含以下几个方面。

① 需要何时开发成功。

② 需要何种原材料或零部件。

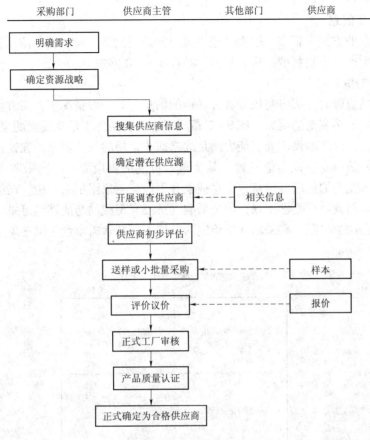

图 9-1 供应商开发步骤

③ 年、月需求量为多少。
④ 欲开发什么性质的企业作为供应商。
⑤ 要求供应商有什么样的生产能力和品质水平。
⑥ 要求是本地供应商还是远近皆可等。

另外还可以对产品进行归类管理，将主生产物料和辅生产物料按照采购金额的比重及对自身产品的关系紧密程度和重要程度进行 ABC 分类，对于主要资材可以和供应商建立严密的关系，对于辅助资材就与供应商没有必要建立很密切的关系。甚至不必要建立固定的关系，弄清楚这些问题以后在寻找供应商的过程中就会明确得多，从而更有效率。

**2. 确定资源战略**

没有任何一种单一的资源战略能够满足所有的采购需求。正因为此，某种特定项目或服务所需的采购战略都会影响到供应商开发和评估步骤中所采用的方法。当为了采购而评估采购需求时有以下几种战略可供选择。
① 单点的与多点的供应源。
② 短期的与长期的采购合同。
③ 选择能提供产品设计支持的供应商与缺乏设计支持能力的供应商。
④ 发展亲密工作联系的采购与传统的采购方式。

所选择的战略对供应商开发和评估步骤产生巨大的影响。

**3. 搜集供应商信息**

获得所需信息的方式有很多，前面已经讲过，如访问网络、参加贸易博览会等。根据材料的分类，搜集生产各类物料的厂家，每类产品在 5～10 家左右。

**4. 确定潜在的供应源**

当确定潜在供应源时，买方将依赖各种各样的信息源。一般情况下，买方所寻找的供应商信息的深度是一个多变量的函数。图 9－2 概况了在各种条件下信息搜索的强度。

在第一象限，已存在的供应商有能力满足战略或非常规的采购需求。在这种情况下采购人员必须寻求额外的信息去证实他（她）认为最有可能的供应源。因为采购人员拥有既定供应商和满足要求能力的供应商信息，信息搜索并不像第三象限那么集中。在第四象限，采购需求已经形成惯例或者战略性不强，但是采购人员没有现成的与能够满足采购需求的供应商联系的渠道。在这个象限，在采购性质给定的条件下，搜索需求低于第三象限但高于第二象限。

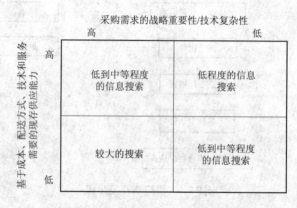

图 9－2 潜在供应源的信息搜索

**5. 开展调查供应商**

（1）与供应商初步取得联系

在明确需求与确定资源战略之后，需要对供应商的资料或信息进行搜集并取得初步联系，一般来说通过各种方式获得的供应商会有好几家，可以根据企业对欲开发的新供应商的各方面要求进行初步筛选，留下几家供应商，采用适当的方法去取得联系。一般来说，第一次尽可能采用电话联系，应该跟供应商的相关业务人员清楚表达与他们联系的目的、自己的需求并初步了解该供应商的产品。

（2）与供应商面谈

跟供应商电话联系后，应根据筛选出的供应商所在地的远近来采取不同的行动。可以要求距离较近的供应商来企业面谈，并要求供应商带上企业简介、相关的样品以增加会谈的效果。面谈时不仅要尽可能多地从供应商那里得到消息，同时也要将企业对预购原材料的要求尽可能向供应商表达清楚，如果必要的话，可带供应商到生产现场去参观，有利于增加供应商对预购产品要求的进一步了解。因涉及技术及保密问题，带供应商到生产现场参观在很多企业都是被明文禁止的。如果是远距离供应商，草率地让供应商千里迢迢赶来显然是不合适的。合适的做法是让供应商用快递将资料和样品寄一些过来，从供应商的资料和样品中可以在一定程度上了解它的实力，也可以通过访问供应商的网页去了解它。

(3) 初步筛选供应商

完成了上述两个步骤后，现在最重要的是对供应商做出初步的筛选。建议使用统一标准的供应商情况登记表，来管理供应商提供的信息。这些信息应包括：供应商的注册地、注册资金、主要股东结构、生产场地、设备、人员、主要产品、主要客户、生产能力等。通过分析这些信息，可以评估其工艺能力、供应的稳定性、资源的可靠性，以及其综合竞争能力。在这些供应商中，剔除明显不适合进一步合作的供应商后，就能得出一个供应商考察名录。无论是远还是近，都要求供应商填写一份"供应商调查问卷"是非常必要的。

(4) 对供应商实地考察

接着，要安排对供应商的实地考察，这一步骤至关重要。必要时在审核团队方面，可以邀请质量部门和工艺工程师一起参与，他们不仅会带来专业的知识与经验，共同审核的经历也会有助于公司内部的沟通和协调。在实地考察中，应该使用统一的评分卡进行评估，并着重对其管理体系进行审核，如作业指导书等文件，质量记录等，要求面面俱到，不能遗漏。比较重要的有以下项目：① 合同的完备性和合理性，要求销售部门对每个合同评估，并确认是否可按时完成。② 建立客户明细单，要求建立合格供应商名录，并要有效的控制程序。③ 人力资源培训机制，对关键岗位人员有完善的培训考核制度，并有详细的记录。④ 设备的维护和保养，对设备的维护调整，有完善的控制制度，并有完整记录。⑤ 计量工具管理，仪器的计量要有完整的传递体系，这是非常重要的。

在考察中要及时与团队成员沟通，在结束实地考察的会议中，总结供应商的优点和不足之处，并听取供应商的解释。如果供应商有改进意向，可要求供应商提供改进措施报告，并做进一步评估。

(5) 向供应商发询价文件

在供应商审核完成后，对合格供应商发出询价文件，一般包括图纸和规格、样品、数量、大致采购周期、要求交付日期等细节，并要求供应商在指定的日期内完成报价。在收到报价后，要对其条款仔细分析，对其中的疑问要彻底澄清，而且要求用书面方式作为记录，包括传真，电子邮件等。

**6. 供应商初步评估**

通过对潜在供应商的实地考察和深入了解之后，可以按照事前建立的供应商考评体系对其进行考核，对于不符合考核标准的供应商可以进行淘汰，对于符合考核标准的，满足需求的供应商可以决定继续谈判，期待最终和供应商建立稳定的友好合作关系以保证生产的正常运营。

**7. 送样或小批量采购**

调查合格之后的厂商可通知其送样或小批量采购，送样检验或试验合格者即可正式列为《合格供给商名册》，未合格者可列为候补序列。之后采购只可从合格供给商中采购，财务付款时也应审核名单，非合格供应商者应呈报上级。

**8. 评价议价**

确定满足考评的潜在供应商后，采购方可以进行最后的环节即报价和价格谈判以最终确定合格供应商。供应商的报价中包含有大量的信息，如果可能的话，要求供应商提供产品结果表及价格构成表，要求其列出原材料成本、人工、管理费用及其他等，并将利润率明示。

比较不同供应商的报价，你会对其合理性有初步的了解。

在价格谈判之前，一定要有充分的准备，设定合理的目标价格。对小批量产品，其谈判的核心是交货期，要求其提供快速的反应能力；对流水线、连续生产的产品，核心是价格，但一定要保证供应商有合理的利润空间。同时，价格谈判是一个持续的过程，每个供应商都有其对应的学习曲线，在供货一段时间后，其成本会持续下降。与表现优秀的供应商达成策略联盟，促进供应商提出改进方案，以最大限度节约成本。

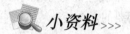
小资料 >>>

实际上，每个供应商都是所在领域的专家，多听取供应商的建议往往会有意外的收获。曾有供应商主动推荐替代的原材料，如用日本的钢材代替瑞士的产品，其成本节约高达50%，而且性能完全满足要求，这是单纯依靠谈判所无法达到的降价幅度。通过策略联盟，参与设计，供应商可以有效帮助采购方降低成本。通过最终的价格谈判及综合考虑后，采购方便可以最终选择合格供应商进行后续合作。

### 9. 正式工厂审核

与供应商议价后，一般可以获得采购方基本满意的价格，如果购买的是关键物料，除特殊情况外，都要安排正式的工厂审核，以利于采购方更加准确、更加详细地掌握供应商的工程技术能力、品质保证能力、财务状况等的基本信息。采购方的审核人员一般由采购人员、品管人员、工程技术人员等构成。各部门人员的侧重点是不一样的，采购人员侧重于跟贸易有关的东西，如交货、付款、生产能力、供应商的财务状况等。品管人员关心的是供应商的品质系统、检验人员及检测器具等。而工程技术人员关心的则是供应商的设备、加工精度、工程能力等。毫无疑问，在开发团队中采购人员起到"火车头"的作用，整个开发过程中的进展、各个方面的协调应由采购人员来掌控。在开发供应商的全过程中，有两个环节最耗费时间，第一个是工厂审核过程发现有问题时反复整改及来回审核，这样不仅拖延进度而且时间一长，双方相关人员都会感到非常疲惫。第二个是反复提供样品，弄得双方越来越没有信心。对这两方面的问题双方应该积极配合，用最短的时间逾越难关。在进行生产现场查看，并对供应商相关人员提问审核时，既要做到严格把关又不能吹毛求疵，应该坚持实事求是的原则，不能拿放大镜去看在审核时发现的一些小问题，事实上，很难找到经过严格的审核也发现不到任何问题的企业，如果有，那肯定是审核人员审核不仔细。

### 10. 产品质量认证

产品质量认证是供应商开发的关键环节，产品质量认证包括样品试制认证、中试认证和批量认证。

### 11. 成为合格的供应商

如果对供应商的工厂审核及样品评估达到采购方的要求，那么该供应商便可被接纳为合格的供应商，将被加入到合格供应商的清单中去。合格供应商清单应包括供应商名称、采购类别及项目、产能、采购周期、最小采购批量、最小包装数、联系电话、联系人和备注等。合格供应商清单是采购部门下订单的依据，内容应该尽量的详细。合格供应商清单范例如表9-1所示。

表 9-1　合格供应商清单

| 序号 | 供应商名称 | 采购类别及项目 | 产能 | 采购周期 | 最小采购批量 | 最小包装数 | 联系电话 | 联系人 | 备注 |
|---|---|---|---|---|---|---|---|---|---|
|  |  |  |  |  |  |  |  |  |  |
|  |  |  |  |  |  |  |  |  |  |
|  |  |  |  |  |  |  |  |  |  |
|  |  |  |  |  |  |  |  |  |  |

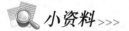

小资料>>>

　　双赢是建立良好供应商关系的前提，科学的供应商开发流程是供应商管理的基础，合理的供应商考核体系是供应商管理的保障，只要本着友好的态度和运用科学的管理方式，就一定可以和供应商建立起良好的供求关系，从而达到双赢的效果。

# 9.2　供应商评估

## 9.2.1　供应商评估的内容

　　供应商评估是对供应商是否合格做出评价的过程，供应商评估可能很费时，因此也有很强的选择性，企业通常根据它们自己多个类型的赋予不同权重的选择标准来评估潜在供应商。一般情况下，采购方根据三个标准来评估供应商：成本和价格、质量及交付。这三个绩效因素一般是影响采购方企业最明显最关键的方面。对于许多项目来说，买方仅考察这三个绩效即可。而对于需要对供应商能力进行彻底分析的关键项目来说，则需要进行更细致的供应商评估。此时的供应商评估在某种程度上通常覆盖以下内容。

**1. 供应商管理能力**

　　对于采购企业来说评估供应商管理能力是很重要的。因为管理决定了经营活动并影响供应商未来竞争力。许多买方在评估供应商管理能力时将询问以下问题。

　　① 经营管理层如何实行长期计划？
　　② 管理层保证全面管理及持续完善吗？
　　③ 管理人员的变动率高吗？
　　④ 管理层的职业经验有什么？
　　⑤ 有多少采购专业人员被授予采购经理？
　　⑥ 公司未来方向的前景如何？
　　⑦ 管理人员与工人关系的历史是什么？
　　⑧ 管理人员正在做出对维持和发展业务必需的投资决策吗？
　　⑨ 管理人员做出了迎接未来竞争性挑战的准备了吗？
　　⑩ 管理人员了解战略资源的重要性吗？

许多这类问题很难简单地用"是或否"来回答。在简要调查或问卷期间确认事件的真正状态是一个挑战。但是问这些问题能够帮助采购经理在供应组织中培养专业能力的感觉。若要通过当面提问的方式征求管理人员对供应商才能的评价时,应努力会见尽可能多的人以全面反映管理人员的态度。在会谈期间,可能会经常出现不同的观点。

### 2. 生产能力

生产能力的定义是:在指定时间内完成一个生产单位量的有限能力,通常以每单位时间内产出的单位产量来表达。能力是一个模糊的概念,因为它必须和生产部门如何使用这个概念相联系。例如,有些厂的生产能力是以每周 5 天、每天一个班次来体现的,或以每个月最高 2 000 单位产量来体现。生产能力通常可以通过加班和增添新设备来提高。评估供应商的生产能力时应该注意考虑以下几个方面。

① 一个正常工作周期的最高生产能力。

② 现有生产能力超载或欠载的程度。例如,源源不断的订单会导致对供应商生产能力能否进一步满足订货提出疑问,也会对生产能力是否被合理利用产生疑问。

③ 如何增加现有生产能力以满足不断增长的需求?

④ 用在主要客户的有效生产能力的百分比。

⑤ 如果买方与潜在供应商达成了供货协议,那么这项货物在供应商生产能力中所占的百分比是多少? 这个数值也可以用年产量来计算。但是,在任何情况下需要注意的是,应该避免供应商过分依赖一个或者两个客户。

⑥ 供应商用什么系统来安排生产计划?

### 3. 成本结构

评估供应商的成本结构需要彻底了解供应商的全部成本,包括直接人工成本、间接人工成本、物料成本、制造或工艺运营成本及总的制造费用成本。了解供应商的成本结构可以帮助采购企业确定供应商生产项目的效率如何。成本分析也帮助确定成本改善区域。

在评估过程的初始阶段收集这种信息可能是一个挑战。供应商可能没有详细地了解它的成本。许多供应商没有成熟的成本核算体系,不能有效地分摊制造费用于产品或工艺中,而且有些供应商视成本资料为高度机密。供应商害怕成本信息的泄露会破坏它的价格策略,或竞争对手了解到能洞察供应商优势的成本数据。作为这些忧虑的结果,买方企业经常在供应商评估的初始阶段只能对供应商成本结构进行大致的估计。一旦成本因素被双方了解,以成本为基础的定价方法能够用来取得相互的利益。但这需要很高程度的相互信任和责任感。

### 4. 工艺和技术能力

供应商评估团队经常包括来自工程和技术领域的成员,以便对供应商的工艺和技术能力做出评估。工艺流程由用来生产产品或交付服务的技术、设计、方法和设备组成。供应商对生产工艺的选择有助于定义它所要求的技术、人力资源技能和资本设备要求。

对供应商技术和工艺能力的评价也应该关注未来的工艺和技术能力。这需要评估供应商的资金设备规划和战略。另外,买方应该对供应商用以研究和发展的资源进行评估。这个信息表明供应商对未来工艺和技术发展的重视。

买方也要对供应商的设计能力进行评估。一个减少开发新产品所需时间的方法是利用能够完成产品设计活动的合格供应商。例如,福特现在要求几乎所有的供应商具备生产和设计能力。该公司把大部分零部件和零部件体系要求的设计工作转移给了它的供应商。日益利用供应商设计能力的趋势使这一领域成为供应商评估和选择步骤的有机成分。

**5. 员工能力**

对供应商的评估过程需要有非管理层员工参与，高素质的、稳重的和有上进心的劳动力可能为企业带来巨大的利益，特别是在劳动力短缺时期。采购企业对此应评估以下内容。

① 员工支持和保证及持续完善质量的程度。
② 劳动力的全面技术和能力（特别是教育和培训）。
③ 员工和管理人员的关系状况。
④ 劳动力弹性。
⑤ 劳动力的人事变动率。
⑥ 员工为提高供应商的业绩做贡献的机会和意愿。
⑦ 采购企业也应该收集罢工和劳动争端的历史信息。这将有利于买方知道，供应商员工如何致力于生产符合或超过买方预期的产品和服务。

**6. 符合环境规章**

20世纪90年代开始重新关注工业对环境的影响。政府对污染企业采取的措施越来越严厉。在评估供应商绩效中使用的一些最常见的环境绩效标准有以下几个方面。

① 环境记录的公开。
② 危险废弃物的管理。
③ 有毒废弃物污染管理。
④ 回收物流计划。
⑤ 环保产品包装。
⑥ 破坏臭氧层的物质。
⑦ 危险气体排放管理。

### 小资料 >>>

办公家具制造商 Herman Miller 公司把对环境的关注紧密融合在对供应商评估过程中。例如，Herman Miller 把供应商的包装作为一个重要的评估标准。褶皱包装被大量应用是因为它容易回收。标准化的可重复利用的集装箱也很受欢迎。实际上这样的集装箱可以用来支持及时交付。标签也很重要，现在 Herman Miller 要求它的供应商标识出塑料产品的化学成分以便回收者准确知道零部件中塑料的成分。

**7. 财务能力和稳定性**

对潜在供应商财务状况的评估几乎总是反映在评估过程的最初阶段。一些买方把财务评估看作在对供应商详细评估开始之前必须经历的检查过程或基本条件。公司可以通过利用资金比率帮助分析供应商的财务状况。如果供应商是一个有公开影响的公司，其他有关财务文件很容易获得。因为买方现在只依赖于很少的供应商去支持它们的采购需要，通过选择那些能够长期保持业务往来的、财务状况良好的供应商来降低风险是十分重要的。

选择财务状况不好的供应商意味着有很多风险。首先，存在供应商破产的危险，如果没有其他容易获得的供应源，这种情况将非常严重。第二，财务状况不好的供应商可能缺乏对工厂和机器设备进行投资，也无法进行提高技术和改进其他绩效所需要的研究。第三，供应商可能在资金方面过分依赖于买方。如果出现必须变更供应商的需求，这样会很受束缚（买方对供应商而言有一种责任）。最后一个风险是财务状况不良，通常是潜在问题的表现。买方必须了解为什么供应商出现资金问题。它是不是质量不佳或绩效低下的后果？或是管理人员铺张浪费的结果？还是供应商有过多的债务？

支持选择不良财务状况的供应商的环境因素可能会存在。供应商可能正在发展壮大，但是还没有能够为买方提供具有市场优势的一流技术。抢先于对手获得新的生产和工艺技术是采购效率的一个表现。同样，供应商可能因为不能控制的或无法重复的环境因素而处于不良财务状况。

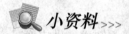

### 小资料 >>>

如果供应商是一个信息公开的贸易公司，特定的资金比率可以从许多提供详细资金比率的网站中获得，然后把这些比率和产业平均水平比较。收集信息的专业人员应该对资金比率十分熟悉，因为他们能够提供及时的、有价值的供应商财务状况的信息。采购经理应该关注这些比率以从中寻找可能表明供应商潜在的财务困难的情况。如果在任何情况下，采购经理都有理由相信供应商正在面临某种类型的财务危机，则应该在采取紧急行动之前给予供应商解释的机会。

#### 8. 供应商资源战略、策略和技术

对供应商这个概念的理解是供应链管理的重要部分。遗憾的是企业没有足够的资源或人力调查它们供应链中的所有供应商。但是存在间接获取两层甚至三层供应商绩效能力信息的方法。图9-3表明了买方与三层供应商的关系结构（供应链），如何形成并管理买方的三层供应商的采购方法和技巧成为关键。

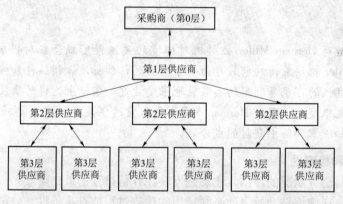

图9-3 公司的供应链

假设在供应商选择过程期间，采购商（第0层）评价它的第1层供应商的资源获取战略、策略和技术。并通过与第1层供应商采购部门的讨论，采购商可以了解它的第2层供应商。如果第1层供应商（对采购商而言是第1层供应商）同样评价它的第1层供应商（对采购商而言是第2层供应商）的资源获取战略、策略和技术，那么这样就可以提供第3层供应商的信息。采购商在第一层供应商的支持下就有机会获得三层供应商的信息。

评价潜在供应商的资源获取战略、策略和技术是对供应链更深入了解的方法之一。因为几乎没有采购商了解它们的第二层和第三层供应商情况,做了这些工作的采购商就能够获得超越对手的重要竞争优势。跨越多层供应商的垂直信息体系能够改善规划和预测,降低整个供应链的前置时间,减少在途存货,从而明显降低成本。在技术方面,工程师可以提前获取第二层和第三层供应商开展革新活动的信息,从而完善本公司产品设计。

### 小资料 >>>

国际著名的克莱斯勒汽车公司,它形成了一种被称为"大企业"的概念,克莱斯勒公司现在是戴勒姆-克莱斯勒公司的分公司。这个过程需要克莱斯勒公司为它采购的原材料勾画出在供应链中所有的获取途径。评估过程要求克莱斯勒公司通过让这些供应商了解克莱斯勒汽车如何使用它们的产品启发供应商沿供应链上溯。这个过程也帮助克莱斯勒了解了它的整个供应商。

**9. 更长期的潜在关系**

评估供应商发展长期的伙伴或联盟关系的意愿正日益成为评估内容的有机部分。强调供应商效率、质量、价格和交付的方法有时是不够完善的。尽管这些方面的绩效是重要的,但它们没有包括基于更长期合作关系的论题。回答更长期的潜在关系的问题包括如下内容。

① 供应商表达出对安排发展长期合作关系的意愿和保证吗?
② 供应商愿意保证那些不能或将不用于其他关系的资源吗?
③ 供应商愿意或者何时能够参加产品设计?
④ 供应商给双方的合作关系带来了什么?
⑤ 如果出现问题,供应商愿意进行谈判吗?
⑥ 供应商是否真正有兴趣共同解决问题?
⑦ 供应商的高级管理人员是否保证这个过程是战略关系的一部分?
⑧ 两个公司之间是否自由公开地交换信息?
⑨ 供应商在多大程度上愿意共享未来计划?
⑩ 供应商对采购公司的业务了解的如何?
⑪ 供应商共享成本资料吗?
⑫ 供应商愿意保证我们需求的独家能力吗?
⑬ 供应商对理解我们的难处和关心问题的保证将是什么?
⑭ 对供应商来说我们是特殊用户还是仅仅是一般用户?

当评估发展更长期关系的可能性时,以上并非是全部问题。但是这提供了关于重要论题类型的框架。作为供应商评估过程的一部分,提出评估这些问题的数字范围是相对简单的一件事。

**10. 非标准类产品**

对非标准类产品的供应商评估也是至关重要的,例如,建筑项目或计算机系统的安装就属于这一类,此时需要询问以下问题。

① 供应商有没有承担过同类的项目?
② 供应商正在进行的项目是什么?

③ 这些项目的显著特征是什么?
④ 有没有可能引进任何改进或创新?
⑤ 供应商能引用一些什么样的客户做评判者?

### 11. 信息技术

最近的调查研究表明,越来越多的公司通过网络进行商务交易,而且这种趋势愈演愈烈。另外,网站还支持其他一些业务活动,例如,辨析新的供应来源;搜寻产品信息包括产品、价格;订单的跟踪;获取技术咨询和售后服务。询问一些信息技术方面通用的问题就可以知道供应商在电子商务的应用和开发方面的程度。以下是一些典型的可以询问的问题。

(1) 贵公司有没有网站?
(2) 网站提供什么信息?
(3) 贵公司的电子商务能处理什么样的业务活动?
(4) 贵公司如何:① 减少或免除文档工作? ② 缩短订货周期? ③ 减少库存? ④ 提供有关产品和库存的实时信息? ⑤ 提供合作计划? ⑥ 整合和集成公司所在的供应链?

### 12. 设计和创新

在合适的场合,需要评估这方面的内容。对供应商公司的下述方面应给出看法。
① 在设计和创新方面的声望。
② 设计和研究的实施,注入实验室、绘图室、专业设备等。
③ 研发和设计人员及他们的资质和经验。
④ 能够取得的外部资源,如大专院校和科研院所等所支持的情况。
⑤ 参与合作的项目中的声誉和口碑。
⑥ 如果有的话,提供已经进行的合作项目的案例及其结果。

### 13. 人力资源

如果企业没有员工,企业就不能成为企业。所以,应该从供应商那里获得下面的信息。
① 生产制造和行政管理员工的人数。
② 人力资源的利用情况——是否每个员工都有效利用了,是否有多余人员无所事事?
③ 管理层人员的姓名、职称、资质和经验。
④ 团队精神和权力下放的激励程度。
⑤ 工人代表组织和认可的贸易公会。
⑥ 过去5年内每年因劳资纠纷损失的工作日总计。
⑦ 管理和操作人员的流动情况和数量。
⑧ 员工对企业的态度,对满足客户需求的关心程度。

### 14. 职业道德因素

职业道德方面的问题包括以下内容。
① 供应商是否有相关零售和采购的道德政策?
② 由谁负责这些政策的实施?
③ 在确保采购企业所提供信息的保密性方面有什么样的指导意见和方法步骤?
④ 在收受礼品和接受款待方面有什么样的指导意见?
⑤ 在有利益冲突的情况下,又有什么样的处理原则?

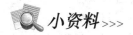

## 选择 IT 资源时对供应商评估的建议

信息技术（IT）行业的买方了解选择错误的供应商会导致持续多年的后果。技术快速变化可能使看似完美的供应商在几个月内变得完全过时，或者被选中的供应商没有能力去做某项工作。不幸的是，迅速找到新的 IT 供应商几乎是不可能的。因此选择步骤具有特别重要的意义。IT 的专业杂志《信息世界》提出了做出 IT 供应商选择决定的几个建议。

(1) 不要把所有的鸡蛋放在一个篮子里

许多公司试图利用一个或者两个大的供应商来完成所有的计算机技术购买。应该组织起包括那些掌握边缘和新兴技术的小公司在内的供应网络来实现组合战略。

(2) 确信你与供应商同舟共济

评估每一个供应商的技术和产品途径。两个公司达成的平台、能力、特征和职能是否同步？

(3) 建设企业最好的投资组合

选择能增强公司地位的供应商和顾客。不要仅仅因为采购价格过低就选择供应商。

(4) 做小池塘中的大鱼

有时从大供应商处获取资源会提高采购价格并且限制你的影响力。小供应商可能会按照你的意愿变革。

(5) 了解供应商的互联网战略

理解你的供应商如何使用互联网去增加它们开发、制造、服务或配送的价值。因为信息技术日益成为商业成功的重要力量，制定正确的 IT 资源获取决策经常决定着商业的成败。

### 9.2.2 供应商的评估方法

供应商评估与选择是企业将投入转换为产出过程的起点，是企业采购管理的重要内容，也是建立与供应商合作、联盟甚至战略伙伴关系的基础。选择与评估供应商的方法有许多种，具体的使用要根据供应商的数量、对供应商的了解程度、采购物品的特点、采购的规模及采购的时间性要求等具体确定。目前国内外常用的供应商选择与评估的方法通常有以下几种，适用于不同的情况。

**1. 经验评价法**

经验评价法是根据征询和调查的资料并结合采购人员的经验对合作伙伴进行分析、评价的一种方法。通过调查、征询意见、综合分析和评价来选择供应商，是一种主观性较强的方法，主要是倾听和采纳有经验的采购人员的意见，或者直接由采购人员凭经验做出判断。经验评价法根据其评价过程和分析工具的结构化程度分为非结构化方法和结构化方法。

1) 非结构化方法

包括头脑风暴法（Brain Storming）和德尔斐法（Delphi Method）。

(1) 头脑风暴法

头脑风暴法是由美国创造学家奥斯本（Alex Faickney Osborn，1888—1966）于 1939 年首次提出并于 1953 年正式发表的一种激发参与者思维的群体决策方法。头脑风暴法又可分为直接头脑风暴法（简称为头脑风暴法）和质疑头脑风暴法（也称反头脑风暴法）。前者是在专家群体决策时尽可能激发群体中每一位个体的创造性，产生尽可能多设想的方法；后者则是对前者提出的设想和方案逐一质疑，分析其现实可行性的方法。采用头脑风暴法组织群体决策来选择供应商时，要集中有关专业人员（包括采购专家和内部客户的专家）召开专题会议，主持者以明确的方式向所有参与者阐明供应商选择的原则，说明会议的规则，尽力创造融洽轻松的会议气氛。主持者一般不发表意见，以免影响会议的自由气氛。由专家们"自由"充分地发表意见，推荐优秀的供应商并给出依据，或对备选供应商进行充分地评价。最终，可通过少数服从多数的原则确定最优供应商。

（2）德尔斐法

德尔斐法是在20世纪40年代由赫尔姆（Olaf Helmer）和达尔克（Norman Dalkey）首创，经过戈登（T. J. Gordon）和兰德公司（Rand Corporation）进一步发展而成的一种利用群体智慧预测未来的方法。德尔斐是古希腊的一座城市，相传城中的阿波罗圣殿能预卜未来，德尔斐法便由此命名。德尔斐法依据设定好的程序，采用向专家发出问卷、专家匿名发表意见的方式（即专家之间不得互相讨论，不发生横向联系，只能与调查人员发生关系），通过多轮次调查专家对问卷所提问题的看法，经过反复征询、归纳和修改，最后汇总成专家基本一致的看法，作为预测的结果。

德尔斐法用于决策具有如下特征：① 充分利用专家的智慧；② 由于采用匿名或背靠背的方式，能使每一位专家独立地做出自己的判断，不会受到面对面讨论问题时权威的影响；③ 经过问卷—归纳—再问卷的多次循环，最终结论会收敛到理想的决策结果。正是由于德尔斐法具有以上这些特点，使它广泛用于诸多决策过程中。这种方法的优点主要是简便易行，具有一定科学性和实用性，可以避免会议讨论时产生的害怕权威随声附和，或固执己见，或因顾虑情面不愿与他人意见冲突等弊病；同时也可以使大家发表的意见较快收敛，参加者也易接受结论，具有一定程度综合意见的客观性。

2）结构化方法

将供应商选择评价的维度（或指标）明确下来，并定义出不同的级别，之后再由相关专家基于其经验来评价的方法，就是结构化的经验评价法。结构化经验评价法的具体操作方法是：首先，列举出评价供应商的各项指标；然后，按供应商的优劣档次，分别对各供应商进行评分；最后，将各项得分相加，选得分高者为最佳供应商。

**2. 综合评分法**

评分法是现行企业应用比较普遍的一种供应商评价选择方法，它比直观判断法更加科学，易于理解，操作起来也较为方便。企业的一般物资采购大多采用这种方法选择与评价供应商。此外，该方法也易于程序化，虽然在打分过程中不可避免地带有主观色彩，但用打分的方法量化评价效果还是比较好的。其不足之处在于无法体现不同评选指标的不同重要性，这与现实情况并不符合，所以这一方法也渐渐被综合权重评分法或层次分析法等方法所代替。综合评分法的操作流程包括以下几个步骤。

① 针对要采购的资源和内部客户要求列出评价指标和相应的权重。
② 列出所有的备选供应商。
③ 由相关人员对各供应商的各项指标打分。
④ 对各供应商的所有指标得分加权求和得到综合评分。

⑤ 按综合评分将供应商排序，选择得分最高，也就是综合评价结果最好的供应商。

此方法更详细的介绍见本书 5.5.5 节的内容，在此不再赘述。

**3. 招标法**

采购企业采用招标法选择供应商的流程是：首先，由采购单位提出招标条件；然后，符合条件的各投标单位进行竞标；最后，采购单位决标，并与提出最有利条件的供应商签订协议。招标方法竞争性强，企业能在更广泛的范围内选择适当的供应商，以获得供应条件有利的、便宜而实用的物资。但招标法往往手续繁杂，所需时间长，订购机动性差，有时双方未能充分协商而造成货不对路或不能按时到货的情况。目前，采用招标采购的企业多将该方法与谈判结合使用，以规避招标采购的诸多不足。此方法更详细的介绍见本书第 5 章的内容，在此不再赘述。

**4. 协商选择法**

在可选择的供应商较多、企业难以抉择时，可以采用协商选择的方法选择供应商，即由企业先选出供应条件较好的几个供应商，同他们分别进行协商，以确定适宜的合作伙伴。和招标法比较，协商选择方法因双方能充分协商，在商品质量、交货日期和售后服务等方面较有保证；但由于选择范围有限，不一定能得到最便宜、供应条件最有利的供应商。当采购时间紧迫、投标单位少、供应商竞争不激烈、订购物资规格和技术条件比较复杂时，协商选择方法比招标方法更合适。

**5. 采购成本比较法**

对于采购商品质量与交付时间均满足要求的供应商，通常是进行采购成本比较，即分析不同价格和采购中各项费用的支出，以选择成本较低的供应商。采购成本通常包括价格、订购费用、运输费用等。采购成本比较法是通过分析比较各供应商的采购成本，选择采购成本较低的合作伙伴的一种方法。

**6. ABC 成本法**

ABC 成本法（Activity-Based Costing）又称作业成本分析法，是库珀（Robin Cooper）和卡普兰（Robert S. Kaplan）在借鉴前人研究成果的基础上，于 1988 年提出的成本控制方法。该方法实际上是以作业量为基础计算产品和服务成本的方法。此方法的实现思想见本书 1.1.4 节的介绍，在此不再赘述。

**7. 层次分析法**

层次分析法（Analytic Hierarchy Process，AHP）是美国匹茨堡大学运筹学教授萨蒂（Thomas L. Saaty）于 20 世纪 80 年代提出的一种定性与定量分析相结合的多因素决策分析方法。这种方法将决策者定性的经验判断数量化和结构化，在决策目标、准则及备选方案结构复杂且缺乏必要数据的情况下使用更为方便，因而在实践中得到广泛应用。AHP 的基本思路与分析、判断一个复杂的决策问题的过程大体上是一样的。该方法在供应商选择领域也得到了广泛的应用，它克服了综合评分法将各备选方案同时判断、难以给出准确的相对优劣判断结果的困难，同时，也非常便于确定准则（或指标）的相对权重。AHP 的基本步骤如下。

① 在确定决策的目标后，确定目标决策的准则（或评价指标）并分解（如必要）。在供应商选择问题中，目标是确定最优的供应商。对某种外购原材料或服务供应商的一般评价准则或指标包括产品质量、企业信誉、价格及交付时间等。如有必要，指标还需进一步分解，如质量还可以分解为使用寿命、可靠性及外观等。

② 列出所有备选方案。找出某种外购原材料或服务的所有备选供应商。
③ 建立目标：准则备选方案的多层次结构。

层次结构是 AHP 最主要的分析工具。为了便于分析计算，层次结构中的每一个元素的下属元素不要过多，否则，难以保证比较结果的一致性。一般地，每个元素的下属元素不要多于 7 个，如果多于 7 个，可以通过将指标分类（分组）、增加层次的方法来解决。

### 8. 平衡计分卡

平衡计分卡（Balance Score Card，BSC）是绩效管理中的一种新工具，适用于对一个组织或部门绩效的考核，当然也适应于供应商的选择和考核。BSC 是 1992 年由哈佛大学商学院教授罗伯特·S·卡普兰（Robert S. Kaplan）和复兴国际方案总裁戴维·P·诺顿（David P. Norton）最早提出的与企业战略相关联的全面绩效管理体系。BSC 是一种全方位的，包括财务指标和非财务指标相结合的策略性评价指标体系。平衡计分法最突出的特点是：将企业的愿景、使命和发展战略与企业的业绩评价系统联系起来，注重将企业的使命和战略转变为具体的目标和评测指标，以实现战略和绩效的有机结合。平衡计分卡分别从四个视角分析评价一个组织的绩效。

① 财务类指标：净资产收益率、总资产周转率、资本增值率等；
② 顾客视角类指标：顾客满意率、合同准时率、优质项目率、投诉降低率等；
③ 内部管理流程类指标：技术、生产效率、设备利用率等；
④ 成长性指标：学习与创新（产品与服务的创新与员工能力提高）、员工满意度、员工保持率、创新数目、合理化建议数等。

对供应商的开发和评估并对最佳供应商加以关注和选择，将对提高整个企业的竞争力有很大的作用。这种能力需要对提供产品和服务的供应商进行仔细地评估和持续测度以满足最终客户的需要。

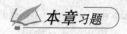
本章习题

一、判断题
1. 供应商的开发就是对原有供应商的替换。　　　　　　　　　　　　　　（　　）
2. 供应商的评估是在供应商开发完成后才开始进行的。　　　　　　　　（　　）
3. 在价格谈判前一定要有充分的准备，并设定合理的目标价格。　　　　（　　）

二、选择题
1. 供应商的评估内容中，以下最重要的是（　　）。
　　A. 供应商的财务稳定性　　　　B. 员工的姓名
　　C. 生产设备的品牌　　　　　　D. 人力资源的储备
2. 下面哪一种方法是供应商评估方法的经验评价法之一（　　）。
　　A. 综合评分法　　B. 头脑风暴法　　C. 招标法　　D. 层次分析法
3. 随着供应链的形成，企业间的关系从过去建立在客户交易基础上的关系向（　　）型关系的转变。
　　A. 共享信息的合作关系　　　　B. 共同利益的协作伙伴
　　C. 共担风险的协商关系　　　　D. 共享利益的合作关系

### 三、思考题

1. 对供应商开发的含义是什么？
2. 对供应商调查的内容是什么？
3. 对供应商的评估内容有哪些？
4. 对供应商开发的步骤有哪些？
5. 对供应商评估的方法有哪些？

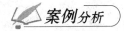

## 约翰迪尔公司的新方案

精准设备公司为约翰迪尔公司提供关键设备，是一家有长期竞争优势的供应商。但是，约翰迪尔公司的项目经理本杰明在考虑，强迫这家公司降低价格并改进原有的生产工艺是否有效。因为，约翰迪尔公司面临的最大障碍就是精准设备公司不愿意改变其生产流程。精准设备公司的副总裁弗兰克和质量总监桑德森不愿意投资更新约翰迪尔公司推荐的设备和工具。根据评估，重新调整生产过程带来的成本节约最多不超过1%。另外，根据约翰迪尔公司的财务系统显示的数据，精准设备公司相信它们的产品质量优于IBM的产品质量，并且生产过程也是世界一流的。在这些观念的支配下，弗兰克和桑德森不愿意采纳SDG（约翰迪尔公司供应商开发小组）提出的投资500万美元的更新计划。他们认为，精准设备公司的生产工艺已经是最高效率的了。约翰迪尔公司面临着客户的压力，要求提供拖拉机零部件的运送更快和更可靠。约翰迪尔公司也希望提高零部件的利润率。这种现状很严峻并且对约翰迪尔公司来说至关重要，约翰迪尔公司的工作小组需要制定一种战略促成精准设备公司进行设备改进。约翰迪尔公司的管理层希望从对精准设备公司的深层次投入中获取回报。

本杰明为解决此事专门召开了一次会议，其目的就是找到解决精准设备公司障碍的最好方法。参加会议的除了SDG小组成员之外，还有约翰迪尔公司的采购代表乔舒亚·维尔森、战略外包负责人塞缪尔·蒙哥马利。在会上本杰明收到SDG小组提交的流程再造方案。经过认真的讨论，会议决定从约翰迪尔公司的立场出发，促使精准设备公司降低5%的成本。约翰迪尔公司的工作小组相信精准设备公司需要一个稳定的长期合同。而且他们意识到，如果精准设备公司不做出改变，约翰迪尔公司没有兴趣同精准设备公司建立长期的合作。约翰迪尔公司的工作小组认为这个过程会促使精准设备公司对生产流程做出适当的调整。如果精准设备公司降低了价格但拒绝改变生产流程的话，约翰迪尔公司会表示不再将精准设备公司作为长期合作伙伴，约翰迪尔公司将不得不在合同期结束的时候更换供应商。寻找这样一个新的供应商将花费大量的时间和精力。

本杰明知道他和乔舒亚·维尔森将就这个协议进行讨论。塞缪尔·蒙哥马利不愿意惹恼他的供应商，不太认可提交的方案，但他同意与方案保持一致。罗伯特（SDG经理）没有表示出敌意并同意保持沉默。于是会议通过了这项提议，而本杰明也怀疑这个方案是否会有效地促使精准设备公司改进其生产流程。

问题：

1. 你认为约翰迪尔公司的战略合适吗？
2. 你认为这项战略会带来哪些影响和后续结果，是积极的还是消极的？

# 第 10 章

# 供应商考核

**学习目标**
1. 理解供应商考核的组织和要求。
2. 掌握供应商考核的过程。
3. 掌握供应商考评的各项指标,并能将其应用到实际中。
4. 学会应用供应商考核方法。

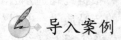 导入案例

## 兖州煤业对供应商的考评

对供应商的考评是采购流程中最具战略意义的采购活动之一,对提高采购绩效意义重大。兖州煤业股份有限公司(以下简称兖州煤业)历来重视供应商管理工作,一直实行动态管理,过程优化,优胜劣汰的管理方法,每年进行一次供应商的考评工作。对符合条件的供应商作为合格供方,否则进行淘汰,取消供应资格。对符合条件要求加入的新供应商实行准入制度,根据需要按程序审批。

兖州煤业在对供应商的考评过程中,主要参考六项指标:供应商资质、产品质量、交付能力、服务水平、管理水平和成本。供应商资质是一个资本和前提,它包括营业执照、税务登记、机构代码、银行资质等情况,这是供应商开展经营活动的必备条件。产品质量是评价供应商产品满足企业功能性需要的能力。它一直是对供应商管理的一个关键问题。考评产品质量主要是用具体指标来考核,如供应商产品满足公司规格要求的程度、合格率、各种证件资料、退货率、废品率及质量认证体系等。兖州煤业作为煤炭企业,对产品的安全性能要求较高,凡井下生产所需的产品必须具备"三证一标志"(《防爆合格证》、《生产许可证》、《产品合格证》和 MA 标志)才能作为合格品,凡具有安全隐患的产品禁止进入矿区。

供应商交付的及时性和准确性是评价其能力的一个比较权威的标准,它主要包括准时制供货、缩短提前期、提供长期供应保证等,同时还考虑订货批量要求、地理位置、产品生命周期、物流能力、库存能力、生产能力等。

煤炭生产使用的设备配件等机电产品都具有较高的技术含量,需要供应商较高的服务。因此,获得什么样的潜在服务是采购活动重点要考虑的问题,也是反映供应商服务水平的重要指标。供应商的服务水平主要体现在响应程度、技术支持与培训、维护和维修水平等方面,主要看供应商24小时电话服务、问题的反馈速度、是否提供产品的使用方法培训、售

后技术支持和维修人员的到位时间及维修成本等因素。

同时，还要考虑供应商的管理能力，因为管理决定了经营活动并影响供应商未来的竞争力。供应商管理应重点考虑企业规模、信誉、经营战略、管理团队、企业文化、信息化水平及员工素质等。

产品质量、交付能力、服务水平和管理水平是考评供应商的基本因素，还有一个关键的因素是成本。供应商能否使公司获得一个理想的采购成本是衡量的关键，尤其是价格竞争十分激烈时，成本就显得特别重要。考核供应商成本主要看交付价格和所有权总成本。交付价格是指产品在质量有保障、其他条件满足的情况下价格最有优势。所有权总成本包括所有的与采购活动相关成本，包括采购价格、订单跟踪、催货、运输、检测、返工、存储、废物处置、保修、服务、停工损失、产品退回等造成的费用。对于煤矿企业使用的成套设备等，有后续成本的采购项目比较适合所有权总成本考评。

按照供应商考评的六项指标，兖州煤业在每年进行一次考评的基础上，合理优化，明确分类，便于在采购活动中，因人制宜，区别对待，实现效率和效益的最大化。目前，兖州煤业将所有供应商分为战略性供应商、竞争性供应商（普通供应商）、技术性供应商、待选供应商及淘汰供应商五大类。这样便于企业合理确定供应商类别及地位，使供应商结构得到优化，为开展供应商动态管理提供基础。

在市场采购活动中，兖州煤业股份有限公司结合不同供应商的特点，坚持因人制宜，区别对待，采取不同的工作措施，开展比价采购"阳光工程"，规范采购行为，对采购计划、渠道、价格、合同、考核等全过程规范程序，落实责任，互相监督，努力降低采购成本，提高经济效益。

## 10.1　供应商考核的组织和要求

### 10.1.1　供应商考核的组织

**1. 供应商考核的含义**

供应商考核是对已经通过认可的、正为企业提供服务的供应商的日常表现进行的定期考核。其目的是了解供应商的表现、促进供应商提升供应水平，提高供应商的竞争意识和竞争力，强化其售后服务，并为供应商奖励及优化提供依据。这在一定程度上，有助于降低企业采购风险，保障企业供应的稳定性。

供应商考核是企业的一项常规工作，尽管十分烦琐，但必须确保供应商考核能够公正、公平和公开。通过对供应商的业绩考核，能够及时发现供应商存在的问题，以促进供应商持续改进和不断优化采购渠道，从而建立起完备的供应商考核机构。

**2. 供应商考核组织**

供应商考核组织一般由企业负责生产的副总经理、采购部、质保部、工程技术部和物流部等部门和人员构成，而供应商考核工作具体是由采购部牵头，其他部门进行参与。

供应商考核工作的关键，就是制定一个供应商考评办法或工作程序，有关部门或人员依程序文件实施。在实施过程中要做好平时对供应商的表现如质量、交货、服务等进行监测记录,为考核提供量化依据。只有这样,供应商考核的结果才会有利于反映出供应商真实的业绩。另外,考评前还要选定被考评的供应商,将考评做法、标准及要求同相应的供应商进行充分沟通,并在本公司内对参与考评的部门或人员做好沟通协调。

由于供应商考核也要耗费企业的人力和物力,因此为了节约企业资源,避免不必要的浪费,只需选择企业认为对其产品质量有重要影响的供应商,如伙伴型供应商、优先型供应商等。如果管理成熟,供应商考核可以每月进行一次,并将考核结果及时通知该供应商以督促他们加以改进。

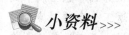小资料>>>

2009年5月,摩托罗拉(中国)电子有限公司审核小组对西安汇诚电信有限责任公司进行了为期一天的供应商质量考核。摩托罗拉的质量管理专家们在汇诚公司的副总经理兼管理者代表、事业部总经理以及质保部总监的陪同下,对其质量体系管理、客户沟通、人员管理及工程服务管理等方面进行了全面、细致的考核。对公司质量管理体系的有效运行表示了肯定,同时也对存在的问题给予了指正。

汇诚公司与摩托罗拉的合作自1999年开始,十年来合作领域不断拓展,涉及了勘察、设备安装、督导测试、网规网优等多个工程服务内容。通过合作,双方也建立了长久稳定的的合作关系,目前,公司承揽的多个摩托罗拉项目正在顺利地进行当中。他们相信通过这次考核,将有助于进一步提高公司的项目管理和运作水平,促使公司为摩托罗拉客户提供更加优质高效的服务。

**3. 供应商考核的目的**

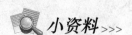小资料>>>

一直以来,供应商关系被大部分企业认为是简单的交易关系,双方的关系只要交易完成时就基本结束。由于交易内容简单,在其他条件一定时,交易价格成为双方力争的焦点,各类不同的议价方式如招标、反向拍卖等逐渐流行,成为采购手中的降价秘籍。然而,随着企业之间竞争加剧,企业同供应商之间的关系日趋复杂,从简单的买卖关系逐步走向共同成长、共同发展的战略合作关系,供应商管理的内容远远超出了单纯的价格管理。

在战略合作关系中,买卖双方以实现双赢作为目标,共同致力于双方协作流程的改善,不再仅仅考虑价格因素,而更多地看重双方长期持续稳定的合作。在与供应商建立战略合作关系的过程中,进行供应商考核是非常重要的一环,它是构建战略型供应商关系的基础。供应商工作一般分为:对新供应商的评估(见第9章介绍)与对现有合作的供应商考核。特别对现有合作供应商进行考核,可以及时了解与掌握供应商在合作中的情况和状态。当出现异常情况或不符合要求时,可以及时提示供应商,增进交流,及时纠正与改善,从而达到创造持续稳定的供应环境,优秀供应环境的前提是以稳定为基础的,由此可见,供应商绩效考核与管理是对供应商管理的重要部分。对供应商绩效考核就是以事实数据为依据,利用适当的统计方法和计算方式,得出供应商正处于何种等级,根据等级水平采取相关动作。

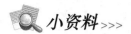
**小资料**>>>

以制造业为例,通过对供应商绩效考核,制造企业可以实现以下目标:获得持续的绩效改进,包括成本、质量、交货、服务及技术合作等方面的改善;鼓励供应商检查内部运作,不断改善企业本身的流程;不断与供应商进行信息交流,建立共享机制,实现双赢的供应关系。

**4. 供应商考核解决的问题**

对供应商绩效考核易对下列问题做出回答。
(1) 谁是最高质量的供应商?
(2) 如何来加强与最好供应商的关系?
(3) 如何使供应商绩效体现到总体成本分析中?
(4) 如何确保供应商对买方兑现他的所有承诺?
(5) 如何与一个供应商分享对业务的反馈意见?
(6) 如何跟踪和确定绩效差的供应商问题?
(7) 绩效考核有助于激励供应商进一步改进,也能防止他的绩效"下滑"。
(8) 绩效考核有助于决定在几个供应商之中对某一项目的花费如何分配。

## 10.1.2 供应商考核的要求

不同的企业生产经营的范围不同,合作供应商所供应的产品和服务也就不同。因此,针对供应商表现的考核要求会有所差异,相应的考评指标设置也会不一样。通常最简单的做法就是衡量供应商的交货质量和及时性。它不需要花费大量的时间和精力,只需在每次进货时做好记录即可。不过,较先进的供应商考核则进一步扩展到了供应商的支持与售前、售中和售后服务,供应商参与本公司产品开发的表现等。一般来讲,对供应商考核的要求大多涉及以下几方面。

① 积极、稳妥、慎重,对所有的供应商都进行考评,并且用文件的形式规定好考评什么、何时考评、怎样考评、由谁来考评等。

② 事先确定好考评指标并收集相关的数据,通过信息系统自动计算考评结果。有能力的企业还将数据挖掘技术引入信息系统并运用到历史考评数据中,以发现供应商考核数据的潜在规律,为下一步的供应商选择提供依据。

③ 考评准则应明确、合理、客观、公正和实事求是,着重体现功能理念,还应当与公司的采购、运营战略及总目标保持一致。

④ 考评指标具体化,有较强的可操作性,便于理解和量化。

⑤ 供应商的考核过程应公开、透明,防止暗箱操作。

⑥ 考评的结果能够及时反馈给供应商,并通报到公司内部相关人员。

⑦ 针对考评结果,要做到对供应商奖惩分明。

⑧ 随时组织供应商会议或与单个供应商进行接触,密切跟踪相应的改善行动和成果。

⑨ 设定明确的改进目标。改善的长短期目标也应明确。即使是供应源中表现最优秀的企业也应该设定改善的目标。标杆企业可以是采购企业的供应商中最好的，也可以是同行业在国内甚至国际上的最优秀企业。

### 10.1.3 供应商考核的项目

企业对供应商的考核，通常会依据供应商所提供产品或服务的品质、交货期、价格、协调性等项目进行考核。

**1. 品质**

在品质方面，可以采用几个比率来进行供应商的考核。① 批退率：根据某固定时间内（如一个月、一季度、半年、一年）的批退率来判定品质的好坏，如上半年某供应商交货50批次，批退3批次，其批退率 = 3÷50×100% = 6%。批退率越高，表明其品质越差。② 平均合格率：根据每次交货的合格率，再计算出某固定时间内合格率的平均值来判定品质的好坏，如1月份某供应商交货3次，其合格率分别为：90%、85%、95%，则其平均合格率 = （90% + 85% + 95%）÷3 = 90%，合格率越高，表明品质越好。③ 总合格率：根据某固定时间内总的合格率来判定品质的好坏，如某供应商第一季度分5批，共交货10 000个，总合格数为9 850个，则其合格率 = 9 850÷10 000×100% = 98.5%。合格率越高，表明品质越好。

**2. 价格**

价格方面是指根据市场同类材料的最低价、最高价、平均价或是自行估价，企业计算出一个较为标准、合理的价格来考核供应商。

**3. 交货期**

在交货期方面，当然是越早交货越好。但交货期的考核，不仅仅是个期限问题，它还涉及其他问题。也可以用比率来衡量。① 交货率 = 送货数量÷订购数量×100%。交货率越高，表明供应商在交货期方面表现越好。② 逾期率 = 逾期批数÷交货批数×100%。逾期率越高，逾期越长，逾期造成停工待料越严重，则表明供应商在这方面的考核表现越差劲。

**4. 协调性**

协调性或者说是配合度，是指供应商与采购企业之间的相互配合、沟通，彼此间默契程度越高，说明供应商的服务水平越好，考核也就越容易合格。

### 小资料>>>

由于受供应市场的影响，各企业对供应商的考核重点会有所不同。例如：在买方市场下，企业对供应产品的品质要求特别严格，故对供应商的考核重点可能会放在其品质上；而在卖方市场下，企业对于供应产品的品质方面考虑的不是很多，但对其交货期的把关却很严格，故对供应商的考核重点就会放在交货期上。

**5. 供应商考核表**

供应商考核表是对供应商考核项目进行综合考核最常用的工具之一，如表10-1所示。

表 10 – 1　供应商考核表

| 供应商名称 | | | 联系人 | |
|---|---|---|---|---|
| 地址及邮编 | | | 电话 | |
| 项目 | 配分 | 考核内容及方法 | 得分 | 考核人 |
| 价格 | 最高分为40分，标准分为20分 | 根据市场最高价、最低价、平均价、自行估价制定一标准价格，标准价格对应分数为20分。每高于标准价格1%，标准分扣2分；每低于标准价格1%，标准分加2分。同一供应商供应几种物料，得分按平均计算 | | |
| 品质 | 30 分 | 以交货批退率考核：<br>批退率 = 退货批数 ÷ 交货总批数<br>得分 = 30 ×（1 − 批退率） | | |
| 逾期率 | 20 分 | 逾期率 = 逾期批数 ÷ 交货批数<br>得分 = 20 ×（1 − 逾期率）<br>另外，逾期1天，加扣1分；逾期造成停工待料1次，扣2分 | | |
| 配合度 | 10 分 | 出现问题，不太配合解决，每次扣1分。<br>公司会议正式批评或抱怨1次扣2分。<br>客户批评或抱怨1次扣3分。 | | |
| 总　　计 | | | | |

注：① 得分在 85～100 分者为 A 级，A 级为优秀供应商可以加大采购量。② 得分在 70～84 分者为 B 级，B 级为合格供应商可正常采购。③ 得分在 60～69 分者为 C 级，C 级为辅助供应商，需进行辅助，减量采购或暂停采购。④ 得分在 59 分以下者为 D 级，D 级为不合格供应商，应予以淘汰。

**小资料** >>>

需要指出的一点是，进行供应商考核是有成本的，面面俱到地对供应商的所有方面进行评价是不符合"成本——收益"原则的。因此进行供应商考核要抓住"关键的少数"。在这里，不妨去想想著名的"帕累托定律"。这个定律认为，在任何一群被控制的元素中，少量的元素总是能解释大量的结果。例如，在酿造啤酒的过程中，影响啤酒质量的因素很多，但主要因素是水的质量、酿造的温度及酿造的时间。这三个因素控制好了，就能保证啤酒的质量。同样，在所有的供应商考核要素中，质量是最基本的前提。如果产品质量都过不了关，其余一切就没有再评价的必要了。

## 10.2　供应商考核过程

具体来说，对供应商进行考核可以分为6个步骤。

### 1. 确定考核策略及划分考核层次

一般的做法是：划分出月度考核、季度考核和年度考核（或半年考核）的标准和所涉及的供应商。月度考核一般针对核心供应商及重要供应商，考核的要素以质量和交货期为主。季度考核针对大部分供应商，考核的要素主要是质量、交货期和成本。年度考核（或半年考核）一般针对所有供应商，考核的要素包括质量、交货期、成本、服务和技术合作等。

进行分层次考核的目的在于抓住重点：对核心供应商进行关键指标的高频次评估，以保证能够尽早发现合作过程中的问题；对于大部分供应商则主要通过季度考核和年度考核来不断检讨，通过扩充考核要素进行全面的评估。

### 2. 供应商分类并建立评估指标

（1）对供应商分类

确定考核策略和考核层次之后，接下来要对供应商进行分类，进一步建立评估细分准则。这一阶段的重点在于，对供应商供应的产品分类，对不同类别的供应商建立不同的评估细项，包括不同的评估指标和每个指标所对应的权重。需要特别指出的是，考核策略需要根据不同层次、不同供应商类别，结合企业具体的管理策略进行定义。

**小例子** >>>

某家电子制造企业在月度评估时，对 IC 类供应商和结构类供应商进行考核。对于 IC 类供应商，供货周期和交货准确性是关键的评估指标；而对于结构类来说，供货弹性、交货准确性和质量是关键的评估指标。

再例如，某家制造企业于今年第二季度，针对一个结构类供应商进行季度考核，考核表设定了成本、质量、交货期和服务四个主评估要素，然后对每个要素设定了相应的权重。针对每个主评估要素，又分别设定了具体的评估指标，以及相应的权重。

（2）建立评估指标的步骤与注意点

① 指标设计：你期望什么，就设定什么指标，不同公司与部门的期望是不一样的，所以指标因公而异，例如，一个以 JIT 形式的 OEM 厂商，对供应商的交期要求程度会高于以年度计划分批执行的厂商；② 赋予指标合理的分值与权数；③ 指标数据的取得：保证指标数据的真实性，才能得出正确的结果，每一项指标都要有一种数据来源方法，有的可以用 ERP 系统来获得，效率比较高，一般都需 IT 人员经过二次开发才能实现 EPR 提供数据，有的用追溯记录数据等。在这个过程应该注意的事项是：数据收集员应该是第一线与供应商接触的人员；任何分值背后都可以找出对应的例子，以便支持评分；除了必备指标（质量、成本和交期）外，对服务指标也不能忽略。

**小资料** >>>

服务指标的考核正在逐步深入，越来越多买方意识到卖方服务的价值，比如卖方有相关技术能力参与方案设计（当然保密性是另一方面的问题），以卖方的经验提供了一套成熟产品的生产流程，这些都是相当有价值的；众所周知，服务指标往往主观性判断比较多，服务评价是一种感觉，不同人对同一服务的评分是不一样的，也受心情、天气等很多因素影响，所以不能按照质量或交期指标的方式来统计与评估；需另立方式，作为增值指标。比如案例法，收集各部门得到或者需要的服务并罗列出，积少成多，慢慢的需要的服务项就出来了，再考虑如何评分的问题。

（3）供应商绩效考核示例

供应商绩效考核的示例如表10-2、表10-3所示。

表10-2 供应商绩效考核标准示例表

| 供应商绩效记分标准 ||||||
|---|---|---|---|---|---|
| 一、质量 ||| 二、交付 |||
| 项目 | 分值 | 标准 | 项目 | 分值 | 标准 |
| 一致性 | 4 | 没有发生过不一致的送货 | 时间 | 4 | 交付准时率100% |
|  | 3 | 不一致的送货≤5% |  | 3 | 交付延误率<5% |
|  | 2 | 不一致的送货>5%～10% |  | 2 | 交付延误率≥5%～10% |
|  | 1 | 不一致的送货>10%～15% |  | 1 | 交付延误率≥10%～20% |
|  | 0 | 不一致的送货>15% |  | 0 | 交付延误率>20% |
| 改正措施 | 4 | 品质异常处理与改进实施不超过20天 | 数量 | 4 | 交付数量全部正确 |
|  | 3 | 品质异常处理与改进实施不超过20～45天 |  | 3 | 不正确的交付<5% |
|  | 2 | 品质异常处理做出反应不超过20天 |  | 2 | 不正确的交付≥5%～10% |
|  | 1 | 品质异常处理做出反应不超过20～45天 |  | 1 | 不正确的交付≥10%～20% |
|  | 0 | 45天内无任何反应 |  | 0 | 不正确的交付>20% |
| …… ||| …… |||

表10-3 供应商绩效考核得分示例表
A公司得分表

| 类别 | 项目描述 | 项目分 ||| 类别权重 | 类别分 |
|---|---|---|---|---|---|---|
|  |  | 得分 | 权重 | 得分 |  |  |
| 质量 | 一致性 | 4 | 0.6 | 2.4 |  |  |
|  | 改正措施 | 3 | 0.4 | 1.2 |  |  |
|  |  |  |  | 3.6 | 0.5 | 1.8 |
| …… |||||||
| 交付 | 时间 | 3 | 0.6 | 1.8 |  |  |
|  | 数量 | 3 | 0.4 | 1.2 |  |  |
|  |  |  |  | 3 | 0.5 | 1.5 |
| …… |||||||
| 总计得分 |||| 3.3 |||

应用表10-2、表10-3有关说明如下：① 自供应商被引入准备交货始，每个供应商都有自己的起始分；② 每发生一件事，就进行扣分或加分，没事发生就不记分（一般不会），标准需事先制定；③ 每月或每季进行分值统计，并将成绩公示给供应商，优秀项要鼓励，缺陷项要改进。

应用表10-2、表10-3的好处是：① 与自己比较，知道自己与前一期比，是进步了，还是落后了；② 有事才记录，比较简单高效；③ 激励效应，当供应商发现自己在成长，会更加努力。

### 小资料 >>>

不管使用何种方法对供应商进行考核，指标设计都是最基本的工作，基础的就是重要的，所以不是一个人（或一个部门）的事情，需要团队合作，就如造房子，地基是基础；至于是欧式风格还是古典风格的造型，就看个人的爱好（也就是公司的取向）。

**3. 划分绩效等级进行三个层次的分析**

对供应商的每一项指标进行具体考核后（一般采用平衡记分卡工具），接下来要对供应商的绩效表现划分等级。比如将供应商绩效分成五个等级，依据等级划分，可以清楚地衡量每家供应商的表现。

掌握了每家供应商的表现之后，要对评估结果有针对性地分类，采取不同的处理策略。首先进行供应商的绩效分析，具体来说，可从三个层次进行：根据本次考核期的评分和总体排名进行分析；与类似供应商在本次考核期的表现进行对比分析；根据该供应商的历史绩效进行分析。

通过这些不同维度的分析，可以看出每家供应商在单次考核期的绩效状况、该供应商在该类供应商中所处的水平、该供应商的稳定性和绩效改善状况等，从而对供应商的表现有一个清晰全面的了解。

**4. 建立二维分析图定位新的采购策略**

根据供应商的绩效表现，可以对供应商进行重新分类，有针对性地调整采购战略。以供应商绩效和考核期所采购金额为轴，可以制作一个二维分析图，X轴表示供应商绩效，Y轴表示本期采购金额。图中的每一个圆代表一家供应商，圆的半径则表示公司同该供应商的采购数量，如图10-1所示。

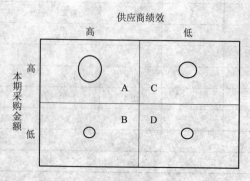

图10-1 定位采购策略二维分析图

把这个图分成 ABCD 四个象限。比如说，在 A、B 两个象限中，供应商绩效表现相对良好，因此，无论采购方向该供应商购买多少金额，都可以暂时不用太多关注。处于 C 象限表示向该供应商购买的金额很大，而该供应商的绩效表现并不好，这是最需要研究的部分。这一部分，要根据实际情况尽快做出决定，是寻找替代供应商还是采取措施要求供应商进行改善。处于 D 象限的供应商，绩效表现不好，但采购金额不大，通常处于这个部分的供应商都不是一些关键供应商或不可替代的供应商。在这个部分，完全可以采用更换供应商的策略以做调整。

**5. 传递改善目标督促供应商进行改善**

把供应商分类之后，对于希望继续合作但表现不够好的供应商要尽快设定供应商改善目标。首先将评估结果反馈给供应商，让供应商了解它哪里做得好，哪些地方表现不足。改善的目标一定要明确，要让供应商将精力聚焦在需要改善的主要方面。比如，绩效考核之后，可能该供应商有 5 个指标做得不好，但采购方希望供应商在其中的两个指标上能尽快改善，那么就将这两个指标及采购方所希望达到的水平反馈给供应商，让他们在下个周期里，重点改善这两个指标，而不是其他三个指标，从而让供应商的努力同采购方的期望达成一致。

**6. 借力信息化手段降低供应商考核过程的复杂度**

供应商考核是一个非常复杂的过程，涉及品质数据、交货数据和成本数据等各种数据的采集，数据采集之后还要进行大量的计算。此外，考核项目中还涉及主观项目的评分，需要跨部门不同的人员共同打分。比较好的解决这种复杂性问题的途径是借助信息化手段，人们可以将中间最为麻烦的数据采集和计算工作交给计算机去做。一般来说，先将上述介绍的具体评估指标分成两类：一类是可以从公司已有的系统中，例如，ERP、SCM、MES 和 QM 等系统抽取进行计算的数据，可以把这类指标称为客观评估项；另一类是需要协调不同部门打分操作的，可以称之为主观评估项。

对于客观评估项部分，可以通过计算机从其他系统中自动抽取数据，按照事先设定的规则进行计算，获得最后的评估成绩。该过程不需要人工干预，只需要定期让计算机系统处理即可。对于主观评估项部分，可以通过供应商绩效评估系统，事先设定好问卷及这些问卷的评分人员。供应商绩效考核开始后，由计算机自动发送这些问卷，让相关人员根据问卷打分，半自动地完成整个工作。

另外，通过系统进行问卷的发放、回收和考核，公司可以快速地完成整个供应商的绩效考核，让计算机自动完成供应商的等级评定和绩效分析。对于公司决策层来说，所需要做的是根据分析结果决定如何同供应商进一步改善关系，让供应商提升绩效，打造高效持久的战略合作关系。

# 10.3 供应商考核指标

## 10.3.1 供应商考核的内容

对供应商的考核内容包括四个方面。

**1. 供应商的业务**

供应商的业务范围越大，它的成本就相应地也越低，就越需要仔细对其考评。对供应商的业务考评具体包括对供应商的成本进行分析，对它交货的质量、速度、安全性、及时性、对企业的信誉、发展前景、整个业务发展的前景、有多少供应销售网络等各个方面内容的综合考评。

**2. 供应商的生产能力**

有些供应商虽然业务很多，但是生产设备、生产人员却很缺乏，即缺乏生产能力。对供应商生产能力的考评具体是指考评供应商的技术合作能力、财务（包括它的销售增长率、市场占有率、库存周转率、乃至更深一步的投资回报率、资产负债等这些财务指标，以及现金流动等情况，对财务状况进行考评的难度很大，但是要尽可能地去了解）、设备、制造生产等各种状况。

**3. 供应商的质量体系**

供应商业务量充足，生产能力很强，在这种情况下还要考察它的质量体系是否稳定。质量体系包括有没有通过 ISO 9000 认证；如果是食品行业，有没有通过 PDA 认证；如果是汽车行业，有没有通过 QS 9000 认证。此外还要考察开发商的新产品开发能力、质量检测能力，考察开发商是否按照生产工艺的说明书踏踏实实地完成全部生产。

**4. 供应商的经营环境**

这一点是最容易被忽略的一点，经营环境对长期经营很有帮助，可以避免损失大批的投入成本。例如，当地的政治、经济、技术、地理等各方面的环境，还有当地的社会文化，这些都是很容易被人们忽略的问题，但这些却会直接影响到供应商能否具备威力很强的优秀企业文化。

## 10.3.2 供应商考核的指标

建立科学的指标体系，就能够对供应商进行综合的评价。企业可以根据自身的需要，合理地运用这些指标，来对供应商进行科学的评定。虽然供应商的考评指标很多，但是归纳起来主要有以下四大类：质量指标，供货指标，经济指标，支持、合作与服务指标。

**1. 质量指标**

供应商质量指标是供应商考评的最基本指标，每一采购方在这方面都有自己的标准，要求供应商遵从。主要包括来料批次合格率（来料批次合格率 = 合格来料批次 ÷ 来料总批次 × 100%）、来料抽检缺陷率（来料抽检缺陷率 = 抽检缺陷总数 ÷ 抽检样品总数 × 100%）、来料在线报废率（来料在线报废率 = 来料总报废数（含在线生产时发现的）÷ 来料总数 × 100%）、供应商来料免检率（来料免检率 = 来料免检的种类数 ÷ 该供应商供应的产品总种类数 × 100%）等。其中，来料批次合格率最为常用。此外，也有一些公司将供应商质量体系、质量信息、供应商是否使用及如何运用 SPC（统计过程控制）于质量控制等也纳入考核的范围。例如，如果供应商通过了 ISO 9000 质量体系认证或供应商的质量体系审核达到某一水平则为其加分，否则不加分。还有的公司要求供应商在提供产品的同时要提供相应的质量文件如过程质量检验报告、出货质量检验报告、产品成分性能测试报告等，并按供应商提供信息的完整性、及时性给予打分考评。

## 2. 供货指标

供货指标又称企业指标，是同供应商的交货表现及供应商企划管理水平相关的考核因素，其中最主要的是准时交货率（准时交货率＝按时按量交货的实际批次÷订单确认的交货总批次×100%）、交货周期（自订单开出之日到收货之时的时间长度，一般以天为单位来计算）、订单变化接受率（衡量供应商对订单变化灵活性反应的一个指标，指在双方确认的交货周期中供应商可接受的订单增加或减少的比率。计算公式为：订单变化接受率＝订单增加或减少的交货数量÷订单原定的交货数量×100%）等。

### 🔍 小提示 >>>

交货周期并不是越多越好。零售巨头沃尔玛为供应商开设交付时间窗。供应商必须在规定的时间范围内交付，提前和推迟都是不被允许的。也就是说，交货周期考核的是订单约定交货期与实际交货期之差，像沃尔玛的时间窗是精确到分钟的。

值得一提的是，供应商能够接受的订单增加接受率与订单减少接受率往往不同。其原因在于，前者取决于供应商生产能力的弹性、生产计划安排与反应快慢及供应商库存大小与状态（原材料、半成品或成品）等；而后者则主要取决于供应商的反应、库存（包括原材料与在制品）大小及因减少订单可能带来损失的承受和消化能力。此外，有些公司还将本公司必须保持的供应商供应的原材料或零部件的最低库存量、供应商的物流体系水平、供应商所采用的企划系统（MRP、MRPⅡ或ERP）、供应商是否同本公司实施"即时供应"（JIT供应）等也纳入了考核。

### 🔍 小资料 >>>

如果采供关系超越单纯交易上升到合作、联盟的高度，供应商可以共享或部分共享采购企业的生产计划变更及订单的增减，这就为供应商增加物资供应量或转移销售剩余物资赢得了时间，其订单变化接受能力也会相应地增强。

## 3. 经济指标

供应商考核的经济指标主要考虑的是采购价格与成本两方面。与质量和供货指标不同的是，质量和供货指标的考核通常按月进行，而经济指标则常常是按季度进行考核。此外，经济指标往往都是定性的，难以量化，而前述两种指标则是可以量化的。以下是经济指标的具体考核点。

（1）价格水平

公司可以将自己的采购价格同自己所掌握的市场行情进行比较，也可以根据供应商的实际成本结构及利润率等做出判断。

（2）报价行为

报价是否及时、报价单是否客观、具体和透明（分解成原材料费用、加工费用、包装费用、运输费用、税金、利润等，说明相对应的交货、折扣与付款条件）。

（3）降低成本

供应商是否具有降低成本的潜力，成本的下行空间有多大，是否自愿真诚地与本公司配合或是主动地开展降低成本活动，制订成本改进计划，实施改进行动，是否定期与本公司商讨价格等。

（4）分享降价成果

供应商是否会将降低成本的利益与好处分享给顾客（本公司）。

（5）付款

供应商是否将积极配合响应本公司提出的付款条件、付款要求及付款办法，开出的付款发票是否准确、及时和符合有关财税要求。

有些公司还将供应商的财务管理水平与手段、财务状况及对整体成本的认识也纳入了考核范围。

### 小资料 >>>

不论是经销商还是生产厂商，许多企业对供应商的选择、考核及采购量的分配（同一产品有多家供应商），还是由总经理或采购部经理等少数人感性的行为来决定的。其结果并不能完全准确地体现供应商在各个方面的表现。同时，带有个人主观色彩的考核，也使得供应商之间并不是真正具有可比性。

**4. 支持、合作与服务指标**

同经济指标一样，考核供应商在支持、合作与服务方面的表现通常也都是定性的。一般来说可以一个季度考核一次，但也不尽然。考核的内容主要有反应与沟通、表现的合作态度、参与本公司的改进与开发项目、售后服务及其他支持等。

（1）反应表现

供应商对订单、交货、质量投诉等反应是否及时、迅速，答复是否完整有价值，对退货、挑选等要求是否会及时处理。

（2）沟通手段

供应商是否派出合适的人员与本公司定期进行沟通，沟通的手段是否符合本公司的要求（电话、传真、电子邮件及文件书写所使用的软件与本公司的是否匹配等）。

（3）合作态度

供应商是否将本公司看成是其重要客户，他们的高层领导或关键人物是否重视本公司所提出的要求，供应商内部沟通协作（如市场、生产、计划、工程、质量等部门）是否能整体理解并满足本公司的要求。

（4）共同改进

供应商是否积极参与或主动提出与本公司相关的质量、供应、成本等改进项目或活动，是否经常推行新的管理做法，是否积极组织参与本公司共同召开的供应商改进会议，是否会配合本公司开展的质量体系审核等。

（5）售后服务

供应商是否主动征询顾客（本公司）意见，是否常常走访本公司，是否主动解决或预防问题的发生，是否及时安排技术人员对发生的问题进行处理。

(6) 参与开发

供应商是否积极参与本公司的各种相关开发项目，是如何参与本公司的产品或业务开发过程的，他们的表现如何等。

(7) 其他支持

供应商是否积极接纳本公司提出的有关参观、访问、实施调查等事宜，是否积极提供本公司要求的新产品报价与送样，是否妥善保存与本公司相关的机密文件等不予泄露，是否保证不与影响到本公司切身利益的相关公司或单位进行合作（这并不代表供应商不能向竞争对手供货）等。

参考资料

## 某公司对供应商考核的指标体系

### 1. 考核小组的组成

某公司是一个拥有 6 年历史的生产制造型企业，通过不断的自我完善，他们意识到以往的由采购部经理对供应商进行考核的体制，已经不适应本公司的发展需要，并很难公平对待每一个供应商。同时，这也可能带来暗箱操作等腐败现象。在公司内部，除了采购部以外，还有储运部、质量部、生产部、财务部和销售部等多个业务部门。在工作中，他们逐渐注意到材料的价格，已不再是决定供应商或考核供应商的唯一因素。许多的其他非价格因素，如售后服务、质量、技术支持等，最终还是影响着公司的成本和效率。因此，公司的管理层决定由多个部门的代表共同组成一个小组，来对供应商进行考核。

### 2. 考核指标与权重的确定

考核小组的几个代表分别列出了各自关心的考核项目：采购部——价格、交货数量的稳定性、按时交货；质量部——送货规格的准确性、质量的稳定、包装和外观、供应商的质检报告和文件的准确性、书面投诉；生产部（工程部）——质量、技术支持；财务部——单据的准确。

经过多次的讨论，考核小组统一了思想，并将所需考核的项目根据其权重安排如下：质量：25 分；价格：25 分；按时交货：10 分；书面投诉：10 分；技术支持：7 分；包装（外观）：7 分；送货规格的准确性：6 分；单证文件的准确性及交货数量的稳定性：10 分；总分：100 分。

### 3. 考核标准的确定

接下来，小组成员们要做的是为各个考核项目制定评估标准。

1) 质量（因质量问题的退货率/25 分）

这一指标即一段时间内，退货数量占收货数量的比率。例如，一段时间内，供应商 A 共有 5 次收货，收货数量和退货数量如下所示：

收货数量：　25　15　20　10　30
退货数量：　2　1.5　0.5　0　0.5

此时，公司引入参数 $\beta$ 计算供应商 A 的质量分值。之所以要引入 $\beta$ 值，是因为其可对退货率进行调整放大，以使得质量分值能体现退货率的细小差别。根据公司质量部门的建议，$\beta$ 值取为 10。这意味着，一旦供应商的退货率大于 10%，供应商的质量分值则为负数。

在实际操作中,公司对应负数的分值均取零。

2) 价格(25分)

公司考核供应商的价格因素时,又将价格指标分为三个方面:价格的表现(10分)、对新材料或新项目价格的反应(10分)、供应商价格的开放程度(5分)。

(1) 价格的表现(10分) 具体的考评标准为:① 价格总是很稳定并从不主动提价(价格的提升仅在双方同意之后),10分;② 价格基本稳定,偶尔涨价,7.5分;③ 价格基本保持稳定,但供应商经常提出涨价的愿望,价格还是可以保持在合理的水平或之下,5分;④ 价格很少时候能保持稳定。供应商定期根据其愿望提价,但价格还是可以保持在合理的水平或之下,2.5分;⑤ 价格很少能保持稳定。供应商经常根据其愿望不合理地提价,0分。

(2) 对新材料或新项目价格的反应(10分) 具体的考评标准为:① 供应商的报价总是低于本公司的目标成本,即使在没有目标成本的情况下,供应商的报价也总是低于市场上的竞争对手,10分;② 供应商的报价多数情况低于本公司的目标成本,即使在没有目标成本的情况下,供应商的报价也大多低于市场上的竞争对手,7.5分;③ 供应商的报价很少会低于本公司的目标成本,在没有目标成本的情况下,供应商的报价与市场上竞争对手的报价一致,5分;④ 供应商的报价几乎没有低于本公司目标成本的时候,在没有目标成本的情况下,供应商的报价多数时候高于市场上的竞争对手,2.5分;⑤ 几乎不能提供与本公司目标成本相近的报价,在没有目标成本的情况下,供应商的报价总是高于市场上的竞争对手,0分。

(3) 供应商价格的开放程度(5分) 具体的考评标准为:① 供应商有价格开放、透明的政策,能提供其价格组成的完整的成本分析文件及计算方法或模型。发生变化时,供应商能主动地提供有关信息,5分;② 供应商有部分的(不太完善的)价格开放、透明政策,供应商每次能根据本公司的请求提供基本的信息,当价格的成本结构发生变化时,供应商不会主动地通知本公司,但如果本公司有请求,供应商会提供相应的信息,2.5分;③ 供应商没有价格开放、透明的政策,并拒绝提供任何有关其成本的信息,0分。

3) 按时交货(10分)

这一指标指的是在规定时间范围内的交货比率。如果合同交货期为 $T$,公司规定的范围是:① 对于本地供应商:时间范围为 $T\pm 1$ 天;② 对于外地(国内)的供应商:时间范围为 $T\pm 7$ 天;③ 对于境外的供应商:时间范围为 $T\pm 15$ 天。

例如,在一段时间内,外地供应商 A 公司有 5 次向本公司交货的行为,合同交货期 $T$ 为 20 天,而其实际交货周期表现如表 10-4 所示。

表 10-4 A 公司实际交货周期示例

| 项 目 | 第1次 | 第2次 | 第3次 | 第4次 | 第5次 |
| --- | --- | --- | --- | --- | --- |
| 实际交货周期/天 | 25 | 27 | 26 | 27 | 30 |
| 是否在规定范围内 | 是 | 是 | 是 | 是 | 否 |

根据表 10-4 可以得出,供应商在规定时间内的交货比率为 80%(即 5 次中有 4 次在规定范围内),其按时交货的分值 = 10 分 × 80% = 8 分。

4) 书面投诉(10分)

这一项主要的评分依据来自于质量部门的有关记录。在评分时,具体的标准如表 10-5

所示。

表 10-5 书面投诉评分标准

| 投诉次数/次 | 3（含以上） | 2 | 1 | 0 |
|---|---|---|---|---|
| 对应分值/分 | 0 | 3 | 6 | 10 |

5）技术支持（7分）

该项目主要是评估供应商对本公司人员有关材料的技术询问及研发中遇到的问题的反应速度和效率。本公司的供应商评估小组成员一致认为，目前这一项目尚难建立一套量化的分值评估，暂由生产部、质量部和采购部的三个"代表"共同给供应商打分。

6）包装/外观（7分）

本公司的质量部已经有了一套对供应商送货的包装/外观的5级（A～E）评估体系，因此评估小组同意沿用过去的系统。只是将每次评估换算成新的分值体系以便统一比较，如表 10-6 所示。

表 10-6 对供应商送货的包装/外观的 5 级评估标准

| 包装/外观等级 | A级 | B级 | C级 | D级 | E级 |
|---|---|---|---|---|---|
| 对应分值 | 7分 | 5分 | 3分 | 1分 | 0分 |

7）送货规格的准确性（6分）

评估供应商每次送货按订货的规格送货的准确性。例如，在一段时间内，供应商A有5次送货，有3次符合送货规格，则该项的分值 = 6 分 × 60% = 3.6 分。

8）单证文件的准确性及交货数量的稳定性（10分）

本公司的质量部门要求供应商在每次送货时都要提供品质证明、生产合格证等文件；而财务部也要求供应商每次的增值税发票都要开具准确。这些要求对于公司的质量体系和税务的要求均是十分重要的，因此本公司把每次单证文件是否齐全、准确列入了供应商评估的范围，5分。

例如，在一段时间内，供应商A有5次送货，单证文件有3次提供的齐全、准确，则供应商的A的该项分值 = 5 分 × 60% = 3 分。

交货数量的稳定性是每次交货数量与订货数量差异的比率。考评小组认为，供应商送货数量的溢短的情形在5%以内是可以接受的，5分。

本公司的供应商考核小组根据以上各个因素，定期（每季度）对供应商进行考核。

## 10.4 供应商考核方法

供应商考核是对现有供应商的业绩进行评价的业务过程，它与新供应商的评估是不同的。供应商考核的内容一般包括价格、质量和交货等方面，还应根据企业产品定位、经营战略和物料需求性质等，设置考核内容的权重。供应商考核可以分为定性分析法和定量分析法两种。企业应根据自身的具体情况进行合理选择。

### 10.4.1 定性分析法

定性分析法，又称为"非数量分析法"。主要依靠预测人员的丰富实践经验及主观的判断和分析能力，推断出事物的性质和发展趋势的分析方法，属于预测分析的一种基本方法。这类方法主要适用于一些没有或不具备完整的历史资料和数据的事项。

**1. 断言计划法**

断言计划法为定性分析法的一种，即根据供应商的实际情况，主要依靠评估人员的经验及主观的判断和分析能力，召开会议展开讨论，对供应商业绩进行评估的方法。在会议中，会给予供应商以优、良、中、差四级考评等级。与等级相对应的量化数据一般分为四个等级。优：80~100，良：79~70，中：69~60，差：59~0。

**2. 项目列举法**

项目列举法也是常用的定性分析法。通常的做法是由采购、物流、品质管理、生产、财务等相关部门，针对其所关切的项目，综合分析每个供应商过去和现在的表现，评估结果分为"满意"、"尚可"或"不满意"。具体方法如表10-7所示。

表10-7 供应商考核评估表

| 供应商名称 | | | 评估日期 | |
|---|---|---|---|---|
| 评估结果 | 评估部门 | 满意 | 尚可 | 不满意 |
| | 采购部 | | | |
| | 物流部 | | | |
| | 品质管理部 | | | |
| | 生产部 | | | |
| | 财务部 | | | |
| 评估部门 | 评估项目 | | | |
| 采购部 | 按报价交付 | | | |
| | 价格竞争力 | | | |
| | 价格水平 | | | |
| | 紧急订单处理能力 | | | |
| | 愿意提供协助 | | | |
| | 快速反应 | | | |
| 物流部 | 交货准时 | | | |
| | 数量准确 | | | |
| | 货损货差 | | | |
| | 包装状况 | | | |
| | 物流服务 | | | |
| 品质管理部 | 来料检验质量 | | | |
| | 生产过程检验质量 | | | |
| | 售后质量 | | | |
| | 质量问题处理 | | | |
| | 质量改善 | | | |

续表

| 供应商名称 | | | 评估日期 | |
|---|---|---|---|---|
| 生产部 | 技术支持 | | | |
| | 质量稳定性 | | | |
| | 相关服务 | | | |
| 财务部 | 发票提供及时性 | | | |
| | 发票的正确性 | | | |
| | 付款周期 | | | |
| | 提供对账支持 | | | |
| | 没有其他支付条款要求 | | | |

这个方法简单易用，但可能会由于主观判断而无法真实反映供应商的整体绩效，同时也就无法针对供应商某项较差的部分，做出改善的要求。

## 10.4.2 定量分析法

定量分析法是指通过数据的统计，并依据数学模型进行分析与计算，来考核供应商业绩的一种评价方法。

### 1. 加权指数法

在供应商考核中，最常用的定量方法是使用线性权重模型，即首先确定考核供应商所依据的标准，给每个标准确定一个合适的权重，然后将供应商在各标准上的得分乘以该标准的权重，进行综合处理得到一个总分，最后根据每个供应商的总分进行评价。目前较为常用的方法是加权指数法。

加权指数法是一种定量的供应商考核方法，每一个考核的项目（一般为质量、价格与交货情况）根据其重要性给予加权，计算整体的分数，加权指数的总和必须是100。

例如，某企业考核供应商指标规定，对于某物料的价格给予50分，品质为30分，而交货则为20分。三个供应商的报价分别为供应商A为59元，供应商B为63元，供应商C为70元。在一年的采购中，各供应商在各项的表现如表10-8所示。

表10-8 供应商在各项的表现

| 供应商 | 报价 | 总交货次数 | 迟交次数 | 退货次数 |
|---|---|---|---|---|
| 供应商A | 59 | 65 | 13 | 6 |
| 供应商B | 63 | 35 | 2 | 0 |
| 供应商C | 70 | 45 | 7 | 2 |

（1）价格评估

价格分 = 直接价格比较 × 权重数。

供应商A：$59 \div 59 = 100.0\%$

$100.0\% \times 50 = 50.0$

供应商B：$59 \div 63 = 93.7\%$

$$93.7\% \times 50 = 46.8$$
供应商 C：$59 \div 70 = 84.3\%$
$$84.3\% \times 50 = 42.1$$

（2）质量评估

质量分 = 合格率 × 权重数。

供应商 A：$(65 - 6) \div 65 = 90.8\%$
$$90.8\% \times 30 = 27.2$$
供应商 B：$(35 - 0) \div 35 = 100.0\%$
$$100.0\% \times 30 = 30.0$$
供应商 C：$(45 - 2) \div 45 = 95.6\%$
$$95.6\% \times 30 = 28.7$$

（3）交货评估

交货分 = 交货准时率 × 权重数。

供应商 A：$(65 - 13) \div 65 = 80.0\%$
$$80.0\% \times 20 = 16.0$$
供应商 B：$(35 - 2) \div 35 = 94.3\%$
$$94.3\% \times 20 = 18.9$$
供应商 C：$(45 - 7) \div 45 = 84.4\%$
$$84.4\% \times 20 = 16.9$$

（4）总分与考核结果

最终总分 = 价格分 + 质量分 + 交货分。

供应商 A：$50.0 + 27.2 + 16.0 = 93.2$

供应商 B：$46.8 + 30.0 + 18.9 = 95.7$

供应商 C：$42.1 + 28.7 + 16.9 = 87.7$

评估结果为：供应商 B 的整体情况最好，供应商 A 次之，供应商 C 的情况最差。

**2. 成本比率法**

成本比率法是类似于加权指数法的一种定量分析法，它的一种算法是：将所有跟采购、收料有关的成本，与实际的采购总金额作比较进行计算。服务成本比率则是根据各项表现计算出其权重，最后汇合成总成本比率，通过调整报价来选择适宜的供应商。

例如：原材料供应商 A，B 的报价单价为 5 元和 4 元，在过去一年中企业向供应商 A，B 的采购总金额分别为 250 000 元和 280 000 元。另外，从其他部门如收料、检验、生产、成本会计处得到相关的成本数据，可计算出各项成本比率，如表 10-9 ～表 10-12 所示。

表 10-9 交货成本比率

|  | 供应商 A | 供应商 B |
| --- | --- | --- |
| 采购的交货运送成本/元 | 10 500 | 12 000 |
| 采购总金额/元 | 250 000 | 280 000 |
| 交货成本比率 | 4.2% | 4.3% |

表 10-10　质量成本比率

| | 供应商 A | 供应商 B |
|---|---|---|
| 采购的质量成本/元 | 15 100 | 15 000 |
| 采购总金额/元 | 250 000 | 280 000 |
| 质量成本比率 | 6.0% | 5.4% |

表 10-11　服务成本比率

| 项　目 | 权重 | 供应商 A | 供应商 B |
|---|---|---|---|
| 现场服务的表现 | 30% | 40% | 30% |
| 研发能力 | 25% | 30% | 25% |
| 供应商地理位置 | 25% | 30% | 20% |
| 仓储容量 | 20% | 15% | 15% |
| 比率总计 | 100% | 115% | 90% |
| 服务成本比率 | | -15% | +10% |

表 10-12　总成本比率

| | 供应商 A | 供应商 B |
|---|---|---|
| 交货成本比率 | +4.2% | +4.3% |
| 质量成本比率 | +6.0% | +5.4% |
| 服务成本比率 | -15% | +10% |
| 总计 | -4.8% | +19.7% |

结果计算公式的应用：（1 + 总成本比率）× 报价 - 调整后的报价。

供应商 A：（1 - 0.048）× 5.00 = 4.76 元；

供应商 B：（1 + 0.197）× 4.00 = 4.79 元。

通过上面的成本比率法分析可以看出原材料供应商 A 要优于原材料供应商 B。

成本比率法的另一种算法是：在保证质量与交货期的前提之下，进行成本比较，选择成本最低的供应商。

例如：A 需求方需采购某产品 200 吨，甲乙两供应商供应的质量、交期和信誉都符合要求。距需求方较近的甲供应商的报价为 320 元/吨，运费为 5 元/吨，采购费用支出共 500 元；乙供应商距离需求较远，报价为 300 元/吨，运费 30 元/吨，采购费用共支出 200 元。在这种情况下，通常可以通过计算从甲、乙两方采购的采购成本来做出采购决策。计算过程如下：

甲：200 吨 × 320 元/吨 + 200 吨 × 5 元/吨 + 500 元 = 65 500 元；

乙：200 吨 × 300 元/吨 + 200 吨 × 30 元/吨 + 200 元 = 66 200 元

从乙方进行采购的成本比从甲方进行采购的成本要高出 66 200 - 65 500 = 700 元，显然甲是更合适的供应商。

## 10.4.3　定性分析法与定量分析法的比较

企业应根据不同情况合理选择定性分析和定量分析的考核方法。表 10-13 显示了定性分析和定量分析方法的优缺点与适合情况的比较结果。

表 10-13 定性分析和定量分析方法的比较结果

| 方法 | 优点 | 缺点 | 适合情况 |
|---|---|---|---|
| 定性分析法 | (1) 容易实施<br>(2) 需要最少的资料<br>(3) 多数人可参与<br>(4) 适合资源有限的公司<br>(5) 低成本的制度 | (1) 最不可靠<br>(2) 评估次数最少<br>(3) 最主观的评定<br>(4) 通常为人工作业 | (1) 临时性小额采购<br>(2) 小公司<br>(3) 开始发展评估制度 |
| 定量分析法 | (1) 有弹性的制度<br>(2) 适用于供应商评定<br>(3) 实施成本适中<br>(4) 结合计数与计量的制度 | (1) 倾向重视单价<br>(2) 需要计算机帮忙 | (1) 金额大、数量大、标准化程度高的物料采购<br>(2) 多数公司适用 |

参考资料

## 某公司供应商考核与管理办法

**1. 目的**

为强化供应商管理，促进其持续改进，客观公正地评价供方的质保能力、生产能力、竞争能力、服务水平、零部件价格等，建立优胜劣汰的管理机制，为优化配套体系提供更好的决策依据，特制定本办法。

**2. 范围**

适用于配套体系内供应商的管理和供应商零部件的质量评价。

**3. 职责**

3.1 售后服务部负责每年 12 月 25 日前将市场重大批量质量问题、市场发生的不合格零部件数量分厂家、规格和数量报采购部。

3.2 信息中心每月 25 日前负责将每月一次交验合格率、生产过程中零部件使用合格率、计划完成情况和准时供货率报采购部。

3.3 工程技术部负责每月 25 日前将质量整改完成情况报采购部。

3.4 配套部每月 25 日前负责将新品计划完成情况、成本推移报价及时性、准确性情况、新品报价及时性、准确性情况、服务情况等报采购部，并负责组织季度 A、B 类零部件配套比例评估和季度 C 类零部件配套比例的评估。

3.5 采购部负责搜集各部门采集的数据，进行汇报、发布，并负责月度配套比例的抽查。

3.6 财务部负责配套单位考核的兑现。

3.7 技术总监或总工程师负责供方月度综合质量情况通报和年度供方综合考核表的审核。

3.8 评估组长负责出具合格供方考评初步意见。

3.9 总经理负责供方月度综合质量情况通报、年度供方综合考核表的审批，并负责签署合格供方考评结论。

**4. 正文**

**4.1 供应商品质评价项目及评价方式**

**4.1.1 市场质量评价**

| 序号 | 评价项目 | 评价方式 |
|---|---|---|
| （1） | 供应商市场零部件不合格率 | $\dfrac{\text{市场每年发生的不合格数量}}{\text{每年使用的零部件数量}} \times 100\%$ |
| （2） | 市场重大质量问题、批量质量问题的次数 | |

**4.1.2 交验产品质量评价**

| 序号 | 评价项目 | 评价方式 |
|---|---|---|
| （1） | 一次交验合格率 | $\dfrac{\sum \text{合格入库数（不含降级使用）}}{\sum \text{送货数}} \times 100\%$ |
| （2） | 生产过程中零部件使用合格率 | $\left(1 - \dfrac{\sum \text{废料入库数}}{\sum \text{生产领用数}}\right) \times 100\%$ |
| （3） | 质量整改完成情况 | |

**4.1.3 准时供货评价**

| 序号 | 评价项目 | 评价方式 |
|---|---|---|
| （1） | 计划完成情况 | $\dfrac{\sum \text{送货数}}{\sum \text{计划数}} \times 100\%$ |
| （2） | 准时供货率 | $\left(1 - \dfrac{\sum \text{过期失效量}}{\sum \text{计划数过期数}}\right) \times 100\%$ |
| （3） | 新品计划完成情况 | |

**4.1.4 产品价格评价**

| 序号 | 评价项目 | 评价方式 |
|---|---|---|
| （1） | 报价及时性、准确性 | |
| （2） | 新品报价及时性、准确性 | |

**4.2 月度考核及通报**

4.2.1 月度评价考核内容由采购部按《月合格供方综合考核表》的要求在次月30日前完成。

4.2.2 每月30日，采购部将综合考评排名最差的五家供应商按《月供货质量情况通报》通报给相关单位第一负责人。

4.2.3 如连续两个月综合排名在最后的三名供应商，采购部以第二个月排名为准，如表10-14所示标准报财务并不考核。

表 10-14 罚款金额标准表

| 序号 | 名次 | 罚款金额/元 |
|---|---|---|
| 1 | 最后一名 | 5 000 |
| 2 | 倒数第二名 | 4 000 |
| 3 | 倒数第三名 | 3 000 |

4.2.4 每季度质量排序后,对连续两个月及以上的排名都在后三名的供应商,在季度配套比例评估时,降低该供应商的配套比例30%~50%或取消其配套资格。

4.2.5 交验合格率考核。按当年的《质量技术协议书》执行。

4.3 重大质量问题通报

供方发生以下重大质量问题,将随时对相关单位第一责任人进行通报并要求其赔偿经济损失。

4.3.1 在市场使用中出现重大质量事故或批量性质量问题。

4.3.2 生产过程中连续两次发生批量(50件以上)的质量问题。

4.3.3 售后服务部或生产部将质量信息传工程技术部,工程技术部通知配套单位第一责任人或质量第一负责人参加公司的现场质量整顿会,共同分析、解决发生的质量问题。

4.4 限期整改、停货、恢复供货及取消资格

4.4.1 根据供方零部件送检情况、生产过程质量信息情况及市场质量信息情况,工程技术部可发出书面整改通知,通知供方限期整改、减少供货比例或停货整改。停货整改和整改期间生产急需的零部件需缩短整改期限的,必须报总工程师批准。限期整改的整改通知书应明确整改期限,并同时通知配套部、物资部、质检部、计调中心等有关部门。

4.4.2 对期限、限量整改的,当整改到期后由工程技术部根据整改期间质检部统计的进货合格率或跟踪现场生产过程中质量情况(书面记录)确定整改结束、继续整改、限量整改或停货整改建议并报总工程师批准。

4.4.3 整改期限

(1) 连续送检一般项不合格、混规格及不正常供货,加工不到位、尺寸超公差等,整改期限为15天。

(2) 连续送检材质不合格,混材料及材料以劣代优,生产过程或市场反映质量问题、模具严重问题、批量质量和重大项目质量问题等,整改期限为1~2个月。

(3) 存在重大质量隐患且短时间不能得到改进,重大安全质量事故,连续停货整改两次及以上等,整改期限为3个月以上。

4.4.4 停货整改的,整改到期后由停货单位向工程技术部和总工程师提交整改报告书,经确认其整改措施切实有效后,由工程技术部通知停货单位提交50~100(套)样批送检,质检部样件检验结果报工程技术部和总工程师。样件检验合格后,由工程技术部向质检部、配套部、物资部、计调中心等部门发出恢复供货或小批送样通知。整改不合格的,由总工程师判定供方继续整改或在季度配套比例评估中提议取消其供方资格。

4.4.5 供方资格恢复

(1) 凡合格供方因不明原因连续两个月未供货,原则上应作为自动取消配套资格处理,供方资格恢复按新进供方处理。

(2) 凡被取消配套资格的供方，在取消资格 6 个月后才能再次申请，供方资格恢复按新进供方处理。

(3) 特殊情况下按照公司总经理意见办理。

### 4.5 配套比例的评估及配套比例的控制

#### 4.5.1 配套比例评估小组

评估小组组长：生产副总经理；评估小组副组长：技术总监和总工程师；评估小组组员：工程技术部、质检部、配套部、采购部部门负责人和采购部主办人员。

4.5.2 每季度末配套部组织评估小组根据《月合格供方综合考核表》综合成绩对 A、B 类零部件进行供方配套比例评估，同类产品综合成绩排名在前的优先考虑配套比例。特殊情况下，可按公司总经理的意见调整配套比例。确定供方的原则：同种零部件供方不得超过 5 家，同类零部件不得超过 3 家。配套部将评估结果编制《A、B 类合格供方比例明细表》，送评估小组会签，报总经理审批后执行。《A、B 类合格供方比例明细表》送总经理、评估组长、采购部和财务部各一份。C 类零部件由配套部同时进行供方配套比例评估，评估结果经评估组长审核、总经理批准后执行，配套部将评估结果送采购部一份。

4.5.3 采购部每月定期对配套比例的执行情况进行监控。

4.5.4 对 A、B 类零部件的重点合格供方，由评估组长每年度组织一次公司相关领导或部门进行实地考评；C 类零部件的重点合格供方，由配套部组织工程技术部、质检部、采购部和财务部进行实地考评。评价标准总分 100 分，在 60 分以上为合格（含 60 分），低于 60 分取消其配套体系的资格（特殊情况由评估组长或总工程师处置）。考评结果排名作为供方季度配套比例评估的重要依据，评估记录由配套部保存于合格供方档案中。表 10–15 为月供应商综合考核表。

**表 10–15　月供应商综合考核表**

供方名称：

| 项目 | 考核内容 | 标准分 | 考核办法 | 考核结果 | |
|---|---|---|---|---|---|
| | | | | 考核情况 | 考核得分 |
| 产品质量评价 | 一次交验合格率 | 25 分 | 80% 以下扣 25 分（含 80%）；80% 以上，按以下公式计算 $25 分 \times \dfrac{合格率 - 80\%}{20\%}$ | | |
| | 生产过程中零部件使用合格率 | 5 分 | 5 分 × 合格率 | | |
| | 市场重大质量问题、批量质量问题的次数 | 10 分 | 每发生一次扣 5 分，两次及两次以上扣 10 分 | | |
| | 质量整改完成情况 | 10 分 | 一次未按时整改扣 5 分，两次及两次以上扣 10 分 | | |
| 准时供货评价 | 计划完成情况 | 20 分 | 20 分 × 计划完成率 | | |
| | 准时供货率 | 10 分 | 10 分 × 准时供货率 | | |
| | 新品计划完成情况 | 5 分 | 每发生一次扣 1 分 | | |

续表

| 项目 | 考核内容 | 标准分 | 考核办法 | 考核结果 ||
|---|---|---|---|---|---|
| | | | | 考核情况 | 考核得分 |
| 产品价格评价 | 成本推移报价及时性、准确性 | 5分 | 晚一天报价扣1分，依次顺推 | | |
| | 新品报价及时性、准确性 | 5分 | 不准确一次扣0.2分，依次顺推 | | |
| 服务 | | 5分 | 未安排售后人员扣1分，服务不及时每次扣1分 | | |
| 合计得分： | | | | | |

## 本章习题

### 一、判断题

1. 供应商的考核工作一般是由采购部牵头，其他部门参与。（  ）
2. 交货周期是指自订单开出之日到收货之时的时间长度。（  ）
3. 供应商能够接受的订单减少接受率通常取决于供应商生产能力的弹性、供应的反应、库存大小及因减单可能带来损失的承受力。（  ）

### 二、选择题

1. 不是支持、配合与服务指标的考核点的是（  ）。
   A. 价格水平　　　B. 售后服务　　　C. 沟通手段　　　D. 参与开发
2. 下列内容属于经济指标考核范围的是（  ）。
   A. 报价　　　　　B. 付款　　　　　C. 反应表现
   D. 共同改进　　　E. 分享降价成果
3. 定性分析法的缺点是（  ）。
   A. 低成本的制度　B. 最主观的判断　C. 评估次数最少
   D. 最不可靠　　　E. 容易实施
4. 定量分析法的优点不包括（  ）。
   A. 有弹性的制度　　　　　　　　　B. 实施成本适中
   C. 多数人可以参与　　　　　　　　D. 可以当作供应商评定

### 三、思考题

1. 供应商考核的要求都涉及哪些方面？
2. 供应商考核过程由哪些步骤构成？
3. 供应商的考评指标有哪些？并选择其中一项指标进行具体说明。
4. 定性分析法与定量分析法各自的适用情况是什么？

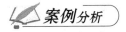

## 上汽奇瑞供应商业绩考核管理办法

**1. 目的**

对供应商进行动态管理，为质量提升、供货稳定、新产品开发迅速充分和配套体系优化提供基础和依据，特制定本办法。

**2. 范围**

适用于所有已在进行产品开发和批量供货的非进口零部件供应商。

**3. 定义和术语**

3.1 有条件供货：即暂时供货。视零部件重要程度和风险大小，有条件供货的零部件价格要下浮5%～15%，整改周期短的零部件在1个月内、周期长的在3个月内、未完成整改的，供货价格将在此基础上进一步下浮10%。

3.2 客户意识培训班：当单项扣分或一定时期内累计扣分达到一定值时，由采购部组织供应商主管总经理、部门负责人及工程师参加培训会议，重点学习奇瑞公司的各种系统要求，讨论如何避免后果的进一步恶化，针对问题和风险认真制定纠正和预防措施，并落实整改。

3.3 暂停采购与配送：在零部件质量问题原因未查明、单项或一定时期内累计扣分超过一定值时，对瑕疵零部件所采取的临时停止采购和上线使用的行为。至问题查明或整改措施已落实时，可取消暂停的状态。

3.4 零部件停用：当零部件发生重大、严重批量性质的问题或一定时期内累计扣分超过一定值时，对供应商相应零部件采取停止采购和使用。零部件停用3～6个月后，才可以考虑恢复供货，恢复供货的程序见奇瑞公司《汽车零部件材料配套采购协议》中相关条款的规定。

3.5 一般性质量问题：未出现影响产品的关键尺寸、功能、性能、可靠性和耐久性项目，仅在外观或非关键尺寸上有明显瑕疵的质量问题。

3.6 重大质量问题：影响到产品功能、性能、可靠性和耐久性的质量问题，或严重影响顾客满意的外观缺陷。

**4. 职责**

4.1 由采购部、质保部和汽研院分别对供应商从供货、物流、服务、备件、质量、产品开发等各方面进行扣分并按月汇总，上传至SCM系统。

4.2 采购部负责对扣分的汇总和公布，归口管理供应商业绩考核记录的存档和维护。

4.3 采购部负责供应商处置的执行，处置方案由三部门共同提出并报公司分管领导批准。

4.4 质保部、汽研院对业绩评价情况进行查询、核对，对执行情况和效果进行监督，并提出改进要求。

**5. 考核程序**

5.1 处罚类别：赔偿和补偿、参加客户意识培训班学习、暂停采购及配送、新产品开发限制、供应商降级、削减供货份额、零部件停用和取消配套资格。

5.2 扣分项目及细则详见公司附表（在此略）。

5.3 罚则

5.3.1 供应商要对由其造成的奇瑞经济和品牌损失进行赔偿和补偿，包括但不限于以下方面：停线损失；返工人工费及连带损失；售后索赔及连带损失；因延迟到货或到货不及格而采购其他替代零部件给奇瑞公司造成的额外支付，如价格差额、运输费用等；其他损失赔偿。具体赔偿和补偿办法参照奇瑞公司《汽车零部件材料配置采购协议》执行。

5.3.2 单项扣分处罚：出现单项扣分超过10分时，应按以下条款规定对供应商进行处罚：（1）出现10分项时，将暂停采购和配送；1季度内连续出现3次同样的10分项时将对部分零部件进行停用和对供应商进行降级；（2）出现20分项时，将停止供应商正在进行的新产品开发项目；1年内同样的20分项出现3次时取消其新产品布点的资格，并降低供应商级别；（3）出现30分项时，将减少供应商部分零部件供货份额；1年内同样的30分项出现2次时，将停用相关零部件，在问题整改落实前不作为新产品布点对象，并降低供应商一个等级；（4）出现40分项时，将停用相关零部件，并对供应商降级；1年内出现2次40分项时将取消其新产品布点资格，并再降级一次，直至最低级；1年内出现3次则取消配套资格；（5）出现50分项时，供应商将不作为新产品拟布点的对象并降级；50分项1年内出现2次时，取消配套资格；（6）当60分项出现时，供应商配套资格将被取消。

5.3.3 累计扣分处罚：（1）单月累计扣分超过20分及出现5.3.2、5.3.3条款各情形的供应商均要派主要人员参加奇瑞公司组织的客户意识培训班；（2）单月累计扣分超过30分时，将对部分零部件进行暂停采购和配送；（3）季度累计扣分达60分或年度累计扣分达150分时，降低部分零部件供货份额；（4）季度累计扣分达100分或年度累计扣分达200分时，停用相关零部件；降低供应商级别，每增加40分降一级，直至最低级；（5）年度累计扣分超过200分时，供应商不作为新产品拟布点对象；（6）半年累计扣分超过150分或年度累计扣分超过250分时，取消配套资格。

5.3.4 对于达到暂停供货、降低份额、停用和取消配套资格条件的供应商，由于实际情况而暂时无法实施相应处罚，如独家供货或另一家能力严重不足时，可转为有条件供货。

5.4 关于新供应商选择和新产品布点的条件、供应商级别的动态管理等方面的内容见奇瑞公司《汽车零部件材料配套采购协议》。

**6. 相关文件**

（1）奇瑞公司《汽车零部件材料供应商配套采购协议》；（2）包装认可协议；（3）汽车零部件储运合同；（4）配套、试制协议；（5）技术协议；（6）阳光协议；（7）采购合同；（8）产品让步管理办法；（9）供应商选择、开发和监控过程；（10）生产零部件批准程序。

**7. 记录**

供应商业绩考核及处罚记录。

附表1：评分标准：顺序为项号、扣分细则、扣分值、考核部门。（附表1略）

**问题：**

1. 根据案例提示，上汽奇瑞公司是如何组织供应商考核的？
2. 你认为，上汽奇瑞公司对供应商考核所制定的办法及程序，还有哪些方面的不足？

# 第 11 章

# 供应商关系管理

## 学习目标

1. 了解供应商关系发展的演变过程与特征。
2. 掌握供应商关系管理的概念及内容。
3. 能够针对不同的供应商关系分类实施不同的管理策略。
4. 掌握供应商伙伴关系的建立与维护策略。
5. 掌握整合供应商的策略及途径。

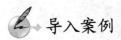导入案例

### 西门子与供应商的关系

全球经济一体化的发展使得西门子这样的企业都不可能在本企业或本土内生产出所需要的全部零部件。因此，选择并管理好散布于世界各地的供应商是大型跨国企业保证质量和信誉的关键。供应商与西门子合作能在很大程度上提升他们的价值。如果能够与西门子建立长期的业务联系，对于这个供应商来讲是非常有益的，因为与什么样的公司合作能够反映出这个供应商是什么样的水平。所以，西门子对采购的质量要求非常高，对供应商的要求也非常高。

西门子公司在其供应商管理战略中明确提出"Your success is our success, our success is your success"（你们的成功就是我们的成功，我们的成功就是你们的成功）的口号，将传统意义上企业与供应商之间的那种短期的、松散的、互为竞争对手的关系转变为长期的、紧密的和互为合作伙伴的关系。西门子将与供应商的关系放在经营战略的高度来考虑是有其实际原因的：原材料、零部件的采购成本包括对服务的需求已经超过公司年销售收入的50%，而且这种成本上涨趋势还在继续，若不及时采取措施降低成本、提高质量，将无法在竞争中立于不败之地。因此，西门子提出供应商管理的目标就是与所有供应商结成战略合作伙伴关系，共同"在市场上具有竞争力"。西门子的供应商管理战略包括管理目标、供应商的选择、供应商的评估和供应商的发展四个方面，而整个战略内容是层层深入、目标明确，可操作性很强。

（1）管理目标

在供应商管理目标上，西门子公司要求各级供应商必须不断地改进工作，降低运费，缩短订货时间，及时送货；而且还必须通过ISO质量认证体系的认证，达到西门子的质量标准和世界级的质量标准，尽量降低失误率。供应商还必须与西门子签订严格的质量保证协议。

为实现上述目标，西门子对现有的三大类100多个原材料零部件供应商进行严格的评估和筛选，留下其中的40余佼佼者作为基本供应商，并着手与其中的数家建立战略合作伙伴关系，共谋发展。

(2) 供应商的选择

与其他大型公司一样，西门子从全面质量管理的角度出发，在每一个零部件上注重选择数量有限的可靠供应商，甚至是单一的供应商，以便发展合作关系。西门子在供应商选择方面的具体目标是：与供应商发展高标准的信任与合作关系，把买卖关系从对手、胜利者、失败者、契约、讨价还价的关系改变为合作的、团队型关系，使彼此能够为对方考虑；与供应商建立一种能促进其不断降低成本、提高产品质量的契约关系；与供应商达到长期共识、彼此在物流流程的高度一体化下同步展开业务；与供应商之间开放沟通渠道，实现信息共享、共担风险、共享利益；使供应商参与到产品的设计和创新过程中，使每个供应商确实感觉到"西门子的用户就是我的用户，让用户满意是我应尽的责任"。

(3) 供应商的评估

西门子由采购部、技术部、生产部和质保部联手组成评估小组，制定了正规的评价体系和评价标准，从价格、质量、后勤服务和技术服务等方面对每一个现实的和潜在的供应商进行严格的打分、内部交流及结果比较，将结果作为选择供应商的依据。① 技术能力的评估：主要是考查供应商是否有对质量不断深入研究和发展的过程，其中尤为重要的是供应商对研究部门的重视程度，这关系到西门子的不断升级和换代。② 价格和成本评估：评价内容包括价格行为及政策、降低成本的努力、适应市场和西门子要求的能力及服务和支持方面的表现等方面。③ 质量评估：主要是从质量性能、质量体系和对质量重要性的认识及合作服务和支持方面的表现考虑。④ 后勤考察：后勤考察主要是交货方面的评估。

(4) 供应商类型及发展战略

经过严格的评估，所有的供应商被分为4类，即良好型供应商、可接受型供应商、受限制型供应商和终止型供应商。被评为良好型供应商的是西门子将要与之发展为战略伙伴的供应商，寻找到这样一个供应商也是西门子整个供应商管理战略的灵魂所在。西门子的思路是尽量提高向其采购的数量，定期进行政策透明的沟通，并随时邀请其参加有关新产品的研制，以便听取和吸收宝贵意见。同时在必要时向此类战略伙伴提供适时的培训与技术支持，还可以考虑帮助关键零部件厂建立自己的供应商管理体系，使西门子从源头就获得比其他竞争对手更具优势的供应体系，真正做到"双赢"责任共担。对那些可以接受型供应商，西门子要根据材料需求的实际情况，与之保持一定的供货关系，并将其视为可能的战略伙伴关系，帮助其建立自我优化目标，作为防范供货危险的必要手段。而对于受限制型的供应商，已经不再适宜进一步发展关系，采取保守合作的态度，降低采购量并不再考虑与之长期发展关系。对最后一类供应商，西门子采取的是尽快终止合作的策略。

在当前市场的大背景下，企业仅凭自身实力生存发展的压力很大。由此，供应商关系管理就被提到了企业发展的日程之上。供应商关系管理不但提升了企业的采购绩效，而且能显著加大企业的持续竞争优势，在激烈的市场竞争中，供应链上企业更应加强协作，共渡难关。供应商关系管理有助于提高客户对产品和服务的满意度，提高供应商对客户需求反应的敏捷性，使供应商在竞争的环境中保持提高产品质量、降低成本的竞争状态，从而对企业保证采购质量、降低采购成本有积极的意义。

## 11.1 供应商关系的发展趋势

### 小资料 >>>

供应商是伙伴而不是对手,供应商管理是整个供应系统管理的基础。供应系统由原材料、供应商、生产商、经销商和最终用户组成,每一个环节既是上一个环节的用户,又是下一个环节的供应商。供应系统的所有环节组成了广泛意义上的全体供应商联盟,共同努力来击败真正的竞争者——其他供应系统联盟。而不是在供应系统内部相互竞争,消耗内力。

供应商关系是指采购方基于不同的管理目标、不同的市场条件,与供应商之间建立并保持供求竞争或合作的业务联系的性质和形态。

### 11.1.1 供应市场变化对供应商关系的影响

传统的供应商与顾客之间只是简单的买卖关系,这种关系的理念就是以最便宜的价钱买最好的东西。买卖双方围绕着生意讨价还价,相互之间存在的是竞争关系,因此顾客往往将供应商看成是生意场上的对手或敌人。随着社会的发展、技术的进步,供应市场在过去的几十年中也发生了深刻的变化,具体表现为:① 技术飞速发展、产品开发周期越来越短、技术手段不断更新;② 经济全球化、市场国际化;③ 新的资源不断出现、资源利用率不断提高;④ 知识、信息的传播、分配和使用日趋强化,使世界以加速度奔向一体化、网络化;⑤ 客户需求呈现个性化趋势;⑥ 政治因素与经济、市场的相互影响在不断深化。

供应市场的变化迫使企业必须认真审视自己与供应商的关系,大多数工业企业顺应潮流的发展要求,业已将采购活动由"以做生意为目的"转向"以供应商关系为导向、以供应商管理为目的"。对许多企业而言,与其供应商之间的伙伴关系已然成为它们对资源的获取、供应链上产品与服务传送的主要模式。

### 小资料 >>>

供应商可以通过与同业的伙伴关系,运用科技的力量合力削减成本与改善效率,这在零售业中尤其盛行。例如,J. C. Penny 把其存货控制与产品补充系统与其他供应商整合在一起,这样供应链上的企业可以利用其各自的能力与资源,节省重叠的成本,发挥更高的效率。

企业之间的携手合作渐渐地成为客户的基本要求与期盼,特别是在高科技产业中这种合作尤为突出。这是由于客户所寻找的不仅仅是能提供产品与服务的供应商,更要求供应商能切入整个供给项目并有能力与他人共谋合作,客户还要求强力的伙伴关系为他们带来完整的解决方案,以及提供最优良的产品和服务。

然而,企业在供应商管理与供应商合作过程中面临着空前的挑战,具体表现在以下几个方面：① 高科技的发展和新产品开发，供应商开发难度越来越高；② 全球性能源趋紧，原油价格持续走高；③ 产品更新换代快，产品寿命周期缩短；④ 上游和中间环节被少数公司控制，关键设备和零部件供应商价格垄断；⑤ 买卖各方不愿牺牲自身利益，缺乏透明度，建立供应链合作伙伴关系障碍多。因此，如何加强供应商管理，与供应商建立供应链双赢合作伙伴关系成为企业可持续发展的重要课题。

### 11.1.2　供应商关系管理的特征

随着经济环境的变化，供应商关系管理不断地出现新的内容。从传统的供应商管理发展到现代供应商管理，企业在供应商管理方面有了很大的创新与改进。在对物流管理越来越重视的今天，许多的企业都将供应商关系管理提高到了战略的高度，并且在实践中不断地寻求更好的方法。

**1. 传统供应商关系管理的特征**

① 大量、分散的供应商。
② 几乎没有建立特定关系。
③ 认为供应商之间是充分竞争的。
④ 没有正式的供应商行为评估。
⑤ 以价格和质量为主要的选择标准，但还是更突出价格因素。

**2. 现代供应商关系管理特征**

① 偏爱数量有限的关键供应商。
② 有供应商评估系统和双向大量沟通。
③ 突出供应质量。
④ 调查供应商，巡视现场。
⑤ 与供应商有限地合作。

**3. 传统供应商与现代供应商关系管理的比较**

传统供应商与现代供应商关系管理的比较结果如表 11-1 所示。

表 11-1　传统供应商与现代供应商关系管理的比较

| 比较内容 | 传统的供应商管理 | 现代的供应商管理 |
| --- | --- | --- |
| 供应商数目 | 多 | 少 |
| 供应商关系 | 短期的买卖关系 | 长期合作的伙伴关系 |
| 企业与供应商的沟通 | 仅限于采购部与销售部 | 双方多个部门沟通 |
| 价格谈判 | 尽可能低的价格 | 适宜的价格，更多的选择标准 |
| 供应商选择 | 凭采购员经验 | 完善的程序和战略标准 |
| 供应商对企业的支持 | 无 | 有 |
| 企业对供应商的支持 | 无 | 有 |
| 信任程度与责任感 | 低 | 无 |

**4. 先进的供应商关系管理特征**
① 正式的供应商认证。
② 制定服务协议。
③ 包括行为规范和正式评估。
④ 理解供应商成本构成。

**5. 世界级供应商关系管理特征**
① 供应商自我认证。
② 关键供应商账户管理。
③ 战略性配合。
④ 系统化的评估反馈。
⑤ 同步双向沟通。
⑥ 和供应商一起优化供应链。

## 11.1.3 供应商关系的发展

**1. 传统的买卖关系**

传统的采购商与供应商之间的关系就是纯粹的买卖关系，这是一种短期的、松散的、互相竞争的关系。在这种基本关系中，其买卖关系的特征主要表现为如下几个方面。

（1）采供双方竞争的核心就是价格

双方的交易如同零和博弈，一方的获利就是另一方的损失。采购方试图用最低的价格买到一定数量、质量达标的物资，而供应商则会以特殊的质量要求、特殊服务和订货量的变化等尽量提高价格。价格谈判过程中哪一方能够占据上风取决于采购商和供应商的议价能力，它是由市场供求结构、采购量占供应商销售量的比重、转换供应商的成本、技术专有情况、信息不对称状况等多种因素共同决定的。如果市场供不应求或有此种预期，订单量小且占供应商销售量很小的比重，采购商转换供应商成本高昂，供应商生产技术有专利保护，采购商无法掌握供应商的产品成本信息时，供应商就处于价格谈判上的优势，而采购商相对就处于劣势。

（2）买卖关系注重多货源订货

尽可能较少对某个供应商的依赖，以免供应商借机抬价。如果不存在转换成本，一旦出现价格更低的供应商时，采购商会立刻中断与原来供应商的采供关系转而向价格低的供应商采购。尽可能的低价是买卖关系下采购商与供应商交易谈判的核心。对这种供应商管理的传统观点，迈克尔·波特描述如下："因此，购买的目标就是寻找、排除或克服这些供方实力的办法。"

（3）向多个供应商采购相同的物资

如果条件允许，采购商一般都是同时向多个供应商采购相同的物资，并将物资所需采购的数量在选择的供应商之间分配。这样做的目的是通过供应商之间的竞争而在价格上获得优惠和质量上的稳定性，同时还能规避依赖单一供应源的断货风险，保持供应的连续性。采购商与供应商保持的是一种短期合同关系，这种关系脆弱易断。在这样的交易中，焦点更多地集中在降低成本并保证供应上，合作以创造更大的利润空间。谈判永远围绕着削价和加价，买卖双方间是一种敌对的氛围。

(4) 采供双方信任程度低、信息的不对称、不共享

采供双方信任程度低、信息的不对称、不共享也是买卖型采供关系的特点。采购商和供应商为了保护自己在讨价还价过程中的议价能力并防止产品生产机密外泄，经常会对诸多信息予以保密。这种信息不对称及不共享的交易模式很容易引起交易成本的上升。

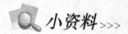

小资料 >>>

传统的距离型的供应商关系一度被认为是最有效的供应商关系管理办法。直到日本汽车制造企业采用合作型采供关系取得成功，人们才慢慢认识到传统竞争模式的局限，与供应商建立长期合作关系的优势才逐渐为业界所认可。

**2. 供应商合作伙伴关系**

(1) 形成的背景

全球经济一体化，企业经营全球化，以及高度竞争造成的高度个性化与迅速改变的客户需求，令企业在提高产品质量，降低产品成本，加快产品更新换代以响应全球市场需求变化方面面临来自市场层面持续不断的压力。随着供应链思想的快速发展，竞争模式已由企业个体间的竞争转为供应链间的竞争，而且这种理念已经为大多数管理者所广泛认可。在此过程中，企业作为供应链上的采购商不断地认真审视自己与供应商之间的关系，大多数企业认识到，单纯的买卖关系已经不能适应现代市场发展的需求，必须与供应商发展长期、稳定和互惠互利的合作关系。

(2) 形成的基础

供应商合作伙伴关系萌芽于 20 世纪 70 年代后期的日本汽车业，发展成熟于 20 世纪 80 年代中后期。随着质量管理、精益生产和即时生产（JIT）过程的实施，日本汽车制造商通过与供应商发展长期稳定的合作型采供关系获得了运营的成功。经过对比日本汽车制造商采用的合作型采供关系与美国汽车制造商信赖的买卖型采供关系，研究人士将"精益"生产方式和日本式合作伙伴关系的突出优势揭示了出来。这种日本式的伙伴关系被定义为一种排他的（半排他的）采供关系，它集中关注最大化整个供应链（价值链）的效率。

(3) 表现出的特点

① 合作关系长期稳定，制度化日常沟通的频率和内容，不断降低企业间的交易成本，提高生产效率。② 互相帮助多于互相抱怨，共同寻求改善质量和降低成本的方法以减少总的价值链成本，而不仅仅是一个企业的生产成本。③ 分享有价值的生产计划、市场状况、技术等多方面的信息，愿意为对方进行工厂、设备及人员方面的定制化投资。④ 双方可以平等地分享合作过程中各项改善措施所带来的利润增加部分。⑤ 相互信任，这一点比任何一点都重要，联盟崩溃的常见原因就是互相猜忌、缺乏信任。两个企业的目标高度一致，就像一个企业那样去行动。

小资料 >>>

供应商合作关系最初的表现是采购商的注意力由关心成本到不仅关心成本，更注重供应

商的产品质量和交货的及时性。而供应商管理进入真正意义上的合作伙伴甚至战略联盟阶段的标志则是采购商主动帮助、敦促供应商改进产品的质量、设计在交付中存在的问题,促使供应商主动为采购商的新产品或新项目的研发提供设计和技术支持。

(4) 表现出的区别

基于供应链理论的供应商合作伙伴关系与传统的供应商买卖关系的比较,体现出了以下不同的特点:① 对供应商的选择不只以价格为标准,而是从总体成本出发,更强调总体价值(包括产品、技术、交货、服务等)。② 从自由竞争、无限制发展供应商数量到有选择地控制供应商数量。采购量集中于少数甚至一家有能力的供应商,以获取规模优势带来的成本降低。③ 供应商与客户的产品开发和自己的产品应用进行更充分的信息共享和合作,双方的联系不局限于销售员和采购员,而是扩展到工程技术人员、公司高层及其他相关人员。④ 客户的产品质量越来越依赖于供应商的质量表现。⑤ 客户与供应商建立较长期的合作关系,共同分担风险,并通过长期、稳定的交易来共同分享收益。⑥ 双方充分利用现代信息技术进行及时的信息沟通与交流,从而建立快速反应的运转机制。传统的供应商关系与基于供应链的供应商关系要点对比如表 11-2 所示。

表 11-2 供应商关系的对比

| | 传统的供应商关系 | 基于供应链的供应商关系 |
| --- | --- | --- |
| 供应主体 | 产品 | 产品、技术、服务等 |
| 供应商选择标准 | 价格 | 强调总体价值 |
| 稳定性 | 变更频繁 | 动态稳定 |
| 合同性质 | 短期/一次交易 | 长期/合作协议 |
| 供应批量 | 小 | 大 |
| 供应商数量 | 大量 | 少而精 |
| 供货风险 | 大 | 小 |
| 信息沟通 | 少 | 信息共享 |
| 信任 | 低 | 高 |
| 客户的早期研发 | 基本不参与 | 协同开发 |
| 质量控制 | 每次交易均进行 | 买方认证,供应商负责 |

**小资料** >>>

在供应链中,客户与供应商是一种相互信任、遵守承诺的关系,供应商为客户提供的产品、技术、服务等是一种长期的协议。在一定意义上,一条供应链上的各个企业是一个利益共同体。客户与主要的供应商希望建立一种合作伙伴的关系。

**3. 供应商关系的演变历程**

表 11-3 对供应商关系的发展演变历程进行了总的概括。

表 11-3 供应商关系的演变历程

| 时间 | 20世纪60~70年代 | 20世纪70~80年代 | 20世纪80年代 | 21世纪 |
| --- | --- | --- | --- | --- |
| 关系特征 | 竞争对手 | 协作关系 | 合作伙伴 | 探索/全球平衡 |
| 市场特点 | 许多货源，大量存货，买卖双方是竞争对手 | 买卖双方建立良好协作关系，扩大市场占有率<br>供应商根据客户要求，进行设计、生产或供货 | 信息共享、资源整合<br>利益焦点集中在供应链利益最大化 | 市场国际化，不断调整双方的伙伴关系，在全球经济中寻找平衡与发展 |
| 采购运作 | 以最低的价格买到最好的产品 | 采购总成本最低，而不是采购价格最低<br>买卖双方相互支持，注重长期合作 | 风险共担，利益共享<br>发挥的各自优势，共同把"蛋糕"做大，实现"双赢"<br>双方合作信息化、网络化和同步化<br>供应商前期参与产品开发<br>供应商不断优化和持续改进 | 供应商策略管理<br>"上游"控制与管理<br>共同开发与发展<br>供应商优化<br>信息、网络化管理<br>全球"共同采购" |

## 小资料 >>>

韩国的汽车制造商同供应商的关系更接近于日本企业的做法，他们也重视发展与供应商的密切的伙伴关系。制造商也会将本公司人员调入供应商的相关组织部门，以便加强同供应商的联系，及时全面地获取相关信息。而且，他们也会采取各种措施帮助供应商改进产品质量、提高技术水平、降低成本及进行科学的存货管理。同时，力争在制造商与其供应商之间最大限度地实现信息共享。虽然韩国的汽车制造商与供应商的关系模式更接近于日本企业，但二者之间仍存在根本的不同，那就是韩国制造商并没有像日本企业那样对供应商进行战略细分，而是对所有的供应商都以一种相似的方式来进行管理。

## 参考资料

### IT 制造行业供应商合作关系的发展历史

**1. 早期的买卖关系**

IT 制造业在初始阶段的特点表现为单一产品的大规模生产，IT 企业出于对新技术的保护，都采用自己生产。由于产品相对单一，以计算机为主，而且技术含量相对现在而言较为简单，大部分零部件可从市场直接采购，价格和质量成为对供应商的首选要求。制造商与供应商之间表现为传统的"买卖"关系。这一时期，企业所面对的市场相对稳定，各企业之间的关系比较简单，并相互独立地进行各自的运营管理，缺乏有效的信息沟通，因而此时存在较高的交易成本。在这样的企业关系中，企业管理理念是以自我为中心，企业之间主要依靠市场的价格变动体系来传递经营信息，供应商往往处于被动接受信息的地位，这种企业管理的立足点是单一企业。在业务相关的各企业之间，各自利益具有排他性，即在关系发生的过程中，某企业如果获得了较高的利润，则上下游企业往往要受到利益的损害。企业管理是以封闭、分散和追求自我利益为特征，失去了整体的协调性和利益最优的可能。

#### 2. 纵向一体化的竞争关系

随着 IT 产品科技含量的提高和 IT 相关产业社会分工的进一步深化，产业细分程度越来越高，单个企业承担的生产越来越精专，从而在一定程度上造成了协调的困难，这意味着外部交易成本的上升。为解决这一问题，众多 IT 制造商采取了"纵向一体化"的经营模式。"纵向一体化"实际上是为了追求规模经济效益或出于管理和控制上的需要，核心企业通过投资自建、投资控股或纵向兼并将上下游企业"内部化"，如自建芯片厂、部件组装厂及物流与分拨公司。此时制造商对供应商造成了极大的市场竞争压力。然而，"纵向一体化"战略虽然降低了核心企业外部交易成本，却带来了内部摩擦和反应速度迟缓等一系列问题。

#### 3. 横向一体化的合作关系

随着科技发展步伐的加快，IT 产品不仅仅局限于计算机，它已扩展到网络产品、通信产品、家电产品及数码产品等多个领域。IT 制造商为拓展各自的生存空间，自然而然的向产品多元化方向发展，即"横向一体化"。"横向一体化"打破了原有的纵向一体化格局，各企业不断地转型集成，供应商也借此机会发展自己的核心竞争力，出现了各式各样的专业公司。制造商与供应商之间的关系也从"排斥"向"吸引"转变。

#### 4. 外包的战略合作伙伴关系

在市场变化加快，全球化竞争日益激烈的环境下，单个企业仅仅依靠自己内部资源的整合已难以满足快速变化的市场需求。为解决这一问题，企业将有限的资源集中于自己的核心业务，并与关键企业建立合作伙伴关系，形成稳固的供应链，通过不同企业之间的合作与分工，进行优势互补以获得集体竞争优势，达到双赢的效果。在这种模式下，IT 制造商大胆地将自己的制造业务外包给了专业的电子生产厂，EMS（Electronics Manufacturing Service，电子制造服务商）提供商便应运而生。而脱离了生产的 IT 制造商也不再是名副其实的"制造商"，只能称为 OEM（Original Equipment Manufacturer，原始设备制造商）。可以说，EMS 的出现，标志着 IT 制造业战略合作时代的到来。

外包的战略合作伙伴关系是在供应链管理模式下的捆绑式合作，使得 IT 制造商之间的竞争从产品的竞争转变成供应链的竞争，产品也更加市场化、顾客化。

### 11.1.4 供应商关系的日益复杂性

企业与关键供应商之间的关系不但复杂，而且这种复杂性还在不断增加。主要表现在如下几个方面。

#### 1. 供应商面临着太多的购买决策者

不管是供应商还是采购方，关键供应商的关系经常会涉及大型的合作项目。因为混乱的群体是很难被激励和考评的，所以，大多数的大型企业通过扩展部门或设立分支机构将业务内部化。而且，企业的规模越大，进行这种扩张的机会越多。在多数情况下，供应商要与采购方中的多数部门或机构进行交易。尽管这样的多重界面会提供潜在的获利机会，但由于供应商面临着太多的购买决策者,也会引致高昂的交易费用。同时,采购方一般对供应商的问题漠不关心,即使这些问题与他们自身相关。而采购方作为客户想要得到的是全面、无裂痕的服务,这样的服务应尽可能由供应商各部门横向协作来提供。另外,采购方也想通过整合整个经营行为来提高其购买时的议价能力,而不管购买何种产品或为哪个业务单位购买。

**2. 合作会使企业接受双重角色**

无论对供应商还是采购方,对方客户既是"竞争对手",同时又是"客户"。在企业联盟的环境中,客户会是竞争对手,这在供应链的经营情境中会经常出现,这种关系和角色的交叉使得商业行为变得复杂化。兼并收购那些不适宜的竞争者,是终止关键客户关系的普遍缘由。有些企业继续努力,学习在矛盾中生存,可能是因为产业联盟几乎没有给他们留出选择客户或是供应商的余地了。内在和外延的矛盾在增加,供应商关系和客户关系的管理也明显趋于紧张。同时,与在某一特定领域内有核心业务能力的另一家企业建立战略联盟,供应商不必通过增加拓展企业内部现有的专业技能或增加设备就可以满足采购方的新需要。供应商会发现自己只要向与客户有联系的第三方企业进行供应即可,而不必直接为客户供应。当供应链管理由上而下顺着进行时,会涉及更多参与者,更加复杂的供应商关系网络就会形成。同样,沟通也变得更加复杂。

**3. 业务的全球化发展要求供应全球化**

有效供应商关系管理的复杂性在增加,因为全球化的经营会要求全球化的供应和服务。一些容易确认却不容易解决的问题是由语言、文化、时差和地域的不同而引起的,即使对最好的供应商来说,在从事全球化经营时,这些问题也是他们所面临的严峻挑战。也许具有丰富的业务知识和较强的组织能力的区域经理在某种程度上会有效处理这些问题,但是这些问题范围之广、规模之大,仍令诸多公司疲于应付。此外,为了服务以前处于供应商活动范围以外现在属于其全球范围的市场,供应商需要投资新的基础设施。对于采购方而言,这意味着在供应商关系中要吸收更多的新伙伴,同化或适应更多的语言和文化。

**4. 新兴的信息技术重塑市场**

信息技术,尤其是电子商务,正在迫使企业对其工作方式和运营方式进行巨大的变革。尽管信息技术的发展最终将会对管理经营产生什么样的影响尚未明确,但有一点是可以肯定的,即随着客户对电子商务的逐渐适应和要求,供应商做出了及时反应,许多企业将不得不迅速地进行变革。对于供应商来说,如果不运用信息技术配和采购方,即信息共享、快速反应的要求,就有可能会丢掉业务。对于采购方来说,如果信息技术落后,部分优秀的供应商会认为业务交往成本过高,而将这些采购方置于非关键客户的行列。因此,信息技术的发展对于供应商和采购方来说,都是一种压力。但是,从另一角度来看,它也是推动供应商和采购方紧密合作的重要工具。

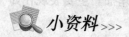

**小资料>>>**

在供应商关系的管理方面,海尔采用的是 SBD 模式:共同发展供应业务。海尔有很多产品的设计方案直接交给供应商来做,很多零部件是由供应商提供今后两个月市场的产品预测并将待开发产品形成图纸。这样一来,供应商就真正成为海尔的设计部和工厂,加快开发速度。许多供应商的厂房和海尔的仓库之间甚至不需要汽车运输,供应商工厂的叉车直接开到海尔的仓库,大大节约运输成本。海尔本身则侧重于核心的买卖和结算业务。这与传统的企业与供应商关系的不同在于,它从供需双方简单的买卖关系,成功转型为战略合作伙伴关系,是一种共同发展的双赢策略。

### 11.1.5 供应商关系的演变趋势预测

市场竞争的要求和技术的日益发展对企业采购的要求越来越高,跳出传统,向另一种独特而且超越竞争者的方向发展,是企业供应商关系发展的必然趋势。未来供应商关系逐渐呈现出三种发展趋势,如图11-1所示。

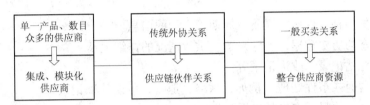

图11-1 供应商关系的趋势发展

图11-1的具体文字说明如表11-4所示。

表11-4 供应商关系发展趋势的说明

| 发展趋势 | 说 明 |
| --- | --- |
| 向集成、模块化供应商发展 | 适合于那些产品单一、规模偏小、产业分散的供应商,这种趋势保证供应的产品或服务具有配套性,形成具有竞争优势的同步化、集成化的生产计划与作业控制模式 |
| 向供应链伙伴关系发展 | 由传统外协关系向供应链伙伴关系发展,即与供应商建立战略联盟,实现企业之间的资源优化配置、信息技术支持和联合开发等信息共享服务 |
| 向整合供应商资源发展 | 由一般的买卖关系向整合供应商资源发展,通过信息化技术整合供应商的人力、物力和财力资源,实现规模化发展 |

## 11.2 供应商关系管理战略

### 11.2.1 供应商关系管理的基础

**1. 供应商关系管理的概念**

供应商关系管理,是在供应链管理理论的基础上发展起来的一种处理客户与供应商关系的新理论。它以"双赢"的理念为指导思想,客户与供应商结成长期的、稳定的和互惠互利的合作伙伴关系,共同追求降低供应链的总成本,提高最终客户的产品价值。

供应商关系管理(Supplier Relationship Management,SRM)是用来改善与供应链上游供应商的关系的,应用于企业采购活动相关的所有领域,旨在建立恰当的、密切的新型采供关系的管理机制。它以多种信息技术为支持和手段,在对企业的供应商(包括原材料供应商、零部件供应商、设备及其他资源供应商、服务供应商等)和供应信息科学有效地管理与运用的基础上,内容涵盖如何对供应商、产品或服务沟通、信息交流、合同、资金、合作关系、合作项目及相关的业务决策等进行全面的优化管理与支持。在这种以合作为基础的采供关系中,采购方处于主动地位,在掌握了供应商业务水平后,采购方可根据企业实际需要对供应商帮扶改造。采供双方在共同利益最大化的角度解决问题,所获收益共享。供应商关系管理的建立,需具备以下信息。

① 供应商(现行的、过去的和潜在的)的基础资料,包括组织、人员、联络方法、地址、交通等。
② 有关供货品种、价格、品质、周期等方面的信息。
③ 供货状态与历史数据,实际采购、供货情况的详细记录。
④ 审核及评估记录、改进记录等。
⑤ 重要的沟通或事件处理(例如,联络、退货、争议等)记录。
⑥ 双方合作的项目、未来的发展计划。
⑦ 双方交流的文件(例如,合同、变更、设计资料、品质标准等)。
⑧ 供方的其他信息,例如,设计能力、进度、相关计划安排等。

### 2. 供应商关系管理的意义

良好的供应商关系管理对于生产企业增强成本控制、提高资源利用率、改善服务和增加收益起到了巨大的推动作用。实施有效的供应商关系管理可以大大节约时间和财力,更大程度地满足顾客的需要,为客户创造价值。为了在竞争中立于不败之地,越来越多的生产企业,包括世界上许多著名的跨国公司,如 IBM、DELL、沃尔玛、丰田和耐克等公司,都在通过科学的供应商关系管理来获得在国际市场领先的竞争优势。具体来说,供应商关系管理的优势主要包含以下几个方面。

(1)降低成本

企业从供应商推荐材料的使用方面,可以获得很多成本方面的降低;另外,通过与供应商良好的沟通还可以降低产品开发成本、质量成本、交易成本、售后服务成本等。据有关资料表明,运行供应商关系管理的解决方案可使企业采购成本削减20%。

(2)减少风险

企业及时、安全地获得关键性原材料,可以降低企业及供应链中的潜在供应风险和不确定性。通过开展供应商关系管理,企业可通过供应商开发新的产品、技术,从而降低其未知技术领域的风险;同时供应商的资产投资专用于双方合作领域,企业的投资风险也将得以降低。

(3)规模经济

在某些领域,采购方企业研究开发的庞大费用使其望而却步,企业无法单独承担起开发和生产的全过程,采购方可以通过把没有能力投资的部分技术转包给专业供应商,这样在可以加强供应商力量的同时,通过合理分配技术投资任务,专注于开发核心技术,在其核心领域追求卓越从而达到规模经济的效果。

(4)互补技术和专利

与供应商共同研究开发,企业间技术人员的相互协作,使双方的技术和发明专利互补应用于生产。这种思路使得采购企业和供应商联手进行技术创新成为可能,可以协助企业比竞争对手更快、更早地向市场推出新产品。

(5) 提高客户满意度

供应商关系管理,使企业产品质量、交货时间、供货准时率等方面得到了很大程度地改善,从而大大提高了顾客的满意度和忠诚度。

(6) 优化供应商关系

企业可以根据供应商的性质,以及其对企业的战略价值,对不同供应商采取不同的对策。从而扩展、加强与重要供应商的关系,把供应商集成到企业流程中。

(7) 建立竞争优势

通过合作来快速引入更新、更好、以顾客为中心的解决方案,增加营业能力。在维持产品质量的前提下,通过降低供应链与运营成本来促进利润提升。

**3. 供应商关系管理的基本内容**

(1) 需求分析

准确、及时的需求分析是企业决策制定的一个先决条件,在采购方面也是如此。随着供应商队伍专业化的发展,准确及时的采购可以节省开支,取得市场上的采购优势。采购既要面对生产又要同时满足市场和客户的要求。

(2) 供应商的分类与选择

应该确定符合公司战略的供应商特征,对所有供应商进行评估,可以将供应商分成交易型、战略型和大额型。一般来讲,交易型是指为数众多,但交易金额较小的供应商;战略型供应商是指公司战略发展所必需的少数几家供应商;大额型供应商指交易数额巨大,战略意义一般的供应商。供应商分类的目标是为了针对不同类型的供应商,制定不同的管理方法,实现有效管理。这种管理方式的转变,应该首先与各利益相关方进行充分沟通,获得支持。

**小资料>>>**

供应商的分类与选择应该考察多个方面的因素,包括:实力(技术、容量、竞争力等);响应速度(销售服务、质量反应速度、对防范问题的反应及对改进工作的兴趣等);质量管理(效率、产品设计及质量保证程序等);时间控制(交货期的长短及交货是否准时等);成本控制(设计费用、制造费用、维护费用及运输费用和保管费用等)。

(3) 与供应商建立合作关系

确定对各类供应商采用何种关系和发展策略,这可通过几个步骤来进行:首先,与战略供应商和大额增长型供应商在总体目标、采购类别目标、阶段性评估、信息共享和重要举措等各方面达成共识,并记录在案。其次,与各相关部门开展共同流程改进培训会议,发现有潜力改进的领域。再次,对每位供应商进行职责定位,明确其地位与作用。最后,双方达成建立供应商关系框架协议,明确关系目标。在这一部分可以做的工作包括:建立供应商的管理制度;供应商绩效管理;供应商的合同关系管理;采购流程的设计与实施。

(4) 与供应商谈判和采购

根据前面各步骤的工作可以与供应商通过谈判达成协议。谈判之前,企业应该跟踪重要的供应商表现数据如供应商资金的变化等，以备谈判之用。在与供应商的采购过程中应该实现如下的公司内部与外部的一些功能。公司内部的功能包括：采购信息管理；采购人员的培训管理和绩效管理；供应商资料实时查询；内部申请及在线审批。公司外部的功能包括（与供应商之间的）：在线订购；电子付款；在线招标等。

(5) 供应商绩效评估

供应商绩效评估是整个供应商关系管理的重要环节。它既是对某一阶段双方合作实施效果的衡量，又是下一次供应商关系调整的基础。企业应该制定供应商评估流程，定期向供应商提供反馈。供应商的绩效评价可以从技术、质量、响应、交货、成本和合同条款履行这几个关键方面进行评估。绩效评估的目的在于给双方提供开放沟通的渠道，以提升彼此的关系。同时，供应商也可以向企业做出反馈，站在客户的角度给出他们对企业的看法。这些评估信息有助于改善彼此的业务关系，从而改善企业自身的业务运作。

## 11.2.2 供应商关系管理基本策略

### 1. 采购物资的分类

企业应针对不同物资的重要程度选择不同的供应商关系策略。根据物资本身的重要程度及市场环境可将物资分为一般物资、瓶颈物资、重要物资和战略物资四大类。

(1) 一般物资

物资本身价格不高，种类繁多，供应市场上易于获得。

(2) 瓶颈物资

企业对该类物资需求量不大，但其质量的好坏对企业的生产影响较大，而且企业对该类物资没有多少讨价还价的余地。

(3) 重要物资

对企业生产经营很重要，价值昂贵，库存占有资金大，市场供应充足，企业选择余地大。

(4) 战略物资

需求量大，价值昂贵，属于生产经营关键物资，其质量、价格和供应的可持续性对企业的经营有重大影响，能提供该类物资的供应商不多，企业想要改为自制也很难做到。

### 2. 供应商关系管理策略

根据供应物资的重要程度，将供应商的关系可以分为零和博弈关系、双赢博弈关系、战略合作伙伴关系。不同的关系类型应该采取不同的管理策略。

① 对于一般性物资，由于价格不高，种类繁多，在供应市场上容易获得，可选择的供应商也很多，故在供应商关系上适合采取零和博弈关系策略。在保持大格局的前提下，充分引入竞争，使采购价格保持较低的水平。但还需要防止在此类物资的供应商竞争管理上，投入过多的管理成本，特别注意防止过度竞争可能带来的质量风险，保持有序竞争的氛围。

② 对于瓶颈类物资，由于企业对该类物资没有多大的讨价还价的余地，因而会使得企业处于比较被动的地位。解决这类瓶颈物资可以采取两种方法：一是企业要不断地开发新供应商，产品价格可以不是最优先考虑的因素，但能保证及时供应是关键所在。二是企业可以不断地修正自己，将瓶颈类产品转为一般物资，从而可以采用对待一般性物资供应商的供应商关系策略。

③ 对于重要物资，应致力于实现采购成本最低，努力构建双赢博弈关系（合作竞争关系）。双方既是竞争关系又是有相对稳定合作倾向的关系，既确保控制供应风险又降低采购成本。

④ 对于战略性物资则可能需要建立长期稳定的战略伙伴关系，不仅仅是买方和卖方的关系，更重要的是一种伙伴甚至是朋友关系。要抛开"各扫门前雪"的思想，要"利益共享，风险共担"，使采购方在长期合作中获得稳定的货源和优惠的价格，也使供应商拥有长期稳定的大客户，保证其产出规模的稳定性。需要注意的是，由于战略物资需求量大，价值昂贵，对企业生产经营有重大影响，采购方要进行详细的市场调研和需求预测，设置一定量的安全库存，不能完全依赖供应商，即使是伙伴关系，亦需防止供应商垄断造成巨大的风险。

### 小资料 >>>

俄亥俄州本田美国公司，在供应商关系管理上，强调与供应商之间建立长期的战略合作伙伴关系。其总成本的 80% 都用在了向供应商的采购上，这在全球范围内都是最高的。1982 年，有 27 个美国供应商为本田美国公司提供价值 1 400 万美元的零部件。而到了 1990 年，有 175 个美国供应商为它提供超过 22 亿美元的零部件。大多数供应商与它的总装厂距离不超过 240 千米。在俄亥俄州生产的汽车零部件本地率达到 90%（1997 年），只有少数的零部件来自日本。强有力的本地化供应商的支持是本田成功的原因之一。如果供应商达到本田的业绩标准就可以成为它的终身供应商。同时，本田不断采取措施对其供应商提供帮助，例如，成立特殊小组帮助供应商解决特定的难题；直接与供应商进行上层的沟通，确保供应商的高质量；派遣两名员工协助供应商改善员工管理；在采购部设置 40 名工程师协助供应商提高生产效率和质量；质量控制部配备 120 名工程师，专门解决进厂产品和供应商的质量问题；在塑造技术、焊接、铸模等领域为供应商提供技术支持；定期检查供应商的运作情况，包括财务和商业计划等；外派高层领导人到供应商所在地工作，以加深本田公司与供应商之间的相互了解及沟通。可见，俄亥俄州本田美国公司成功的关键因素就在于本田与供应商之间的合作关系。

本田所取得的成就说明：与供应商建立并维持一种战略合作关系，将会给企业带来巨大的利益，这是传统的供应商关系所无法比拟的。本田正是通过与少数几家关键的供应商建立良好的关系，并悉心加以维持，从而极大地缩减了成本，并扩大了市场占有率。本田选择离制造厂近的供应源，所以能与供应商建立更紧密的合作关系，更好地保证 JIT（准时制）供货。

### 11.2.3 供应商关系分类方法

在供应商关系管理中，必须将供应商关系分为不同的类别。企业的资源是有限的，因此必须根据供应商对本公司企业经营影响的大小设定优先次序，区别对待，以利于集中精力重点改进、发展对企业最重要的供应商。而供应商关系管理的基础就是要对供应商进行分类。

**1. 80/20 原则分类法**

比较简单的做法是将供应商分成普通供应商和重点供应商，划分标准采用的是 80/20 原则，即占有 80% 价值的 20% 供应商为重点供应商，而其余只占 20% 采购金额的 80% 的供应商为普通供应商。对于重点供应商，应投入 80% 的时间和精力进行管理与改进。这些供应商提供的物资为企业的战略物品或需集中采购的物资，如汽车制造企业需要采购的发动机和变速器，电视机制造企业需要采购的彩色显像管及一些价值高但供应保障不力的物品。而对于普通供应商则只需投入 20% 的时间和精力跟踪其交货等。因为这类供应商所提供的物品的运作对企业的成本、质量和生产的影响较小，例如，办公用品、维修备件、标准件等物资。

**2. 供应商分类模块法**

更多的做法则是按供应商分类模块法，将供应商划分为伙伴型、优先型、重点商业型和普通商业型。伙伴型供应商：供应商认为本采购企业的采购业务对于他们来说非常重要，供应商自身又有很强的产品研发能力等，同时该项采购业务对本企业也很重要，这些业务对应的供应商就是"伙伴型供应商"。优先型供应商：供应商认为采购方的采购业务对他们来说非常重要，但该项业务对于本企业来说却并不是十分重要，这样的供应商无疑有利于本企业，即为"优先型供应商"。重点商业型供应商：供应商认为采购方的采购业务对他们来说无关紧要，但该业务对本单位却是十分重要的，这样的供应商就是需要注意改进提高的"重点商业型供应商"。普通商业型供应商：对于供应商和采购方都不是很重要的采购业务，相应的供应商可以很方便地选择更换，那么这些采购业务对应的供应商就是普通的"商业型供应商"。如表 11-5 所示。

表 11-5 供应商关系分类与特征

| 供应商类型 | 商业型供应商 | 优先型供应商 | 伙伴型供应商 ||
|---|---|---|---|---|
| 关系特征 | | | 供应伙伴 | 设计伙伴 |
| | 运作联系 | 运作联系 | 战术考虑 | 战略考虑 |
| 时间跨度 | 1 年以下 | 1 年左右 | 1~3 年 | 1~5 年 |
| 设计和生产 | 提供不同产品让顾客选择 | 按顾客设计要求生产 | 按客户要求设计、生产 | 早期介入产品设计；提供技术支持；共享知识产权 |
| 质量 | 由顾客检验把关 | 由顾客检验把关 | 供应商保证质量；顾客质量抽检；质量持续改进 | 共同确定质量标准；供应商保证质量；质量免检 |
| 供货方式 | 按交货订单供货；固有送货时间、包装方式和最小批量 | 按年度协议和交货订单供货；顾客决定送货时间、包装方式和最小批量 | 按需求计划供货；共用周转容器；JIT 供货 | 按电子数据交换系统信息供货；管理客户库存；双方共享信息；多部门横向对口联系 |
| 合约 | 短期买卖协议 | 年度合作协议 | 年度合资协议（1~3 年）；质量协议 | 年度合资协议（1~5 年）；设计合同、质量协议等 |
| 成本或价格 | 市场价格 | 价格 + 批量折扣 | 价格 + 降价目标 | 公开价格与成本构成；降低成本承诺与计划 |

**3. 五级不同层次分类法**

另外，可将供应商划分为不可接受的供应商、可接受的潜在供应商及五级不同层次的已配套供应商，进而实施不同的供应商关系管理战略，如表 11-6 所示。

表 11-6 供应商关系分类与采购战略

| | 层次 | 类 型 | 采购战略 | 适合范围 |
|---|---|---|---|---|
| 供应商伙伴关系 | 5 | 战略伙伴供应商 | 优化协作，共同开发，协同发展 | 长期合作的伙伴供应商 |
| | 4 | 优势互补的供应商 | 强化合作，资源整合 | 长期合作的供应商 |
| | 3 | 双方运作相互联系的供应商 | 筛选供应商、优化供应链 | 阶段性合作的供应商 |
| | 2 | 需持续接触的供应商 | 竞争性招标 | 潜在合格供应商 |
| | 1 | 已认可的、触手可及的供应商 | 询价、比价 | 市场供应商 |

① 第一个层次的供应商为已认可的、触手可及的关系，因采购价值低，它们对本公司显得不很重要，因而无须与供应商或供应市场靠得太紧密，只要通过询价、比价，选择价格低的采购渠道即可。处理这类供应商的关系可采取便利店式的现货买进方式。

② 第二个层次的供应商为需持续接触的关系。供应商供应的产品受供求关系影响较大，签订长期采购合同风险大，往往通过供应商评审，建立潜在的合格供应商档案，适时通过招标采购方式在潜在供应商中选择采购渠道。

③ 第三个层次的供应商为双方运作相互联系的关系，其特征是公开、互相信赖。一旦这类供应商选定，双方就应以坦诚的态度在合作过程中改进供应、降低成本。通常这类供应商提供的零部件对本单位来说属于战略品。但供应商并非唯一的，因而本公司有替代供应商可选择。这类供应商可考虑从阶段性合作向长期合作发展。

④ 第四个层次的供应商为优势互补的关系，是一种专业配套的长期合作关系，他们共担风险，其重要特征是双方都力求强化合作，通过合同等方式将长期关系固定下来。

⑤ 第五个层次的供应商为战略伙伴关系。这种关系意味着双方有着共同的目标，期望通过把"蛋糕"做大赢得"双赢"，必须协同作战。其特征是为了长期的合作，双方要不断地优化协作，最具代表性的活动就是供应商主动参与到本公司的新产品、新项目的开发业务中来，而本公司亦依赖供应商在其产品领域内的优势来提高自己产品开发的竞争力。

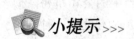
*小提示>>>*

建立互惠互利的合同是巩固和发展供需合作关系的根本保证。互惠互利包括了双方的承诺、信任和持久性。信守诺言，是商业活动成功的一个重要原则。没有信任的供应商，或没有信任的采购客户都不可能产生长期的合作关系，即使建立起合作关系也是暂时的。持久性是保持合作关系的保证，没有长期的合作，双方就没有诚意做出更多的改进和付出。机会主义和短期行为对供需合作关系将产生极大的破坏作用。

## 11.2.4 供应商关系管理的其他策略

不同的企业也会根据自己的企业性质及实际的情况而制定不同的供应商关系管理策略。许多策略已经得到企业的广泛应用，它们主要包括：和供应商签订长期的，而非短期的合同；减少供应链中的供应商的数量；帮助供应商制订成长的计划等。下面是 7 种供应商关系管理实用的策略。

### 1. 供应商的分类选择

在确定符合公司战略特征的供应商时，对所有供应商进行评估，并据此将供应商分成交易型、大额型和战略型。交易型是指为数众多，但交易金额较小的供应商。战略型供应商是指公司战略发展所必需的少数几家供应商。大额型供应商指交易数额巨大，战略意义一般的供应商。其中又可分成增长型和缩减类。大额增长型可能发展成为未来的战略型，他们和战略型是战略供应商管理的主要对象。必须明确的是，供应商分类的目标是为了针对不同类型的供应商，制定不同的管理方法，实现有效管理。这种管理方式的转变，应该首先与各利益相关方进行充分沟通，获得支持。

### 2. 让供应商更多地参与新产品的开发

应该认识到，产品开发阶段，产品的成本就已经决定了。因为这个时候，产品所使用的技术、材料甚至生产方式将被决定，而所有这些，都是构成产品成本的重要部分。企业的开发人员不可能是所有方面的专家，可以做到对自己的设计的每一部分都有很充分的了解，所以这个时候，供应商早期参与（Early Supplier Involvement，ESI）会给企业带来莫大的好处。

### 3. 让供应商参与到企业的管理当中来

供应商参与制造商的许多活动，他们往往最了解企业的强项和弱项。另一方面，供应商本身也可能在某些方面是行业的领先者，他们是制造商进行标杆学习的最好选择。因此，制造商可以在建立双向交流的过程中向供应商学习，从供应商处取得宝贵的意见，获得持续性地改善。同时，供应商参与到制造商的管理过程中来，可以使制造商在改善质量、降低成本、提高管理水平等方面得益。制造商和供应商通过共同制订质量方案，确定合作目标而获得高度整合。

### 4. 共享机密信息

制造商和供应商应该要解决原有企业方式下培育出的消极的，甚至是敌对的关系。紧密结合的伙伴应该也有必要分享人员、一般价值、流程、成本及其他方面的信息。共享过去许多视为机密的信息，可以降低信息资源的重复建设和浪费，同时，合作伙伴共同参与制订计划的过程，使参与供应链的每一个成员的优点可以获得最大限度的发挥。当然，问题的关键是制造商能不能习惯这种叛逆的反思维，是否愿意公开那些传统理念当中的公司机密。但是，制造商应该理解，这个问题的实质是，制造商是否愿意和自己的供应商建立起一种真正的伙伴关系。

### 5. 共同制定长期的发展规划

当诺基亚制订星网计划，当通用汽车决定在上海投资，他们必然面对着需要和自己的供应链上的伙伴共同规划的过程——任何供应链上的决策都不能是一相情愿的。制造商和供应商合作进行有利于双方组织的持续性发展规划是战略联盟的目标之一。这需要双方创造性的沟通及对合作的另一方更加深入地，在每一个方面，包括管理、技术、开发和应用的透彻了解。在这里，企业不再是像过去那样以发布告示的形式来通知供应商自己的决定，这里的关键字是共同决策。

### 6. 合作财务分析

有些制造商通过第三方评级机构对自己的供应商的财务状况做出单方面的评估，以降低经营当中的风险。他们的工作重点仍然放在对供应商的审核上，只不过由质量层面上升到财务层面。而有些企业已经走得更快，他们和自己的供应商共同分析成本、利润，他们有着联合的绩效标准及数据跟踪。而绩效重点放在管理供应商和企业的共同利润上。供应链上的成员将跟踪历史和预测的利润率，与供应链其他成员共享利益及分担风险。有些供应链上的成员甚至共同制定技术性和特殊性服务的价格策略，来保证大家具有相同的利润。

**7. 灵活处理**

供应商的数目一直是企业采购人员关注的问题。确实，随着新思想的传播，企业趋向于减少供应商的数目，而少量的供应商，除了人们经常讲述的各种好处，还可以让供应商更多地发挥学习曲线的效应，最终降低成本。但从另一个角度出发，新的供应商往往能够带来新的思想、新的技术，对企业的创新会起很大的作用。而对一些关键、紧缺的材料，任何一个供应商发生问题都会对企业运营造成损害。另一方面，对许多中小型企业来说，害怕和大的供应商的关系过于密切而最终对自己造成影响，而大的企业也不希望自己的供应商伙伴对自己有太多的依赖，他们愿意鼓励自己的供应商开拓更多的市场。

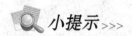小提示>>>

需要注意的是，以上7种武器也可能是一把"双刃剑"，例如，分享机密信息在某些情况下可能是以出卖企业自身利益为代价，因此为使"供应商－制造商"合作双方能够真正达到win-win，合作过程中的风险防范与规避问题也不容忽视。

## 11.3 供应商伙伴关系的管理

面对供应市场的变化与越来越激烈的竞争市场，传统采购的弊端越来越明显：采购过程中信息封闭，供应商和采购方做不到有效的信息共享，影响采购效率，造成采购、库存成本的大大增加；对产品质量、交货期的控制难度大；供需双方的关系未能很好地协调，竞争多于合作，在解决日常问题和供应商频繁选择上浪费了更多的时间，未能达到双赢的目的；供应商对用户的需求变化反应迟钝，缺乏应付需求变化的能力。于是，供应商伙伴关系就应运而生。

### 11.3.1 供应商伙伴关系的含义

供应商伙伴关系是企业与供应商之间所形成的最高层次的合作关系，它是指双方在相互信任的基础之上，为着共同的、明确的目标而建立起的一种长期合作的伙伴关系。达成良好的供应商伙伴关系要求双方相互协调、相互信赖、共享信息、共担风险、共用技术、共同创造与革新，同时还需要双方高层领导的全力支持。具体来说，供应商伙伴关系涵盖着以下含义。

① 发展长期的、相互信赖的合作关系。

② 这种关系由明确的或口头的合约形式确定，双方共同确认并且在各个层次上都有相应的沟通。

③ 双方有着共同的利益目标，并且为实现共同的目标，制订共同的有挑战性的改进计划。
④ 双方互相信任，诚恳、公开、有机地配合，共担风险。
⑤ 相互学习、共享信息与成功经验。
⑥ 共同开发，协力创造。
⑦ 采用严格标准的尺度来衡量双方的合作表现，来促进双方不断地提高。

**小提示 >>>**

供应商伙伴关系中，有一个重要的概念，就是供应商的早期参与和采购方的早期介入。在采购过程的早期，影响价值的机会比后期大得多。供应商与采购方在早期的共同介入将大大改善工艺、设计、再设计、价值分析等活动。缩短循环周期、提高竞争力、降低成本等好处足以使许多企业将供应商纳入自己的职能管理团队。供应商会共同参与拯救企业的活动，或自愿成为继续发展的合作伙伴、联盟关系中的一部分。

### 11.3.2 建立供应商伙伴关系的重要性

要使采购与供应由买卖中的敌对关系转变成"双赢"的伙伴关系，在采购管理中发展伙伴供应商，需要付出时间和努力。第一步就是停止与供应商"打架"，停止与供应商"打架"之日即供应商伙伴关系开始之时。如同所有的人一样，任何一个企业都不可能和所有的供应商成为亲密的、永远的好朋友。既然如此，那就减少供应商数量，与关键的供应商重点合作，建立长期的关系，这是供应商伙伴关系发展的第二步。要判断哪些供应商该发展为伙伴关系，简单的做法是一看自己购买的金额大小，二看购买的零部件的重要性，三是分析供应商对自己企业的重视程度与依赖性。金额大、重要性强、对本企业需要零部件的重视程度高的供应商毫无疑问是优先考虑发展伙伴关系的供应商。

企业在分析与供应商关系时，可从产品的标准化、技术专有性及工艺要求三个方面考虑供应商的重要性：第一，标准化：若所采购的零部件商业化、标准化程度较高、互换性较强，那么这类供应商显然也会较多，不应重点发展。第二，技术专有：有些零部件需要专门的技术（或专利产品）制造，供应商对这些产品拥有较绝对的优势，这类供应商无疑对本公司是重要的。第三，工艺要求：有些零部件由于工艺限制（如需要电镀等）使得本公司必须依靠供应商提供，对这些供应商自然要小心搞好关系。

### 11.3.3 建立供应商伙伴关系的意义

通过与供应商建立长期合作伙伴关系，企业至少可以获得以下几个方面的好处。
① 缩短供应商的供应周期，提高供应商的灵活性。
② 降低企业的原材料、零部件的库存水平，减少管理费用、加快资金周转。
③ 提高了原材料、零部件的质量，降低非质量成本。
④ 加强了与供应商的沟通，改善订单的处理过程，提高材料需求的准确度。
⑤ 可以共享供应商的技术与革新成果，加快产品开发速度，缩短产品开发周期。
⑥ 可与供应商共享管理经验，推动企业整体管理水平的提高。

## 11.3.4 供应商伙伴关系的内容及评价原则

**1. 供应商伙伴关系的特点**

供应商伙伴关系是一种长期的、相对稳定的依存关系，采供双方诚信公开公平地进行合作，风险共担，信息与收益共享。这种关系通常以合作协议的形式确定下来，且每个层次都有相应的沟通协调。具体说来，供应商伙伴关系有以下几个特点。

（1）信息和知识共享

采购商和供应商共享与供应绩效相关的信息和知识。采购商向供应商提供自己的生产、库存、技术、计划、管理等方面的相关信息，而供应商也向采购商公开成本控制、质量控制、库存控制及相关的管理资料。双方还应共享对方的生产计划、销售计划、采购和供应计划及中长期的战略规划等。

（2）供应商数量减少

供应商伙伴关系中，每种采购物资的供应商数量只有少数几个甚至只有一家，这样可使供应商获得规模优势。当来自采购商的订货量比较大，且合同是长期而稳定的，那么供应商即会对采购商的要求给予更多地关注。

（3）降低成本，共享成本节约成果

采购商和供应商共享成本控制信息，共同分析成本并探索成本降低的方法，共享增加的利润。采购商应积极利用自己在技术、人员和管理方面的优势帮助供应商改进生产过程、消除浪费和节约成本。通过供应商降低销售价格，成本降低部分带来的利润由采供双方共享。供应商的整体运作能力和竞争能力也同步得到了提高。

（4）持续质量保证和改善

能够提供一次或者是几次高质量的产品供应不是难事，难得的是一直供应高质量的产品甚至不断提高产品质量。一旦出现质量问题，采购商和供应商应该共同分析问题所在，寻找根源和解决办法。双方在相互信任和合作的基础上及时沟通产品的质量情况，最理想的状态就是质量控制完全由供应商生产检验系统实现，而采购商无须复检。

（5）准时交货

因为供应商了解采购商的生产计划，供应商就可能为采购商提供 JIT 式的交货或是 VMI 服务（供应商管理库存的服务），以减少采购商的库存成本。

（6）高度的信任

这是合作伙伴关系得以存在的基础。高度信任使得采购商愿意放弃风险分散的多货源订货方式转而削减供应商数目。高度信任使得采供双方冒着生产机密外泄的风险与对方分享很多核心的信息和资源。高度信任使得采供双方以系统利益最大化为目标，而不是单纯考虑自己的得失。

**2. 供应商伙伴关系的内容**

① 业务外包、虚拟企业、合作联盟管理与核心竞争力提升。

② 供应链的网络节点设计（企业、资源的评价、选择和定位）。

③ 供应链产品需求预测和计划，基于供应链的产品设计与制造管理，生产集成化计划、跟踪和控制。

④ 基于供应链的标准化管理（质量标准与检测手段、产品编码、标识、包装等），消

除接口障碍，实现无缝链接。

⑤ 基于供应链的信息系统平台管理。

**3. 供应商伙伴关系评价的原则**

是否是供应商的伙伴关系，可以按照以下原则进行评价。

① 具有正式的沟通程序。

② 致力于供应商的成功。

③ 共同获利。

④ 关系稳定，不依赖个别人。

⑤ 始终仔细审视供应商绩效。

⑥ 双方对彼此具有合理的期望。

⑦ 员工有责任遵循职业道德。

⑧ 共享有益信息。

⑨ 指导供应商改进。

⑩ 基于采购的总成本进行非敌意切磋，共同决策。

## 11.3.5 建立供应商伙伴关系的步骤

建立供应商伙伴关系的第一步是要得到公司高层领导的重视和支持。最高管理层要意识到供应商管理是整个公司业务管理中最重要的有机组成部分，要大力支持采购等部门与供应商发展合作伙伴关系，然后才能开展具体的工作。具体实施建立供应商的伙伴关系时应包括以下的步骤。

**1. 评价供应商**

采购部门在供应市场调研的基础上对各个供应商进行全面、客观地评价，然后根据评价结果来确定伙伴型供应商的大致范围。

**2. 确定目标和制订计划**

根据对供应商伙伴关系的要求，明确具体的目标及考核指标，制订出达成目标的行动计划。这些行动计划与目标必须在公司内部的相关部门及层次进行充分交流并取得一致，同时要完全取得供应商的参与与认可，并经双方代表签字。

**3. 跟踪考核供应商**

通过供应商会议、供应商访问等形式，要求供应商针对计划实施改进，内容包括质量、交货、降低成本、新产品、新技术开发等方面。之后，采购商对改进后的供应商进行跟踪考核，定期检查进度，及时调整行动。在本公司内部还要通过供应商月度考评、体系审核等机制跟踪供应商的综合表现，及时反馈并提出改进要求。对供应商的伙伴关系总体计划应至少每年检查调整一次。

**4. 合理利用供应商**

根据长期的观察，采购商开始对供应商的数目和类型进行合理化的安排，如减少供应商数量，增加供应商的收益等。更重要的是公司应将对伙伴型供应商能力的利用纳入到公司的中长期战略计划中去，同他们建立战略联盟的关系。

建立供应商的伙伴关系必须要有耐心，一方面要提高自身的管理水平与能力，另一方面还要促进供应商提高水平与能力，为此往往需要经历数年的时间去实践与努力。建立起供应商的伙伴关系仅仅意味着工作的开始，更重要的是要在供应商管理过程中维护、改进和发展伙伴关系，同时不断优化整体供应商结构和供应配套体系。供应商伙伴关系的管理最终必须程序化、规范化，要将供应商分析、供应商选择、目标与计划的制订、供应商改进项目的实施与监测、供应商关系的评估及有关人员在供应商伙伴关系管理中的职责等用程序性文件的方式固定下来，作为供应商管理的一部分。

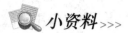

  避免供应商伙伴关系失败的要点为：① 高层管理的承诺。高层管理的承诺是成功建立供应商伙伴关系最核心的问题。高层管理层有权利指定支持建立供应商伙伴关系所需要的资源、人员、信息和预算资金。这一过程很重要，没有资源的支持，成功建立合作伙伴关系的机会将大大降低。② 严格的供应商选择过程。由于建立和管理供应商伙伴关系的工作量非常大，供应商转换成本也特别高，因此，选择一个合适的联盟伙伴是采购方最重要的决策。③ 持续努力地改进。④ 目标一致。⑤ 合作伙伴关系支持体系和文件。⑥ 不断关注双赢机会。⑦ 广泛沟通和分享信息。⑧ 建立信任。⑨ 资源让步。⑩ 关于联盟与合作伙伴关系目标和期望利益的内部教育。⑪ 人员发生变动时，保持联盟与合作伙伴关系的能力。

## 11.3.6 供应商伙伴关系的维护

供应商伙伴关系维护是采购企业与供应商合同、合约的执行过程中，为巩固并不断发展完善供货、合作甚至联盟关系而做出的所有努力。采购双方签订合作协议之后，供应商开发过程只是刚刚开始，在此基础上的供应商关系维护对于保证采购物资的高质量供应有着非常重要的作用。关系维护涵盖的范围很广，具体可体现在以下几个方面。

**1. 双方的互相帮助**

采供双方一旦签订供货或者合作协议，两者就成为一条供应链上的两个利益相关结合点。如果其中一方在生产经营、资金运作、人力资源等领域遇到困难，那么另一方应给予最大可能的支持帮助。这种帮助也是对双方合作关系的一种投资，既有资本上的，也有感情上的。这种互惠互助的关系对双方合作的忠诚度和诚信程度都有很大帮助，尤其在中国这个讲究非结构化合作关系的国家尤其如此。在合作的过程中，若曾经施与帮助的一方遭遇类似或者其他需要对方协助的问题时，对方一般都会在前期合作关系的基础上给予相应的帮助作为回报。

**2. 双方的技术与信息的交流**

采购方的业务人员与供应商的相关部门之间定期或不定期的技术与信息交流对维护双方关系也是大有裨益的。供应商在供货过程中表现优秀的方面、不尽如人意的地方甚至出现的纰漏和造成的损失，采购方都有义务以平和的心态与供应商进行及时有效的交流。这种信息的交流有助于改善供货绩效并提高供应商的竞争力，对双方都是有利的。

**3. 双方中高层管理人员定期互访**

除了业务层面的交流之外，双方高中层管理人员的定期互访对于增进双方的信任和感情都是必要的。此外，采购商组织的文化、娱乐项目等都能增进采供双方人员的相互了解和友谊，对于长期稳定的合作关系都是功不可没的。

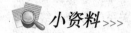
小资料 >>>

### IBM 的供应链管理

计算机产业的戴尔公司在其供应链管理上采取了极具创新的方法，体现出有效的供应链管理比品牌经营更好的特性。戴尔公司的成功为其他计算机厂商树立了榜样，使他们目睹了戴尔公司的飞速成长过程。作为戴尔的竞争者之一，IBM 过去倾向于根据库存来生产计算机，由于其制造的产品型号繁多，常常发现在有的地区存储的产品不合适，丧失了销售良机。计算机业面临的另一大问题是技术上的日新月异，这意味着库存会很快过去，造成浪费。为解决这些问题，IBM 和产业界的其他众多计算机厂商正在改变其供应链，使之能够适应急剧变化的市场环境。

通过实施供应链管理，IBM 公司生产的盲目性得到避免，完整的欧洲区供应链管理系统所带来的益处是：帮助 IBM 随时掌握各网点的销售情况，充分了解、捕捉与满足顾客的真正需求，并且按照订单制造、交货，没有生产效率的损失，在满足市场需求的基础上，增进了与用户的关系；能全面掌握所有供应商的详细情况；合理规划异地库存的最佳水平；合理安排生产数量、时间及运输等问题；合理调整公司的广告策略和价格策略；开展网上订货和电子贸易；可随时把计算机的动态信息告诉每一位想了解该信息的顾客；并减少了工业垃圾和制造过程对环境的破坏。

## 11.3.7　友好结束供应商伙伴关系

采购商与供应商之间的关系不是永恒的。当供应商合作伙伴关系失败而决定终止时，可能会由于在终止关系过程中的一些不恰当的做法，往往使双方会对对方怀有讽刺乃至敌意，而不是采用适当的、应有的态度。但当今世界越来越小，同一行业的企业联系也越来越紧密，不知道哪天又会需要用到其中的哪个供应商，这个时候，恢复关系将难上加难。所以企业要终止供应商伙伴关系时应尽量做得天衣无缝，做到不损害客户满意度、公司的利润及名誉。

**1. 分析原因，减小与供应商的敌意**

从采购方来讲，结束供应商伙伴关系可分为自愿与非自愿拆伙两种。自愿拆伙的原因中最多见的是对供应商表现不满。不满可能来源于供应商未能按照合同规定的标准来提供供货或服务，也可能是供应商交货时间的频频延迟或是缺乏积极的售后服务，还可能是采购商对现在的供应商与供应商所在行业的其他企业相比发现其缺乏优势所造成。非自愿拆伙往往来自于供应商的破产或遭遇无法预测的风险。这种拆伙也可能是由于供应商被别的企业收购导致企业所依靠的工厂或生产设备将关闭或转让而不得不做出的反应。另外，采购企业生产计划的突然调整也会导致采供关系的断裂。

除此之外，采供双方失去了对彼此的基本信任也是导致供应商伙伴关系破裂的一个普遍原因。采购商与供应商的沟通不足，尽管双方都是无意的，却可能直接损害双方的信任程度。因此，为了公司的利益，为了使彼此破坏最小化，需要尽可能地减少对供应商的敌意，这样在转换供应商的过程中才能得到他们的协作，也就不会伤害其他正在合作的供应商的积极性。

**2. 运用策略，善意提出**

有的企业会在事先没有通知供应商的前提下突然向供应商提出结束合作；或者是以一些含糊的指责，如"你做得不好"或"你欠了我们的"，甚至是用不光彩的手法来结束与供应商的合作伙伴关系。所有这些都会使供应商充满敌意，同时也会使新的供应商怀疑以后是否会被同样对待，这样无疑是搬起石头砸自己的脚，在无形之中使企业的声誉蒙受损害。

其实，采购企业在与供应商们签订供应合约的初期就应该和他们沟通好终止合约的各种情况。在供货合约的执行过程中，采购企业有监控并告知供应商表现的义务，可以在供应商的表现、管理、成本或是态度接近"危险区"时，坦率而直接地发出警告信号，先是口头警告再是书面警告。而不是隐瞒下去，当采购企业想要终止合约时，供应商就会感到不合理。这里有"3P"原则可以帮助企业在与供应商拆伙时减少对方的敌对情绪。

① 积极的态度（Positive Attitude）：与其面对无休止的挫折，不如现在就结束合作，等以后双方情况改善后再寻求合作机会。

② 平和的语调（Pleasant Tone）：即使对方的行为让人很失望，也不要从专业的或者是个人的角度去讽刺或侮辱对方。这样，双方都会有种失落感，并且对企业采购绩效的提高毫无帮助。

③ 专业的理由（Professional Justification）：结束合作不是个人的问题，采购企业的采购员要耐心明确地告诉供应商终止合同或合约的理由，其职责是为公司节约采购成本、提高采购绩效并为企业创造价值，帮助企业吸引和留住现在的客户。

**3. 公平转换，友好结束**

采购人员应先向供应商解释这次拆伙的原因，并阐明这样对双方可能都是最好的选择，然后再寻求迅速公平可行的转换方法以使伤害降到最小。接着采购方应清楚且合情合理地列出供应商该做些什么：如对方需按指示停止相关工作，同意终止合同，马上结束他的分包合约，送回属于采购方的资产，对方应知道采购方有关的法律事项，以及如何以双方最低的成本处理现有库存等。同时要尽量满足供应商对企业的合理要求：围绕拆伙事实给予合理解释，对已发生的费用如何结算，协助处理现有库存。请记住采购方和供应商要在协商的基础上共同确立转换过程的合理时间表。最后拟定一份出清存货合同清单，正规地对合作过程中的所有细节加以回顾，写明双方的职责和最终的结束日期。对这一专业公平的过程所期望的结果应体现在以下几个方面。

① 在友好的气氛中有秩序地退出。

② 对客户没有损害。

③ 最少的浪费和开支。

④ 双方都认可签字的、清晰的结算记录。

⑤ 对这次拆伙原因有清醒一致的认识。

⑥ 即使情况最坏，对所有相关人员也是一次教训。

⑦ 其他供应商的积极性和采购企业的声誉不受伤害。

## 11.4 供应商整合

### 11.4.1 供应商整合的概念

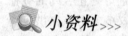 小资料>>>

从采购与供应管理的发展趋势看,现代采购活动十分重视培育与供应商之间的关系。采购商与供应商之间不仅仅是交易关系,更是伙伴关系,甚至可以发展为战略联盟关系。采购商与供应商用战略的眼光发展持续的、合作的企业关系,他们在业务上相互支持实现共同发展目标,综合利用各个企业的优势资源。供应商整合的目标是希望与更多的供应商建立合作伙伴关系或战略联盟。供应商整合也是采购部门对采购资源的重新整合。采购部门将收集所有关于供应商的信息,包括供应产品种类、供应商的地理位置、各自的供应价格及服务质量等,并对所有供应商进行综合专业的分析评估,结合谈判、竞标等方式进行淘汰重组,优化供应商结构。

供应商整合是指充分利用供应资源,促进供应商在质量、成本、服务和创新等方面持续改进,协调发展供应商的管理措施。供应商整合的内容十分广泛,包括业务外包、减少供应商数量、提升供应商质量管理与物流服务水平、利用供应商技术与品牌、让供应商前期参与新产品开发等。通过对供应商的整合,企业可以获得以下几项重要的利益。

① 降低订单处理的人力成本及作业费用。
② 集中供应有助于供应商实现规模经济,提升采购时的谈判筹码。
③ 促进采购方和供应商的合作关系,有助于品质的改善和新产品的研发。
④ 供应商整合的关键是根据考评结果确定标准,淘汰不符合企业目标的供应商,同时增加对业绩良好的供应商的采购数量。
⑤ 选择能独立供应本企业所需材料的供应商。
⑥ 割舍交易量未达到 EOQ(经济订货批量)或无法提供数量折扣的供应商。
⑦ 淘汰绩效评价不佳的供应商。
⑧ 放弃距离较远的供应商。
⑨ 排除具有竞争性的供应商。

小资料>>>

将供应商整合进企业的事业版图是由三项基本事物构成的一个整体功能:了解如何运用供应技能;了解自己企业的业务和供应商的业务,以及后者如何对前者产生影响;深入了解供应商和它的员工。企业内部的职能分工涵盖了这三点要素的后两点,但是在对这两个领域没有进行深入评估的情况下,就将这两个方面的事务从内部各个职能中抽取出去,然后全权交给专门负责供应环节的所谓专家,这种做法注定会失败。取而代之的战略做法应该是建立杠杆作用，调节接受供应服务的内部客户已有的元素，而注入他们尚缺的元素。创建价值同盟，而不是为了控制权你争我夺。所以，企业要达成的目标是动员全公司而不是单独一个供应链部门参与供应链管理，通过全公司与供应商互动合作的方式创造竞争优势。这事关乎企业文化与心态的转变，同时也是企业踏上创新之旅的激情所在。

### 11.4.2 整合供应商的障碍

整合供应商是供应链管理的重要内容，通过整合供应商，有利于企业降低采购和物流成本，促进企业技术进步，提升企业核心竞争力。但是，由于企业在供应链中处于不同地位、市场供需状况的不同，整合供应商会遇到各种障碍，需要企业加以克服。整合供应商的障碍主要有以下几个方面。

**1. 整合供应商的内部障碍**

（1）内部商务限制

主要表现为：① 集团公司内部采购；② 使用部门指定供应商；③ 公司内多个部门都与供应商接触；④ 内部交流不够；⑤ 需求计划变化频繁；⑥ 采购部门权力不足；⑦ 价格指定；⑧ 采购区域指定；⑨ 过于考虑工业安全性；⑩ 采购数量太少；⑪ 需求周期太短；⑫ 平时供应商资料积累不够；⑬ 供应商开发力度不够。

（2）内部技术限制

主要表现为：① 技术规范过于苛刻；② 质量标准过高；③ 没有进行价值分析；④ 认可新的供应商困难；⑤ 新产品缺乏标准；⑥ 技术部门指定生产厂家。

排除整合供应商内部障碍的途径，就是加强采购与其他部门的沟通和协作，建立采购前期参与产品开发的机制，在采购前应加强对产品需求、技术与检测标准的分析并达成共识；应规范采购、请购行为，杜绝采购过程中的舞弊行为。只有这样，采购部门与供应商打交道时才不会处于被动地位，在合作中才会为企业争得利益。

**2. 整合供应商的外部障碍**

（1）商务限制

主要表现为：① 供应商垄断市场；② 供应商市场有限；③ 产品技术、环保受法律条款限制；④ 与供应商关系紧张；⑤ 专利产品；⑥ 限制最低采购量；⑦ 地点太远。

（2）技术限制

主要表现为：① 技术垄断；② 产品寿命太短；③ 缺乏技术标准；④ 质量不合格；⑤ 供应能力不够。

排除整合供应商外部障碍的途径，就是加强供应商开发，不断优化采购渠道；与供应商建立长期合作伙伴关系；通过培养供应商或自行开发来应对垄断供应商，确保企业可持续发展。

### 11.4.3 整合供应商的策略

**1. 从采购管理向供应商管理转变**

传统采购管理的不足之处就是与供应商之间缺乏合作，缺乏柔性和对需求快速响应的能力。准时化思想出现以后，对企业的供应链管理提出了严峻的挑战，需要改变传统的单纯为库存而采购的管理模式，提高采购的柔性和市场响应能力，增加和供应商的信息联系和相互之间的合作，建立新的供需合作模式。一方面，在传统的采购模式中，供应商对采购部门的要求不能得到实时地响应；另一方面，关于产品的质量控制也只能进行事后把关，不能进行实时控制，这些缺陷使供应链企业无法实现同步化运作。因此，供应链管理采购模式就是实施有效的外部资源管理。这是将事后把关转变为事中控制的有效途径，即供应商管理。

实施供应商管理也是实施精细化生产、零库存生产的要求。供应链管理中一个重要思想，是在生产控制中采用基于订单流的准时化生产模式，使供应链企业的业务流程朝着精细化生产的方向努力，即实现生产过程的"零"化管理，包括：零缺陷、零库存、零交货期、零故障、零纸张、零废料和零事故。供应链管理思想就是系统性、协调性、集成性和同步性，而供应商管理是实现供应链管理的上述思想的一个重要步骤。例如，参与到供应商的产品设计和产品质量控制过程中去，这种同步化和集成化的运营是供应商管理的重要模式。通过同步化和集成化的供应链计划使供应商和采购方企业在响应需求方面取得一致性的行为，增加企业经营的敏捷性，降低总周期时间而快速反应，降低库存、运营成本和风险。

从供应商的角度来说，如果缺乏和采购方的合作，库存、交货批量就会比较大，而且在质量、需求方面都无法获得有效地控制。通过建立合作式采购策略，把采购方的生产思想扩展到供应商，加强了供需之间的联系与合作。在开放性动态信息的交互下，面对市场需求的变化，供应商能够做出快速反应，提高了供应商的应变能力。对采购方来说，通过和供应商建立合作关系，实施协同采购，管理水平得到提高，制造过程与产品质量得到有效控制，降低成本，增加制造的精益性。

**2. 建立信息交流与共享机制**

信息交流有助于减少投机行为，有助于促进重要生产信息的自由流动。为加强与供应商的信息交流，可以从以下几个方面着手。

① 和供应商经常进行有关成本、作业计划和质量控制信息的交流与沟通，保持信息的一致性和准确性。

② 实施并行工程，在产品设计阶段让供应商参与进来。这样供应商可以在原材料和零部件的性能和功能方面提供有关信息，为实施质量功能配置（Quality Function Deployment，QFD）的产品开发方法创造条件，把自己的价值需求及时地转化为供应商的原材料和零部件的质量与功能要求。

③ 建立联合的任务小组，解决共同关心的问题。与供应商建立一种基于团队的工作小组，双方的有关人员共同解决供应及制造过程中遇到的各种问题。

④ 经常与供应商互访，及时发现和解决各自在合作活动过程中出现的问题和困难，建立良好的合作气氛。

⑤ 使用电子数据交换（EDI）和互联网技术进行快速的数据传输。

**3. 建立供应商的激励机制**

要保持长期的"双赢"关系，对供应商的激励是非常重要的，没有有效的激励机制就不可能维持良好的供应关系。在激励机制的设计上，要体现公平、一致的原则，如给予供应商价格折扣，签订柔性合同及采用赠送股权等，使供应商和制造商分享成功，同时也使供应商从合作中体会到双赢机制的好处。

**4. 实现供应商评价方法和手段合理化**

要实施供应商的激励机制，就必须对供应商的业绩进行评价，使供应商不断改进。没有合理的评价方法，就不可能对供应商的合作效果进行评价，将大大挫伤供应商的合作积极性和稳定性。对供应商的评价要抓住关键绩效指标和问题，例如，交货质量是否改善，提前期是否缩短，交货的准时率是否提高等。通过评价，把结果反馈给供应商，和供应商一起共同探讨问题产生的根源，并采取相应的措施予以解决。

**5. 实行企业与供应商一体化管理**

企业与供应商一体化是指企业在与供应商共享库存、需求等方面的信息的基础上，根据供应情况适时调整自己的计划和执行交付的过程。同时，供应商也根据企业实时的库存、计划等信息实时调整自己的计划，从而在不牺牲服务水平的基础上降低库存。在整个供应链的供应网络之中，有很多不能够精确确定的因素，如采购提前期，供应商的生产能力等情况。如果企业不能够及时了解这些情况，会影响整个供应链供需关系，导致不能按时满足客户的需求。而实时协同就可以使双方快速沟通，进而发现和解决问题。现在的企业则可以充分利用基于互联网上的 ERP 企业管理软件进行采购的协同。一般而言，供应商协同战略主要有以下几种形式。

（1）预测协同

企业把对最终产品的中长期预测和期望的客户服务水平传达给相关供应链上的供应商，供应商根据自己的能力将自己所能做的承诺反映给企业，使企业采购组织能够对自己供应链上的企业有一个非常清晰的了解。

（2）库存信息协同

企业将自己部分物料的库存情况与供应商形成共享，使得供应商对其上游企业有很好的可视性，提高交货的准确度和速度。

（3）采购计划协同

企业将自己近期的采购计划定期下达给供应链上的上游供应商，供应商可以根据该采购计划进行自己生产计划的安排和备货，从而提高交货的速度。

（4）采购订单的执行协同

企业通过互联网下达采购订单给供应商，供应商将采购订单的执行情况及时转达，使企业对采购订单的执行情况有明确的了解，以便及时做出调整。

（5）产品设计协同

客户或企业内部研发部门设计个性化产品时，将新产品的零部件及时与供应链上的供应商共享，供应商也可以争取在第一时间进行产品研发。

**6. 实行准时制采购**

在传统的采购模式中，采购的目的很简单，就是为了补充库存，即为库存而采购。采购部门并不关心企业的生产过程，不了解生产的进度和产品需求的变化，因此采购过程缺乏主动性，采购部门制订的采购计划很难适应制造需求的变化。在供应链管理模式下，采购活动追求的"零库存"是以订单驱动方式进行，制造订单是在客户需求订单的驱动下产生的，然后制造订单驱动采购订单、采购订单再驱动供应商。这种准时化的订单驱动模式，使供应链系统得以准时响应客户的需求，从而降低了库存成本，提高了物流的速度和库存周转率。

准时制采购（Just-In-Time Purchasing）的基本思想是：在恰当的时间、恰当的地点，以恰当的数量、恰当的质量提供恰当的产品，即供方根据需方的要求（或称看板），按照需方需求的品种、规格、数量、时间、地点等要求，将物品配送到指定的地点。

（1）准时制采购方式的特点

① 采购商与供应商建立战略合作伙伴关系，双方基于以前签订的长期协议进行订单的下达和跟踪，不需要进行再次询价报价的过程，使交易的手续大大简化。② 在同步化供应链计划的协调下，制造计划、采购计划与供货计划能够并行，大大缩短交货期，实现了供应链运作同步化，也缩短了用户响应时间。③ 供应商的供货活动与客户需求实现无间隙对接，做到物料包装采用标准周期容器或专用工位器具，物料供应实现 JIT 配送，大大加快物料周转，降低库存，提高物流运作效率。④ 进行了企业和供应商之间的外部协同，提高了供应商的应变能力。

（2）实施准时化采购的关键影响因素

① 创建准时化采购团队。世界一流企业的专业采购人员有三个责任：寻找货源、商定价格、发展与供应商的协作关系并不断改进。因此专业化的高素质采购队伍对实施准时化采购至关重要。为此，企业应成立两个团队，一个是专门处理供应商事务的团队，该团队的任务是认定和评估供应商的信誉、能力，或与供应商谈判签订准时化订货合同，向供应商发放免检签证等，同时还要负责供应商的培训与教育；另一个是专门从事消除采购过程中浪费的团队。这个团队的人员应对准时化采购方法有充分的了解和认识，在必要时要对其进行培训以便掌握，如果这些人员本身对准时化采购的认识和了解都不彻底，就不可能指望供应商的合作。② 精选出少数供应商，与其建立伙伴关系。选择供应商应从这几个方面考虑：产品质量、供货情况、应变能力、地理位置、企业规模、财务状况、技术能力、价格及与其他供应商的可替代性等。③ 制订计划，确保准时化采购策略有计划、有步骤地实施。企业要制定采购策略，改进当前的采购方式，着手减少供应商的数量、正确评价供应商、向供应商发放签证等。在这个过程中，企业采购部门应与供应商一起商定准时化采购的目标和有关措施，保持经常性的信息沟通。④ 进行试点工作。企业可以先从某种产品或某条生产线试点开始，进行零部件或原材料的准时化供应试点。在试点过程中，取得企业各个部门的支持是很重要的，特别是生产部门的支持。试点之后要及时进行经验总结，为正式实施准时化采购打下基础。⑤ 对供应商进行培训，确定共同的发展目标。准时化采购是供需双方共同的业务活动，单靠采购部门的努力是不够的，还需要供应商的配合。只有供应商也对准时化采购的策略和运作方法有了认识和理解，才能获得他们的支持和配合，因此需要对供应商进行教育培训。通过培训，双方可以取得一致的目标，相互之间就能够很好地协调，做好采购的准时化工作。可以说，供应商与企业的紧密合作是准时化采购成功的钥匙。⑥ 实行卓有成效的采购过程质量控制。采购过程质量控制是准时化采购成功的保证，准时化采购和传统的采购方式的不同之处在于买方不需要对采购产品进行比较多的检验手续。要做到这一点，需要供应商做到提供 100% 的合格产品。当供应商达到这一要求时，即发给其免检证书。⑦ 实现配合准时化生产的交货方式。准时化采购的最终目标是实现企业的生产准时化，为此，要实现从预测的交货方式向准时化的交货方式转变。⑧ 不断改进，丰富成果。准时化采购是一个不断完善和改进的过程，需要在实施过程中不断总结经验教训，从降低运输成本、提高交货的准确性和产品的质量、降低供应商库存等各个方面进行改进，不断提高准时化采购的运作绩效。

**7. 与供应商建立供应链战略联盟**

供应商战略联盟关系是一种长期性的伙伴关系，是供应商关系发展阶段的一种高级形式。它摆脱了传统供应商关系中关注价格、以产品为导向、注重短期行为、重视市场反应、以采购方责任为主导、侧重战术层面及很少沟通的缺陷，而重点关注控制采购总成本、以最终客户为导向、注重长期合作、追求机会最大化、注重战略层面及有沟通机制和风险共担与机遇分享。战略合作的终极目标是竞争优势最大化。

### 小资料 >>>

供应链战略联盟是企业为了共同的利益所形成的联合体，它的出发点是利用各方协作来实现任何单独一方都无法实现的目标。世界著名的第一大零售商沃尔玛在建立供应链战略联盟方面做得极为出色。沃尔玛年增长率高达25%，很大程度上要归功于它同5 000多家供应商建立了伙伴关系，依靠先进的电子数据交换系统同供应商协同工作。该系统使供应商能以战略性长期合作的模式同沃尔玛一道工作，降低他们的生产和物流成本，并且又将节省成本获得的收益传递给沃尔玛，给沃尔玛最优惠的价格。这就真正做到了双方收益共享，沃尔玛也在此基础之上提出了著名的"天天平价"的口号。

供应链战略联盟将给企业带来的好处是：缩短配送的前置时间，加强配送的可靠性，提高及时配送率，降低库存水平，减少产品的质量问题，提供稳定、具有竞争性的价格等。供应链战略联盟与普通的企业间关系的区别如表11-7所示。

表11-7 供应链战略联盟与普通的企业间关系的区别

| 比较项目 | 普通的企业间关系 | 供应链联盟 |
| --- | --- | --- |
| 买方与卖方的关系 | 买卖关系 | 伙伴关系 |
| 合作期限 | 短 | 长 |
| 供货周期 | 长 | 短 |
| 供货方式 | 大批量送货 | JIT配送或寄售 |
| 质量保证 | 需要检验 | 免检 |
| 订货方式 | 采购订单 | 电子数据交换EDI |
| 交流频次 | 零星 | 连续 |
| 产品设计过程 | 先设计，再采购 | 共同参与，同步采购 |
| 生产数量 | 大批量 | 多品种、小批量 |
| 成本 | 考虑降低自身成本 | 考虑降低双方成本 |
| 风险 | 转嫁风险 | 风险共担 |

### 11.4.4 供应商整合途径

供应商整合是为了让供应商的结构和数量变得更为合理，整合后的供应商能更好地满足企业的要求。供应商整合可以通过减少供应商数量实现，还可以通过包括重新评估所有供应商、不断考察潜在的供应商、对重大采购项目进行招标及重新规划供应商的整体结构和开发新的供应商等方式实现。下面从两大方面来具体介绍供应商整合的途径。

**1. 供应商数量整合**

供应商数量整合即减少供应商数量。通过集中采购，减少供应商数量，同供应商建立合作伙伴关系，有利于降低成本，更好地利用供应商资源。减少供应商数量的措施包括如下几个方面。

(1) 推进产品标准化

推进产品标准化可以整合需求，减少物料品种数，有利于降低采购成本，有效控制库存，也有利于集中采购，减少供应商数量。

(2) 实行集中统一采购

通过实行集中统一采购或招标采购方式，可以使分散采购集中化，有利于提升采购议价能力，防范采购舞弊行为。

(3) 采用模块化采购方式

这种方式是由核心供应商将相关复杂零部件组装成更大的单元供货。这种供货方式可以降低供应商的物流成本，也有利于采购方缩短生产周期，是目前汽车行业最普遍的采购方式之一。

(4) 采购外包

采购外包就是对品种多、采购批量小的零星物料集中打包委托第三方代理采购，或指定产品品牌、采购渠道，委托供应商代理采购的采购方式。通过化零为整的采购方式，有利于降低采购成本和采购风险。随着服务业的不断发展，企业采购外包将成为一种趋势。

### 小资料 >>>

很多大公司在供应商整合时都大量削减供应商，3M 公司近三年来削减供应商的数量为 24%，摩托罗拉公司为 70%，福特汽车为 45%，惠普公司则 4 个月削减 47%。这些公司在供应商整合之后，供应结构得到了优化，采购效率和效果都得到了大幅提高。

**2. 供应商资源整合**

供应商资源整合就是采购方充分利用供应商技术、成本和条件等优势，降低采购或物流成本，提升核心竞争力的采购策略。主要包括以下内容。

① 供应商早期介入产品开发，缩短产品开发周期。
② 利用供应商的技术优势解决质量、成本和服务问题。
③ 使供方从单纯确保交货质量向产品质量与服务保障转化。
④ 排除双方合作接口障碍，即：改进包装方式，采用周转容器或专用工位器具，不仅有利于降低供应商包装成本，也有利于降低采购方转化包装、分装作业成本及减少由此产生的货损。
⑤ 供应商从单纯供货向提供全方位的物流服务转化，供应商的不同供货方式直接影响到采购方的物流成本和库存水平，采购方应通过加强供应商管理，促使其提高物流服务水平。不同供货方式对买卖双方利益的影响如表 11-8 所示。

表 11-8　不同供货方式对买卖双方利益的影响

| 供货方式 | 适用情况 | 对采购方利益的影响 | 对供应商利益的影响 |
| --- | --- | --- | --- |
| 定时、定量供货 | 远距供货 | 库存风险大 | 批量大、成本低 |
| 准时供货（JIT） | 近距供货 | 库存低，适用性强 | 运输成本高 |

续表

| 供货方式 | 适用情况 | 对采购方利益的影响 | 对供应商利益的影响 |
| --- | --- | --- | --- |
| 寄售库存（VMI） | 远距供货 | 资金占用少，占用仓库空间大 | 降低运输成本、合作关系密切 |
| 直送工位 | 体积大、笨重、易碎物料 | 资金占用少，占用仓库空间小，质量风险大 | 运输成本高、质量要求高 |
| 模块供货 | 相关性强的物料 | 采购业务效率高，便于供应商管理 | 降低运输成本、增加销售收入 |
| 采用标准工位器具供货 | 定型、常用、量大的物料 | 便于计数，减少重复劳动，提高效率 | 降低包装成本、提高服务水平 |
| 免检供货 | 质量优秀的供应商 | 缩短供货周期 | 产品质量、检测要求高 |

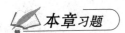

## 本章习题

**一、判断题**

1. 传统的采购商与供应商之间的关系就是纯粹的买卖关系，这是一种长期的、密切的、互相竞争的关系。在这种基本关系中，采供双方竞争的核心就是价格。（    ）

2. 如果供应商为已认可的、触手可及的关系，就无需与供应商或供应市场靠得太紧密，只要通过询价、比价，选择价格低的采购渠道即可。通常处理这类供应商的关系可采取便利店式的现货买进方式。（    ）

3. 良好的供应商关系管理对于生产企业增强成本控制、提高资源利用率、改善服务和增加收益起到了巨大的推动作用。而需求分析则不应当包含在供应商关系管理之中，因为其不会对企业业绩带来任何的实际好处。（    ）

4. 具有正式的沟通程序，致力于供应商的成功，共同获利，关系稳定，双方对彼此具有合理的期望，员工有责任遵循职业道德等，这些都可以作为评价供应商伙伴关系的原则。（    ）

5. 通过对供应商的整合，企业可以降低订单处理的人力成本及作业费用，而且集中供应也有助于供应商实现规模经济，提升采购时的谈判筹码。（    ）

**二、选择题**

1. 不是现代供应商关系管理特征的是（    ）。
   A. 几乎没有建立特定关系  B. 突出供应质量
   C. 与供应商有限地合作  D. 制定服务协议
   E. 理解供应商成本构成

2. 根据物资本身的重要程度及市场环境可将物资分为（    ）。
   A. 一般物资  B. 标准物资
   C. 瓶颈物资  D. 重要物资
   E. 战略物资

3. 以下不属于按供应商分类模块法，将供应商划分的类型是（    ）。

A. 伙伴型　　　　　　　　B. 合作型
C. 优先型　　　　　　　　D. 重点商业型
E. 普通商业型

4. 供应商伙伴关系的特点包括（　　）。
   A. 供应商数量增多　　　　B. 信息和知识共享
   C. 降低成本　　　　　　　D. 准时交货
   E. 高度的信任

5. 下列不属于整合供应商外部障碍的是（　　）。
   A. 供应商垄断市场　　　　B. 专利产品
   C. 价格指定　　　　　　　D. 需求周期太短
   E. 供应商能力不够

6. 供应商数量整合的措施有（　　）。
   A. 采购外包　　　　　　　B. 供应商早期介入产品开发
   C. 实行统一采购　　　　　D. 推进产品专有化
   E. 采用模块化采购方式

### 三、思考题

1. 供应商关系的日趋复杂性都体现在哪些方面？
2. 试阐述供应商伙伴关系管理的重要性与意义。
3. 简述供应商关系管理的策略。
4. 供应商关系分类方法有哪几种？如何实现的分类？
5. 整合供应商的障碍有哪些（从内部与外部两方面进行分析）？
6. 整合供应商的策略都有哪些方面？

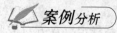案例分析

## GL 公司与棒约翰的战略合作伙伴关系

战略合作伙伴关系是供应链管理中不可或缺的一部分，企业拥有了自己的战略合作伙伴就可以集成并优化利用外部的优势资源，使企业在产品制造过程中，从产品的研究开发到投放市场，周期大幅缩短而且顾客导向化程度更高，显著增加了企业在多变的市场中柔性和敏捷性的应对能力，从而取得竞争优势。供应链上的各节点企业间的紧密合作，其目的是为了生存和长期发展的需要。GL 公司与棒约翰作为战略合作伙伴，在相互的依存、互动并充分利用各自优势和资源的同时，对彼此间战略合作伙伴关系的管理也非常重视，双方相信管理是为了企业更好、更良性的发展。GL 公司与棒约翰之间的战略合作伙伴的管理和维护主要通过战略计划共享、定期信息共享及审核与激励三种方式进行。

**1. 战略计划共享**

相近的价值观是战略合作伙伴成立的基础，作为战略合作伙伴，其更注重的是长期的战略利益和整体利益，而战略计划的共享使供应链上的战略合作伙伴更清晰地了解对方的需求。这也涉及双方共同目标的设定，双方企业为了达成这样的目标而不断地努力，各自不断

整合并利用内部供应链和外部供应链的资源和优势。

棒约翰与 GL 公司最高管理层之间每年都有专门会议，会议内容中非常重要的一部分就是战略计划共享，主要共享棒约翰未来五年在中国地区的战略计划及未来一年的具体战略计划（包括未来一年棒约翰具体发展和开拓的地区和城市，在产品方面的具体战略等），同时回顾棒约翰在过去一年战略计划的实施情况。共享其战略计划，一方面可以使 GL 公司适应当地调整企业资源的分配，为棒约翰计划的实施提供必要的资源，避免供应链资源的浪费，提高资源的利用率，在提高供应链的利润创造空间的同时更好地配合棒约翰计划的顺利进行；另一方面，提高双方的信任度，使合作更加紧密。

**2. 定期信息共享**

在信息时代里，信息对企业意味着生存，企业获得更多的信息意味着企业拥有更多的机会、更多的资源。由此，合作企业间的信息共享对关系的巩固、企业价值的提升都显得至关重要。GL 公司与棒约翰的定期信息共享主要包括市场信息共享和内部信息共享两个方面。在市场信息的共享方面，GL 公司每月都有专门的餐饮市场信息报告，这份报告每月都会与棒约翰共享，这些信息由 GL 公司的市场部通过不同的途径收集、整理而成，信息的内容包括餐饮市场主要品牌产业的市场动向、新品信息、促销信息及整个餐饮市场发生的重大事件等，市场信息的共享使棒约翰公司通过更多的途径了解餐饮市场的整体动向，了解竞争对手的情况，了解消费者的需求，为棒约翰在市场上的运营提供参考和依据。在企业内信息的共享方面，对于棒约翰而言，可以了解 GL 公司关于产品、管理等方面的创新和进展；对于 GL 公司而言，企业内信息的共享可以快捷地了解到棒约翰的需求信息，从而采取措施提供优质服务，提高其满意度。

**3. 审核与激励**

为了确保双方战略合作关系的长期健康发展，棒约翰公司也非常注重对 GL 公司产品设计开发和制造全过程进行监控检查，包括 GL 公司上游供应商的资质、材料验收检验、制造工艺、性能测试、关键工序的设置、出厂质量检验等，使设计和制造中存在的问题能够在 GL 公司内部立即得到解决。由于把问题有效地控制在前端，使棒约翰应对市场的能力不断提高，物流运作加快，成本降低，同时产品质量也得到更好地保障。

具体的审核主要集中在以下两方面：① GL 公司商务管理方面的审核。主要包括业务关系能力评估、相对成本评估、成本表现评估、财务实力评估和可靠性评估。② GL 公司工厂管理方面的审核。主要包括质量控制体系评估、供应商管理评估、生产和制造标准评估、仓储与运输体系评估、安全保障及预防性体系评估。

供应链是由上下游许多财务独立、目标不同的企业或者成员组成，因此，相互之间的关系也是错综复杂的，随时都可能发生相互间的利益冲突，激励机制是保持和稳定合作伙伴关系的重要方法之一，棒约翰同样设立了激励机制激励并管理供应链上的各类合作伙伴。GL 公司作为棒约翰的战略合作伙伴，在与棒约翰的合作过程中，激励的精神意义往往大于物质意义。

问题：
1. GL 公司与棒约翰是如何建立的战略合作伙伴关系？
2. 战略合作伙伴关系给 GL 公司带来了什么好处？

# 参 考 文 献

[1] 梁军，王刚．采购管理．2 版．北京：电子工业出版社，2010．
[2] 龚国华，吴峨山，王国才．采购与供应链．上海：复旦大学出版社，2005．
[3] 张浩．采购管理与库存控制．北京：北京大学出版社，2010．
[4] 蒙兹卡，特伦特，汉德菲尔德．采购与供应链管理．刘秉镰，李莉，刘洋，译．2 版．北京：中信出版社，2004．
[5] 利恩德斯，费伦．采购与供应管理．张杰，张群，译．7 版．北京：机械工业出版社，2001．
[6] 莱桑斯，法林顿．采购与供应链管理．鞠磊，吴立生，张晶，等译．7 版．北京：电子工业出版社，2007．
[7] 宋玉卿，沈小静．采购管理．北京：中国物资出版社，2009．
[8] 傅莉萍，沈艳丽．物流成本管理．北京：人民交通出版社，2008．
[9] 韩光军，孙月婷．采购管理．北京：首都经济贸易出版社，2001．
[10] 利恩德斯，费伦．采购与供应管理．赵树峰，译．12 版．北京：机械工业出版社，2003．
[11] 李琦业．货物采购与检验．北京：中国物资出版社，2004．
[12] 霍红，张玉斌．采购管理实务．北京：科学出版社，2010．
[13] 瞿光明．采购与供应商管理．北京：中国物资出版社，2009．
[14] 杨赞，寒令香．采购与库存管理．大连：东北财经大学出版社，2008．
[15] 王欣兰．物流成本管理．北京：北京交通大学出版社，2010．
[16] 魏国辰，温卫娟，张莹，等．供应链管理与企业采购．北京：中国发展出版社，2009．
[17] 张芮，伍蓓．采购运作管理．北京：中国物资出版社，2008．
[18] 王忠宗．采购与供应管理．厦门：厦门大学出版社，2009．
[19] 陈达强，蒋长兵．采购与供应案例．北京：中国物资出版社，2009．
[20] 姜巧萍，梁华．采购与供应管理咨询工具箱．北京：人民邮电出版社，2010．
[21] 赵道致，王振强．采购与供应管理．北京：清华大学出版社，2009．
[22] 王槐林．采购管理与库存控制．北京：中国物资出版社，2002．
[23] 吴守荣．项目采购管理．北京：机械工业出版社，2009．
[24] 孙元欣．供应链管理原理．上海：上海财经大学出版社，2008．
[25] THOMPSON L．采购环境．北京：机械工业出版社，2007．
[26] 李荷华．现代采购与供应管理．上海：上海财经大学出版社，2010．
[27] 吴守荣．项目采购管理．北京：机械工业出版社，2009．
[28] 赖一飞，张清，余群舟．项目采购与合同管理．北京：机械工业出版社，2008．
[29] 王成，刘慧，赵媛媛．供应商管理业务精要．北京：机械工业出版社，2002．

[30] 盖伊，艾辛格．企业外包模式．北京：机械工业出版社，2003．

[31] 骆守俭，郝斌．供应商关系管理．上海：上海财经大学出版社，2009．

[32] 何勇．中国经营报［N］．2009．

[33] 骆建文．采购与供应管理．北京：机械工业出版社，2009

[34] 魏国辰．采购实际操作技巧．北京：中国物资出版社，2007

[35] Anne Millen Porter, The CASE SPIN Database：A Who's Quality Audits, Purchasing 123, no. 1（July 17, 1997）：39 – 43

[36] http：//www.exam8.com/zige/wuliu/anli/201005/1330913.html

[37] http：//www.docin.com/p – 53028079.html